Robert Schumann

von

Udo Rauchfleisch

Schumann, Robert (1810–1856). Mit seiner Frau Clara, der Pianistin Clara Wieck (1819–1896). Lithografie von Eduard Kayser, 1847.

Foto: Bildarchiv Preussischer Kulturbesitz

Robert Schumann

Leben und Werk

Eine Psychobiographie

Udo Rauchfleisch

Verlag W. Kohlhammer
Stuttgart Berlin Köln

CIP-Titelaufnahme der Deutschen Bibliothek

Rauchfleisch, Udo:
Robert Schumann : Leben und Werk ; eine Psychobiographie /
Udo Rauchfleisch. –
Stuttgart ; Berlin ; Köln : Kohlhammer, 1990
ISBN 3-17-010945-6

Gedruckt mit Unterstützung der Berta Hess-Cohn Stiftung, Basel

Stuttgart Berlin Köln
Verlagsort: Stuttgart
Umschlag: Studio 23
Gesamtherstellung:
W. Kohlhammer Druckerei GmbH + Co. Stuttgart
Printed in Germany

»Wenn der Mensch etwas sagen will, was er nicht kann, so nimmt er die Sprache der Töne oder die der Blumen – und die Blumenwelt ist ja so heilig als die Tonwelt und in Schmerz und in Freude geht der Mensch am liebsten an die Saiten oder in die Natur und beide sind ja Bürgen einer Gottheit und einer Unendlichkeit«.

R. Schumann »Juniusabende und Julytage«, 1828

Inhalt

Vorwort

»Die Welt weiß so gut wie nichts von mir« schrieb Robert Schumann am 5. 9. 1839 im Alter von 29 Jahren an seinen ehemaligen Kompositionslehrer Heinrich Dorn. Gewiß können wir heute, über 130 Jahre nach seinem Tod, nicht mehr sagen, wir wüßten »so gut wie nichts« von diesem großen Komponisten der Romantik. Viele seiner Klavierwerke und Lieder gehören zum Standardrepertoire des Konzertsaals und der Wunschkonzerte. Doch was wissen wir eigentlich von der Person Robert Schumann, von den Bedingungen, unter denen er aufwuchs, von seinen Freuden und Leiden, von seiner Ehe, seiner Krankheit und seinem Tod? Trotz der Bekanntheit und Beliebtheit seiner Musik ist er uns als Mensch letztlich fremd geblieben. Nur wenige »Eingeweihte« wissen beispielsweise, daß Robert Schumann zu seiner Zeit ein bekannter und sehr produktiver Literat war, dem deshalb die Philosophische Fakultät der Universität Jena den Doktorgrad für seine großen Verdienste um die Musikliteratur verliehen hat. Und wenig ist im allgemeinen bekannt über die Beziehung zwischen Robert Schumann und seiner Frau Clara Wieck, die eine der berühmtesten Pianistinnen ihrer Zeit war und sich in der breiteren Öffentlichkeit eines viel größeren Ansehens erfreute als ihr Gatte. Unklare Vorstellungen bestehen bei vielen Musikfreunden etwa auch im Hinblick auf die Erkrankung, unter der Robert Schumann am Ende seines Lebens litt. Die in diesem Zusammenhang oft zu hörende Beschreibung »geistige Umnachtung« verhüllt mehr, als sie klärt.

Diese weit verbreitete Unkenntnis über den Menschen Robert Schumann und sein Schicksal ist um so erstaunlicher, als er uns ein umfangreiches Material in Form von Tagebüchern, Briefen und literarischen Schriften hinterlassen hat. Ferner liegen uns – allein in deutscher Sprache – wenigstens sechs ausführliche Biographien vor, nämlich die Werke von *v. Wasielewski* (1858), *Eugenie Schumann* (1931), *Boetticher* (1941), *Paula und Walter Rehberg* (1954), *Eismann* (1956) und *Edler* (1982), um nur die bekanntesten zu nennen. Dabei ist bemerkenswert, daß die erste Biographie schon zu Schumanns Lebenszeit geplant und bereits zwei Jahre nach seinem Tode publiziert wurde. Wie die weitere Entwicklung zeigt, hat die große Zahl von Briefen und Tagebuchaufzeichnungen die Forschung indes nicht nur erleichtert, sondern z. T. erheblich verzögert. So liegt etwa bis heute noch keine Gesamtausgabe aller Schumann-Briefe vor. Auch der Bericht über die Obduktion, die der Arzt nach Schumanns Tod vornahm, ist noch nicht im vollen Wortlaut veröffentlicht. Und einige Dokumente, wie die

Haushaltsbücher aus Schumanns letzten Lebensjahren, sind erst vor wenigen Jahren herausgegeben worden.

Eine ähnliche Situation finden wir im Hinblick auf sein musikalisches Werk: Eine große Zahl seiner Klavierkompositionen und Lieder erfreuen sich beim Publikum und bei den Interpreten größter Beliebtheit und sind in Konzerten und Radiosendungen immer wieder zu hören. Wenig bekannt ist hingegen, daß Robert Schumann auch zwei geistliche Werke (eine Messe und ein Requiem), eine Oper (»Genoveva«) und ein melodramatisches Werk (»Manfred«) geschrieben hat. Schließlich ist bemerkenswert, daß einige seiner Werke erst etliche Jahre nach seinem Tode (das letzte 1956) veröffentlicht worden sind – und dies z.T. gegen den ausdrücklichen Willen der Schumann-Nachkommen.

All dies sind Gründe, die es sinnvoll erscheinen lassen, sich aufgrund des neuesten Wissensstandes von psychologischer Seite her mit der Persönlichkeit und dem Werk Schumanns zu beschäftigen. Hinzu kommt das psychologisch interessante Phänomen, daß dieser Komponist bis in die Gegenwart andere Künstler verschiedenster Provenienz anzuregen vermag. So haben die zeitgenössischen Komponisten Wilhelm Killmayer, Johannes Paul Thilmann, Jürg Baur, R. Murray Schafer, Dieter Schnebel, Mauricio Kagel und Heinz Holliger musikalische Werke geschaffen, die auf die Person, die Musik oder das literarische Oeuvre Schumanns Bezug nehmen, und die Autoren Elfriede Jelinek und Göran Tunström haben ihren literarischen Werken Episoden aus dem Leben des Komponisten zugrunde gelegt. Diese wenigen Hinweise mögen genügen, um deutlich werden zu lassen, daß das Leben und Werk Robert Schumanns von großer Aktualität ist und daß es fruchtbar sein dürfte, zu einer weiteren Klärung auch die psychologischen Verständnismodelle einzusetzen.

An dieser Stelle drängt sich indes die Frage auf, inwieweit sich die psychologischen Ansätze überhaupt zum Verständnis kreativer Persönlichkeiten und ihrer Werke eignen. Es hat in der Vergangenheit nicht an Versuchen gefehlt, die unbewußten Strebungen des Künstlers und die psychodynamischen Determinanten seiner Schöpfungen mit Hilfe der psychoanalytischen Methode zu erhellen. Besonders in der Anfangszeit der Psychoanalyse waren die Autoren fasziniert von den Möglichkeiten, die ihnen dieses Denkmodell auch für das Verständnis des kreativen Menschen zu eröffnen schien. Die Psychoanalytiker haben deshalb wiederholt versucht, ihre Konzepte auf das Leben und Wirken von bedeutenden Persönlichkeiten anzuwenden und den schöpferischen Prozeß zu erhellen. Die Reihe bekannter Namen reicht von *Freud* selber (1908, 1914, 1928) über *Eissler* (1963, 1971), *Nagera* (1973), *Chasseguet-Smirgel* (1970) und *Cremerius* (1971) bis hin zu *Benedetti* (1975) und *Dettmering* (1969, 1974, 1984), um nur einige wichtige Exponenten dieser Richtung zu nennen.

An den Arbeitern dieser Autoren läßt sich deutlich die Entwicklung der psychoanalytischen Theorie ablesen: Während am Beginn der Psychoanalyse vor allem die Triebkonflikte der Künstler und ihre Gestaltung im Werk im Mittelpunkt der Betrachtung standen, hat sich mit der psychoanalytischen Ich-Psychologie das Interesse auf die Untersuchung der Verarbeitungsmechanismen und auf die Rolle des Ich im kreativen Schaffensprozeß verschoben. In der psychoanalytischen Literatur der jüngsten Vergangenheit haben sich die Autoren schließlich mit der Frage beschäftigt, welche Bedeutung dem Narzißmus bei kreativen Menschen zukommt.

Obschon der psychoanalytische Ansatz sich als sehr fruchtbar bei der Erhellung kreativer Prozesse erwiesen hat (s. *Müller-Braunschweig*, 1974, 1977; *Kris*, 1970; *Ehrenzweig*, 1967; *Rauchfleisch*, 1986), ergeben sich bei seiner Verwendung doch vor allem zwei Probleme: Zum einen kann man einwenden, daß in diesem Falle die psychoanalytische Methode in einer ihr nicht angemessenen Form angewendet wird, nämlich indem man eine »Analyse ohne Analysanden« durchführt; zum anderen besteht die Gefahr, daß bei psychoanalytischen Studien über kreative Menschen aus anderen Epochen wichtige historische und geistesgeschichtliche Aspekte außer acht gelassen werden. Derartige Einwände lassen sich nicht ohne weiteres beiseite schieben. In vielen psychoanalytischen Arbeiten – vor allem in solchen aus der Anfangszeit der Psychoanalyse – sind Hypothesen entwickelt worden, die der historischen und geistesgeschichtlichen Realität des betreffenden Künstlers nicht gerecht geworden sind. Häufig waren die Psychoanalytiker auch von einem bestimmten Detail aus der Biographie des kreativen Menschen so fasziniert, daß sie das künstlerische Werk ganz aus diesem Blickwinkel heraus interpretiert haben. Wie *Chasseguet-Smirgel* (1970) gezeigt hat, mag zwar ein Thema, das in einem oder in mehreren Werken immer wieder auftaucht, durchaus mit einem biographischen Ereignis zusammenhängen. Dieser Bezug erschöpft aber noch längst nicht alle seine Bedeutungen.

Die bisherigen Erfahrungen aus der Anwendung der psychoanalytischen Methode auf kreativ tätige Menschen lehren uns, daß dieses Persönlichkeitsmodell sehr wohl geeignet ist, uns einen differenzierten Zugang zum Künstler und seinem Werk zu eröffnen. Wir erfahren nicht nur etwas über die bewußten, sondern auch über die unbewußten Kräfte, welche beim Schaffensprozeß eine Rolle spielen.

Ferner lassen sich mit Hilfe der psychoanalytischen Methode wichtige Beziehungen zwischen lebensgeschichtlichen Ereignissen und dem künstlerischen Werk aufdecken. Es scheint mir sogar so zu sein, daß uns manches weitgehend unverständlich bleiben muß, wenn wir nicht auch diese Tiefendimension mit in unsere Betrachtung einbeziehen.

Wir müssen uns jedoch hüten, den Zugang zum Künstler und seinem Werk ausschließlich auf den psychoanalytischen Aspekt zu beschränken. Dies wäre eine unzulässige Einengung. Es ist vielmehr notwendig, auch historische und geistesgeschichtliche Tatsachen zu berücksichtigen. So müssen wir beispielsweise immer wieder prüfen, ob ein bestimmtes Verhalten oder eine Art der künstlerischen Gestaltung ein individuelles, nur für den betreffenden Künstler charakteristisches Phänomen ist, oder ob es ein zu seiner Zeit allgemein übliches Verhalten oder Vorgehen war, das wenig bis gar nichts über das individuelle Erleben des Künstlers aussagt. Bei der psychoanalytischen Auseinandersetzung mit der Persönlichkeit und dem Werk Robert Schumanns werden derartige Fragen immer wieder zu stellen sein. Es wird deshalb notwendig sein, gelegentlich kurze Exkurse über historische Ereignisse und geistesgeschichtliche Strömungen einzuschieben.

Bei meinen Ausführungen stütze ich mich auf verschiedene Quellen. Zum einen sind es die Briefe und Tagebücher (*Eismann*, 1971; *Jansen*, 1886; *Kross*, 1978; *Nauhaus*, 1982, 1987a; *A. Schumann*, 1910; *Clara Schumann*, 1898; *K. Walch-Schumann*, 1968; *Weißweiler*, 1984, 1987). Zum anderen habe ich von den Schumann-Biographien vor allem die Werke von *von Wasielewski* (1858), *Boetticher* (1941), *Edler* (1982), *Walker* (1972a) und *Ostwald* (1985) herangezogen. Ich werde bei meinen Ausführungen diese Werke nicht mehr im einzelnen nennen. Lediglich bei speziellen Themen und wörtlichen Zitaten werde ich die entsprechenden Quellen angeben.

Ausführungen wie die folgenden, die in einem Grenzbereich zwischen Psychologie, Psychiatrie und Musikwissenschaft liegen, wären nicht möglich ohne das intensive Gespräch mit Vertretern der Nachbardisziplinen. Ich bin deshalb Herrn Prof. Dr. *Raymond Battegay*, dem Leiter der Psychiatrischen Universitätspoliklinik Basel, und dem Basler Musikwissenschaftler Prof. Dr. *Hans Oesch* sehr dankbar für die Möglichkeit des intensiven Gedankenaustauschs. Beide Kollegen haben mir für meine Beschäftigung mit Robert Schumann vielfältige Anregungen gegeben. Mein Dank gilt ferner meinem Kollegen Dr. *Peter Graw*, der mir durch seine Hinweise auf neue Publikationen über Robert Schumann sehr geholfen hat. Frau *Patrizia Rossiter* und Frau *Linda Reinhardt* bin ich für die Erledigung der Sekretariatsarbeiten dankbar. Sie haben damit einen wesentlichen Beitrag zum Entstehen dieses Buches geleistet.

Basel, im Dezember 1989 Udo Rauchfleisch

KAPITEL 1

Kindheit und Jugend (1810–1826)

»– Wir armen, armen Sterblichen!
liegt denn jeder schöne Gedanke
und jedes hohe Gefühl nur hinter Grabhügeln
und Gottesackertoren und Tränengittern?«

R. Schumann »Juniusabende und Julytage«, 1828

»Hier liest man nicht von Sklaverey
Gott schuf den Menschen völlig frey.
Freyheit ist ihm von Gott gegeben
Darüber läßt er Leib und Leben.
Wir schreiben uns von Adam her,
Wer ist, der nicht von Adam wär?
Kommt her, ihr stolzen Edelleute!
Wir haben Gottes Wort zur Seite«

Dieses sächsische Fuhrmannslied läßt deutlich die Stimmung am Ende des 18. Jahrhunderts im Kurfürstentum Sachsen erkennen: Unter dem Einfluß der Französischen Revolution kam es auch hier zu Verfassungsstreitigkeiten, städtischen Krawallen, Bauernunruhen sowie zu Handwerker- und Heimarbeiteraufständen, und die Bevölkerung war nicht mehr bereit, sich länger in Abhängigkeit und Rechtlosigkeit halten zu lassen. Der Kurfürst Friedrich August von Sachsen stand zwar – verglichen mit anderen Herrschern – den Klagen seiner Untertanen relativ verständnisvoll gegenüber. Doch auch er unterdrückte mit militärischer Gewalt die Erhebung bewaffneter Bauern in Meissen, Torgan und anderenorts.

Auch die ersten Jahre des neuen Jahrhunderts brachten Sachsen keine Ruhe. Im Dezember 1806 hatte sich Friedrich August dem kurze Zeit zuvor gebildeten »Rheinbund« angeschlossen (wobei gleichzeitig Sachsen vom Kurfürstentum zum Königreich erhoben worden war), und Sachsen schien über eine Offensiv- und Defensivallianz, welche der Rheinbund mit Frankreich geschlossen hatte, relativ gesichert. Doch bereits im Jahre 1813 kam es – auf sächsischem Boden – zu schweren militärischen Auseinandersetzungen, bei denen sich Napoleon und die vier europäischen Großmächte (Preußen, Österreich, Rußland und England) gegenüberstanden. In der »Völkerschlacht von Leipzig« im Oktober 1813 wurde Napoleon vernichtend geschlagen. Das traurige Fazit dieser militärischen Auseinandersetzung war: 50000 Tote auf seiten der Verbündeten, 70000 Tote aus Napoleons Heer und mehr als 20000 Verwundete, die noch Wochen nach der Schlacht in unsagbarem Elend, ohne hinreichende ärztliche Versorgung in den Kirchen und öffentlichen Gebäuden von Leipzig lagen.

Dies war die historische Situation, in die Robert Schumann am 8. Juni 1810 in Zwickau, in Sachsen, hineingeboren wurde. Wie die wenigen historischen Hinweise zeigen, war es eine Zeit großer politischer und sozialer Wirren, und schon in frühester Kindheit war Robert mit der furchtbaren Realität von Gewalt und Tod konfrontiert. Wir dürfen annehmen, daß diese frühen Erfahrungen tiefe Narben in seiner Persönlichkeit hinterlassen haben, und daß hier auch unter anderem die Wurzeln für Roberts geradezu panische Angst während der Revolutionswirren in den Jahren 1848/49 zu suchen sind.

Robert wuchs als jüngstes von fünf Kindern in wirtschaftlich gesicherten Verhältnissen auf. Der erste Schumann-Biograph, *Wilhelm Joseph von Wasielewski* (1858), berichtet zwar, daß im amtlichen Taufregister der Hauptkirche St. Marien in Zwickau als zweiter Vorname »Alexander« eingetragen sei, spätere Überprüfungen der amtlichen Schriftstücke haben dies aber nicht bestätigt. Im Geburtsregister findet sich lediglich außer dem Namen »Robert« der dann aber wieder gestrichene Name »Gustav«. Es wird berichtet (*Eismann*, 1956), daß der Vater Robert Schumanns nur »durch Bitten und Tränen« davon abzubringen gewesen sei, seinen Sohn nach dem Namenspatron des 8. Juni »Medardus« zu nennen.

Der *Vater, Friedrich August Gottlob Schumann* (geb. 2.3. 1773), war der älteste Sohn eines Pfarrers aus einer thüringischen Gutsbesitzersfamilie. Schon früh wurde von seinem Vater bestimmt, daß er Kaufmann werden solle. Die Eltern gaben ihn deshalb im 11. oder 12. Lebensjahr in das Haus seiner Großmutter, die in dem Städtchen Eisenberg lebte, damit Friedrich August die lateinische Stadtschule besuchen konnte. Er blieb dort bis zu seinem 15. Lebensjahr und trat dann bei einem Kaufmann in Ronneburg in die Lehre ein. Friedrich August Schumann fühlte sich jedoch in diesem Beruf überhaupt nicht wohl. Seine große Liebe – und wohl auch seine Begabung – richtete sich vielmehr auf eine schriftstellerische Tätigkeit. Die Eltern waren aber nicht geneigt, auf seine Interessen einzugehen, und forderten von ihm, daß er im Kaufmannsberuf bleibe. Friedrich August beschäftigte sich offenbar in jeder freien Minute mit dem Studium wissenschaftlicher und schöngeistiger Werke, wobei er besonders die Schriften von *Young* und *Milton* schätzte. Seinen eigenen Äußerungen zufolge sollen sie ihn »bisweilen dem Wahnsinn nahe« gebracht haben. Er fügte sich zwar dem elterlichen Wunsch, der Kaufmannsberuf wurde ihm aber nach und nach unerträglich.

Nachdem Friedrich August Schumann in Leipzig in verschiedenen Kaufmannsstellen gearbeitet hatte, war er schließlich doch nicht mehr bereit, auf seinen brennenden Wunsch nach einer Beschäftigung mit der Literatur weiterhin zu verzichten. Er gab seine Stelle auf und schrieb sich 1792 in der Universität Leipzig als »Studiosus humaniorum« ein, in der Hoffnung, nach Abschluß des Studiums sich ganz der literarischen Laufbahn widmen zu können. Es war deshalb eine große Enttäuschung für ihn, als er vom Buchhändler Heinse, dem er einige seiner literarischen Arbeiten zur Beurteilung gesandt hatte (so 1792 sein Erstlingswerk »Die Landfamilie Thalheim«), eine negative Kritik erhielt. Friedrich August ließ sich dadurch aber keineswegs entmutigen, sondern verfolgte nach wie vor seinen eingeschlagenen Weg. Seine finanziell schwierige Situation zwang ihn jedoch schließlich, in des elterliche Haus zurückzukehren. Hier verfaßte er den Roman »Ritterszenen und Mönchsmärchen«, den er nochmals Heinse mit der Bitte um Beurteilung zuschickte. Wieder antwortete der Buchhändler, daß er Friedrich August vom literarischen Beruf abrate. Einen günstigen Erfolg hatte diese zweite Anfrage bei Heinse jedoch insofern, als dieser ihm nun eine Stelle als Gehilfe in seiner Buchhandlung anbot. Friedrich August nahm dieses Angabot mit großer Freude an, da es ihm die Möglichkeit bot, sich nun auch im Beruf intensiver mit der Literatur zu beschäftigen.

In der Stadt Zeitz, in der die Buchhandlung lag, lernte Friedrich August im Hause seines Wirtes dessen Tochter Johanna Christiane Schnabel, seine spätere Gattin, kennen. An eine Eheschließung war zu dieser Zeit aber nicht zu denken, da der Vater Johannas, der angesehene Ratschirurg Abraham Gottlob Schnabel, wegen der unsicheren finanziellen Position, in der sich Friedrich August befand, einer solchen Verbindung ablehnend gegenüberstand.

Friedrich August sah sich deshalb gezwungen, schweren Herzens den Buchhändlerberuf aufzugeben. Er kehrte noch einmal in das Elternhaus zurück und faßte den Plan, sich das für die Eheschließung nötige Geld durch schriftstellerische Arbeiten zu verdienen. Es spricht für seine außergewöhnliche Durchhaltefähigkeit und Zielstrebigkeit, daß es ihm innerhalb der relativ kurzen Zeit von nur eineinhalb Jahren gelang, durch angestrengte, mühevolle Tätigkeit beinahe 1000 Taler, eine für die damalige Zeit recht große Summe, auf diese Weise zusammenzubringen. Unter anderem verfaßte er in dieser Zeit das in Kaufmannskreisen bekannte »Kompendiöse Handbuch für Kaufleute« in vier Bänden.

Im Jahre 1795 eröffnete Friedrich August zusammen mit einem Kaufmann in Ronneburg ein Geschäft. Im gleichen Jahr heiratete er die bereits erwähnte Johanna Christiane Schnabel (geboren im November 1771), eine Großnichte des Dichters Gotthold Ephraim Lessing. Der Eintrag im Kirchenbuch lautet: »August Schumann, Kauf- und Handelsherr in Ronneburg, des Hochehrwürdigen Herrn Johann Friedrich Schumann, Archidiak. in Weida, ehel. Sohn, und Jungfrau Johanne Christiane Schnabel, Herrn Abraham Gottlob Schnabels, Ratschirurgen zu Zeitz, ehel. älteste Tochter sind Dom. 19, 20 und 21, p. trin als den 11., 18. und 25. Oktober 1795 öffentlich aufgeboten und alsdann in Geussnitz a Domino Keil copuliert und eingesegnet worden« (der hier erwähnte Ort »Geussnitz« ist ein Dorf in der Nähe von Zeitz).

Nach vier Jahren gab Friedrich August das mit dem Kollegen gemeinsam geführte Geschäft wieder auf, um sich ganz und für immer dem Buchhandel zu widmen. Daneben war er unermüdlich literarisch tätig: So schrieb er 16 verschiedene, teils wissenschaftliche, teils kaufmännische, Werke, die er selber verlegte und die weite Verbreitung fanden. Dazu gehören beispielsweise »Kritisches Jahrbuch der Literatur oder jährliche Übersicht der neuesten Bücher« (1797), »Versuche eines allgemeinen Handels- und Fabrikadreßbuches von Deutschland» (1798), »Das gewerbfleißige Deutschland. Eine kaufmännische Geographie und Verzeichnis der Kaufleute«, 11 Bände (1800 bis 1807), »Versuch einer vollständigen und systematischen Warenkunde«, 3 Bände (1802 bis 1809), »Repertorio de la letteratura italiana: ossa cognicione de libri nuovi italiani in ogni genere delle Science» (1804). In der Einführung zu seiner Sammlung von Dichtungen und Briefen des jungen Schumann führt der Herausgeber *Alfred Schumann* (1910) aus, daß diese Werke Friedrich August heute gewiß die Würde eines »doctor honoris causa« einbringen würden.

Da in einer größeren Stadt bessere Verdienstmöglichkeiten bestanden, entschloß sich Friedrich August im März des Jahres 1807 in die Stadt Zwickau überzusiedeln. Dort gründete er zusammen mit einem seiner Brüder (Friedrich) die bis 1840 bestehende Verlagsbuchhandlung der »Gebrüder Schumann«.

Dank des unermüdlichen Einsatzes von Friedrich August Schumann entwikkelte sich das Geschäft außerordentlich erfolgreich. Dies war nicht zuletzt dadurch bedingt, daß Friedrich August eine rege literarische Tätigkeit entfaltete: So stellte er etwa eine Taschenausgabe der »Klassiker aller Nationen« zusammen, er begründete Zeitschriften wie »Der Erzgebirgische Bote« (1807–1812) und die sog. »Erinnerungsblätter« (1813–1826), er gab das insgesamt 18 Bände umfassende »Vollständige Staats-, Post- und Zeitungslexikon von Sachsen« (1813–1825) heraus und eine »Bildergalerie der berühmtesten Menschen aller Völker und Zeiten«. Dabei ist erwähnenswert, daß der 14jährige Robert zu dem zuletzt genannten Sammelwerk Textbeiträge lieferte. Ferner gab Friedrich August die Werke von Walter Scott und von Lord Byron heraus. Da er sich besonders für das Werk Byrons sehr begeisterte, besorgte er auch selber die deutsche Übersetzung von »Childe Harold« und »Beppo«. Kurz vor seinem Tode bot Vulpius in Weimar Friedrich August noch an, seine Gesamtwerke herauszugeben.

Die verlegerische und literarische Tätigkeit machte Friedrich August weit über die Grenzen seiner nächsten Heimat hinaus bekannt. Das Diplom, das ihm die Ernennung zum korrespondierenden Mitglied der Westfälischen Gesellschaft brachte, traf ihn indes nicht mehr lebend an. Seine Tätigkeit brachte Friedrich August auch ein bedeutendes Einkommen ein. Der Schumann-Biograph von Wasielewski berichtet, daß das von Friedrich August hinterlassene Vermögen auf 60000 Taler geschätzt worden sei.

Die großen beruflichen Leistungen dieses Mannes sind um so bewundernswerter, als er bereits zur Zeit seiner Heirat (1795) kränklich gewesen sein soll. Es heißt, er habe wiederholt an Unterleibsbeschwerden unklarer Ursache (z.T. wird von »hypochondrischen« Beschwerden, z.T. aber auch von den Folgen einer Erkrankung an der Ruhr gesprochen), vielfältigen »Nervenübeln« und zuletzt an Schwindelanfällen gelitten. Friedrich August Schumann starb im Jahre 1826, als Robert 16 Jahre alt war.

Die Mutter Robert Schumanns, *Johanna Christiane Schnabel*, stammte, wie bereits erwähnt, als älteste Tochter eines Chirurgen aus einer finanziell gut situierten Familie. Sie wuchs in kleinstädtisch-beengten Verhältnissen auf. Zeitgenossen berichten, daß ihre äußere Erscheinung einnehmend gewesen sei und sie ein gewisses »Repräsentationstalent« besessen habe. Es war ihr nicht möglich, eine umfassendere Bildung zu erlangen. Doch war sie für die musikalische Entwicklung ihres Sohnes Robert von großer Bedeutung: So wissen wir, daß sie es war, die ihm den ersten Klavierunterricht vermittelte, und wir erfahren aus einem Brief, den Johanna Robert zum 25. Geburtstag schrieb, daß sie »das lebendige Arienbuch« seiner Kindheit genannt worden sei.

Während es in der Schumann-Literatur vom Vater heißt, er habe ein stilles, verschlossenes und ernstes Wesen besessen, erfahren wir über die Mutter, daß sie, zumindest in den späteren Lebensjahren, eine Frau von »schwärmerischer, sentimentaler Überspanntheit, verbunden mit momentan aufbrausender Heftigkeit« (*von Wasielewski*) gewesen sei. Sie habe auch einen »Hang zum Absonderlichen« gezeigt. Im Alter von 42 Jahren (1813), als Robert 3 jährig war, soll sie wegen eines »Nervenfiebers« nicht in der Lage gewesen sein, die Kinder zu versorgen. Robert wurde deshalb zweieinhalb Jahre lang von seiner Patin, der Frau des mit der Schumannschen Familie eng befreundeten Bürgermeisters Ruppius aus Zwickau, betreut.

Bei einer psychologischen Betrachtung der Persönlichkeit und des Werkes von Robert Schumann erscheint es mir reizvoll zu untersuchen, *in welcher Weise sich die Persönlichkeiten der Eltern und ihre Interessen auf den Sohn ausgewirkt haben*. Gewiß muß dabei manches spekulativ bleiben. Doch zeigt sich gerade im Falle Robert Schumanns, daß sich auffallend viele Parallelen zwischen dem elterlichen Verhalten und dem des Sohnes finden. Interessanterweise sind es im Hinblick auf den Vater eher manifeste, ganz offensichtliche Parallelen, während sich der Einfluß der Mutter offenbar eher indirekt ausgewirkt hat und zwiespältiger Natur war.

Von nachhaltigem Eindruck waren auf Robert zweifellos die literarischen Interessen seines *Vaters*, wie ich sie beschrieben habe. Wir wissen aus Roberts Tagebuchaufzeichnungen und der Fülle seiner Briefe sowie aus Berichten von Zeitgenossen, daß er zeitlebens brennend an Literatur interessiert war. Neben Homer, Cicero, Horaz und Sophokles las er von den deutschen Schriftstellern in seiner Jugend vor allem Schiller und Goethe. Besonders angesprochen fühlte er sich auch durch Byron, dessen Werk, wie oben erwähnt, sein Vater ins Deutsche übersetzt hatte. Es ist in diesem Zusammenhang auch daran zu erinnern, daß Robert später (1848) das dramatische Gedicht in drei Abteilungen »Manfred« (op. 115) nach Byron komponierte. Von besonderer Bedeutung war für Robert schließlich das Werk Jean Pauls, das ihn tief beeindruckte. Ich werde später noch ausführlicher darauf eingehen, welchen Einfluß Jean Paul nicht nur auf das literarische, sondern auch auf das musikalische Schaffen Robert Schumanns ausgeübt hat.

Wie erwähnt, hatte sich Friedrich August Schumann in seiner Jugend als Schriftsteller romantisch-schauriger Ritterromane betätigt. Auch in dieser Hinsicht folgte der Sohn seinem Beispiel: So schrieb er in seiner Jugend ebenfalls, neben Gedichten, auch Räuberkomödien. Auch später noch zeigte sich bei Robert eine Freude an derartigen Geschichten. So erfahren wir von seinem Biographen *von Wasielewski* die folgende Anekdote, die sich auf das Jahr 1832, die Zeit seines Studiums bei Friedrich Wieck, datieren läßt:

»Zu Schumanns Sonderbarkeiten gehörte es auch, daß er Wiecks Kinder in den Dämmerstunden auf sein Zimmer mitnahm, und sie durch Erzählung der abenteuerlichsten Spukgeschichten eigener Erfindung zu fürchten machte. Dann schloß er bisweilen die Stubentüre ab, und erschien plötzlich, allgemeinen Schrecken verbreitend, bei dem unheimlichen Schein einer Spirituslampe als Gespenst in einem umgewendeten Pelz«.

Es mag zur Zeit Schumanns nicht ungewöhnlich gewesen sein, daß die Eltern eines Mädchens dem potentiellen Bräutigam zunächst die Einwilligung zur Eheschließung versagten, wenn sie befürchteten, daß er nicht in der Lage wäre, für den Lebensunterhalt einer Frau und einer Familie aufzukommen. Es ist aber interessant zu sehen, daß Robert später mit den gleichen Schwierigkeiten zu kämpfen hatte wie ehemals sein Vater. Nur war der Widerstand, den Friedrich Wieck einer Eheschließung zwischen Clara und Robert entgegensetzte, ungleich heftiger. Eine Parallele zwischen Vater und Sohn besteht aber auch darin, daß beide vor dem Widerstand der Schwiegerväter nicht zurückwichen, sondern trotz aller Widrigkeiten ihre Heiratspläne verwirklichten. Überhaupt scheint eine wichtige Gemeinsamkeit zwischen Friedrich August und Robert Schumann die auffallende Durchhaltefähigkeit und Beharrlichkeit zu sein, mit der sie ihre Ziele verfolgten. Trotz der körperlichen Beschwerden, unter denen Friedrich August litt, und den vielfältigen psychischen Problemen, die Robert zunehmend in seinem Leben erkennen ließ, waren beide in der Lage, außerordentliche Leistungen zu erbringen.

Es sei noch auf eine weitere Gemeinsamkeit zwischen Vater und Sohn hingewiesen, die mir für das psychologische Verständnis eines Verhaltens von Robert Schumann in seinem späteren Leben wichtig zu sein scheint. Es ist die Tatsache, daß der Vater mit großem Eifer Sammelwerke erstellte, beispielsweise die Taschenbuchausgabe von Klassikern sowie die erwähnte Bildergalerie von berühmten Menschen, für die der Sohn als 14jähriger Beiträge lieferte. Viel später, nämlich im Schicksalsjahr 1853, wendete sich Robert voller Begeisterung der Arbeit an einem »Dichtergarten« zu, der die wichtigsten Stellen der Weltliteratur enthalten sollte. Ausschlaggebend für diese Art der Beschäftigung mag zum einen gewesen sein, daß Robert hoffte, durch eine Strukturierung der Außenwelt wieder Stabilität im Innern zu erreichen. Zum andern mag bei dieser Betätigung aber auch das Vorbild des Vaters eine wichtige Rolle gespielt haben.

Von ganz besonderer Bedeutung war schließlich der Vater für Roberts künstlerische Ambitionen. Auch wenn ursprünglich wesentliche Impulse von der

Mutter ausgegangen waren, so war es letztlich doch Friedrich August, der den Sohn auf den Weg der Kunst gewiesen und dort bei den ersten Schritten begleitet hat. Robert hat dies später wiederholt zum Ausdruck gebracht, etwa wenn er in seinem Brief vom 22. 8. 1830 an die Mutter unter anderem schreibt: »Dank an den großen Geist unseres guten Vaters, der mich früh durchschaute und mich zur Kunst oder zur Musik bestimmte«. Den Konflikt, der in dieser Hinsicht zwischen den Eltern bestand, hat Robert in seinem Brief vom 13. 4. 1838 an Clara folgendermaßen umrissen: »Mein Vater, ein Mann, den Du verehren würdest, wenn Du ihn nur gesehen hättest, erkannte mich frühzeitig, und hatte mich zum Musiker bestimmt; doch die Mutter ließ es nicht zu«.

Ich habe bereits darauf hingewiesen, daß der *Einfluß der Mutter* auf den Sohn eher indirekter und vor allem zwiespältiger Art war. Die Robert eigene Sensibilität bis hin zur Überreizbarkeit und seine außergewöhnliche Begeisterungsfähigkeit sind Züge, die wir bei seiner Mutter ebenfalls finden. Man kann sich auch fragen, ob der von der Mutter berichtete »Hang zum Absonderlichen« eine schwache Ausprägung dessen war, was sich bei Robert später als manifeste psychische Erkrankung zeigte.

Ferner muß man sagen, daß bei aller Zwiespältigkeit, die Johanna gegenüber Roberts Plänen, den Musikerberuf zu ergreifen, hegte, *sie* es war, von der ursprünglich wesentliche musikalische Impulse ausgegangen waren. So kam von ihr der Vorschlag, Robert im Alter von sieben Jahren Musikunterricht geben zu lassen, und sie selber nannte sich in einem Brief an den Sohn zu dessen 25. Geburtstag das »lebendige Arienbuch« seiner Kindheit. Wir können daraus entnehmen, daß die Musik in der Beziehung zwischen Mutter und Sohn schon von frühester Kindheit an eine wichtige Rolle gespielt hatte.

Kennzeichnend für diese Beziehung war aber zeitlebens eine tiefe Ambivalenz: Auf der einen Seite finden wir eine symbiotische Züge aufweisende sehr enge Bindung an die Mutter, geradezu eine Verpflichtung zu unbedingter Treue, wobei sich Robert im Grunde permanent schuldig fühlte, weil er diese Verpflichtung nicht voll erfüllte; auf der anderen Seite aber zeigen sein Verhalten und seine Äußerungen auch eine ausgeprägte Tendenz zur Distanzierung, zur Durchbrechung der symbiotischen Fessel. Dies wird am augenfälligsten bei seiner Entscheidung für die Musikerlaufbahn, womit er sich gegen den mütterlichen Wunsch nach einer Juristenkarriere auflehnte.

Der innerpsychische Konflikt, in dem sich Robert der Mutter gegenüber befand, wird von ihm anschaulich in einem Brief geschildert, den er am 28. 4. 1828 von Mannheim aus an die Mutter richtete. Dort heißt es unter anderem:

»Hier sitz' ich, geliebte Mutter, in einem Kreis von bayerschen Bier-patrioten und denke an mein teures Zwickau. Ist man im Vaterlande, so sehnt man sich hinaus, ist man im fremden Lande, so denkt man wehmütig an die geliebte Heimat. Und so ist's durchaus im menschlichen Leben: Das Ziel, das man einmal erstrebt hat, ist kein Ziel mehr: und man zielt und strebt und sehnt sich, immer höher, bis das Auge bricht und die Brust und die erschütterte Seele schlummernd unter dem Grabe liegt.

Ich denke an Dich, ich denke oft an Dich, meine gute Mutter, und an alle die guten Sprüche, die Du mir in das stürmische Leben mitgabst: ... gute Mutter, ich habe Dich oft beleidigt: Ich verkannte oft, wenn Du das Beste wolltest; Verzeihe dem stürmischen, aufbrausenden Jüngling, was er jetzt durch gute und edle Taten, durch tugendhafte Lebensweise gutmachen will; Die Eltern haben ein Leben von dem Kinde zu fordern! Der Vater schlummert schon: Dir, meine teure Mutter, bin ich nun um so mehr schuldig: Ich habe die Schuld für ein mir glücklich bereitetes Leben, für eine heitere, wolkenlose Zukunft *Dir allein* abzutragen. Möchte das Kind sich dieser Schuld würdig finden und zeigen, daß es die Liebe einer guten Mutter ewig, ewig durch tugendhaften Lebenswandel erwidert. Möchtest Du aber auch, wie immer, mir eine gute, verzeihende Mutter sein, eine milde Richterin des Jünglings, wenn er sich vergangen und eine schonende Ermahnerin, wenn er zu sehr aufbrauste, und tiefer in die Labyrinthe des Lebens sinken sollte«.

Es ist auffallend, wie oft wir in diesen Zeilen den Begriff des Schuldig-Seins finden und die Bitte an die Mutter, »verzeihend«, eine »milde Richterin« und eine »schonende Ermahnerin« zu sein. Wenig später lesen wir in diesem Brief die geradezu beschwörende Bitte: »Bleib mir denn gut, meine Mutter«.

Während sich in den zitierten Passagen die Angst vor der »bösen«, sich für die Treulosigkeit des Sohnes rächenden Mutter nur verhüllt äußert, erfahren wir in anderen Briefen wiederholt von Träumen, in denen die Mutter Robert »jedesmal ganz schrecklich« erschien (25.4. 1831), »immer drohend und in einer entsetzlichen Gestalt« (8.5. 1832), »stets wie warnend und erzürnt über mich« (19.3. 1834). Was am Tage vom bewußten Erleben verarbeitet und fast bis zur Unkenntlichkeit verwischt werden konnte, brach nachts im Traum unverhüllt hervor und läßt uns erkennen, wie spannungsreich Roberts Bild von der Mutter war. Es ist wohl keine zu weitgehende Interpretation, wenn wir seine Halluzinationen (beim psychischen Zusammenbruch 1854) von Engeln, die ihm herrliche Offenbarungen in wundervoller Musik machten, und von Dämonenstimmen mit gräßlicher Musik als Ausdruck eben dieses – nun in der Psychose ins Groteske verzerrten – Konfliktes mit der »guten« und der »bösen« Mutter verstehen.

Offensichtlich bestand auch von seiten der Mutter Robert gegenüber eine ähnlich ambivalente Haltung. Diese Zwiespältigkeit findet ihren Ausdruck beispielsweise darin, daß die Mutter einerseits strikt gegen Roberts Musikerlaufbahn war, andererseits später die Erwartung hegte, er werde ihr eines seiner Werke widmen. Dies ist allerdings nie geschehen!

Wenn wir nach einer Antwort auf die Frage suchen, warum Robert der Mutter diesen Wunsch nicht erfüllt hat, müssen wir die von ihm vorgebrachten Argumente psychologisch genauer durchleuchten. In den ersten Jahren seiner kompositorischen Tätigkeit finden wir im Briefwechsel zwischen Mutter und Sohn wiederholt Hinweise darauf, daß sich Robert der mütterlichen Erwartung, er solle ihr ein Werk widmen, sehr wohl bewußt war. Die Erfüllung ihres Wunsches schob er jedoch immer wieder hinaus. So schickte er beispielsweise im Herbst 1831 ein Exemplar seiner Abegg-Variationen (op. 1) an die Familie und vermerkte im Begleitbrief: »Daß ich dies erste Werk niemandem von Euch widmete, müßt ihr mir nicht übelnehmen, für's erste lag aber diese Dedication zu nahe, für's andere ist das Opus nicht gut genug, da viel schönere Sachen mit Eurem Namen im Pulte liegen, z.B. Papillons musicals für die drei Schwägerinnen, ein Konzert für die Mutter und ein großes Exercice in Doppelgriffen zur Übung für die Brüder«. Wenig später (am 31. 12. 1831) kündigt er in seinem Brief das Erscheinen der »Papillons« (op. 2) an, die er den Schwägerinnen Theresa, Rosalie und Emilie gewidmet hat, und fährt fort: »Deinen Namen, teure Mutter, soll kein Konzert oder so ein Rondo tragen, sondern ein heiteres, frommes, reiches Lied – bist Du's zufrieden?«. Ein gutes halbes Jahr später bekräftigt er diese Zusage noch einmal in seinem Brief vom 9. 8. 1832 an die Mutter mit den Worten: »Mein Versprechen wegen der Dedication hab' ich gewiß nicht vergessen; Von den neuesten Sachen, die bei Hofmeister erscheinen, Dir etwas zu widmen, schien mir unpassend, da es meistens Übungen und dgl. sind. Es bleibt bei den Liedern«.

Aus den zitierten Passagen wird deutlich, daß Robert spürte, der Mutter liege sehr viel daran, daß er ihr eines seiner Werke widme. Aus seinen Erklärungen spricht deutlich sein Schuldgefühl, daß er ihr diesen Herzenswunsch nicht erfüllt hat. Zugleich spürt man als Leser hinter den Erklärungen (die im Grunde relativ hilflose Rechtfertigungen sind) aber auch den Widerstand, den Robert hier der Mutter entgegensetzt. Ganz offensichtlich sträubte sich etwas vehement in ihm, der Mutter ein Werk zuzueignen. Wir dürfen vermuten, daß es eine tief in ihm verankerte Scheu, ja Angst, war, der Mutter, zu der eine außerordentlich enge Beziehung bestand, nun auch noch Zugang zu diesem innersten Kern seines Wesens, zu »seiner« Musik, zu gewähren. Eine Bestätigung erhält diese psychologische Hypothese durch folgende Passage aus Roberts Brief vom 8. 8. 1831 an die Mutter: »Es ist nämlich eine schöne Sache mit ..... einem jungen Komponisten. Du kannst kaum glauben, was das für ein Gefühl ist, wenn er sich sagen kann: Dies Werk ist *ganz* Dein, kein Mensch nimmt Dir dies Eigentum und kann Dir's nicht nehmen, denn es ist ganz Dein; Oh fühltest Du dieses ›Ganz‹«.

Bezeichnenderweise verwendet Robert in diesem Brief an einer späteren Stelle das hier beschriebene Hervorbrechen des »Genius« als Begründung dafür, daß er während längerer Zeit der Mutter nicht geschrieben hat. Die Zuwendung zu seiner musikalischen Kreativität war ihm offensichtlich nur möglich, indem er seine Grenzen der Mutter gegenüber klarer absteckte. Der sichtbare Ausdruck dieser Grenzziehung scheint mir die Tatsache zu sein, daß Robert keines seiner Werke der Mutter je gewidmet hat.

Indes bestehen bei Robert, wie bereits beschrieben, neben der Tendenz zur Abgrenzung auch völlig gegensätzliche Wünsche. Diese kommen ebenfalls in seinen zitierten Erklärungen, weshalb er der Mutter kein Werk gewidmet habe, zum Ausdruck. Es ist dort zweimal die Rede davon, daß das einzige der Mutter wirklich würdige Werk »ein heiteres, frommes, reiches Lied« sei. Bedenken wir, daß die Mutter in seiner Kindheit für ihn ein »lebendiges Arienbuch« war, so erhält Roberts Hinweis auf das Lied, das er ihr einst widmen werde, eine ganz besondere Bedeutung. Offensichtlich hat er damit die Mutter nicht nur vertrösten wollen und hat sich nicht nur mit vordergründigen Argumenten zu rechtfertigen versucht, sondern wollte wohl auch zum Ausdruck bringen, daß in ihm eine tiefe Sehnsucht nach einer symbiotischen Verschmelzung mit der Mutter bestehe, nach einer Wiederbelebung der frühkindlichen Dual-Union, die ihren deutlichsten Ausdruck für Mutter und Sohn im Lied gefunden hat. Zugleich spürte er aber auch, wie sein instinktives Zögern zeigt, deutlich die Gefahr, die ihm von einem solchen regressiven Sog gedroht hätte. Dies ist wohl der schwerwiegendste Grund dafür, daß Robert zeitlebens der Versuchung widerstand, der Mutter eines seiner Werke zu widmen. Es sei schon hier – vorwegnehmend – darauf hingewiesen, daß das Lied für ihn eine ganz besondere Bedeutung im Jahre 1840, dem Jahr seiner Eheschließung, erhielt. Ich werde später noch ausführlicher auf die psychodynamischen Hintergründe dieses sog. »Liederjahres« eingehen.

Der Ehe von Johanna und Friedrich August Schumann entstammten fünf Kinder. Von der ältesten Tochter *Emilie* (geb. 1796) heißt es bei den Schumann-Biographen im allgemeinen, sie sei – wohl als Folge einer sehr unangenehmen, entstellenden Hauterkrankung – von Jugend an psychisch erheblich alteriert gewesen. Sie habe Züge von »stillem Wahnsinn« gezeigt (vor allem in Form einer schweren Depressivität) und habe sich 1826 das Leben genommen. Einige Autoren (*Rehberg*, 1954; *Linder*, 1959) berichten, sie habe sich das Leben durch einen Sprung aus dem Fenster genommen. Andere Biographen (*Walker*, 1972b) hingegen erwähnen, sie habe Suizid durch Ertränken während einer Attacke von Typhusfieber begangen. Auch im Hinblick auf das Todesjahr finden sich in der Schumann-Literatur widersprüchliche Angaben: Außer dem Jahr 1826 wird (etwa von *Walker*) auch das Jahr 1825 genannt, wobei *Walker* aus einer Passage eines undatierten Briefes, den Eugenie Schumann, die jüngste Tochter des Komponisten, an ihre Mutter gerichtet hat, schließt, Emilie habe keinen Suizid begangen, sondern sei eines natürlichen Todes gestorben. *Walker* bezweifelt auch, daß Roberts älteste Schwester überhaupt an einer psychischen Erkrankung gelitten habe.

Von den *drei Brüdern* Robert Schumanns, *Eduard* (geb. 1799, gestorben 1839), *Karl* (geb. 1801, gest. 1849) und *Julius* (geb. 1805, gest. 1833), ist nichts Auffälliges bekannt. Sie starben alle vor dem jüngsten Bruder mit 28, 40 und 48 Jahren. Im Jahre 1809, d.h. ein Jahr vor Robert, ist noch ein Mädchen, *Laura*, geboren, die aber tot zur Welt kam. Wir wissen nichts Genaues darüber, ob bzw. wie sich der Verlust dieser Tochter auf den ihr nachfolgenden Robert ausgewirkt hat. Dennoch scheint es mir keine allzu große Spekulation zu sein, wenn wir annehmen, daß Robert aufgrund dieses Ereignisses und aufgrund seiner Stellung in der Familie als Jüngster das von allen verwöhnte »Nesthäkchen« war, dem von allen Seiten große Zuneigung entgegengebracht wurde. Hinzu kommt, wie wir von *v. Wasielewski* erfahren, daß er ein »schönes Kind« gewesen und auch aus diesem Grunde in vieler Hinsicht verwöhnt und verhätschelt worden sei.

In der frühen Kindheit war Robert meist von Frauen umgeben. Außer seiner Mutter war es vor allem seine Patin, die Bürgermeistersfrau Ruppius, die sich viel mit ihm beschäftigte und in deren Haus er sich oft ganze Tage und Nächte aufhielt. Wie bereits erwähnt, nahm die Patin Robert auch ganz in ihr Haus auf, als seine Mutter (vermutlich an Typhus) schwer erkrankt war. Aus autobiographischen (bisher allerdings erst teilweise publizierten, von *Ostwald*, 1985, zitierten) Aufzeichnungen des 15jährigen Robert erfahren wir, daß er Frau Ruppius als seine »zweite Mutter« innig liebte und sich unter ihrer »wahrhaft mütterlichen Aufsicht« offenbar sehr wohl gefühlt hat. Wie aus seinen späteren Äußerungen hervorgeht, bereitete ihm der Wechsel von der Mutter zur Patin und wieder zurück zur Mutter offensichtlich aber doch einige Schwierigkeiten: Er sei während seines Aufenthaltes bei der Familie Ruppius einmal täglich ins Elternhaus hinübergegangen, habe sich ansonsten um die eigene Familie keine großen Gedanken gemacht. Hingegen erinnere er sich sehr gut daran, daß er, bevor er das Haus der Patin verlassen habe, um wieder ganz bei den Eltern zu leben, die ganze Nacht geweint habe. In solchen frühen, traumatisch erlebten Trennungserfahrungen sieht *Ostwald* (1987) eine Wurzel von Roberts kreativer Kraft: Er habe im späteren Leben versucht, den Schmerz und das Leiden solcher Trennungserfahrungen durch seine schöpferische Tätigkeit zu kontrollieren, zu neutralisieren und zu verarbeiten.

Die Tatsache, daß die Umgebung Roberts Wünsche in der Kindheit fast ausnahmslos erfüllte, mag, wie *von Wasielewski* vermutet, dazu beigetragen haben, daß er in späteren Jahren mit großer Gereiztheit reagierte, wenn sich andere Menschen seinem Willen nicht fügten. Außerdem dürfte meiner Ansicht nach eine derartige frühkindliche Erfahrung zu einem starken Bewußtsein des eigenen Wertes und der Berechtigung der eigenen Ansprüche geführt haben. Möglicherweise war dies eine Voraussetzung für die bemerkenswerte Beharrlichkeit, die wir im späteren Leben immer wieder bei Robert finden (am deutlichsten vielleicht in den Jahren des zermürbenden Kampfes um die Erlaubnis zur Heirat mit Clara Wieck).

Im sechsten Lebensjahr wurde Robert in die sog. Sammelschule des Archidiakonus Dr. Döhner gegeben. In dieser Privatschule (eine öffentliche Schule gab es damals in Zwickau nicht) soll er zum ersten Mal in näheren Kontakt mit anderen Kindern seines Alters gekommen sein. Dabei zeigte sich schon früh Roberts starke Tendenz, tonangebend zu sein. So führte er, nach *v. Wasielewski*, beim beliebten »Soldatenspiel« stets das Kommando, wobei sich seine Kameraden offenbar ohne Widerstreben seinen Anordnungen fügten. Obwohl er in der Schule zunächst ein »mässiger Kopf, mehr träumerisch und unachtsam war«, fiel schon bald an ihm die »absolute Gewißheit« auf, »künftig ein berühmter Mann zu werden – worin berühmt, das war noch unentschieden, aber unter allen Umständen«, wie sein Schul- und Studienfreund Emil Flechsig in seinen Erinnerungen berichtet.

Ferner fiel seinen Schulkameraden auf, daß Robert eine große Vorliebe für geniale Menschen hegte und »mit scheuer Ehrfurcht« von Geistesheroen sprach, von deren Bedeutung damals nur wenige etwas ahnten. Wiederholt habe er etwa den in geistiger Umnachtung lebenden Hölderlin erwähnt oder habe über das »echte Künstlergesicht« des späten Beethoven mit struppigem Haar über dem verdüsterten Antlitz, welches Robert nachzuahmen liebte, und über Lord Byron »mit seinen Extravaganzen« gesprochen. Unverkennbar ist hier der Einfluß des Vaters, der sich ja in seinen Sammelpublikationen und Übersetzungen ebenfalls mit berühmten Menschen ausgiebig beschäftigt hat.

Die erste Anleitung im Klavierspiel sowie manche musikalische Anregung erhielt Robert von einem mit ihm im gleichen Haus wohnenden Gymnasiasten. Wie bereits erwähnt, kam dann von der Mutter der Vorschlag, dem damals 7jährigen bei einem Lehrer offiziell Musikunterricht geben zu lassen. Als Lehrer wurde der Baccalaureus Johann Gottfried Kuntsch (1775–1855) gewählt, der als formell höflicher Mann von altfränkischer Art und einer bis ins Kleinliche gehende Pedanterie beschrieben wird. Er hatte sich die für einen Stadtorganisten erforderlichen Fähigkeiten autodidaktisch angeeignet und erklärte sich schon nach wenigen Jahren für inkompetent, Robert einen Unterricht bieten zu können, der seinem großen Talent entsprochen hätte. Vielmehr empfahl er Robert, sich allein weiterzubilden.

Schon früh zeigten sich Roberts bemerkenswerten improvisatorischen Fähigkeiten. Von fast allen Schumann-Biographen wird erwähnt, daß er zur großen Erheiterung und zum Erstaunen seiner Umgebung musikalische Porträts von Menschen seines nächsten Umkreises zu entwerfen vermochte. Er soll dabei Charakteristika des Verhaltens, der Sprechweise, der Bewegungen und der körperlichen Erscheinung treffend in musikalischer Form dargestellt haben.

Nach dem eifrigen Literaturstudium in der umfangreichen väterlichen Bibliothek begann Robert in dieser Zeit große musikalische Aktivität zu entfalten. Wir hören von ausgedehntem Phantasieren am Klavier (eine Form des Musizierens, die in der Jugend und in seinen letzten Lebensjahren für ihn charakteristisch war). Ferner studierte er in Klavierauszügen die Opern Mozarts und Rossinis, improvisierte in Variationen darüber und erwarb eine erstaunliche Fähigkeit im prima-vista-Spiel.

Einen besonders tiefen Eindruck hinterließ auf Robert ein Konzertbesuch in Karlsbad im Sommer 1819, als der 9jährige zusammen mit dem Vater den damals berühmten Klaviervirtuosen Ignaz Moscheles erlebte. Noch 32 Jahre später erinnerte sich Robert in einem Dankschreiben an Moscheles, der ihm seine Cello-Sonate Op. 121 gewidmet hatte, an dieses Ergebnis und betonte, daß er niemals davon zu träumen gewagt hätte, von einem so berühmten Manne geehrt zu werden.

Im Jahre 1820 trat Robert in das Zwickauer Gymnasium ein. In seinen pianistischen Fähigkeiten hatte er sich inzwischen so weit entwickelt, daß er nach Angaben seines Schulkameraden Flechsig mit 13 Jahren bereits »ein fertiger Pianist« gewesen sei. Aber auch in der Öffentlichkeit entfaltete Robert während seiner Gymnasialzeit eine rege Aktivität: Er gründete einen musikalischen Verein, organisierte Orchesteraufführungen, spielte selbst öffentlich (z. B. bei der Aufführung von Friedrich Schneiders Oratorium »Das Weltgericht«, bei dem er als Klavierbegleiter mitwirkte). Ferner entstand in den letzten Schuljahren unter seiner Leitung ein literarischer Club, für den er selbst Statuten aufstellte. Außerdem schrieb er, wie bereits erwähnt, in dieser Zeit Gedichte und Räuberkomödien.

Rege war seine musikalische Initiative auch in »musikalisch-deklamatorischen Abendunterhaltungen«, die er in der Schule und in Privatsoiréen im Elternhaus und bei den verschiedenen Zwickauer Bürgern veranstaltete. Bei all diesen Aktivitäten erwies er sich als blendender Organisator und durchsetzungsfähiger Leiter. Es sei schon an dieser Stelle vorweggenommen, daß angesichts solcher Fähigkeiten sein Verhalten in späteren Jahren, etwa 1851 als Städtischer Musikdirektor in Düsseldorf, sehr auffällig war: Robert war damals kaum noch in der Lage, sich gegenüber dem Chor und dem Orchester verständlich zu machen und sein künstlerisches Konzept als Dirigent durchzusetzen. Schon diese Diskrepanz zu dem organisatorischen Talent, das er in der Jugend gezeigt hatte, läßt die Schwere seiner psychischen Behinderung im Jahre 1851 erkennen.

Eine tiefgreifende Veränderung in Roberts Wesen soll die Umwelt um sein 14. Lebensjahr herum festgestellt haben. An Stelle der kindlichen Munterkeit und Aufgeschlossenheit sei eine träumerisch-schweigsame Introversion getreten. Eduard Röller, ein Freund aus dieser Zeit, hat rückblickend Robert folgendermaßen charakterisiert: »Ob man gleich oft mit ihm zusammen gewesen ist, kann man doch eigentlich nicht viel von seinem inneren Wesen sagen, er war nicht so klar und offen, daß er sich ganz decouvriert hätte und durchsichtig geworden wäre«. Dieser Wandel in seiner Persönlichkeit mag zum einen pubertäre Gründe haben und ist insofern keineswegs auffällig. Zum anderen zeigen sich aber bereits hier Persönlichkeitszüge und Verhaltensweien, wie sie im weiteren Leben Robert Schumanns bestimmend waren und schließlich im psychischen Zusammenbruch ihre Extremausformung gefunden haben. *Edler* (1982) vermutet, daß die von der Umgebung beobachtete Wesensänderung Roberts Reaktion auf die tiefgehenden Divergenzen war, die bei seinen Eltern bezüglich seiner Begabungsstruktur und seiner beruflichen Ausbildung bestanden.

Verstärkt wurden seine Zurückhaltung und eine gewisse Schwermut sicher auch durch den Tod der Schwester Emilie und vor allem durch den Verlust des Vaters, der in Roberts 16. Lebensjahr starb. Wären schon die Todesfälle an sich einschneidende Ereignisse für Robert gewesen, so kamen in diesem Falle noch besondere, die Verarbeitung der Todeserfahrung erschwerende Umstände hinzu.

Aus den Berichten über die Familie Schumann geht hervor, daß der Tod der Tochter Emilie, die dem Vater sehr nahe gestanden hatte, für diesen ein besonders schwerer Schicksalsschlag war. Es heißt, er habe sich nie davon erholt. Falls als Todesjahr von Emilie 1826 angenommen wird, starb er bereits wenige Wochen nach ihr, es wären also innerhalb kürzester Zeit zwei Todesfälle in der Familie zu beklagen gewesen. Falls als Todesjahr für Emilie 1825 zutrifft, starb Friedrich August ein knappes Jahr später (sein Todesdatum ist der 10. August 1926).

Trotz der oben erwähnten Widersprüchlichkeiten hinsichtlich der Angaben über die Todesursache von Emilie müssen wir doch annehmen, daß sie ihrem Leben selber ein Ende gesetzt hat. Wir wissen aus dem Umgang mit suizidalen

Menschen und ihren Familien, daß schon ein Suizidversuch, erst recht aber ein vollzogener Suizid die nächste Umgebung in schwere Probleme stürzt. Die nächsten Angehörigen sind nicht nur mit dem plötzlichen Tod eines ihnen nahestehenden Menschen konfrontiert, vielmehr werden in ihnen durch die Gewaltsamkeit des Todesereignisses auch vielfältige, zum Teil widersprüchliche Gefühle ausgelöst. So finden sich häufig schwere Schuldgefühle dem Verstorbenen gegenüber, zugleich aber auch Ärger, mitunter gesteigert bis zum Haß gegen den Suizident, der durch sein Handeln die Angehörigen in diese Gefühlskonflikte gebracht hat.

Daß Robert durch den Tod der Schwester zutiefst erschüttert war, aber nicht über die Möglichkeit verfügte, sich mit diesem furchtbaren Ereignis wirklich auseinanderzusetzen, können wir dem Umstand entnehmen, daß er sich kaum in seinen Tagebüchern und Briefen über den Tod der Schwester geäußert hat. Selbst wiederholte Versuche der Mutter, ihm in Briefen Erinnerungen an die Schwester ins Gedächtnis zu rufen und ihn damit zu einer Reaktion anzuregen, ignorierte er völlig. Es scheint mir eine zu weitgehende Interpretation zu sein, wie *Rehberg* (1954) zu vermuten, dieses Verhalten sei vielleicht durch eine »unbewußte, ahnungsvolle Angst vor einem ähnlichen Lebensende« bedingt gewesen. Viel näher liegt es anzunehmen, daß der gewaltsame Tod der Schwester für Robert so erschütternd war, daß er damit nicht umzugehen wußte und deshalb auch in seinen schriftlichen Äußerungen nicht darauf reagieren konnte. Die einzige Möglichkeit einer Reaktion war für ihn in dieser Zeit offensichtlich das Schweigen, d.h. das Ausblenden der ganzen schrecklichen Ereignisse. Wenn es stimmt, daß Emilie sich das Leben durch einen Sprung aus dem Fenster genommen hat, so besitzt dieses Ereignis auch insofern eine tiefe Bedeutung für Robert, als er später eine ausgeprägte Abneigung, ja Angst, gegenüber hochgelegenen Wohnungen entwickelte.

Auch in seinem späteren Leben war es für Robert charakteristisch, daß er beim Zusammentreffen mit dem Tod als erste Reaktion stets eine massive Verleugnung dieser von ihm als so bedrohlich erlebten Situation gegenüber erkennen ließ. Dies wird etwa deutlich an seinen Äußerungen und seinem Verhalten nach dem Tode seines Bruders Julius und dessen Frau Rosalie (1833). In seinem Brief an die Mutter vom 27. 11. 1833 erklärte Robert kategorisch: »Von den vergangenen Wochen nichts. Ich war kaum mehr als eine Statue ohne Kälte, ohne Wärme; durch gewaltsames Arbeiten kam nach und nach das Leben wieder«. Ganz ausdrücklich warnte er die Mutter dann noch einmal in seinem Brief vom 4. 1. 1834, daß sie seine mühsam aufgebaute Abwehr gegen die Realität der ihn erschütternden Ereignisse nicht durchbrechen dürfe: »Da jetzt nur der Gedanke an fremde Leiden so vernichtend für mich ist, daß er mir alle Tatkraft nimmt, so hütet Euch, mir irgend etwas wissen zu lassen, was mir im geringsten Unruhe machte – ich *muß sonst ganz auf Eure Briefe verzichten*«.

Auch der Tod des Vaters war für Robert eine einschneidende Erfahrung. Der Vater hatte ihm gefühlsmäßig sehr nahe gestanden. Außerdem bedeutete sein Tod den Verlust eines Menschen, der ihn in seinen künstlerischen Plänen, von denen der Vater ja selbst stets geträumt hatte, bestärkt hätte. Die oben (s. S. 19) zitierte Briefpassage bestätigt diese Vermutung.

Schließlich ist auch zu bedenken, daß sich die Mutter zu der Zeit, als ihr Mann starb, wegen einer Kur in Karlsbad aufhielt, und deshalb der damals 16jährige Robert die schwere Zeit des Todes weitgehend ohne Hilfe von außen bewältigen mußte. Die Erfahrung war für Robert offensichtlich so traumatisierend, daß er sein Leben lang unfähig war, sich mit Gedanken an Tod und Begräbnis auseinanderzusetzen. Wie *Walker* (1972b) wohl zu Recht vermutet, ist dies auch einer der Gründe dafür, daß Robert der Bestattung seiner Mutter (im Jahre 1836) fernblieb, obwohl die Reise von Leipzig, wo er sich zu dieser Zeit aufhielt, nach Zwickau nur zwei bis drei Stunden in Anspruch genommen hätte.

Bereits während seiner Schulzeit hatte Robert begonnen, ein Tagebuch zu führen. Diese Form der intensiven Auseinandersetzung mit sich selbst hat er bis zu seiner Verheiratung gepflegt. Am Tage der Heirat mit Clara Wieck begannen die Ehegatten dann ein »Ehetagebuch« zu führen, in das sie im Wechsel Eintragungen vornahmen. Die von Robert für seine Tagebücher gewählte Bezeichnung »Lebensbücher« läßt die große Bedeutung sichtbar werden, die diese Reflexionen für ihn besaßen. Die aus der Zeit vom 15. bis zum 30. Lebensjahr stammenden Aufzeichnungen waren für ihn, wie er selbst schrieb, »ein vertrautes Mitding«, mit dessen Hilfe er das Erlebte festzuhalten und in der Retrospektive noch einmal auszuloten suchte.

Dieser Wunsch, sich in der Retrospektive mit der eigenen Persönlichkeit und mit allfälligen Veränderungen auseinanderzusetzen, wird auch in einem Brief deutlich, den er am 25. 10. 1830 aus Leipzig an die Mutter richtete. Dort heißt es am Ende: »Noch etwas. Willst Du mir gelegentlich *alle* meine Briefe von mir an Dich schicken? Ich wünschte sie gern zu einer Arbeit, möchte auch nebenbei sehen, ob die drittehalb Jahre mich sehr verändert haben«.

Abgesehen von Roberts Wunsch, die Erlebnisse und Gedanken festzuhalten, bot ihm das Führen von Tagebüchern auch die Möglichkeit, sich selbst zu erforschen und kritisch darzustellen, und zwar in einer Offenheit, wie er sie anderen Menschen gegenüber nie zu zeigen gewagt hätte. Ist es doch eines der Charakteristika bereits des jungen Schumann, daß er selbst seinen besten Freunden gegenüber im Letzten distanziert und verschlossen blieb.

Während er später unter seiner Kontaktarmut und Distanziertheit litt, empfand er es zu dieser Zeit noch, wie er 1828 im Tagebuch schrieb, »als Spaß, einen lichten Schleier über meine Seele zu werfen und die beobachtenden Menschen auf das Glatteis zu führen«.

Neben der Introspektion sollten die Einträge auch die Grundlage dafür schaffen, »in späteren Jahren Ansichten und Gefühle mit dem Vergangenen und Sonstigen zu vergleichen«. Er wollte dadurch feststellen, ob er sich selbst treu geblieben sei.

Schließlich darf man nicht außer acht lassen, daß das Führen von Tagebüchern Robert auch die für ihn wichtige Möglichkeit bot, seine literarischen Ambitionen zu realisieren. Viele Passagen der Tagebücher weisen den Charakter einer romantischen Aphorismensammlung im Stil der Fragmente eines Novalis oder Friedrich Schlegel auf, von denen manches sogar direkt oder indirekt übernommen wurde.

Wie bereits erwähnt, bestand bei Robert von Jugend an ein lebhaftes Interesse für Literatur. Mitunter schwankte er sogar zwischen der Laufbahn als Musiker und der eines Literaten. Einen besonders tiefen Eindruck hat auf den 17jährigen Robert das Werk von Jean Paul ausgeübt. Über Jahre hin ist in seinem literarischen Schaffen der Einfluß Jean Pauls spürbar, nicht nur in bezug auf die Gedanken und Auffassungen, sondern bis hin in die Sprachstruktur und in eine Angleichung an dessen gefühlsschwelgerische, metaphorische Ausdrucksweise.

F. Otto (1984) weist in ihrer Monographie »Robert Schumann als Jean-Paul-Leser« in überzeugender Weise nach, daß sich vielfältige stilistische und inhaltliche Übereinstimmungen zwischen den Dichtungen Jean Pauls und Roberts Jugendschriften finden. Der große Einfluß Jean Pauls sei paradigmatisch am »Motto« aufgezeigt, das Robert seiner 1828 verfaßten Schrift »Juniusabende und Julytage« vorangestellt hat. Dieses Motto lautet:

Eine Welt *ohne* Menschen – was *wär'* sie? – ein unendlicher Gottesacker – ein Todenschlaf ohne Träume – eine Natur ohne Blumen – ein todter Guckkasten ohne Figuren – – u. doch! diese Welt *mit* Menschen – was *ist* sie? – ein ungeheurer Friedhof gestorbener Träume – ein Todtenschlaf mit Blut-träumen – ein Garten mit Tränenweiden und Cypressen, ein stummer Guckkasten mit weinenden Gruppen – das ist sie. Ja! –

Schon in dieser kurzenPassage lassen sich in der Sprachstruktur und der verwendeten Metaphorik wesentliche Analogien zu Jean Paul erkennen. Wie *Otto* zeigt, hat Robert das »Motto« in Form eines »Polymeters« oder »Streckverses« verfaßt. Es ist eine verslose Lyrik nach einem freien Metrum, eine Dichtungsform, die Jean Paul in seinem Roman »Flegeljahre« zur Charakterisierung des Idealisten und Poeten »Gottwalt« verwendet hat.

Aus einer Tagebuchnotiz des Jahres 1828 geht hervor, daß für Robert die sprachliche Form dieses »Polymeters« nicht nur in literarischer Hinsicht von Bedeutung war, sondern daß er hierin auch einen direkten Bezug zur Struktur der »freien Phantasie in der Musik« sah. Es heißt im Tagebuch: »In der freien Phantasie vereint sich das Höchste in der Musik, was wir noch in den Kompositionen des reinen Satzes vermißten – das Gesetz des Taktes mit dem abwechselnd lyrisch-freien Taktmaße. Die Poesie tat es in J. Pauls Polymetern und in den alten Choeren; Ungebundenheit ist jedes Mal genialer und geistiger als das Gebundene, daher mein Mißbehagen an den Reimen«.

Auch im Hinblick auf die Aussage des Mottos lassen sich direkte Verbindungen zum Werk Jean Pauls nachweisen: Die Dessillusionierung, die Robert beschreiben will (eine Welt, die tot ist ohne Träume), erinnert nach *Otto* an Jean Pauls Dichtung »Traum im Traum«, in der dieser ein Bild zeichnet, welches die Vorstellung von Sinn in sich selbst vernichtet:

»Christus sagte: ›die Erde ist ein Traum voller Träume; du mußt entschlafen, damit dir die Träume erscheinen können.‹ Maria antwortete: ›ich will gern entschlafen, damit ich die Menschen träume.‹ – Christus sagte: ›was soll dir der Traum zeigen?‹ ›O, die Liebe der Menschen zeig' er mir, Geliebter, wenn sie sich wiederfinden nach einer schmerzlichen Trennung‹ – – und indem sie es sagte, stand der Todesengel hinter ihr, und sie sank mit zufallenden Augen an seine kalte Brust zurück – und die kleine Erde stieg erschüttert herauf, aber sie wurde kleiner und bleicher, je näher sie kam.«

Der Einfluß Jean Pauls ist schließlich auch in der von Robert verwendeten Metaphorik nachweisbar. Die folgenden Beispiele mögen dies veranschaulichen (nach *Otto*, 1984):

Robert Schumann:

»Der Feyertempel der wogenden Schöpfung wurde ein unendlicher Chor von Sphärenorgeln, auf deren Tasten die Menschheit u. die Natur die Choräle zum Leben des Unendlichen spielte«.

Jean Paul:

»Da er draußen am Rosmarin abblattete: so öffnete die aufgehende Sonne die Ventile des Windes, und dann fingen, von ihm angeweht, alle Register der großen Wesen-Orgel zu gehen an, und vor seinem Ohre wogte der Tremulant der Bäche, schrie das Flötenwerk der Vögel und brauste das zweiunddreißigfüßige Pedalregister der Waldungen«.

Oder:

»Ihm (Julius) träumte: er wär' unendlich glücklich und fände sich auf einer Tropfen Kugel u. wollte die Tränen alle zerdrükken; im Osten lag eine ungeheure Wolke, auf der sich ein ungeheurer Riese gelagert hatte, der mit zerrissenen Herzen spielte; die Thränen auf der Kugel sagten: unser Herrscher; dann nahm der Riese eine u. aus der Thräne wuchs eine stille Blume empor und über die Blume bog sich ein kleiner Regenbogen voll farbiger Thränen u. der Riese sagte: das ist die Pforte, die ins Lebens führt. Da rief Julius: Schicksal, bin ich denn nicht glücklich? u. der Riese antwortete du bist's; aber die Blume keimt zwischen zwey Thränen u. in jedem Glück schlummert eine verborgene Zähre«.

(Im Traum »Albanos« erscheint ein Riese als »Titan des Abgrunds«): »Die Weltkugeln mit den einzelnen Menschen zogen das Gebürge hinüber und kamen nicht wieder; und das Herz sehnte sich hinauf und hinüber ... Mir schritt ein zorniger Riese nach ...; über mir lief ein kleines festes Gewitter, aus der zusammengepreßten Dunstkugel der Erde gemacht, es hieß die Giftkugel des Himmels ... Auf dem hohen Gebürge rief eine Blume mich freundlich hinauf; ... das Wasser kochte – der Riese und die Giftkugel wurden grimmiger – zwei lange Wolken standen wie aufgezogene Fallbrücken nieder, ...«.

Robert begeisterte sich dermaßen für Jean Paul, daß er dessen »Flegeljahre« mit der Bibel verglich. Dieses Werk Jean Pauls liegt auch einer seiner ersten Kompositionen, den 1832 herausgegebenen »Papillons« (op. 2) zugrunde. In einem Brief an Mutter, Schwägerinnen und Brüder vom 17. 4. 1832 schreibt Robert u. a.:

»Bittet sodann alle, daß sie sobald als möglich die Schlußszene aus Jean Pauls Flegeljahren lesen möchten, und daß die Papillons diesen Larventanz eigentlich in Töne umsetzen sollten und fragt sie dann, ob vielleicht in den Papillons etwas von Winas Engelsliebe, von Walts Dichtergemüt und von Vults scharfblitzender Seele richtig widerspiegelt«.

In einem wenige Tage später (am 19. 4.1832) von Robert an L. Rellstab geschriebenen Brief erfahren wir über die Entstehung der »Papillons«:

»Ew. Wohlgeboren erinnern sich der letzten Szene in den Flegeljahren – Larventanz – Walt – Vult – Masken – Wiena – Vults Tanzen – das Umtauschen der Masken – Geständnisse – Zorn – Enthüllungen – Forteilen – Schlußszene und dann der fortgehende Bruder. Noch oft wendete ich die letzte Seite um: denn der Schluß schien mir nur ein neuer Anfang – fast unbewußt war ich am Klavier, und so entstand ein Papillon nach dem anderen«.

Vorbildhaft war Jean Paul, neben anderen romantischen Dichtern, für Robert auch im Hinblick auf die in der Romantik beliebte Doppelpersönlichkeit und die Doppelgängeridee: Bei Jean Paul »Walt« und »Vult«, bei Schumann der ungestüm-kämpferische, feurig-enthusiastische »Florestan« und der jünglingshaft-schwärmerische, innig-versonnene Träumer »Eusebius«. Hinzu kam als Mittler der abwägend-besonnene, männlich-reife »Meister Raro«.

In einer Tagebuchnotiz vom 8. Juni 1831 lesen wir:

»Von heute an will ich meinen Freunden schönere passendere Namen geben. Ich tauf' Euch daher folgendermaßen: Wieck zum Meister Raro – Clara zur Cilia – Christel zur Charitas – Lühe zum Rentenmeister Juvenal – Dorn zum Musikdirektor – Semmel zum Justitiar Abrecher – Glock zur medizinischen alten Muse – Renz zum Studiosus Varinas – Rascher zum Student Fust – Probst zum alten Maestro – Flechsig zum Jüngling Echomein – 6 Einsilbige und 5 Zweisilbige Freunde!

Tretet denn näher und betragt Euch schön romantisch«.

Die Idee dieser »Davidsbündlerschaft«, zu denen, neben anderen Gestalten, vor allem die erwähnten Florestan, Eusebius und Meister Raro gehörten, wird von Robert Schumann in der Einleitung seiner »Gesammelten Schriften über Musik und Musiker« erwähnt. Unter anderem heißt es in diesen Ausführungen: »Und hier sei noch eines Bundes erwähnt, der ein mehr als geheimer war, nämlich nur in dem Kopf seines Stifters existierte, der Davidsbündler. Es schien, verschiedene Ansichten der Kunstanschauung zur Aussprache zu bringen, nicht unpassend, gegensätzliche Künstlercharaktere zu erfinden, von denen Florestan und Eusebius die bedeutendsten waren, zwischen denen vermittelnd Meister Raro stand.« Diese Davidsbündlerschaft zog sich wie ein roter Faden durch die Zeitschrift, »Wahrheit und Dichtung in humoristischer Weise verbindend«. Die originelle Idee dieser Bündlerschaft verdankt ihre Entstehung der biblischen Geschichte von der Bekämpfung der Philister durch David.

Wie *Edler* (1982) nachweist, steht Roberts Davidsbund ganz in der romantischen Tradition. Der Bund leitet sich zum einen aus der »Jugendbewegung« der 1830er Jahre, dem »Jungen Europa«, ab. Zum anderen lehnt er sich an die Vorbilder der »Kunstbrüderschaften« der älteren Romantik an, z. B. an C. M. v. Webers »Harmonischen Verein« (1810), an E. T. A. Hoffmanns »Serapionsbrüder« (1819-1821) und an seinen »Johannes Kreisler Musikalisch-Poetischen

Klub«, an den Berliner »Tunnel über der Spree« (1827) und den Leipziger »Tunnel über der Pleiße« sowie an die Wiener »Ludlamshöhle«. Ziel dieser Kunstbrüderschaften war vor allem, ein Gegengewicht zur drohenden sozialen Isolierung des romantischen Künstlers zu schaffen. Mit der Erwählung Davids zum »Schutzpatron« des Bundes knüpfte Robert auch an die alte Nürnberger Meistersinger-Tradition an, deren »Schulkleinod« als »David« bezeichnet wurde (*Edler*, a.a.O.). Zugleich diente ihm die Anlehnung an die biblische Geschichte als Ausdruck seines Kampfes gegen die »Philister«, d.h. nach dem studentischen Sprachgebrauch seiner Zeit: gegen das »Bürgerliche« (i.S. des »Nicht-Studentischen«) schlechthin, dessen enge ästhetische Wertkriterien er zum Ziel seiner Kritik machen wollte.

Neben dem kulturpolitischen und dem sozialen Aspekt war für Robert der Davidsbund vor allem auch in der zuletzt erwähnten kunstkritischen Hinsicht von großer Bedeutung. Durch die Schaffung seiner Davidsbündler-Gestalten war es ihm möglich, die Fülle wechselnder, kontrastierender Stimmungen in personifizierter Form auszudrücken und dadurch in anschaulicher Weise seinen Lesern mitzuteilen.

Wie aus dem oben zitierten Tagebucheintrag vom Juni 1831 hervorgeht, bezog Robert in den Davidsbund, neben Phantasiegestalten, auch Personen seines näheren Umfeldes ein. Im Zentrum aber standen, neben »Meister Raro«, »Eusebius« und »Florestan«, die er folgendermaßen charakterisierte:

Florestan ist »einer von jenen seltenen Musikmenschen, die alles Zukünftige schon wie lange vorhergeahnt haben; das Seltsame ist ihnen im anderen Augenblick nicht seltsam mehr; das Ungewöhnliche wird im Moment ihr Eigentum«. Die Domäne von Florestan ist »die musikalische Polemik«, seine Aufgabe, die »Philister zu züchtigen«. Er ist der »Beethovensche Charakter« par excellence, voller Humor und Energie.

»Wie Florestan eine merkwürdige Feinheit besitzt, die Mängel eines Werkes im Nu auszuspüren, so findet dagegen *Eusebius* mit seiner weichen Hand schnell die Schönheiten auf, mit denen er gar oft auch die Irrtümer zu überdekken weiß«. Eusebius »zieht Blüte nach Blüte aus; er faßt schwerer, aber sicherer an, genießt seltener, aber langsamer und länger; dann ist auch sein Studium strenger und sein Vortrag am Klavier besonnener, aber auch zarter und mechanisch vollendeter als der Florestans«. Eusebius vermag auch »durch tieferes Eindringen in die Geheimnisse der Harmonie ... die feineren Schattierungen der Empfindung auszudrücken«.

In einem Brief an Heinrich Dorn erwähnte Robert, daß er die Grenze der Bündlerschaft sehr weit ziehe: »Der Davidsbund ist nur ein geistiger romantischer, wie Sie längst bemerkt haben. Mozart war ein ebenso großer Bündler, als jetzt Berlioz (!) ist, Sie es sind, ohne gerade durch Diplom dazu ernannt zu sein«. Robert verstand darunter, insofern ganz Kind der Romantik, eine »geistige Brüderschaft«, wie er es in einem Brief ausdrückte.

Im folgenden sei der Text der ersten, 1831 in der »Allgemeinen Musikalischen Zeitung« erschienenen Werkbesprechung, in der Robert seine Davidsbündler auftreten ließ, wiedergegeben. Es ist der Bericht über Frédéric Chopins Klaviervariationen über Mozarts »Reich' mir die Hand, mein Leben« aus »Don Juan«. Dieser Text legt zugleich Zeugnis von Roberts großer literarischer Begabung ab:

1. Ein Werk II

Eusebius trat neulich leise zur Tür herein. Du kennst das ironische Lächeln auf dem blassen Gesichte, mit dem er zu spannen sucht. Ich saß mit Florestan am Klavier. Florestan ist, wie du weißt, einer von jenen seltenen Musikmenschen, die alles Zukünftige, Neue, Außerordentliche wie vorausahnen. Heute stand ihm aber dennoch eine Überraschung bevor. Mit den Worten: »Hut ab, ihr Herrn, ein Genie«, legte Eusebius ein Musikstück auf. Den Titel durften wir nicht sehen. Ich blätterte gedankenlos im Heft; dies verhüllte Genießen der Musik ohne Töne hat etwas Zauberisches. Überdies, scheint mir, hat jeder Komponist seine eigentümlichen Notengestaltungen für das Auge: Beethoven sieht anders auf dem Papier als Mozart, etwa wie Jean Paulsche Prosa anders als Goethesche. Hier aber war mir's, als blickten mich lauter fremde Augen, Blumenaugen, Basiliskenaugen, Pfauenaugen, Mädchenaugen wundersam an: an manchen Stellen ward es lichter – ich glaubte Mozarts »Là ci darem la mano« durch hundert Akkorde geschlungen zu sehen. Leporello schien mich ordentlich wie anzublinzeln, und Don Juan flog im weißen Mantel vor mir vorüber. »Nun spiel's«, meinte Florestan. – Eusebius gewährte; in eine Fensternische gedrückt hörten wir zu. Eusebius spielte wie begeistert und führte unzählige Gestalten des lebendigsten Lebens vorüber; es ist, als wenn die Begeisterung des Augenblicks die Finger über das gewöhnliche Maß ihres Könnens hinaushebt. Freilich bestand Florestans ganzer Beifall, ein seliges Lächeln abgerechnet, in nichts als in den Worten, daß die Variationen etwa von Beethoven oder Franz Schubert sein könnten, wären sie nämlich Klaviervirtuosen gewesen – wie er aber nach dem Titelblatte fuhr, weiter nichts las als: »Là ci darem la mano, varié pour le Pianoforte par Frédéric Chopin, Oeuvre 2« und wir beide verwundert ausriefen: »Ein W. 2«, und wie die Gesichter ziemlich glühten vom ungemeinen Erstaunen, und außer etlichen Ausrufen wenig zu unterscheiden war als »Ja, das ist einmal wieder etwas Vernünftiges – Chopin – ich habe den Namen nie gehört – wer mag es sein – jedenfalls ein Genie – lacht dort nicht Zerline oder gar Leporello« – – So entstand freilich eine Szene, die ich nicht beschreiben mag. Erhitzt von Wein, Chopin und Hin- und Herreden gingen wir fort zum Meister Raro, der viel lachte und wenig Neugier zeigte nach dem W. 2, »denn ich kenn' euch schon und euren neumodischen Enthusiasmus – nun, bringt mir nur den Chopin einmal her«. Wir versprachen's zum andern Tag. Eusebius nahm bald ruhig gute Nacht, ich blieb eine Weile bei Meister Raro; Florestan, der seit einiger Zeit keine Wohnung hat, flog durch die mondhelle Gasse meinem Hause zu. Um Mitternacht fand ich ihn in meiner Stube auf dem Sofa liegend und die Augen geschlossen. »Chopins Variationen«, begann er wie im Traume, »gehen mir noch im Kopfe um: gewiß«, fuhr er fort, »ist es das Ganze dramatisch und hinreichend Chopinisch; die Einleitung, so abgeschlossen sie in sich ist – (kannst du dich auf Leporellos Terzensprünge besinnen?) – scheint mir am wenigsten zum Ganzen zu passen; aber das Thema – warum hat er es aber aus B geschrieben? – die Variationen, der Schlußsatz und das Adagio, das ist freilich etwas – da guckt der Genius aus jedem Takte. Natürlich, lieber Julius, sind Don Juan, Zerline, Leporello und Masetto die redenden Charaktere – Zerlinens Antwort im Thema ist verliebt genug bezeichnet, die erste Variation wäre vielleicht etwas vornehm und kokett zu nennen – der spanische Grande schäkert darin sehr liebenswürdig mit der Bauernjungfer. Das gibt sich jedoch von selbst in der zweiten, die schon viel vertrauter, komischer, zänkischer ist, ordentlich als wenn zwei Liebende sich haschen und mehr als gewöhnlich lachen. Wie ändert sich aber alles in der dritten! Lauter Mondschein und Feenzauber ist darin: Masetto steht zwar von ferne und flucht ziemlich vernehmlich, wodurch sich aber Don Juan wenig stören läßt. – Nun aber die vierte, was hälst du davon?

– (Eusebius spielte sie ganz rein) – springt sie nicht keck und frech und geht an den Mann, obgleich das Adagio (es scheint mir natürlich, daß Chopin den ersten Teil wiederholen läßt) aus b-Moll spielt, was nicht besser passen kann, da es den Don Juan wie moralisch an sein Beginnen mahnt. Schlimm ist's freilich und schön, daß Leperollo hinter den Gebüschen lauscht, lacht und spottet, und das Hoboen und Klarinetten zauberisch locken und herausquellen, und daß das aufgeblühte B-Dur den ersten Kuß der Liebe bezeichnet. Das ist nun aber alles nichts gegen den letzten Satz – hast du noch Wein, Julius? – das ist das ganze Finale im Mozart – lauter springende Champagnerstöpsel, klirrende Flaschen – Leporellos Stimme dazwischen, dann die fassenden, haschenden Geister, der entrinnende Don Juan – und dann der Schluß, der schön beruhigt und wirklich abschließt«. Er habe, so beschloß Florestan, nur in der Schweiz eine ähnliche Empfindung gehabt – wie bei diesem Schluß. Wenn nämlich an schönen Tagen die Abendsonne bis an die höchsten Bergspitzen höher und höher hinaufklimme und endlich der letzte Strahl verschwände, so träte ein Moment ein, als sähe man die weißen Alpenriesen die Augen zudrücken. »Man fühlt nur, daß man eine himmlische Erscheinung gehabt. Nun erwache aber auch du zu neuen Träumen, Julius, und schlafe!« – »Herzens-Florestan«, erwiderte ich, »diese Privatgefühle sind vielleicht zu loben, obgleich sie etwas subjektiv sind; aber so wenig Absicht Chopin seinem Genius abzulauschen braucht, so beug' ich doch auch mein Haupt solchem Genius, solchem Streben, solcher Meisterschaft«. Hierauf entschliefen wir. Julius

Es ist bei Roberts außerordentlichen literarischen Fähigkeiten nicht verwunderlich, daß nicht nur sein musikalisches Werk nach wie vor größte Wertschätzung erfährt, sondern daß auch seine literarischen Produktionen heute noch Beachtung finden. So hat beispielsweise der zeitgenössische Komponist *Mauricio Kagel* Roberts Tagebuchaufzeichnungen aus dem Jahre 1828 seinem melodramatischen Werk »Mitternachtsstük« zugrunde gelegt. *Kagel** schreibt in seiner Einführung (1981) zu der aus den drei Sätzen »Mitternachtsstük«, »Mitternachtsstük aus Selene« und »Nachtphaläne in der Selene« bestehenden Kompositionen u. a.:

»Als ich vor etwa zehn Jahren jenes Buch kaufte (gemeint sind die Tagebücher Robert Schumanns), ahnte ich noch nicht, daß es mich seitdem fast überall begleiten würde ... fortwährend wird über das reflektiert, was mein eigenes Leben mit Leben erfüllt: ›Musick stünde zwischen Sprache und Gedanke‹, vom Einfall, eine ›Oper ohne Text‹ (!!) zu schreiben ... Robert Schumanns ›Tagebücher 1827–1838‹ ... wurde auch zu einer meiner regelmäßig wiederkehrenden ›Bettlecturen‹... Und immer wieder: welche Prosa! Jean Paul geistert hier omnipräsent ..., literarische Rückblenden bereichern, ergänzen und ermöglichen den Ausdruck einer neuen musikalischen Sensibilität, wie es sie ihresgleichen in der Geschichte der Tonkunst bis dahin noch nicht gegeben hat. Er setzt sich schon hier auseinander mit dem Wesen eines Konfliktes, der ihn bis zu seinem Tode verfolgen wird: soll er seine innere Welt eher durch das Schreiben von Worten oder die Niederschrift von Noten entlasten?

* Herrn Mauricio Kagel sei an dieser Stelle herzlich für die Überlassung des Skriptums mit der »Einführung zu Mitternachtsstük« gedankt. Der Verlag C. F. Peters hat mich freundlicherweise Einblick in die Partitur des Werkes nehmen lassen.

... Der Gedanke, manchen dieser Texte mit meiner Musik zu verbinden, kam bald, nachdem ich merkte, daß der Rotstift, mit dem ich einzelne Worte und Begriffssprünge, aber auch längere Sätze und ganze Abschnitte hervorhob, eigentlich ein unbewußter Kompilator, das Werkzeug eines Komponisten war ... Die Fragmente, die ich schließlich aus einer Fülle – im besten Sinne des Wortes – bezaubernder Prosatexte wählte, schienen mir genauso geheimnisvoll wie aufschlußreich für den Schriftsteller Schumann. Der Titel ›Mitternachtsstük‹ (*doch* die Originalorthographie: › ... stük‹ *ohne* c) vereinigt drei wesensverwandte atmosphärische Beschreibungen der Unwirklichkeit. Es wäre ein leichtes, die Handlung als ›romantisch‹ zu bezeichnen, und somit das Fiktive der Situation besonders zu betonen. Man schrieb *Selene*, der griechischen Mondgöttin, ... Einfluß auf Geburt, Gesundheit und Krankheit ... zu.

Was Selene während ihrer mitternächtlichen Wanderung im I. Satz und wie sie sich in den beiden anderen Erzählungen – auch ohne ausdrücklich genannt zu werden – auf das quasi schlechte Wohlbefinden der Akteure auswirkt, kann anschließend aus den vollständigen Texten erfahren werden.

Es dürfte fast selbstverständlich sein, wenn ich auf mein Bemühen, die Verständlichkeit der Textvorlage zu erhalten, hinweise. Oft geht diese Verständlichkeit auf ungewollte Weise verloren oder wird durch die Rezeption des Gesamtkontextes von Stimmen und Instrumenten verdunkelt. Man könnte die drei Sätze der Komposition als drei unterschiedliche Studien über die Verbindung von klar vernehmbaren Worten und einem gleichzeitig ablaufenden Kommentar auffassen ... Der Chor übernimmt hier die Partie eines zwar empfindsam mitteilenden, aber stets distanzierten Sprechers, eigentlich jene Rolle, die sonst dem sachlichen Erzähler reserviert wird. Dazu bilden Solo-Stimmen den notwendigen Kontrast; durch sie werden die Situationen akustisch zur Féerie und die Interpretation kann sich jenem ›physischen Träumen‹ vielleicht nähern, der Schumann so beschäftigte. Und: ›Über das In den Geist eindringen‹. *Mauricio Kagel*, 23. 8.81«.

Um dem Leser einen Eindruck von der reichen Bilderwelt der literarischen Schöpfungen, wie sie sich in Roberts Tagebuchaufzeichnungen finden, zu vermitteln, möchte ich im folgenden noch die Texte der drei im »Mitternachtsstük« von Mauricio Kagel zusammengefaßten Passagen wiedergeben (Die Wörter in eckigen Klammern wurden im Musikwerk von Kagel nicht verwendet. Fragezeichen in spitzen Klammern wurden von Kagel hinzugefügt). Kagel legt seinem Werk die folgenden Texte Robert Schumanns vom November 1828 zugrunde:

I

Mitternachtsstük

Die bleichen Sterne glänzten magisch über die Todtenhügel u. die Thränenweiden u. die Cypressen flüsterten sich leise ihre Sprache zu – die Gräber ragten stumm über die Blumen hervor, die im Winde taumelten u. die Monumente warfen große lange Schatten, wie die Zeigen der Zeit oder der Ewigkeit u. sie sagten: seht, wir zeigen, wo ihr einst aber liegt – der Mond leuchtete stumm u. in dem Aether tönten lange Schwanengesänge einförmig u. düster – die Erde lag formlos da u. schwieg u. schlummerte. Selene, Selene, rief es vor dem Fenster des

Todtengräbers; Selene richtete sich empor u. wollte den Mond umarmen – der Busen schlug hoch u. laut, wie Uhrschläge; er war offen u. ein langes weißes Nachtkleid hing nachlässig über den Körper – die (Loken) langen Haare fielen wild-düster herunter – Selene lief rasch über den Gottesaker u. las die Grabschriften: hier ruht ein zerbrochnes Herz, las die Erleuchtete; sie setzte sich lächelnd auf den Grabhügel; jetzt kam den Kirchgang eine Gerippe hergegangen; sie hörte, wie die Gebeine klapperten; aber sie vermochte nicht aufzustehen, das Gerippe kam näher u. setzte sich neben sie u. schlang den Arm um ihren Leib; einen Kuß willst du haben, sagte sie schüchtern. Das Gerippe lachte u. gab ihr einen Eiskuß – dann ging es fort. Ich habe wohl gesündigt, rief sie; dann stand sie auf u. ging in die Kirche u. kletterte auf der Emporkirche herum – Das Gerippe saß an der Orgel u. spielt einen Walzer – der Mond ging unter – Selene ging in's Todtengräberhaus. Es war stumm u. still u. sie schlummerte.

*

II

Mitternachtsstük aus Selene

Sie saßen sich schweigend gegenüber, beyde den Kopf auf dem Arm gestützt; das Licht brannte schwach u. der Mond schien trübe, als wagt' er nicht zu glänzen [auf einen Christus von Guido Reni] – sie sagten lange nichts – es ist doch wohl keine Unsterblichkeit, fragte Gustav lang u. gedehnt, wie im Traum; er bewegte keine Muskel u. es schien, als fragt er sich selber. Der Prinz sah ihn an u. sagte schnell: ja. Sie schwiegen lange. Du bist wohl wahnsinnig, Gustav, sprach er nach einer langen Pause – draußen zogen große Wolken am Himmel vorüber; im Westen glänzte noch am Himmel ein feuriger Schein, die Blumen sprachen mild miteinander; im Osten zog ein kalter Nachtsturm heran; der Wind schmiß ein Fenster heraus; Gustav stand sachte auf u. ging langsam ans Fenster; der Wind schüttelte seine Haare wild. – Wahnsinnig, sagt' er;

er dehnte noch hinzu: wenigstens ist es jeder Mensch, weil er noch lebt. Der Prinz antwortete nichts; Gustav, sang er nach einer Pause; er faßte ihn geheimnißvoll an u. fragte leise: bist du ein Mensch⟨?⟩ – Gustav nikte stumm – warum nikst du denn, du Mumie? ich habe heute einen vernünftigen Gedanken – wie der Mensch glaubte, nach dem Tode wäre Vernichtung, da rief sein Herz: es muß ein komischer Gott seyn, der uns zum Sterben leben läßt; wie dem Menschen aber eine Stimme zurief: du lebst fort, was rief der Mensch da aus, Gustav? Gustav zeigte an die Wolken u. sagte dumpf: wenn du bist, Gott, warum machtest du Menschen? u. wenn du nicht bist, warum sind wir keine Götter⟨?⟩ So giebt es keine, sagte der Prinz, denn giebt es eine Unsterblichkeit so giebt es keinen Gott. Nichtwahr? Gustav antwortete nicht; aber sie gingen. –––

*

III
Nachtphaläne in D. Selene.

Gustav ging noch bleich zum Prinzen, es war schon Hochmitternacht; gute Mitternacht, sagte Gustav düster lächelnd; der Prinz lag schlafend auf seiner Ottomane; aber seine Augen waren offen – vor ihm lagen die Mumien aufgeschlagen; auch ein Gustav, sagte Gustav schmerzlich u. schmiß das Buch von sich; vorn hinein schrieb Gustav: »ich wähnte, Prinz, du wachtest; aber du schliefst u. nur deine Augen waren offen; da dacht' ich: o so denken die andern Menschen immer, daß man wacht, weil es so scheint, aber nicht daß man schlummert.

Gute Nacht, Du!« Das Nachtlicht flakkerte schwach u. erbärmlich; Gustav stand auf u. blies es aus; der Prinz wachte auf, sobald das Nachtlicht ausgelöscht war. »Gustav« rief er; Carl, rief er – sie lagen sich in den Armen. Er klingelte – »Champagner« rief er dem Bedienten.

Sie tranken, bis es Morgen ward.Gustav taumelte fort – –

Robert Schumann, Nov. 1828
(aus: »Tagebücher 1827–1838«,
Leipzig 1971)

Angesichts der Tatsache, daß Robert am Ende seines Lebens unter einer schweren psychischen Erkrankung litt, könnte man versucht sein – und verschiedentlich haben Autoren auch so argumentiert –, daß sich bereits in Roberts Aufzeichnungen wie den zitierten aus den Jahren 1827 bis 1831 eindeutige Hinweise auf die spätere Psychose ergäben. So nimmt beispielsweise *Linder* (1959) an, Robert habe durch das Führen von Tagebüchern versucht, »durch Selbstanalyse seine Persönlichkeit festzuhalten, um .... so die Veränderungen seines Wesens objektiv feststellen zu können. Darin zeigt sich bereits Schumanns auch später auffallende Tendenz zum Sammeln und Katalogisieren«. Im Wissen um seine spätere schizophrene Erkrankung erscheint eine solche Interpretation zwar durchaus plausibel. Berücksichtigen wir jedoch, daß das Führen von Tagebüchern als Mittel der Introspektion in der Zeit der Romantik weit verbreitet war (s. *Hocke*, 1963; *Pestalozzi*, 1982) und insofern Roberts Aufzeichnungen ganz der Zeitströmung entsprachen und eine von den Romantikern viel verwendete literarische Form darstellten, so wird deutlich, daß es zumindest äußerst spekulativ ist, wenn wir das Führen eines Tagebuchs bei Robert Schumann als Ausdruck seines individuellen Ringens um Synthese, als eine Maßnahme gegen den drohenden psychotischen Persönlichkeitszerfall interpretieren.

Ähnlich ist es bei der psychologischen Interpretation des von Robert verwendeten literarischen Stilmittels, verschiedene Aspekte seiner Stimmungen und seiner Weltsicht in den Gestalten von Eusebius, Florestan und Meister Raro zu personifizieren. Wieder könnte man, im Wissen um die schizophrene Psychose am Ende seines Lebens geneigt sein, in diesen literarischen Figuren Konkretisierungen gespaltener Selbstbilder und damit frühe Vorläufer der schizophrenen Erkrankung zu sehen. Doch auch eine solche Interpretation erscheint mir, obwohl sie vielleicht verführerisch wäre, nicht legitim. Ich habe bereits darauf hingewiesen, daß die Doppelpersönlichkeit und die Doppelgängeridee in der Romantik , ganz ausgesprochen etwa bei Jean Paul, außerordentlich beliebt war und auf keinen Fall als individuelle Schöpfung Robert Schumanns, oder gar noch als Ausdruck einer schizophrenen Zerrissenheit, angesehen werden kann.

KAPITEL 2

Adoleszenz (1826–1836)

»Mein ganzes Leben war ein zwanzigjähriger Kampf
zwischen Poesie und Prosa
oder nenn' es, Musik und Jus«.

R. Schumann, Brief vom 30. 7. 1830
an die Mutter

Nach dem Tode des Vaters wurde für Robert ein Vormund, Gottlob Rudel, eingesetzt, der die finanziellen Belange seines Mündels regelte und zusammen mit der Mutter über die weitere Ausbildung wachte. Während der Vater die literarischen und musikalischen Interessen des Sohnes befürwortete und aktiv gefördert hatte, stand die Mutter, zusammen mit dem Vormund, dem Wunsch Roberts nach einer musikalischen Ausbildung ablehnend gegenüber. Sie wollte Robert nicht dem »Hungerdasein« eines Künstlers ausgesetzt wissen und insistierte deshalb so lange, bis der Sohn sich ihrem Wunsche fügte und sich am 24. März 1828 als Student an der Juristischen Fakultät in Leipzig immatrikulierte.

Aus allen Äußerungen Roberts geht hervor, daß er sich diesem hartnäckigen mütterlichen Wunsch nur widerwillig beugte. Zu einer direkten Konfrontation mit der Mutter ließ er es aber in dieser Zeit noch nicht kommen. Erst zwei Jahre später eröffnete Robert ihr (in seinem Brief vom 30. Juli 1830) seinen Entschluß, sich ganz der Musik zu widmen. In der Schumann-Literatur ist dieses Hinausschieben des letztlich unvermeidbaren Konflikts mit der Mutter in ganz verschiedener Weise interpretiert worden. Über alle Divergenzen bei der psychologischen Erklärung seines Verhaltens hinweg sind sich aber alle Autoren darüber einig, daß Robert in den Jahren zwischen 1828 und 1830 einem ihn sehr belastenden Gewissenskonflikt ausgesetzt war. »Offiziell« studierte er Jus, tatsächlich aber bestand seine Hauptbeschäftigung im Musizieren. Einige Schumann-Biographen betrachteten Roberts Bereitschaft, sich dem mütterlichen Wunsche zu fügen, als »Einsichtigkeit« (*Rehberg,* 1954) und deuten es als Zeichen seiner Reife, wie er mit dieser Situation umgegangen sei, bis er schließlich aus der sicheren Distanz von Leipzig aus die Mutter umgestimmt habe (*Walker*, 1972). Demgegenüber sehen andere Autoren (wie *Haesler*, 1982) in Roberts Verhalten einen Hinweis darauf, daß ihm eine erfolgreiche Verselbständigung gegenüber der Mutter nicht gelungen sei. Die Beziehung zwischen Mutter und Sohn sei vielmehr gekennzeichnet gewesen durch »jene eigenartige Mischung von zarter Antwortbereitschaft und Unfähigkeit zur Einfühlung, von Reichtum im mütterlichen Geben und von Schuldgefühle einflößender Anbindung« (*Haesler*, a. a. O.). Ich habe auf die in Robert bestehende Ambivalenz der Mutter gegenüber bereits hingewiesen (S. 19ff.).

Wie immer wir die Motive für Roberts Verhalten in den Jahren 1828 bis 1830 psychologisch interpretieren mögen, bleibt doch als Faktum bestehen, daß sich in seinem Konflikt mit der Mutter letztlich ein Grundkonflikt seiner Persönlichkeit und seines Lebens artikuliert: In der Gestalt der Mutter erlebte er die Forderungen der »prosaischen Welt« mit ihren Einengungen, finanziellen Erwägungen und der Nichtanerkennung der genialen Künstlerpersönlichkeit, während für ihn der Vater Repräsentant künstlerischer Ambitionen war. Nach seinem Tode war der Vater für ihn erst recht, in der Erinnerung, eine »herrliche« Idealgestalt geworden, die ihm als Leitfigur auf seinem künstlerischen Wege vor Augen stand.

Wie *Edler* (1982) in seiner Schumann-Biographie zeigt, war für Robert zeitlebens die Suche nach solchen »hohen Menschen« sowohl in der Literatur als auch in seinen sozialen Beziehungen ein betimmendes Merkmal. Immer wieder versuchte er, eine den Vater ersetzende Figur zu finden und damit den in seinem Innern nach wie vor, selbst nach dem Tode der Mutter, wirksamen kritischen Einwänden gegen die Künstlerlaufbahn zu begegnen. In diesem Sinne ist wohl auch eine Mitteilung an die Mutter in Roberts Brief om 29. 6. 1828 zu deuten, wo er u. a. schreibt: »Das Bild des Vaters, Jean Pauls und Napoleons hängen in *goldenen* Rähmen vor meinem Schreibepult«.

Für längere Zeit glaubte Robert, in seinem Lehrer Friedrick Wieck eine solche Idealgestalt gefunden zu haben, bis er, voller Enttäuschung, den krassen Egoismus Wiecks erkannte. Nach *Edler* hat Robert auch in dem oben zitierten literarischen Werk »Selene« selber versucht, in der Figur des Gustav einen solchen »hohen Menschen« zu gestalten. Die Suche nach einem Idealträger habe sich schließlich auf Felix Mendelssohn gerichtet, da Robert in Mendelssohn die Fähigkeit vollendet ausgebildet glaubte, die er bei sich selbst stets vermißt hatte: »Das Verhältnis zur Welt jederzeit mit dem Künstlertum in Übereinstimmung zu bringen und damit den tiefen Riß zwischen Kunst und Alltagswelt, zwischen innerer und äußerer Wirksamkeit, zwischen Schaffen aus der Tiefe des eigenen Inneren und demjenigen in die äußere Breite hinein zu heilen und so zum ›Frieden‹ zu gelangen« (*Edler*, a. a. O.).

Da das Semester in Leipzig erst im Mai 1828 begann, nutzte Robert zusammen mit einem anderen jungen Jus-Studenten, Gisbert Rosen, die Zeit bis dahin für eine Reise nach Bayern. Er besuchte u. a. Bayreuth, die Stätte, an der sein großes Vorbild Jean Paul gewirkt hatte, Nürnberg, Augsburg und München. Die Aufzeichnungen, die Robert während dieser Reisen machte, vermitteln uns ein lebendiges Bild von den Eindrücken, die er dabei gewann. So wissen wir, daß er in München Heinrich Heine aufsuchte. Robert hatte sich den berühmten Dichter als »mürrischen, menschenfeindlichen Mann« vorgestellt, und im Schumann-Schrifttum heißt es wiederholt, Heine habe Robert recht kühl empfangen. Tatsächlich mußte Robert aber, wie wir von *Edler* erfahren, zu seiner Überraschung feststellen, daß der Dichter ihm »freundlich, wie ein menschlich griechischer Anakreon« begegnete und mit ihm unter »geistreicher Unterhaltung« eine Kunstgalerie besuchte.

Das Zusammentreffen zwischen Heinrich Heine und Robert Schumann ist insofern von Bedeutung, als Robert später insgesamt 44 Gedichte Heines, darunter die beiden berühmten Zyklen »Dichterliebe«, op. 48 (nach Heines »Lyrischem Intermezzo« aus dem »Buch der Lieder«), und »Liederkreis«, op. 24, vertonte. Es wird später noch auf diese Liedkompositionen ausführlicher eingegangen werden (s. Kapitel 3).

Robert blieb ein Jahr in Leipzig. Offiziell studierte er Jus und ging anfangs auch, wie er selber schrieb, »regel- und maschinenmäßig in die Kollegien«. Schon nach kurzer Zeit jedoch wandte er sich ausschließlich der Philosophie zu und beschäftigte sich vor allem mit Fichte, Kant und Schelling. Seine Tätigkeit bestand während dieser Zeit darin, »in der Stille gearbeitet, d. h. Klavier gespielt, viel gelesen und etliche Briefe und Jean Pauliaden verfaßt« zu haben.

Offensichtlich fühlte sich Robert schon nach kurzer Zeit nicht mehr so wohl in Leipzig. So schreibt er etwa bereits am 29. 6. 1828 an die Mutter: »Das Leben in Leizpig geht hier den alten, fatalen Schlendrian fort und ich wünschte mich eher im Pfefferland als in Leipzig«.

Im Juni/Juli 1828 vertonte Robert drei Gedichte von Justinus Kerner. Er schickte diese Kompositionen zur Begutachtung an den Braunschweigischen Kapellmeister Gottlob Wiedebein und schrieb in seinem Begleitbrief vom 15. Juli 1828 u. a.:

»Haben Sie Nachsicht mit dem Jünglinge, der, uneingeweiht in die Mysterien der Töne, mit unsicherer Hand zu eigener Dichtung entflammt wurde und Ihnen diese ersten Versuche zur gütigen, aber strenggerechten Beurteilung vorlegt. Kerners Gedichte, die mich durch jene geheimnisvolle überirdische Kraft, die man oft in den Dichtungen Goethes und Jean Pauls findet, am meisten angezogen, brachten mich zuerst auf den Gedanken, meine schwachen Kräfte zu versuchen, weil in diesen schon jedes Wort ein Sphärenton ist, der erst durch die Note bestimmt werden muß«.

In seiner Antwort wies Wiedebein zwar auf einige Mängel hin, ermunterte Robert aber zur Weiterarbeit, zur Suche nach »Wahrheit der Melodie, der Harmonie, und des Ausdrucks«. Wiedebein faßte sein Urteil in den Worten zusammen: »Sie haben viel, sehr viel von der Natur empfangen, nützen Sie es, und die Achtung der Welt wird Ihnen nicht entgehen«.

Das Antwortschreiben, das Robert daraufhin an Wiedebein richtete, soll im folgenden in vollem Wortlaut wiedergegeben werden. Hier zeigt sich besonders deutlich die große Begeisterung, die Robert für die Musik empfand, und sein Streben danach, in der Musik die als »Eusebius« und »Florestan« personifizierten Gegensätze zu vereinen. Der mit dem 5. August 1828 datierte Brief an Wiedebein lautet folgendermaßen:

Verehrter!

Meinen wärmsten, wärmsten Dank für den Brief, in welchem mir jedes Wort theuer und heilig ist. Ich hatte wahrscheinlich in meinem vorigen Briefe vergessen, Ihnen zu sagen, daß ich weder Kenner der Harmonielehre, des Generalbasses u.s.w., noch Kontrapunktist, sondern reiner, einfältiger Zögling der leitenden Natur bin und allein einem blinden, eitlen Triebe folgte, die die Fesseln abschütteln wollte. Jetzt soll es aber an das Studium der Kompositionslehre gehen, und das Messer des Verstandes soll ohne Gnade Alles wegkratzen; was die regellose Fantasie etwa (die sich, wenigstens beim Jünglinge, immer wie Ideal und Leben entgegensteht und mit ihrer Mitherrscherin, dem Verstande nicht besonders vertragen will) in sein Gebiet einpaschen wollte – – freilich dürfen die harten Löwentatzen der Vernunft die weichen Hände der lyrischen Tonmuse, die auf den Tasten unserer Gefühle spielt, nicht ganz zerquetschen wollen, wenn auch der Verstand, wie bei den Römern, nicht die Magd sein soll, welche der Fantasie die Schleppe nachträgt, sondern mit der Fackel vor ihr geht und mit ihren Strahlen die Fantasie in die Tonwelt führt und den Schleier hebt. – Das Letzte ist die Lösung und schwierig, weil Töne überhaupt verschleierte Venusflammen sind, die wir durch den Schleier lächeln sehen, welcher aber zu zart-ätherisch und überirdisch ist, als daß wir ihn heben könnten. Darum stillt die Musik den Streit der Gefühle nicht, sondern regt ihn auf und läßt jenes verworrene, unnennbare Etwas zurück, – aber dann wird es einem so innig wohl, als ob nach einem Himmelsgewitter ein milder friedlicher Regenbogen am Himmel stände. – So ging es mir auch, wenn ich Ihre Lieder hörte und spielte ...

Und so will ich denn mit frischem Muthe die Stufen betreten, die in das Odeon der Töne führen, und in welchem Sie mir als einziges, unübertreffliches Ideal dastehen. Erlauben Sie mir, Ihnen nach einem Jahr Rechenschaft von meinem geringen Streben abzulegen. –

Die ganze Welt steht mir noch so jugendlich offen, und ich will Muth schöpfen und thun, was ich kann, denn: wenn Geist mit Muth ihr einet u. s. w.

Verehrter! So glücklich Sie, als geheiligter Priester in den Mysterien der Tonwelt dastehen, so mögen Ihnen auch immerfort die heiligen Töne alle Schmerzensthränen abtrocknen, die das Leben wohl manchmal giebt.

Ihr ganzes Leben ist so klar und ungetrübt, wie ein sanfter Ton, und jede Thräne sei fern von Ihnen, und nur die Freudenthräne nicht oder die Entzückung. Leben Sie so glücklich, wie Sie es verdienen; denn Sie haben schon manchem Menschen glückliche Minuten geschaffen, und mir die glücklichsten.

Robert Schumann.

Im Grunde waren mit diesem Briefwechsel die Würfel für die Musik gefallen. Dennoch vergingen noch zwei Jahre, ehe Robert seine Entscheidung der Mutter offenbarte.

Die Zeit, die Robert in Leipzig verbrachte, war aber nicht nur im Hinblick auf diese frühen Kompositionsversuche von ausschlaggebender Bedeutung für sein weiteres Leben, sondern auch im Hinblick auf die Bekanntschaft mit der damals neunjährigen Clara Wieck, die er im Hause des mit ihm befreundeten Arztes Dr. Carus kennenlernte (es sei hier nur am Rande vermerkt, daß Robert sich während Jahren nach der Erfüllung seiner heißen Liebe zu Agnes Carus, der Gattin des Hausherrn, gesehnt hat, die er als »die Einzige« seiner Träume und

Sehnsüchte bezeichnete). Clara, die Tochter des Klavierlehrers Friedrich Wieck, versetzte damals durch ihre pianistischen Fähigkeiten alle Hörer in großes Erstaunen. Auch Robert war beeindruckt von den Leistungen der jungen Pianistin, die es durch den Unterricht bei ihrem Vater in nicht mehr als vier Jahren zu einem derartigen Können gebracht hatte. Es erfüllte ihn deshalb mit großer Freude, daß er selber nun auch eine Klavierausbildung bei Friedrich Wieck beginnen konnte. Dieser war seinerseits lebhaft an dem offensichtlich hochbegabten Schüler interessiert. Die pianistischen Fortschritte, die Robert unter Wiecks Anleitung zu verzeichnen hatte, zeigten sich zur Freude des begeisterten Schülers schon bald. Um so mehr bedrückte es ihn deshalb, daß er der Mutter gegenüber davon nichts verlauten lassen durfte.

Im Grunde war Robert aber nicht bereit, sich dem mütterlichen Wunsche nach einem Jus-Studium zu beugen. Seine Klagen über das Leben »in diesem ekelhaften Leipzig« (3. 8. 1828) muten uns als geschickte Vorbereitung seiner Umsiedlungspläne nach Heidelberg an. Dieser Plan war bereits, wie er am 3. 8. 1828 an die Mutter schrieb, »gemacht, und ich harre nur noch auf eine zusagende Antwort von deiner Seite – da ich in Leipzig das Examen machen und als Sachse hier zwei Jahre studieren muß, so will ich lieber Ostern 1829, also im künftigen Jahre, Leipzig verlassen und nach Heidelberg gehen, um da die berühmtesten deutschen Juristen, Thibaut, Mittermayer u. a. m. hören zu können; Ostern 1830 komm ich dann wieder nach Leipzig zurück, um mich wieder ein wenig in die Leipziger Professoren einhetzen zu können. Wenn ich einmal auf eine andere Universität gehen will, was ich 1) meiner Selbst wegen tu, weil ich mich schlecht befinde und gänzlich versaure, 2) als Mensch, um andere Menschen etc. kennenzulernen, 3) als Jurist, weil in Heidelberg die berühmtesten Professoren sind, so muß ich notwendig schon künftige Ostern gehen, oder gar nicht; ging ich später, so müßt ich das Examen machen, gleich wenn ich von Heidelberg käme, und dann ging es mit dem Sächsischen Rechte, in dem man am meisten examiniert wird und das ich in Heidelberg wiederum verschwitzen würde, weil ich da andere Sachen, wie Römisches Recht, Pandekten usw. zu hören habe, im Examen unter aller Kritik schlecht und dann würdest weder Du, noch ich mit mir zufrieden sein«.

Robert hat, wie diese Passagen erkennen lassen, als Hauptargument für den Wechsel des Studienortes zwar die bessere juristische Ausbildung in Heidelberg angeführt, tatsächlich jedoch hatten ihn begeisterte Briefe seines Freundes Gisberg Rosen, der bereits in Heidelberg studierte, in der Ansicht bestärkt, daß das studentische und vor allem das musikalisch-kulturelle Leben in Heidelberg wesentlich anregender sein werde als das in Leipzig.

Mit welch großen Erwartungen Robert der Zeit in Heidelberg entgegensah, können wir einem Brief entnehmen, den er am 7. 11. 1828, also noch vor seinem Gespräch mit der Mutter, an Rosen schrieb. Dort heißt es u. a.: »Ein entzückender belebender Gedanke ist es mir seit Tag und Jahr, zu Ostern nach Heidelberg gehen zu können, alle Freudenhimmel des Wonnelebens liegen vor mir ausgebreitet, das große Faß und die kleinen Fässer, die heiteren Menschen, die nahe Schweiz, Italien, Frankreich, das ganze Leben dort, das ich mir mit tizianischen Feuerstrichen vormale«.

Nachdem Robert in den Weihnachtsferien 1828/29 bei der Mutter die Einwilligung zum Wechsel des Studienortes durchgesetzt hatte, wäre dieser Plan beinahe noch in letzter Minute gescheitert. Aus Roberts Brief vom 30. April 1829 an Rosen erfahren wir nämlich: »Beinahe wären meine ganzen Heidelberger Luftschlösser zerronnen; mein Bruder Julius wurde kurz nach der Entbindung seiner Frau lebensgefährlich krank; meine Mutter beschwor mich, im Falle, daß dieser sterben sollte, sie nicht zu verlassen, weil sie sonst ganz einsam wäre. Jetzt ist die Krankheit aber ganz behoben und ich kann Dir mit fröhlicher Zuversicht zurufen: Heute über drei Wochen hänge ich Dir am Halse«.

Am 21. 5. 1829 ließ sich Robert in Heidelberg nieder. In einem viele Seiten umfassenden Brief vom 24. 5. 1829 schilderte er der Mutter begeistert seine Reise von Leipzig nach Heidelberg. Wie erfreut und erleichtert er durch den Wechsel des Studienortes war, läßt sich schon aus den ersten Passagen dieses Briefes entnehmen, wo es u. a. heißt: »Aus dem lustigen Anfange meines ersten Briefes an Dich siehst Du gleich, daß ich nichts weniger als traurig bin; und wahrlich, wer in meiner Fürstenstube, das alte herrliche Bergschloß und die grünen Eichenberge vor sich, traurig sein wollte, beginge eine Todsünde gegen seine eigene Seele«. Etwas weiter unten heißt es sodann: »Die Reise von Leipzig nach Frankfurt war wie ein Flug durch Hunderte von Frühlingshimmeln«. Mit dem Wechsel des Studienortes endete – jedenfalls vorläufig – der Unterricht bei Friedrich Wieck. Die Heidelberger Zeit wurde für Robert zu einer Periode lebhaftester musikalischer und gesellschaftlicher Aktivität. Er war, wie er schrieb, »fast alle Abende in Gesellschaften oder auf Bällen . . . ., jeden Mittwoch bei Thibaut, jeden Dienstag bei Mittermayer, Donnerstag in einem glänzenden Zirkel von Engländerinnen, montags im Musikverein, samstags bei der Großherzogin«.

Der in diesem Zitat erwähnte *Anton Friedrich Justus Thibaut* (1772-1840) war Professor des Römischen Rechts in Heidelberg. Er hielt in seinem Hause »musikalische Gesellschaften« ab, bei denen vokale Kirchenmusik alten Stils gesungen wurde. Im Hinblick auf Roberts Kampf zwischen Jus und Musik ist es interessant zu erfahren, wie Thibaut selber diese »Singabende« verstand: »Wie unendlich Palestrina von mir geehrt wird, habe ich schon mehrmals angedeutet . . . Die Jurisprudenz ist mein Geschäft, mein Musiksaal ist mein Tempel, da liefert mir Marcello den Schrifttext zur Erbauung, Händel hält mir die Predigt, mit Palestrina verehre ich meinen Gott« (zit. nach *Salmen*, 1969).

Es ist bemerkenswert, daß Robert auch während seiner Heidelberger Zeit sichtlich bestrebt war, bei der Mutter den Eindruck zu erwecken, als habe er sich völlig von der Musik distanziert. So schrieb er etwa in seinem Brief vom 11. 11. 1829 an sie: »Auf eine Deiner Stellen muß ich Dir *trauernd* antworten – Du sprichst von Musik und meinem Klavierspiele. Ach! Mutter, mit diesem ist es fast ganz aus und ich spiele selten und sehr schlecht, und die Fackel des schönen Genius der Tonkunst ist im milden Verlöschen und mein ganzes musikalisches Treiben kommt mir wie ein herrlicher Traum vor, der einmal war und an den ich mich nur noch dunkel entsinnen kann, daß er war«.

Einen außerordentlich großen Eindruck hinterließ auf Robert ein Konzert des Violinenvirtuosen Paganini, den er Ostern 1830 in Frankfurt hörte. Es ist zwar nicht eindeutig belegbar, wird aber von den meisten Schumann-Biographen als sehr wahrscheinlich angenommen, daß dieses Erlebnis Roberts endgültige Entscheidung für eine Musikerlaufbahn brachte. Der große Eindruck, den Paganinis Werk auf Robert ausübte, schlägt sich schließlich auch darin nieder, daß er im Jahre 1832 die »Studien nach Capricen von Paganini für das Pianoforte« (op. 3) komponierte.

Nachdem für Robert selber die Entscheidung für eine Laufbahn als Musiker gefallen war, kam es für ihn nun darauf an, der Mutter diesen lange gehegten Plan zu offenbaren und ihre Einwilligung zu erlangen. Angesichts des Widerstandes, den sie von jeher dem »Hungerdasein« eines Künstlers entgegengesetzt hatte, war er sich völlig klar darüber, daß er auch jetzt mit ihrer Ablehnung rechnen mußte. Dennoch entschloß er sich im Juli 1830 nach über zweijähriger Wartezeit, der Mutter endlich klar und offen zu sagen, daß er sich in Zukunft ganz der Musik zuwenden wolle. Sein am 30. Juli 1830 geschriebener Brief, in dem er der Mutter diesen Entschluß mitteilte, legt ein eindrückliches Zeugnis von der engen Beziehung zwischen Mutter und Sohn ab. Insbesondere zeigt sich in diesem Brief, daß bei Robert – trotz aller Beharrlichkeit und Zielstrebigkeit im Hinblick auf seine musikalischen Pläne – in der Tiefe ein bohrendes Schuldgefühl der Mutter gegenüber bestand, auf das diese in ihrem Antwortschreiben dann auch direkt anspielte, indem sie darauf hinwies, daß sie seit dem Empfang seines Briefes »ganz niedergedrückt« sei. Daneben wird aber auch, trotz aller Beschwichtigungen (»ich sage es Dir nur liebend und leise«) Ärger und Enttäuschung an der Mutter deutlich, von der Robert – nicht zu Unrecht – den Eindruck hatte, »als vertretest Du mir den Weg dazu«. Im folgenden nun der Wortlaut dieses berühmten Briefes vom 30. 7. 1830:

Heidelberg am 30sten July 30
5Uhr

Guten Morgen, Mama!

Wie soll ich Dir nur meine Seligkeit in diesem Augenblick beschreiben! – Der Spiritus kocht und platzt an der Kaffeemaschine und ein Himmel ist zum Küssen rein und golden – und der ganze Geist des Morgen's durchdringt frisch und nüchtern – Noch dazu liegt Dein Brief vor mir, in dem eine ganze Schatzkammer von Gefühl, Verstand und Tugend aufgedeckt ist – die Cigarre schmeckt auch vortrefflich – – kurz die Welt ist zu Stunden sehr schön d. h. der Mensch, wenn er nur immer früh aufstünde.

Sonnenschein und blauer Himmel ist noch genug in meinem hiesigen Leben, aber der Cicerone fehlt und das war Rosen. Zwey meiner anderen besten Bekannten, von Heyden aus Pommern, zwei Brüder, sind auch vor acht Tagen nach Italien gereisst, u. so bin ich oft recht allein, d. h. zuweilen recht selig u. recht unglücklich, wie sich's nun trifft. Jeder Jüngling lebt lieber ohne Geliebte, als ohne Freund. Noch dazu wird mir's manchmal glühend warm, wenn ich an mich selbst denke. Mein *ganzes* Leben war ein *zwanzigjähriger Kampf* zwischen Poesie und Prosa oder nenn' es, Musik und Jus. Im praktischen Leben stand für mich ein eben so hohes Ideal da, wie in der Kunst – das Ideal war eben das praktische Wirken und die Hoffnung, mit einem großen Wirkungskreise ringen zu müssen – aber was sind überhaupt für Aussichten da, zumal in Sachsen, für einen

Unadeligen, ohne große Protection und Vermögen, ohne eigentliche Liebe zu juristischen Betteleyen und Pfennigstreitigkeiten! In Leipzig hab' ich unbekümmert um einen Lebensplan so hingelebt, geträumt u. geschlendert und im Grunde nichts Rechtes zusammengebracht; hier hab' ich mehr gearbeitet, aber dort und hier immer innig und inniger an der Kunst gehangen. Jetzt steh' ich am Kreuzwege und ich erschreck bey der Frage: wohin? – Folg' ich meinem Genius, so weisst er mich zur Kunst und ich glaube zum rechten Weg. Aber eigentlich – nimm mir's nicht übel und ich sage es Dir nur liebend und leise – war mir's immer, als vertretest Du mir den Weg dazu, wozu Du Deine guten mütterlichen Gründe hattest, die ich auch recht gut einsah und die Du und ich »schwankende Zukunft und unsicheres Brod« nannten. Aber was nun weiter? es kann für den Menschen keinen grösseren Qualgedanken geben, als eine unglückliche, todte und seichte Zukunft, die er sich selbst vorbereitet hätte. Eine der früheren Erziehung und Bestimmung ganz entgegengesetzte Lebensrichtung zu wählen, ist auch nicht leicht und verlangt Geduld, Vertrauen und schnelle Ausbildung. Ich stehe noch mitten in der Jugend der Fantasie, die die Kunst noch pflegen und adeln kann; zu der Gewissheit bin ich auch gekommen, dass ich bey Fleiss und Geduld und unter gutem Lehrer binnen sechs Jahren mit jedem Klavierspieler wetteifern will, da das ganze Klavierspiel reiche (sic!) Mechanick und Fertigkeit ist: hier und da hab' ich auch Fantasie und vielleicht Anlage zum eignen Schaffen – – nun die Frage: Eines oder das Andere; denn nur *Eines* kann im Leben als Etwas Großes und Rechtes dastehen: – und ich kann mir nur die eine Antwort geben! nimm Dir nur einmal Rechtes und Ordentliches vor und es muß ja bey Ruhe und Festigkeit durchgehen und an's Ziel kommen. – In diesem Kampf bin ich jetzt fester, als je, meine gute Mutter, manchmal tollkühn und vertrauend auf meine Kraft u. meinen Willen, manchmal bange, wenn ich an den großen Weg denke, den ich schon zurückgelegt haben könnte und den ich noch zurücklegen muß. – Was Thibaut anbelangt, so hat er mich längst schon zur Kunst hingewiesen; ein Brief von Dir an ihn würde mir sehr lieb seyn und auch Thibaut würde sich freuen; er ist aber schon seit einiger Zeit nach Rom gereisst, so daß ich (ihn) nicht wieder sprechen werde.

Blieb' ich bei'm Jus, so müßte ich unwiderruflich noch einen Winter hier bleiben, um bey Thibaut die Pandecten zu hören, die jeder Jurist bey ihm hören muß. Blieb' ich bey der Musick, so muß ich ohne Widerrede hier fort und wieder nach Leipzig. Wieck in L., dem ich mich gern ganz anvertraue, der mich kennt und meine Kräfte zu beurtheilen weiß, müßte mich dann weiterbilden; später müßt' ich ein Jahr nach Wien und, wär' es irgend möglich, zu Moscheles gehen. Eine Bitte nun, meine gute Mutter, die Du mir vielleicht gern erfüllst. *Schreibe Du selbst an Wieck in Leipzig und frage unumwunden: was er von mir und meinem Lebensplane hält.* Bitte um *schnelle* Antwort und Entscheidung, damit ich meine Abreise von Heidelberg beschleunigen kann, so schwer mir der Abschied von hier werden wird, wo ich so viel gute Menschen, herrliche Träume und ein ganzes Paradies von Natur zurücklasse. Hast Du Lust, *so schließe diesen Brief in den an Wieck ein. Jedenfalls muß die Frage bis Michaelis* entschieden werden und dann soll's frisch und kräftig und ohne Thränen an das vorgesteckte Lebensziel gehen.

Daß dieser Brief der wichtigste ist, den ich je geschrieben habe und schreiben werde, siehst Du und eben deshalb erfülle meine Bitte nicht ungern und gieb bald Antwort. Zeit ist nicht zu verlieren. Lebe wohl, meine theure Mutter und bange nicht. Hier kann der Himmel nur helfen, wenn der Mensch hilft.

Dein
Dich innigstliebender Sohn
Robert Schumann.

Obwohl die Mutter diese Entwicklung eigentlich geahnt haben mußte, reagierte sie mit großer Bestürzung auf die Bitte des Sohnes. Selbst ein positiver Bescheid von Friedrich Wieck, der ihr versprach, Robert, falls dieser wirklich arbeite, »bei seinem Talent und seiner Phantasie binnen drei Jahren zu einem der größten jetzt lebenden Klavierspieler zu bilden«, vermochte sie nicht wirklich zu beruhigen. Immerhin widersetzte sie sich Roberts Plänen nicht länger. Sie brachte aber in ihrer Antwort an ihn deutlich zum Ausdruck, daß er ihr mit seiner Mitteilung einen schweren Schlag versetzt habe.

Johanna antwortete Robert am 12. August 1830. In ihrem Brief schreibt sie u.a.:

»Lieber Robert! Dein letzter Brief hat mich so tief erschüttert, daß ich seit dem Empfang desselben in meinen ganz niedergedrückten Zustand zurückgekehrt bin. Ich glaubte mich zu allem, was kommen könne, stark und ergeben; aber ich sehe, wie mächtig alles auf Körper und Seele wirkt. Vorwürfe mache ich Dir nicht; denn sie würden zu nichts führen. Aber billigen kann ich Deine Ansichten, Deine Weise zu handeln, gar nicht.

Gehe Dein Leben seit dem Tode Deines guten Vaters durch, und Du mußt Dir sagen, daß Du nur Dir gelebt hast. Wie will und wird das enden?

Ich habe Deinen Brief an Wieck geschickt und lege Dir die Antwort bei. Er hat, wie Du es wünschtest, unumwunden geantwortet. Prüfe Dich genau, ob Du dies alles fähig bist zu halten und zu erfüllen, ob Du stundenlang mit Kindern Dich im Unterricht abgeben kannst, ob eine untergeordnete Stelle Dir Deine Tage angenehm machen wird? Und wenn Du nun alles dies tust, was Wieck fordert, ist immer noch keine gesicherte Zukunft erlangt. Denke ans Alter. Doch nimm dies nicht so, als wenn ich Dich abhalten, oder Dir, wie Du es nennst, im Wege stehen wollte. Mein Robert, ich sage Dir bloß meine Ansichten, um vorwurfsfrei dazustehen, wenn Deine neue Laufbahn Dir nicht gefallen sollte. Deine Brüder, Lorentz, Schlegel, billigen Deine Ansichten nicht. Dir sei es nun ganz allein überlassen zu handeln. – Gott gebe seinen Segen! Das ist mein Gebet und meine Bitte für Dich. Ach Robert, vergib dem besorgten Mutterherzen die ängstlichen Gefühle, ich wollte sie unterdrücken – aber ich vermag es nicht: meiner geliebten Kinder Wohl und Wehe ist zu innig verwebt mit meiner Ruhe, mit meinem Lebensglück –«.

Auch in der folgenden Zeit finden sich in der Korrespondenz zwischen Mutter und Sohn immer wieder Hinweise darauf, daß sie Roberts Entscheidung letztlich nicht akzeptierte. Dabei äußerte sie ihre Kritik, wie schon im zuletzt zitierten Brief, in einer Weise, die dazu angetan war, in Robert heftige Schuldgefühle auszulösen. Dies geht etwa aus der folgenden Passage des Briefes hervor, den Robert am 15. 11. 1830 an die Mutter richtete: »Du schreibst: Nach meinem Brief, der Dir meinen alten Enschluß gemeldet hätte, wäre Dir das Beten unmöglich gewesen. Ist das wahr und möglich? Du wirst so wenig Freude an mir erleben; aber bei Gott! blieb' ich beim Jus, ich erschösse mich als Accessist aus Langeweile«.

Trotz solcher, ihm Schuldgefühle einflößenden Äußerungen der Mutter reagierte Robert mit großer Erleichterung auf die Tatsache, daß nun endlich der offene Schritt zur Musik getan war und er der Mutter seine tatsächliche Beschäftigung nicht länger zu verheimlichen brauchte. Was es für ihn bedeutete, die

Jurisprudenz nun endgültig fallenlassen zu können, und welche Hoffnungen, aber auch bangen Erwartungen sich an die Laufbahn als Musiker knüpften, geht aus dem Brief hervor, den er am 21. August 1830, nachdem er das Schreiben der Mutter erhalten hatte, an Friedrich Wieck richtete. Robert schrieb:

»Verehrtester meiner Lehrer!

Es hat lange gewährt, bis alle meine Ideen ruhiger und ebener geworden sind. Fragen Sie nicht, wie es nach Empfang der Briefe in mir tobte. Jetzt gehts schon eher. Mein erstes Gefühl war Muth und der Entschluß; der Atlas war zerdrückt und ein Sonnenjüngling stand da und sah bedeutend nach Osten (?): Beuge der Natur (nicht) vor; der Genius könnte sich sonst auf ewig wenden. – Der Weg zur Wissenschaft geht über Alpen und über recht eisige, der Weg zur Kunst hat seine Berge, aber es sind indische voller Blumen, Hoffnungen und Träume – so gings ungefähr im ersten Augenblick, nachdem ich Ihren und meiner Mutter Brief gelesen hatte. – Jetzt ist's bei weitem ruhiger ... Ich bleibe bei der Kunst, ich will bei ihr bleiben, ich kann es und muß es. Ich nehme ohne Thränen von einer Wissenschaft Abschied, die ich nicht lieben, kaum achten kann; ich blicke aber auch nicht ohne Furcht auf die lange Bahn hinaus, die zum Ziele führt, das ich mir fest vorgesteckt habe ...

Verehrtester! nehmen Sie meine Hand und führen Sie mich – ich folge, wohin Sie wollen und will nie die Binde vom Auge rücken, damit es nicht vom Glanz geblendet werde. Ich wollte Sie könnten jetzt in mich sehen; es ist still drinnen und um das ganze Welthaupt geht ein leiser, lichter Morgenduft«.

Wie vereinbart, kehrte Robert im Oktober 1830 nach Leipzig zurück und nahm seinen Unterricht bei Friedrich Wieck wieder auf, in dessen Haus er nach kurzer Zeit als Untermieter aufgenommen wurde. Wieck galt damals als einer der berühmtesten Klavierlehrer. Wegen der großen pädagogischen Fähigkeiten seines Lehrers war der Unterricht für Roberts weitere Ausbildung von ausschlaggebender Bedeutung. Hinzu kam aber noch, daß Robert im Hause seines Lehrers dessen Tochter Clara näher kennenlernte und sich zwischen den beiden eine immer inniger werdende Beziehung entwickelte. Der relativ große Altersunterschied wirkte sich zunächst noch insofern aus, als Robert bereits ein junger Mann, die neun Jahre jüngere Clara hingegen in Persönlichkeit und Verhalten noch ein Kind war. Lediglich in ihrer künstlerischen Tätigkeit als allseits bewunderte Pianistin lebte Clara gewissermaßen schon mit einem Bein in der Erwachsenenwelt.

Aus Roberts Tagebuchaufzeichnungen können wir erfahren, welchen tiefen Eindruck Clara bereits in dieser Zeit auf ihn machte. Immer wieder finden sich Eintragungen, in denen er, in oft geradezu schwelgerischer Weise, die Heiterkeit, die Anmut und die große Begabung von »Cilia« (wie er Clara im Rahmen der »Davidsbündler« nannte) pries. Paradigmatisch ist etwa die folgende Passage vom 4. Juli 1831:

»Was ist Clara für ein Wesen! Gewiß sprach sie am geistreichsten von uns allen – Kaum drei Schuh hoch liegt ihr Herz schon in einer Entwicklung, vor der mir bangt. Launen und Laune, Lachen und Weinen, Tod und Leben, meist in scharfen Gegensätzen wecheln in diesem Mädchen blitzschnell ... Ihr Gedächtnis ist bewundernswürdig. Jedes Wort, was ich je sprach, kann sie mir wiederholen«.

Neben unzähligen Einträgen dieser Art finden sich in Roberts Tagebuch auch literarische Passagen, etwa in Form kleiner Gedichte, die durch seine Gefühle für Clara inspiriert worden sind. Ein Beispiel für derartige zärtlich-romantische Dichtungen stellen die folgenden, am 25. Juli 1831 in seinem Tagebuch eingetragenen Zeilen dar:

> An Sie.
> Der Blüthenblätter abendliches Rauschen,
> Der Morgensonne feuerhelle Glanz,
> Des warmen Mittags lichtdurchbrochne Schatten,
> Die laue Nacht, der Elfen Mondscheintanz,
> Das leise Nahen einer sel'gen Stunde
> Die an des Herzens Friedenspforte schlägt
> Der Lichtgedanke, der auf seinen Strahlen
> Den Geist hinauf zur Sternenhöhe trägt,
> Die vielgeliebten Stimmen von den Lieben,
> Die unter Freud' u. Leid uns treu geblieben –

Es wäre jedoch ein Irrtum anzunehmen, daß die innige Beziehung, die sich zwischen Robert und Clara zu entwickeln begann, sein erster und einziger Kontakt zum anderen Geschlecht gewesen sei. Es bestand zwar von Jugend an – und verstärkt in den späteren Jahren – eine ausgesprochene Scheu und Zurückhaltung im unmittelbaren persönlichen Kontakt zu anderen Menschen. Dies findet seinen Ausdruck in Roberts Ausspruch: »Ich liebe die Menschen am meisten, wenn sie mich fliehen«. Doch liegen bei ihm die Gegensätze sehr nahe beieinander, und er konnte deshalb in dem zuletzt erwähnten Zitat fortfahren: »und doch möchte ich sie alle an's Herz drücken können«. Diese Ambivalenz zwischen Zuwendung und Zurückhaltung findet sich auch im Hinblick auf seine Beziehungen zu Frauen. Es ist deshalb sicher kein Zufall, daß sich Robert in seinen Jugendbriefen einmal als »großer Verehrer von Frauen- und Mädchengesichtern« bezeichnet hat. In dieser Formulierung kommt deutlich seine Tendenz zur Distanzierung, zur Bewunderung aus »sicherer Entfernung« zum Ausdruck.

Aus Roberts Aufzeichnungen wissen wir zwar von »feurigen« Liebschaften etwa zu den Zwickauer Mädchen Nanni Petsch und Liddy Hempel (in »Tage des Jünglingslebens«), von vielen Begegnungen mit Mädchen während seiner Reisen (in den Reisetagebüchern), von seiner Verehrung für die Hofdame Meta Abegg (deren in Noten ausgedrückte Namensbuchstaben das Thema der sog. »Abegg-Variationen«, op. 1, bilden), von seiner Verliebtheit in Agnes Carus sowie von seiner Beziehung zu dem Mädchen Christel in Leipzig (das den Davidsbündlernamen »Charitas« trug). Dennoch scheint die Mehrzahl dieser Beziehungen eher flüchtiger, auf Distanz bleibender Art gewesen zu sein, die sich auf Blicke und romantische Verehrung beschränkte.

Und selbst die offentsichtlich sexuellen Beziehungen, wie etwa die zu dem erwähnten »nachnamenlosen« Mädchen Christel in Leipzig, wurden von ihm zumindest sehr zwiespältig erlebt. So finden wir beispielsweise in seinem Tagebuch den folgenden Eintrag: »Sinnliche Anregung am ganzen Tag, aber Unterdrücken. Charitas ist schon seit neun Tagen weggeblieben .... Kräftiges Erdrükken alles Sinnlichen in mir«. Als Charitas (die erwähnte Christel) einmal eine ganze Woche nicht bei ihm gewesen war, kam sich Robert, wie er in seinem Tagebuch eintrug, »schön und fast ganz rein« vor. Auf Schuld- und Selbstunwertgefühle wegen der Beziehung zu diesem Mädchen weist wohl auch der folgende Tagebucheintrag vom 20. Juni 1831 hin: »Ich sinke, ich sinke in den alten Schlamm zurück; kommt keine Hand aus Wolken, die mich hält? Die Hand muß ich sein«, sowie unter dem Datum 21. bis 30. Juni: »Böse Tage, die mir Gott und mein Herz vergeben möge!«

Die Robert emotional am tiefsten berührende Beziehung war zweifellos die zu Clara Wieck, seiner späteren Ehefrau. Da die Ereignisse der Jahre nach 1830, als Robert im Hause seines Lehrers Friedrich Wieck Unterkunft fand, weitgehend durch Clara und ihren Vater bestimmt sind, muß etwas ausführlicher auf die Persönlichkeiten dieser beiden Menschen und ihre Beziehung zueinander und zu Robert eingegangen werden.

Friedrich Wieck (geboren am 18. 8. 1785 in Pretsch an der Elbe) lebte in Kindheit und Jugend in ärmlichen, engen Verhältnissen und vermochte nur durch die Hilfe von Freunden sein Studium an der Universität Wittenberg zu finanzieren. Während seines Theologiestudiums war er deshalb auf die zweimal wöchentlich ausgegebene Armenspeisung angewiesen. Wir dürfen mit *Walker* (1972) annehmen, daß diese Erfahrungen tiefe Narben in Friedrich Wiecks Persönlichkeit hinterlassen haben und dafür verantwortlich waren, daß in späteren Jahren für ihn das Geld eine sehr große Rolle spielte. Wieck wandte sich im Verlaufe seines Studiums von der Theologie ab und bildete sich »aus Liebe zur Musik«, weitgehend im Selbststudium, zum Pianisten aus. Besonders großes Interesse entwickelte er an einer Theorie des Klavierunterrichts. Seine besondere Stärke lag tatsächlich in einer ungewöhnlichen Lehrbefähigung, so daß er schon bald zu einem der bekanntesten Klavierpädagogen seiner Zeit wurde. Das beeindrukkendste Beispiel für den Erfolg seiner Lehrmethode war seine Tochter Clara.

Schon vor Claras Geburt (am 13. September 1819) hatte Friedrich Wieck für den Fall, daß es ein Mädchen sei, den Plan gefaßt, aus der Tochter eine große Pianistin zu machen. Aus diesem Grunde erhielt sie auch den Namen »Clara«, die Strahlende, die Berühmte. Claras Mutter, Marianne Tromlitz, Enkelin des berühmten Flötenspielers und Komponisten, Johann Georg Tromlitz, war selbst eine ausgezeichnete Pianistin. Aus der Ehe mit ihr stammen, außer Clara, noch zwei Kinder, Alwin und Gustav. Die Mutter trennte sich im Jahre 1824 von Friedrich Wieck und war in zweiter Ehe mit dem Musiker Adolf Bargiel in Berlin verheiratet. 1828 ging Friedrich Wieck eine zweite Ehe mit Clementine Fechner, der Tochter eines Pfarrers, ein. Dieser Ehe entstammen die Kinder Marie, Cecilie und Karl. Bis zum 5. Lebensjahr durfte Clara bei der Mutter bleiben. Danach übernahm Friedrich Wieck allein die Erziehung und unterband den Kontakt zwischen Mutter und Tochter fast ganz. Erst viel später, als Clara wegen ihres Wunsches, Robert zu heiraten, in größten Konflikten mit ihrem Vater lebte, intensivierte sich die Beziehung zur Mutter wieder, und Clara hielt sich sogar einige Zeit bei ihr in Berlin auf.

Clara machte offenbar in der Jugend im verbalen Bereich eine eher verzögerte Entwicklung durch. Dagegen erwies sie sich für die musikalische Ausbildung, die ihr durch den Vater zuteil wurde, schon früh als sehr empfänglich. Friedrich Wieck ging dabei nach einem von ihm sorgfältig aufgebauten Plan vor, der u. a. täglich eine Musikstunde bei ihm, zwei Stunden Klavierüben und eine genau geregelte Freizeit (z. B. Spazierengehen etc.) umfaßte. Der Vater war durchaus bemüht, Clara nicht zu überfordern, kontrollierte aber praktisch ihr gesamtes Leben.

Paradigmatisch für diese ausschließlich auf Claras musikalische Karriere konzentrierte Erziehung ist etwa die folgende Schilderung, die Friedrich Wieck in einem Brief vom 7. 1. 1831 (von einer Konzerttournee mit Clara aus Dresden) seiner Frau Clementine gab:

»Wir ... sind ... bei meinem alten Freund Enscher gewesen. Dieser hat in seinem Garten einen großen Rutschberg und versteht sich, Clara war so wütend, daß sie ohngeachtet des gelbseidenen Kleides nicht genug bekommen konnte und da er noch dazu ein wildes Mädchen von sechs Jahren hatte, so war es natürlich, daß sie abends bei den ersten (Stücken) versagte, welche sie spielte, von einer großen Gesellschaft umringt. Nachdem sie von meinetwegen einigen Tränen vergossen, spielte sie darauf gut. – Einladung bei Simons mußten wir gestern abschlagen. Heute mittag essen wir bei Graf Cospoth und abends sind wir in die Harmonia gebeten, wo groß Konzert ist und die Techwell spielt pp. Sie studiert also fast gar nicht, obgleich der Conrad Graf da ist. – Wir überraschten sie damit; es war ihr aber ziemlich egal, wie Du schon wissen kannst. Morgen gehen die Proben an mit der Kapelle zum Septett bei Kraegens und nun soll sie auch zu Hause bleiben und studieren«.

Wie die folgende Passage aus Friedrich Wiecks Brief an seine Gattin vom 13. 10. 1831 (aus Erfurt) zeigt, reagierte er auf jegliche Störung seiner ehrgeizigen Pläne mit Clara ausgesprochen gereizt:

»Mit der Frau des Geh. Regierungsrat Schmidt ist es mir aber schlimm ergangen. Schon im Konzert kam sie hin zu mir, machte mir Vorwürfe, daß ich die Clara zu viel spielen ließe, (wie ungeschickt – am Konzertabende!) und dieselbe müßte nun auch ein Vergnügen haben, und sie bäte hiermit zu einer Kindergesellschaft zu sich pp. Clara hatte es ihr in meinem Namen schon abgeschlagen, und ich sagte ihr ziemlich hitzig und gereizt: Ich wünsche, daß Eltern ihren Kindern soviel Vergnügen machen können, als ich meiner Clara, übrigens hat meine Clara nicht Zeit, mit kleinen Kindern zu spielen, und sie soll den Genuß der freien Luft dem Puppenspiel vorziehen. – Den ... Oktober ging ich nun zu ihr, um ihr die Andenken von Goethe zu zeigen. Da machte sie mir von neuem Vorwürfe über Clara und über mein hitziges Benehmen am Konzertabend. Ich setzte ihr alles deutlich auseinander. Sie wurde noch empfindlicher und ich sagte ihr: 25 Jahre hätte ich über Erziehung nachgedacht und praktisch geübt – jetzt lebe ich seit sieben Jahren allein nur der Erziehung meiner Tochter. – Brauche ich nun aber noch einen Rat, so wollte ich mir denselben zu seiner Zeit erbitten – bis dahin möchte ich mir aber alles klar verbitten. Darauf wendete sie sich höchst beleidigt weg und sagte, alle Unterschriften, welche ihr Mann für Claras Fortkommen gesammelt mit den vielen einzelnen Empfehlungsbriefen, würde sie mir nun nicht geben. Ich küßte ihr die Hand, bat wegen meiner Hitze um Verzeihung – und ließ ihr die ganze Sache; dankte nochmals für die Liebe und Güte, womit sie uns aufgenommen, gestand aber doch, gute Ratschläge und Erziehungsregeln nähme ich nun einmal nicht eher an, besonders von Frauenzimmern, bis ich darum ersuchte. Dies wäre nun einmal so meine Art. So schieden wir erzürnt voneinander, und also behielt sie die Empfehlungsbriefe, und ich – die Clara Wieck mit Paganinis und Goethes Stammbuchblättern«.

Bei einer psychologischen Betrachtung der Beziehung zwischen Vater und Tochter müssen wir von einer Symbiose sprechen, in der die Grenzen zwischen diesen beiden Personen nahezu aufgehoben waren. Bezeichnend ist die Tatsache, daß Friedrich Wieck von Claras Geburt an bis zum Jahre 1838 ein Tagebuch für sie, in der »Ich«-Form, führte. Auch später noch, insbesondere am Anfang der Auseinandersetzung mit Robert, finden sich immer wieder Einträge in Wiecks Handschrift, zumeist Hinzufügungen und Richtigstellungen dessen, was Clara geschrieben hatte. Selbst zu dieser Zeit kontrollierte der Vater also ihr Tagebuch noch streng. Das ganze Trachten Friedrich Wiecks war darauf ausgerichtet, aus der Tochter eine berühmte Pianistin zu machen und damit, durch sie, selbst Erfolg und Anerkennung zu erringen. Erst aus der Kenntnis dieser Tatsache heraus wird verständlich, weshalb Friedrich Wieck später so heftig, zum Teil in geradezu bösartiger Form, gegen Robert, und dann auch sogar gegen die eigene Tochter kämpfte, als Clara ihren eigenen Weg mit Robert gehen wollte.

Man könnte gegen den Versuch einer psychologischen Interpretation der Beziehung, wie sie zwischen Clara und ihrem Vater bestand, einwenden, daß dies fruchtlose Spekulationen seien, »Psychologisierungen«, die keinerlei Nutzen besäßen. Dennoch glaube ich, daß uns der Einbezug psychologischer Konzepte die Möglichkeit bietet, das Verhalten und die Gefühle dieser Menschen besser zu verstehen. Wir werden ihnen damit wohl auch eher gerecht, als durch die lapidare Feststellung, die sich mitunter in der Schumann-Literatur findet, Friedrich Wieck habe sich gegenüber Robert und Clara in geradezu infamer Weise verhalten. Die psychologischen Überlegungen eröffnen uns meiner Ansicht nach einen lebendigeren Zugang zur Persönlichkeit von Friedrich Wieck und lassen die Dynamik der Beziehung Wieck – Clara – Robert für uns transparenter werden.

Das ausschlaggebende Moment in der Beziehung zwischen Friedrich Wieck und Clara war die bereits erwähnte symbiotische Dimension. Im Sinne der neueren psychoanalytischen Narzißmustheorien (*Battegay*, 1977; *Kohut*, 1973; *Kernberg*, 1979) können wir sagen, daß Clara für den Vater ein Selbstobjekt darstellte. Sie führte, in seinem Erleben, kein Eigendasein, war für ihn kein von ihm getrenntes Individuum. Durch *sie* lebte er, aus *ihren* Triumphen zog er eigene narzißtische Befriedigung. Jeden Schritt weg von ihm mußte er deshalb als schwerste narzißtische Kränkung und Infragestellung seiner selbst empfinden.

Wie wir es von Menschen mit derartigen narzißtischen Störungen, an deren Grund zentrale Selbstunsicherheit und tiefe Selbstunwertgefühle stehen, kennen, ertragen sie es nicht, wenn die Bezugsperson (Kind oder Partner) sich zu distanzieren versucht und ein Eigenleben führen möchte. Sie versuchen vielmehr verzweifelt, jeden Schritt des Selbstobjekts zu kontrollieren. Sucht sich der Partner oder das Kind dennoch dieser Umschlingung zu entziehen, so wird er Gegenstand heftigster narzistischer Wut, die mitunter außerhalb jeder Kontrolle gerät, sich blindwütig entlädt und bis zur Zerstörung des anderen Menschen gehen kann.

Auch wenn wir erschüttert sind, aus den Briefen und Tagebuchaufzeichnungen von Robert und Clara zu erfahren, mit welcher blinden Wut und Rücksichtslosigkeit Friedrich Wieck auf Roberts Wunsch nach einer Eheschließung mit Clara reagierte (so äußerte er beispielsweise Roberts Rechtsanwalt gegenüber: »Und wenn auch 30 (Menschen) darüber zugrunde gingen ...«), so spüren wir doch selbst aus den gehässigsten Verleumdungen, die Wieck gegen Robert und schließlich sogar gegen die eigene Tochter vorbrachte, wie hilflos und verzweifelt er sich angesichts der sich anbahnenden Trennung von der Tochter fühlte. Hinter aller Grandiosität und Arroganz, wie sie auch Friedrich Wieck zur Schau trug, wird bei solchen Menschen mit einer narzißtischen Störung bei genauerer Betrachtung doch ein zentrales Defizit in ihrem Selbstwerterleben deutlich, und in ihren Beziehungen zeigt sich immer wieder, daß sie im höchsten Maße abhängig sind von einer narzißtischen Bestätigung durch ihre Umgebung. Die eigentliche Triebkraft hinter der Despotie und dem egozentrischen Verhalten, das Friedrich Wieck an den Tag legte, ist fraglos der tief in ihm verwurzelte Zweifel am Wert der eigenen Person. Alle Versuche, durch grandioses Verhalten darüber hinwegzutäuschen, stellen letztlich nur kärgliche Kompensationen dieser Verunsicherung dar, wobei aber die Kompensationsmechanismen für das psychische Gleichgewicht eines solchen Menschen von großer Bedeutung sind.

Je länger Robert nach seiner Aufnahme in das Haus Friedrich Wiecks im Jahre 1830 mit seinem Lehrer zusammenlebte und ihn im täglichen Umgang genauer kennenlernte, desto mehr wich seine anfängliche Begeisterung über den großartigen Pädagogen einer eher kritischen Haltung. Zunehmend lernte er auch die »Schattenseiten« dieses Mannes kennen. Aus seinen Tagebuchaufzeichnungen erfahren wir, welche bittere Enttäuschung es für ihn war, an seinem (anfänglich vielleicht allzusehr idealisierten) Lehrer so manches menschlich fragwürdige Gebaren zu beobachten. Einen, wie Robert am 21. August 1831 in seinem Tagebuch vermerkte, »unauslöschlichen Eindruck« übte auf ihn etwa die folgende Begebenheit aus: »... Alwin (Claras damals 10jähriger Bruder) hatte nicht ordentlich gespielt. »Du Bösewicht, ist das die Freude, die Du Deinem Vater machen solltest« – wie er ihn auf den Boden warf, bei den Haaren zausste, selber zitterte und schwankte, stille saß, um auszuruhen zu neuen Taten, auf seinen Beinen kaum mehr stehen konnte und deshalb seine Beute niederwarf, wie der Kleine bat und flehte, er solle ihm die Violine geben, er wolle spielen, er wolle spielen – kann ich nicht sagen«. Besonders befremdlich erschien Robert bei dieser ganzen Szene Claras Verhalten: »Und zu allen diesen – lächelte Cilia und setzte sich mit einer Weber'schen Sonate ruhig ans Klavier. Bin ich unter Menschen?«

Dieses Verhalten Claras läßt sich in verschiedener Weise deuten. Vermutlich war sie aus ihrem engen Zusammenleben mit Friedrich Wieck derartige Szenen gewöhnt und wußte wohl auch aus Erfahrung, daß die Wut des Vaters nur noch größer geworden wäre, wenn sie sich auf die Seite des bedauernswerten Bruders gestellt hätte. Wir müssen bei einer psychologischen Interpretation aber auch daran denken, daß sie vermutlich in dieser Zeit noch in einer derart symbiotischen Beziehung mit Friedrich Wieck lebte, daß sie nicht in der gleichen Weise an seinem Verhalten Anstoß nehmen konnte, wie Robert, der der engsten Familie ferner stand. Erst später, als sie über ihre Liebe zu Robert mehr Distanz zum Vater gewonnen hatte, begann auch sie deutlicher seine Ausbrüche narzißtischer Wut wahrzunehmen und sich dem Vater gegenüber kritischer einzustellen.

Bei dem geschilderten Verhalten Friedrich Wiecks ist zu berücksichtigen, daß er offenbar beiden aus der ersten Ehe stammenden Söhnen gegenüber sehr ablehnend war. So erfahren wir aus einem Brief, den Friedrich Wieck am 3.4. 1838 aus Wien an seine Frau schrieb:

»Also Gustav kommt zu Tomaschek, kleide ihn ordentlich und statte ihn aus, er muß fort, weit fort – es ist die letzte Rettung und soll mit einem Wiener Kaufmann herfahren – bin ich noch nicht da – so mußt Du es machen – Tomaschek wird hier die Reisekosten bezahlen. Daß Du von der schlechten Aufführung dieser Buben gar nichts gemerkt, würde ich Dir als Nachlässigkeit und Faulheit auslegen, wenn ich nicht wüßte, daß Du die Augen überall hättest. Höre ich nun bei meiner Rückkehr über Alwin nicht das beste Lob, so muß er zu Michael fort zum Instrumentenmacher Schmidt nach Preßburg, mit dem ich auch bereits gesprochen. Diese Buben verdienen nicht das Glück, in unserem Hause zu sein. Und machen sie in Österreich den geringsten dummen Streich, so kommen sie ja gleich ins Gefängnis. Da aber Bretschneider diesen Jungen gar nicht beschäftigen will, so lasse ihn von früh bis abends abschreiben, denn der Junge schreibt ja zu schlecht und unrichtig, und lesen. Das Schicksal ist unwiderruflich – er muß fort – benutze die erste Gelegenheit und wenn es in der ersten Meßwoche sein kann. Sein elterliches Haus soll er auch nie wiedersehen, bis er ein brauchbarer Mensch geworden.

Ich warte keinen Brief von Dir ab, sondern schicke diesen fort, weil die Sache mit Gustav pressiert, und Du einzurichten hast. Lasse einen alten Koffer oder Ranzel zurechtmachen, womit er die Wanderung antreten kann – auf viele Jahre – das väterliche Haus darf für diese schlechten Buben nicht mehr existieren«.

Auch am Ergehen seiner Kinder aus der zweiten Ehe nahm Friedrich Wieck emotional offensichtlich nur wenig Anteil. So berichtete er etwa in seinem langen Brief vom 27.1. 1832 aus Frankfurt seiner Frau ausführlich von Claras Konzerten und Erfolgen sowie von all den Mühen, die er selber bei der Vorbereitung und Durchführung der Konzerte auf sich nehmen mußte. Seiner eben erst geborenen Tochter Marie widmet er in diesem Brief hingegen nur einen kurzen Absatz mit den im Grunde recht wenig interessierten Fragen: »Nun was machst Du, mein Herz, und das kleine Mädchen? Wie heißt sie? Ist die Taufe vorbei? Du kannst mit Gott nun auch wieder aufstehen? Schone Dich ja. Stillst Du selbst? Schreibe mir«.

Für Friedrich Wieck zählte im Grunde nur Clara und ihre künstlerische Karriere, durch die *er* narzißtische Gratifikation erfuhr. Die mangelnde Abgrenzung zwischen ihm und der Tochter wird etwa auch in vielen Passagen seiner

Briefe an seine Frau deutlich. Immer wieder finden wir in seinen Berichten über Claras Konzerte Formulierungen wie die folgenden: »Wir wurden fast mit den Haaren gezogen, noch ein zweites Konzert zu geben« (Erfurt, 13. 10. 1831), »Heute geben wir Konzert in einem so schönen Saale wie der Gewandhaussaal« (Arnstadt, 26. 10. 1831), »Unser zweites Auftreten ist vorbei. Wir haben in dem Saale des Museums ... Konzert gegeben« (Frankfurt a. M., 27. 1. 1832), »... in Darmstadt, wo wir uns neue Lorbeeren holen wollen« (Frankfurt a. M., 28. 1. 1832) und »Soll ich denn nicht die Freude erleben, daß eine Stadt nach der andern sagt und schreibt: ›Wir haben den ersten Klavierspieler gehört‹« (Magdeburg, 3. 2. 1834).

Clara war für Friedrich Wieck, wie diese Passagen erkennen lassen, keine eigenständige Persönlichkeit. Es fehlte in seinem Erleben jegliche Trennung zwischen ihm und ihr, so daß er von »wir« sprechen und in der zuletzt zitierten Briefstelle Clara sogar als »*den* ersten Klavierspieler« (!) bezeichnen konnte. Wie eng die symbiotische Verschmelzung zwischen Vater und Tochter war, wird schließlich am folgenden Bericht deutlich, den Friedrich Wieck seiner Frau am 12. 3. 1830 aus Dresden erstattete:

»Umnebelt von duftendem Weihrauch (bedenke, wie poetisch ich schon geworden) schreibe ich heute an Dich. Wir finden hier eine nicht geahndete Aufnahme, so z. B. sind wir bis zum Dienstag alle Tage zwei Mal mittags und abends weggebeten, nächsten Sonntag aber drei Mal, nämlich außerdem zu einer musikalischen Morgenunterhaltung zu Arnstädts. Höre, mein Kind, Claras musikalische Ausbildung (nicht allein als Virtuosin) findet jeder hier für fabelhaft und so will denn jeder ausgezeichnete Spieler dieselbe auch hören und sich von dem nie Gehörten überzeugen. Auch wissen nachher die Leute nicht, wen sie mehr bewundern sollen, ob das Kind oder den Vater als Lehrer pp, doch meine liebenswürdige Dir wohl bekannte Bescheidenheit gebietet mir – zu schweigen über das Weitere. Aber ›hier bleiben‹ erschallt von allen Seiten. Die allergrößten Klavierspieler wollen bei mir Stunden nehmen und mich und Dich ja gern ernähren. Doch Du weißt, wir wollen höher hinaus, wenn mir Gott das Leben noch schenkt«.

Das für Friedrich Wieck charakteristische grandiose Verhalten, das sich in einer ausgesprochenen Arroganz anderen Menschen gegenüber und einem brennenden Ehrgeiz manifestierte, fiel Robert in der Folge immer deutlicher auf. Wir finden in seinen Tagebuchaufzeichnungen zahlreiche Stellen, in denen er, zunächst mit fast ungläubigem Erstaunen, dann aber zunehmend voller Bitterkeit, die »Schattenseiten« Friedrich Wiecks beschreibt. So heißt es etwa in dem bereits erwähnten Eintrag vom 21. August 1831 weiter: »Meister Raro! ich erkenne Dich ... Deine Begeisterung (ist) nichts, wenn sie kein Viergroschenstück in der Tasche herumdrehen kann, Dein feuriges Auge ist nicht ruhig und schielt nach der Geldkasse, selber Deine Liebe zu Zilia ist nicht rein – Du wärst der Erbärmlichste der Schurken, hätte Zilia kein Talent«.

Die hier erwähnte Geldgier und der Geiz Friedrich Wiecks haben ihren Ursprung vermutlich in der bereits erwähnten Ärmlichkeit, in der dieser Mann aufgewachsen war. Für einen Menschen wie ihn, der im Kern seiner Persönlichkeit unter gravierenden Selbstwertproblemen litt, mußte eine solche Erfahrung besonders traumatisch gewesen sein. Hinzu kommt, daß Menschen mit narzißtischen Störungen ihre Insuffizienzgefühle, außer durch Ruhm und Anerkennung von seiten der Umwelt, häufig auch durch finanzielle Erfolge zu kompensieren suchen. So liegt wohl auch der »Geldgier«, die sich, wie Robert am 23. August 1832 in seinem Tagebuch vermerkt, »russig in jeden seiner Gedanken setzt«, weniger ein Geiz im üblichen Sinne zugrunde, als vielmehr ein Gefühl narzißtischer Leere, die Friedrich Wieck mit Geld aufzufüllen suchte.

Diese Situation, mit der Robert im Hause Friedrich Wiecks konfrontiert wurde, war für ihn vor allem auch deshalb schmerzlich, da sie ihn zwang, die Idealisierungen, die er an seinem Lehrer vorgenommen hatte, zurückzuziehen. Wie bereits erwähnt, hat Robert Schumann in seinem Leben immer wieder »hohe Menschen« gesucht, Idealträger, die an die Stelle seines früh verstorbenen Vaters treten sollten, damit er sich an ihnen ausrichte. Die Tatsache, daß sich Friedrich Wieck Robert nun in seiner ganzen menschlichen Fragwürdigkeit präsentierte, war deshalb für den Schüler eine herbe Enttäuschung.

Ungeachtet dieser Beziehungsprobleme machte Robert in seiner pianistischen Ausbildung bei Friedrich Wieck gute Fortschritte. Dabei zeigt sich jedoch, daß er im Grunde einer Pianistenkarriere gegenüber recht zwiespältig war. Für diese Ambivalenz lassen sich verschiedene Gründe identifizieren: Zum einen hatte er das zwar anfeuernde, ihm jedoch fast unerreichbar erscheinende Vorbild der viel jüngeren Clara vor Augen, das bei ihm das Gefühl von Insuffizienz und zum Teil Resignation auslöste. Es war dies ein Gefühl, das sich auch später, während seiner Ehe mit Clara, seiner des öfteren bemächtigte und es ihn als empfindliche Kränkung erleben ließ, wenn Clara etwa als großartige Pianistin gefeiert wurde, er aber bei verschiedenen Anlässen als Unbekannter abseits stand. Zum anderen fühlte er sich durch die strenge pianistische Ausbildung (Robert übte täglich viele Stunden Klavier) in seinen tonschöpferisch-kreativen Möglichkeiten sehr eingeengt. Er konnte sich indes nicht dazu durchringen, sich ganz auf das Komponieren zu konzentrieren. Er wollte die Klavierausbildung auch deshalb nicht abbrechen, weil er hoffte, als guter Pianist seine eigenen Werke am besten der Öffentlichkeit bekannt machen zu können.

Die Vorstellung, es sei besonders günstig, sowohl als Komponist als auch als Klaviervirtuose tätig zu sein, hat Robert indes später aufgegeben. Er hat diese veränderte Sicht im folgenden Davidsbündler-Aphorismus dargestellt:

»Komponistenvirtuosen.

Es ist im allgemeinen nicht anzunehmen (und die Erfahrung spricht dagegen), daß der Komponist seine Werke auch am schönsten und interessantesten darstellen müsse, namentlich die neuesten zuletzt geschaffenen, die er noch nicht objektiv beherrscht. Der Mensch, dem die eigene physische Gestalt entgegensteht, erhält leichter im anderen Herzen die idealische.

Eusebius.

Richtig. Denn wollte der Komponist, dem nach Vollendung des Werks Ruhe von nöten ist, seine Kräfte gleichzeitig auf äußere Darstellung fixieren, so würde, wie einem angestrengten, auf einem Punkt haftenden Augenpaar, sein Blick nur matter werden, wenn nicht sich verwirren und erblinden. Es gibt Beispiele, daß in solcher erzwungenen Operation Komponistenvirtuosen ihre Werke völlig entstellt haben.

Raro.«

Als Robert im Sommer 1828 dem Kapellmeister Wiedebein seine Kerner-Vertonungen zur Begutachtung vorlegte, wies dieser, wie oben ausgeführt, auf einige technische Mängel hin. Robert hatte sich daraufhin in seinem Dankesschreiben als »reiner, einfältiger Zögling der leitenden Natur« bezeichnet und den Vorsatz gefaßt: »Jetzt soll es aber an das Studium der Kompositionslehre gehen«. Je mehr er sich nun 1831 mit dem Komponieren beschäftigte, desto klarer wurde ihm, daß er tatsächlich eines Unterrichts in Kompositionslehre bedürfe. Er wendete sich deshalb im Juli 1831 an den Leipziger Musikdirektor *Heinrich Dorn* mit der Bitte, bei ihm das Studium der Kompositionslehre beginnen zu dürfen. So sehr er einerseits eine solche Unterweisung wünschte und in der für ihn charakteristischen Weise Dorn zunächst auch idealisierte, so deutlich wird doch bereits in seinem Brief vom 5. Juli 1831, also noch vor Beginn des eigentlichen Unterrichts, seine Zwiespältigkeit dieser Ausbildung gegenüber. So erwähnt Robert in einer Tagebuchnotiz, daß er u. a. an Dorn geschrieben habe: »... so viel italienischen Himmel Sie gewiß über dies stärkende Eisbad gießen werden, so zittre ich und fröstle ich doch im voraus ein wenig, der Kopf weniger als das Herz«.

Es ist angesichts dieser Ambivalenz nicht verwunderlich, daß der Unterricht bei Heinrich Dorn bereits nach acht Monaten endete, und zwar infolge von Roberts – mehr oder weniger offenem – Widerstand gegen »die kalte, graue Theorie«. In seinem Brief vom 25. 4. 1832 begründete Robert sein wenig kooperatives Verhalten Heinrich Dorn gegenüber mit den Worten: »Aber es ist, als wenn sich meine ganze Natur jedem Antrieb von außen widersträubt und als wenn ich auf das Ding erst von selbst fallen müßte, um es zu verarbeiten und ihm seine Stelle anzuweisen«. Es ist bezeichnend für Roberts Ambivalenz Autoritätspersonen gegenüber, daß wir bereits wenige Zeilen weiter unten lesen: »Bei einer Bearbeitung Paganinischer Capricen fürs Klavier vermißte ich Ihren Beistand sehr«, und unter Verweis auf weitere Werke, an denen er zur Zeit arbeite, von seinem Wunsch erfahren, daß er sie Dorn »gerne vorlegen möchte«.

Ohne in ein ungerechtfertigtes Psychologisieren zu verfallen, dürfen wir doch annehmen, daß sich in diesen Schwierigkeiten mit Dorn der Grundkonflikt in Roberts Persönlichkeit artikulierte, nämlich der Kampf zwischen der freien künstlerischen Entfaltung (repräsentiert in seiner Jugend durch die Gestalt des Vaters) und der »prosaischen« Welt der Mutter mit ihren Anforderungen und Zwängen.

Bei einer solchen psychologischen Interpretation ist noch zu bedenken, daß offensichtlich beide Elternteile nicht nur je die erwähnten Tendenzen vertraten, sondern in sich selber auch starken Ambivalenzen unterworfen waren. So war der Vater nicht nur ein sich in die literarische Welt zurückziehender Romantiker, sondern daneben auch ein erfolgreicher Geschäftsmann. Umgekehrt wird man Roberts Mutter nicht gerecht, wenn man in ihr allein die Frau sieht, die jeglicher künstlerischen Betätigung ablehnend gegenüberstand und aus einem kühlen Rationalismus heraus das Leben betrachtete. Wie eingangs erwähnt, wird sie von ihren Zeitgenossen auch als Frau von »schwärmerisch sentimentaler Überspanntheit«, mit einem »Hang zum Absonderlichen« geschildert. Außerdem war sie es ja auch, die in der frühesten Kindheit die musikalische Entwicklung ihres Sohnes als »lebendiges Arienbuch« wesentlich bestimmt hatte. Deutlich kommt ihre positive Einstellung der Musik gegenüber etwa auch in der folgenden Passage eines Briefes zum Ausdruck, den Robert am 15. 12. 1830 an die Mutter richtete:

»Du glaubst kaum, wie mich *solche* Briefe erfrischen ... Solche Worte wie: ›das ist doch Deine *treue* Geliebte, die treue Freundin in Schmerz und Freude – ach! den süßen beruhigenden Trost, den Töne uns geben, kann die Stimme (das Wort) nie uns geben – ›bleib‹ auch ihr *treu*, da Du sie zur Gefährtin Deines Erdenwallens Dir erkorst‹ – solche Worte klingen lange in der Seele nach, zumal wenn sie die Mutter geschrieben und empfunden hat«.

Wir dürfen annehmen, daß die Ambivalenz, die in jedem der beiden Elternteile bestand, bei Robert zu einer nochmaligen Verschärfung seiner eigenen Zwiespältigkeit geführt hat.

Da Robert den Eindruck hatte, in seinen pianistischen Fähigkeiten, trotz intensiven Übens, allzu geringe Fortschritte zu erzielen, ersann er eine Methode, mit der er in kurzer Zeit gewaltsam die Geläufigkeit und Spannungsfähigkeit der Finger seiner rechten Hand fördern wollte. Es heißt, er habe einzelne Finger beim Üben durch Anbinden in einer extremen Extensionsstellung fixiert. Dieses Vorgehen führte jedoch keineswegs zu dem gewünschten Erfolg. Im Gegenteil! Die Hand wurde im Sommer 1831 völlig funktionsuntüchtig. Unter verschiedenen Therapieversuchen besserte sich die Behinderung zwar etwas, letztlich aber blieb sie irreversibel. Dies bedeutete das Ende der angestrebten Pianistenkarriere.

Diese Erklärung der Schädigung der rechten Hand durch eine mechanische Einwirkung wird von den meisten Schumann-Biographen gegeben. Von Robert selber erhalten wir über die Ursachen seiner Behinderung allerdings nur indirekt Auskunft. Immer wieder finden sich in seinem Tagebuch Eintragungen, die auf Schmerzen und Schwierigkeiten beim Klavierüben hinweisen. So hatte Robert beispielsweise am 25. September 1830 an den mit ihm befreundeten Arzt Carus u. a. geschrieben: »Ja, es war dazu gekommen, daß sich, wenn ich einmal den vierten Finger überschlagen sollte, mein ganzer Körper convulsivisch verdrehte und ich nach sechs Minuten Fingerübungenspiel die unendlichsten Schmerzen im Arm fühlte, kurz, wie zerschlagen war«. Auch in seinen Briefen an die Mutter erwähnte Robert vor allem im Jahre 1832 wiederholt, daß es ihm »doch mit der Hand bedenklich« geworden sei (9. 8. 1832).

Über die Ursachen dieser Störung erfahren wir indes von Robert selber wenig. Es ist zwar in seinen Tagebüchern von einer »Zigarrenmechanik« die Rede, und es heißt, Robert habe sich Freunden gegenüber später dahingehend geäußert, daß er den Mittelfinger durch eine oberhalb der Tastatur befestigte Schlinge ruhiggestellt habe, während er mit den übrigen vier Fingern geübt habe.

Ihre Berechtigung nimmt diese »offizielle« Version, abgesehen von diesen wenigen Hinweisen Roberts, vor allem aus einer Passage in Friedrich Wiecks

Werk »Klavier und Gesang«, wo Wieck, ohne Namensnennung, von einem »berühmten Schüler« spricht, der »die Schlinge« benutzt und dadurch eine Schädigung der Finger davongetragen habe.

Edler (1982) berichtet schließlich von einem erst 1967 bekanntgewordenen Gutachten des mit Robert befreundeten Arztes Dr. Moritz E. Reuter, der in seinem Bericht von 1841 u. a. geschrieben habe: »Im Jünglingsalter bemerkte er zuerst, daß der Zeigefinger und der Mittelfinger seiner rechten Hand auffallend weniger Kraft und Gelenkigkeit als die übrigen besaßen. Die längere Zeit fortgesetzte Anwendung einer Maschine, mittels welcher die genannten zwei Finger stark nach dem Handrücken gehalten wurden, hatte zur Folge, daß dieselben von nun an in einen lähmungsartigen Zustand verfielen, in der Masse, daß sie erstens nur schwaches Gefühl besaßen, und zweitens rücksichtlich der Bewegung dem Willen nicht mehr unterworfen waren ... daß Herr Dr. Schumann beim Pianospielen den Mittelfinger gar nicht, den Zeigefinger nur unvollkommen gebrauchen kann, einen Gegenstand aber mit der Hand zu fassen und festzuhalten gänzlich außer Stande ist«.

Eine völlig andere Erklärung geben *Sams* (1971) und *Walker* (1972b): Diese Autoren gehen von der Annahme aus, Robert Schumanns Krankheit am Ende seines Lebens sei das letzte Stadium einer Lues gewesen. Die Schädigung der rechten Hand interpretiert *Sams* als Folge einer speziellen, im 19. Jahrhundert weitverbreiteten Behandlung mit Quecksilber, das bei Robert schon 1830 wegen einer Syphilis angewendet worden sei. Eine solche Infektion wäre zwar durchaus möglich gewesen, da Robert in seiner Adoleszenz (allerdings wohl erst ab 1831) nachweislich zu verschiedenen Frauen und Mädchen sexuelle Beziehungen unterhalten hat und in dieser Zeit die Gefahr einer syphilitischen Infektion sehr groß war. Indes läßt sich die Annahme einer solchen Erkrankung bei Robert nach allen uns heute vorliegenden Unterlagen und Befunden meiner Ansicht nach nicht halten (ich werde auf diese Probleme noch einmal ausführlich im Kapitel 6 bei der Diskussion seiner Erkrankung am Lebensende eingehen).

Eine wiederum andere Erklärungshypothese hat *Haesler* (1982) aufgestellt: Er nimmt an, daß die Bewegungseinschränkung der rechten Hand Ausdruck einer funktionellen, d.h. seelisch bedingten Störung sei. Ob diese Annahme zutrifft, läßt sich heute indes nicht mehr mit Sicherheit entscheiden.

Welches auch immer die Ursachen für die Behinderung der rechten Hand gewesen sein mögen, so bleibt doch das Faktum bestehen, daß Robert wohl spätestens im November 1832 realisiert hatte, daß die Schädigung irreversibel war. So schrieb er beispielsweise am 6. 11. 1832 an die Mutter: »Ich für mein Teil habe völlig resigniert und halte es für unheilbar«. Mit dieser Einsicht war auch klar, daß ihm eine Pianistenkarriere verschlossen sein würde. Angesichts seiner erwähnten zwiespältigen Gefühle einer solchen Laufbahn gegenüber war es für ihn sicherlich nicht nur ein schwer zu akzeptierendes Schicksal, vielmehr empfand er offensichtlich auch eine gewisse Erleichterung, sich nun – gleichsam legitim – ganz kompositorischen Aufgaben zuwenden zu können. In diesem Sinne ist wohl auch die folgende Passage aus seinem Brief an die Mutter vom

19. 3. 1834 zu verstehen: »Wegen des Fingers mach Dir keine Unruhe! Komponieren kann ich ohne ihn, und als reisender Virtuose würde ich kaum glücklicher sein«.

Es ist in diesem Zusammenhang interessant zu sehen, daß Robert mit seiner motorischen Behinderung in einer sehr kreativen Weise umzugehen vermochte: So komponierte er in dieser Zeit zwei besonders brillante Klavierwerke, die »Studien nach Capricen von Paganini«, op. 3 (1832) und die »Toccata«, op. 7 (1830 resp. 1833), wobei die letztere Komposition sich gerade dadurch auszeichnet, daß sich die Finger der rechten Hand völlig unabhängig voneinander bewegen müssen!

Auch wenn Robert mit der Einsicht, daß die Schädigung der rechten Hand irreversibel war, seine Pläne einer Pianistenkarriere definitiv aufgeben mußte, hieß dies keineswegs, daß er nicht nach wie vor über außerordentliche pianistische Fähigkeiten verfügte. So erfahren wir etwa von *Hieronymus Truhn*, der Robert 1837 als Korrespondent der »Neuen Zeitschrift für Musik« kennenlernte, daß sein Klavierspiel in dieser Zeit immer noch »unbeschreiblich« gewesen sei:

»Er bewegte seine Finger mit einer fast beängstigenden Geschwindigkeit, als wenn Ameisen auf dem Klavier herumkrabbelten; er spielte seine eigenen Sachen – anderes habe ich freilich nie von ihm gehört – mit nur wenig Akzentuierung, aber mit reichlicher Anwendung beider Pedale. In dem letzten Umstande dürfte man natürlich keinen Mangel an Geschmack finden; er spielte nur mit soviel Pedal, um dem flügellahmen Flügel ein wenig unter die Flügel zu greifen. Schumann wußte sehr wohl, wie Klavier gespielt werden soll, aber es lag in seinem Naturell, alles technische körperliche Tun à la Pelham zu behandeln«.

(zitiert nach *Edler*, 1982)

Neben seinen kompositorischen Arbeiten wendete sich Robert in diesen Jahren voller Begeisterung auch dem literarischen Schaffen zu. Wie bereits erwähnt, veröffentlichte er eine erste Werkbesprechung von Frédéric Chopins Klaviervariationen über Mozarts »Reich' mir die Hand mein Leben« aus »Don Juan« in der Berliner »Allgemeinen Musikalischen Zeitung«. Auf das hier zum ersten Male öffentlich verwendete originelle Stilmittel, drei Personen, Eusebius, Florestan und Meister Raro miteinander diskutieren zu lassen, habe ich oben bereits hingewiesen.

1833 entwickelte Robert den Plan, eine eigene Musikzeitschrift zu gründen. Doch erst am 3. April 1834 konnte die erste Nummer der Wochenschrift »Neue Leipziger Zeitschrift für Musik« (später: »Neue Zeitschrift für Musik«, NZfM) erscheinen. Dieses Publikationsorgan wurde zwar anfangs nominell von Robert, Friedrich Wieck, Julius Knorr und Ludwig Schunke gemeinsam getragen, de facto aber lag die Verantwortung schon bald bei Robert allein. In den folgenden Jahren gewann die NZfM immer mehr an Bedeutung und wurde zu einem anerkannten Forum der Musikkritik.

Um dem Leser einen Eindruck von der brillanten Art zu vermitteln, in welcher Robert diese Kritiken verfaßte, seien im folgenden einige Beispiele zitiert. Es ist ein Kennzeichen dieser Berichte, daß er selbst bei sehr kritischen Stellungnahmen sich niemals in verletzender Weise über Komponisten und Interpreten äußerte.

Zunächst, ausschnittsweise, der Bericht über das zweite Abonnementskonzert vom 11. 10. 1840:

»Ouvertüre zu ›Euryanthe‹ von Weber. – Arie von Donizetti. – Konzertino für Bassposaune von Ch. G. Müller. – Arie von Bellini. – Sinfonie (B-Dur) von Beethoven.

Der Dirigent wurde bei seinem Vortreten mit Beifall begrüsst, worin wir von Herzen einstimmten. Auf Webers Kompositionen ist seit MD. Mendelssohns Direktion in Leipzig besonderer Fleiß verwendet worden, und dem Orchester geschieht darnach immer die Ehre, die Virtuosen wie größere ausführende Massen immer am liebsten wünschen und am ungernsten gewähren, die des Dacapo-Rufes. Auch heute fehlte wenig, und hielt davon vielleicht nur die Spannung auf die folgende Nummer ab. Eine junge Sängerin war angekündigt, der der Ruf großer Schönheit und schon bedeutender Kunstbildung vorangegangen war: Frl. Elise List. Aus einer höchst achtbaren Familie abstammend, hat sie schon als Kind den anderen Weltteil gesehen, brachte darauf einige Jahre in Leipzig zu, wo ihr Vater, nordamerikanischer Konsul hierselbst, sich namentlich um die Errichtung der Eisenbahn das höchste Verdienst erworben, und kam uns zuletzt von Paris zurück, wo sie die letzten Jahre verlebt hatte. Es mußte dies alles das Interesse an der anmutigen Erscheinung erhöhen. Ihre Befangenheit war groß; die Zeitschrift erwähnte bereits früher, es war ihr erstes Auftreten. An der Schönheit der Stimme, wie sie auch durch die Ängstlichkeit umflort schien, konnte niemand zweifeln, der nur einige Takte gehört, ebensowenig über die gute Schule, in der sie gebildet ist, so daß man deutlich sah, die Sängerin wollte nichts, als was sie sicher konnte. Aber freilich, was man unter vier Augen auf das trefflichste kann, kann man unter tausenden noch nicht zur Hälfte so gut, und geht dies bedeutenden Künstlern und Männern so, um wieviel mehr einer Novizin, einem achtzehnjährigen Mädchen. Nur Rohheit kann dies übersehen. Achtung vor unserem Publikum, das die schöne schüchterne Jungfrau auf das wohltuendste aufnahm; und fanden sich die getäuscht, denen leeres Passagen- und Trillerwerk über die Aussprache eines höchst edlen Organs geht, so gibt es doch in unserer gebildeten Stadt noch genug, die Dutzendtalente von originalen Erscheinungen zu unterscheiden wissen, und den letzteren dürfen wir die junge Sängerin mit Überzeugung beizählen. Was sie noch nicht hat, läßt sich erwerben, was sie aber hat, erwirbt sich nicht. Daran halte sie fest und gehe die begonnene Bahn mit Mut weiter«.

Ein anderes Beispiel für Roberts Art, Musikkritiken zu verfassen, stellt der folgende Ausschnitt aus seinem Bericht über das 17. und 18. Abonnementskonzert aus dem Jahre 1841 dar. Hier heißt es u.a.: »Mit großem Beifall sang Fräulein Grünberg die Meyerbeersche Arie ›Robert, mein Geliebter‹, die nie einen gewissen Effekt verfehlt, die der Komponist gewiß selbst für eine seiner schönsten Nummern hält. An der Sängerin wollten Gesanglehrer die Mundöffnung tadeln; Es ist nur ein Wink, auch darauf achtzuhaben. Im übrigen zeigte sie auch in diesem Vortrage Beruf und Talent«. Wiederholt verfaßte Robert auch Kritiken über Claras Konzerte, in denen sie mitunter auch ihre eigenen Kompositionen spielte. Als Beispiele mögen die folgenden Passagen aus Berichten über Claras Konzerte dienen. Das eine ist eine Kritik über Claras Komposition »Romantische Walzer«:

»›Also von einer Dame?‹ (würde ein Rezensent bei den Valses romantiques anfangen). Ei, ei, da werden wir die Quinten und die Melodie nicht zuweit zu suchen brauchen. Zilia hielt vier leise Mondschein-Akkorde aus. Alle horchten aufmerksam. Auf dem Flügel lag aber ein Rosenzweig (Florestan hat an der Stelle der Leuchter immer Vasen mit Blumen), der von der Erschütterung nach und nach auf die Tasten geglitten war. Wie nun Zilia nach dem Baßton haschte, berührte sie ihn zu heftig und hielt inne, weil der Finger blutete. Florestan frage, was es wäre? ›Nichts,‹ sagte Zilia – ›wie diese Walzer sinds noch keine großen Schmerzen und nur Blutstropfen von Rosen hervorgelockt‹. Die aber dieses sagte, möge nie andere kennen lernen!« –

Der andere ist ein Bericht über »Soireen für das Pianoforte von Clara Wieck«:

»Auch ein weiblicher Kopf soll unser Museum schmücken, und überhaupt, wie könnte ich den heutigen Tag, als Vorfeier des morgenden, der einer geliebten Künstlerin das Leben gab, besser begehen als daß ich mich gerade in eine ihrer Schöpfungen versenkte mit einigem Anteil. Sind sie doch einer so ausländischen Phantasie entsprungen, als daß hier die bloße Übung ausreichte, diese seltsam verschlungenen Arabesken verfolgen zu können – einem zu tief gegründeten Gemüte, als daß man, wo das Bildliche, Gestaltenähnliche in ihren Kompositionen mehr in den Hintergrund tritt, das träumerische, in sich vertiefte Wesen auf einmal zu fassen vermochte. Deshalb werden sie auch die meisten ebenso rasch wieder weglegen, als sie sie in die Hand genommen; ja, es ist zu glauben, daß ordentliche Preisakademien den Soireen unter hundert eingesandten anderen nicht etwa den ersten Preis zuerkennen, sondern eben den letzten, so wenig schwimmen hier die Perlen und Lorbeerkränze auf der Fläche. Immerhin wär ich auf das Urteil der Akademisten mehr als je gespannt; denn einerseits verraten die Soireen doch gewiß jedem ein so zartes überwallendes Leben, das vom leisesten Hauch bewegt zu werden scheint, und doch auch wieder einen Reichtum an ungewöhnlichen Mitteln, eine Macht, die heimlicheren, tiefer spinnenden Fäden der Harmonie zu verwirren und auseinanderzulegen, wie man es nur an erfahrenen Künstlern, an Männern gewohnt ist. Über das erstere, die Jugend der Komponistin, sind wir einig. Das andere zu würdigen, muß man freilich wissen, wie sie, als Virtuosin schon, auf dem Höhenscheitel der Zeit steht, von wo aus ihr nichts verborgen geblieben. Wo Sebastian Bach noch so tief eingräbt, daß das Grubenlicht in der Tiefe zu verlöschen droht, wo Beethoven ausgreift in die Wolken mit seiner Titanenfaust, was die jüngste Zeit, die Höhe und Tiefe vermitteln möchte, vor sich gebracht hat, von all diesem weiß die Künstlerin und erzählt davon in lieblicher Mädchenklugheit, hat aber deshalb auch die Anforderungen an sich auf eine Weise gesteigert, daß einem wohl bange werden könnte, wo dies alles hinaus soll. Ich vermag nicht vorzugreifen mit meinen Gedanken hierüber: Vorhang steht bei solchem Talente hinter Vorhang, und die Zeit hebt einen nach dem anderen hinweg und immer anders, als man vermutet. Aber daß man einer solchen wundersamen Erscheinung nicht gleichgültig zusehen, daß man ihr Schritt vor Schritt in ihrer geistigen Entwicklung nachfolge, wäre von allen zu erwarten, die in unserer denkwürdigen Gegenwart nicht ein loses Durcheinander des Zufalls, sondern die natürliche, innige Verknüpfung verwandter Geister von sonst und jetzt erkennen.

Was erhält man also in diesen Soireen? Was sprechen sie aus, wen gehen sie an, und sind sie ein Resultat, der Arbeit eines Meisters zu vergleichen? Sie erzählen uns denn viel von Musik, und wie diese die Schwärmerei der Poesie hinter sich läßt, und wie man glücklich im Schmerz sein könne und traurig im Glück – und sie gehören denen, die auch ohne Klavier selig sein können in Musik, denen das sehnsüchtige innere Singen das Herz sprengen möchte, allen, die in die geheimnisvolle Ordenssprache einer seltenen Künstlergattung schon eingeweiht sind. Endlich, sind sie ein Resultat? Wie die Knospen sind sie's, ehe sie die Farbenflügel in offener Pracht auseinander treiben, zur Betrachtung fesselnd und bedeutend, wie alles, was eine Zukunft in sich birgt. – Freilich, dies nun alles von ihr selbst zu hören! Weiß man doch selbst nicht, wie einem da oft geschieht! Kann man sich da oft kaum denken, wie so etwas mit Zeichen dargestellt, aufgeschrieben werden könne! Ist dies doch wieder eine ihr angehörige erstaunliche Kunst, über die sich ganze Bücher hören ließen! Ich sage ›hören‹ und bin weise geworden. Unseren Davidsbündlerkräften mißtrauend baten wir z. B. neulich einen guten Kenner, uns etwas über die Eigentümlichkeit des Vortrags dieser Virtuosin für die Zeitschrift zu schreiben; er versprach es, und nach zwei Seiten Abhandlung kams richtig am Schluß: ›Es wäre wünschenswert, einmal etwas Begründetes über die Virtuosität dieser Künstlerin zu erfahren‹. Wir wissen, woran er gescheitert ist und weshalb wir auch hier abbrechen: es läßt sich eben nicht jedes in Buchstaben bringen.

Am 12. September 1837«.

Florestan und Eusebius

Die von Robert geschriebenen Kritiken bestanden nicht nur aus Prosatexten, sondern wurden von ihm mitunter auch in lyrischer Form verfaßt wie das folgende »Traumbild am 9. September abends – Konzert von C. W.«:

»Von oben gekommen ein Engelskind
Am Flügel sitzt und auf Lieder sinnt,
Und wie es in die Tasten greift,
Im Zauberringe vorüberschweift
Gestalt an Gestalt
und Bild nach Bild,
Erlkönig alt
Und Mignon mild,
und trotziger Ritter
Im Waffenflitter,
Und knieende Nonne
In Andachtwonne.
Die Menschen, die's hörten, die haben getobt,
Als wärs eine Sängerin hochgelobt;
Das Engelskind aber unverweilt
Zurück in seine Heimat eilt«.

F. u. E.

Im Gegensatz zu der schwungvollen, von Lebendigkeit sprühenden Art, die Robert in seinen literarischen Äußerungen an den Tag legte, steht seine im direkten sozialen Kontakt feststellbare Zurückgezogenheit und Verschlossenheit, die bereits in den Jahren ab 1830 deutlich sichtbar wurde. Diese im Grunde von Jugend an bestehende Seite seiner Persönlichkeit hatte Robert im Alter von 18 Jahren in seinem Tagebuch folgendermaßen begründet: »Es liegt in meiner Methode, in den ersten Gesprächen mit einem Menschen mich vor diesen, wie unterdrückt zu stellen; ich spreche da nicht viel und gebe noch mehr zu; auf einmal steh' ich auf und ich lasse merken, was ich sagen könnte, wenn ich Lust hätte; dann fühl ich recht, wie jener sich unterdrückt fühle; und wie dieser es fühle, daß ich dies fühle«. Doch spürte Robert offensichtlich bereits in dieser

Zeit, daß es nicht nur, wie es in dem letzten Zitat heißt, eine willentlich eingesetzte »Methode« war, sondern daß der Freund dem Freund gegenüber verschlossen sei »aus Ohnmacht, seine Gefühle auszusprechen weil durch eine große namenlose Fessel seine Zunge gelähmt wird, und weil er weiß, daß der Freund seine Gefühle weiß, ohne daß er sie erst zu sagen braucht«.

Wie *Edler* (1982) hervorhebt, hat Robert auch in anderen Zusammenhängen immer wieder das Unzureichende der verbalen Kommunikation betont. So habe er beispielsweise gemeint, daß er in einer Viertelstunde am Klavier mehr auszusprechen vermöge, als wenn er Bogen voll schreibe. Im engeren Freundeskreis habe sich Robert auch häufig augenzwinkernd verständigt, was Fremde verärgert und gestört habe. Besonders charakteristisch für dieses Verstehen ohne Worte sei die Begrüßung Hillers bei Roberts Ankunft in Dresden (1845) gewesen: »Schön, daß Du da bist, da werden wir uns tüchtig ausschweigen können«. Im gleichen Sinne sei die selbstironische Äußerung Roberts bei einer Besuchsankündigung bei Felix Mendelssohn zu verstehen: Er habe ihm so viel zu erzählen, worüber er sich »tapfer ausschweigen« wolle.

Es ist für Robert kennzeichnend und angesichts seiner frühkindlichen Beziehungserfahrung, vor allem mit der Mutter, verständlich, daß er in engeren Beziehungen ein solches Verstehen ohne Worte von seinem Partner erwartete. Vieles in der Beziehung zwischen seiner Mutter und ihm war ebenfalls auf der nonverbalen Ebene verlaufen, die mitunter sogar in krassem Widerspruch zu den verbalen Mitteilungen stand. Ich werde später bei der psychologischen Interpretation des sog. »Liederjahres« (1840) noch ausführlicher auf diese Beziehungsstruktur eingehen, die sich auch in der Ehe Roberts mit Clara wiederholte (s. Kapitel 3).

Eine sehr anschauliche Schilderung von Roberts sozialem Verhalten hat *Franz Brendel* (Roberts Nachfolger als Redaktor der »Neuen Zeitschrift für Musik«) gegeben (zitiert nach *Edler*, 1982):

»Man hat eine sehr falsche Vorstellung, wenn man ihn nur als schweigend betrachtet ... So konnte Schumann auch sehr gesprächig sein, wenn die inneren Flammen emporloderten, während zu anderer Zeit allerdings stundenlang kein Wort aus ihm herauszubringen war und er in sich versunken dasaß. Es war nicht eigentlich ein Gespräch, welches er führte, seine Äußerungen waren immer mehr abgebrochener, ruck- und stoßweiser Natur; er befreite sich aber eben so auf diese Weise von dem, was ihn innerlich bewegte, wie Sonderbarkeiten und seltsame Gelüste dazu dienten, in humoristischer Weise der verzehrenden inneren Flamme ein äußeres Gegengewicht zu geben. So war er damals extrem lebendig, aufgeregt und wieder vollständig in sich versunken und apathisch, schroff und eigensinnig, und wieder herzgewinnend, unmittelbar fesselnd, voll der hingebendsten Liebenswürdigkeit, wenn er aus seiner Traumwelt erwachte, wenn sein innerer Mensch hervortrat: übergreifend über die äußeren Ecken und Schroffheiten, voll kindlicher Gutmüthigkeit, trotz seines scharfen, berechnenden Verstandes, seiner Geisteskraft sich bewußt, aber zugleich tief bescheiden, wie jede wirkliche Intelligenz, immer geneigt, andere, und oftmals die Unbedeutendsten, über sich zu stellen, aber auch zu Zeiten hart und schroff in seinen Urteilen, und wenn dieselben die vertrautesten Personen betrafen, schwärmerisch erglüht für die Kunst, ankämpfend gegen die niederdrückende Trivialität der damaligen Kunstzustände und beseelt dabei von dem reinsten

Interesse, ›ein herrlicher, prächtiger Mensch‹, wie ihn Clara Wieck als 15jähriges Mädchen einstmals, als sie am Clavier saß, mir gegenüber nannte. Es ist mir das flüchtige Wort in Erinnerung geblieben, weil es Eindruck auf mich machte, weil es mich ahnen ließ, was in dem Innern seiner nachmaligen Gattin, ihr selbst noch jahrelang unbewußt, sich entfaltete.«

Die meisten Schumann-Biographen gehen nur am Rande auf ein Problem ein, das tatsächlich aber für Robert zumindest über etliche Jahre hin recht belastend war: Es ist der erhebliche *Alkoholkonsum*, mit dessen Hilfe er seine Insuffizienzgefühle und die immer wieder auftauchenden Verstimmungen zu bekämpfen versuchte. Wie aus seinen Tagebuchaufzeichnungen und Briefen hervorgeht, war Robert sich selber sehr wohl der Tatsache bewußt, daß der Alkohol und auch der Nikotingenuß für ihn ein ernstes Problem darstellten. Ebenso deutlich wird aber auch, daß er einen vehementen Kampf gegen das Trinken geführt hat. Sicherlich hat bei ihm keine Alkoholabhängigkeit im Sinne einer Sucht vorgelegen. Doch hat der Alkohol für Robert – gleichsam als Selbstheilungsversuch (*Battegay*, 1961) – insofern eine Bedeutung besessen, als er offenbar mit seiner Hilfe eine innere Leere auszufüllen hoffte. Eindrücklich schildert er dies in einem Tagebucheintrag vom 25. Juli 1831, als Clara mit ihrem Vater wegen einer Konzertreise abwesend war: »Nun Meister Raro fort ist, fühl ich doch eine Leere, die seit einigen Tagen das Bierglas ausfüllen sollte«. Auch in den späteren Jahren, zwischen 1831 und 1842, finden wir in Krisensituationen, die Robert durchzustehen hatte, immer wieder Tagebuchnotizen, die auf das Problem »Alkohol« hinweisen.

Es ist durchaus möglich, daß Robert mit dem Alkohol auch eine Linderung seiner sexuellen Probleme suchte. Wie bereits erwähnt, hat er in seiner Adoleszenz zu verschiedenen Frauen und Mädchen sexuelle Beziehungen unterhalten, erstmals vermutlich im Jahre 1831 mit dem »nachnamenlosen« Mädchen Christel (der »Charitas« der Davidsbündler). Diese Beziehungen waren für ihn offensichtlich stets von großen Schuldgefühlen und Ängsten begleitet. So erfahren wir aus seinem Tagebuch etwa, daß er eine Wunde an seinem Penis (offenbar einen Riß in der Vorhaut) als »Strafe« für den sexuellen Verkehr mit Christel interpretierte. Ob man, wie *Ostwald* (1985), aus Tagebuchnotizen wie »Christel in einer Minute« auf eine Ejaculatio praecox und damit auf eine angstbedingte sexuelle Störung bei Robert schließen darf, erscheint mir zumindest fragwürdig.

Unbestreitbar ist aber die Tatsache, daß während der Adoleszenz in Roberts intimen Beziehungen zu Frauen Angst und Schuldgefühle eine wesentliche Rolle spielten. Paradigmatisch dafür sind die folgenden Tagebucheintragungen: »Mit Angst und wenig Vergnügen«, »sinnliche Anregung am ganzen Tag, aber Unterdrücken ... Kräftiges Erdrücken alles Sinnlichen in mir«, und, als Christel einmal eine Woche lang nicht bei ihm gewesen war, der Eintrag, er komme sich nun »schön und fast ganz rein« vor. Auch später tauchte im Briefwechsel zwischen Clara und Robert das Thema der sexuellen Beziehungen, insbesondere von Kontakten zu Prostituierten, auf, etwa wenn Clara, an Roberts Treue zweifelnd, am 11.10. 1837 an ihn schrieb, ihr Vater sei ihm »14 Tage lang nachgegangen und habe gesehen, daß Du zu Nohr gegangen, ... Solltest Du mich hintergehen können? ... Noch einmal sag ich es Dir, kannst Du Deine Leidenschaft durchaus nicht bezähmen, so kann ich nie die Deine sein«.

Während seines Aufenthaltes im Hause Friedrich Wiecks erlebte Robert die ersten großen Erfolge Claras als Pianistin mit. Am 8. November 1830 hatte die inzwischen 11jährige im Leipziger Gewandhaus ihr erstes öffentliches Konzert gegeben und dabei von allen Seiten große Anerkennung gefunden. Eine erste Konzertreise führte sie dann zusammen mit dem Vater 1831 nach Weimar, wo sie u.a. in einem kleinen geladenen Kreis vor Johann Wolfgang von Goethe spielte. Es folgten Konzerte in Kassel, Frankfurt a.M., Darmstadt und Paris.

Aus den oben bereits zitierten Briefen Friedrich Wiecks an seine Gattin erfahren wir, wie anstrengend diese Konzerttourneen für Clara gewesen sein müssen. Mitunter gab sie, wie es in Wiecks Bericht vom 3. 4. 1838 aus Wien hieß, »alle Tage zwei bis drei Konzerte«. Hinzu kam, daß die Instrumente, auf denen Clara spielen mußte, oft völlig insuffizient waren. So schrieb Wieck am 3.2. 1834 aus Magdeburg:

»Höre, daß mich gestern abend die Angst und der Ärger nicht ums Leben gebracht hat – ist ein Wunder. Denk Dir, es waren wieder 600 Menschen und unerhört voll der Clara wegen; das Instrument fängt an im ersten Teile (im Finale von Chopins Konzert) in den Tasten zu stocken, doch es geht glücklich unter tausend Angst und von Schweiß triefend vorüber. In der Pause muß ich vor dem ganzen Publikum die Klaviatur herausnehmen und die Tasten machen. Es geht auch – nun kommt im zweiten Teile staccato Variationen, jetzt stockt der ganze Dämpfer und auch zehn der einzelnen. Was soll ich tun? Clara spielt, darf den Dämpfer nicht heben (weil er nicht wieder nieder fällt) und ich drucke vor dem ganzen Publikum viele hundert Mal die einzelnen Dämpfer während des Spiels immer wieder nieder. – Clara spielte ja doch wie ein Gott mit unerhörtem Applaus und einstimmigem Bravo. Ich war in Schweiß gebadet und mußte sogleich fort im Galopp, ½ Stunde weit nach Hause, um mich umzuziehen. Ist es nicht schrecklich, so etwas erleben zu müssen«.

In das Jahr 1833 fiel ein schwerer Schicksalsschlag, der Robert zutiefst erschütterte: Im August 1833 starb sein Bruder Julius, und bereits kurze Zeit später, im Oktober 1833, die Schwägerin Rosalie, der sich Robert sehr eng verbunden fühlte. Aus seinen Tagebuchaufzeichnungen erkennen wir, daß er eine schwere Krise durchmachte, die Züge einer Dekompensation psychotischen Ausmaßes aufweist. Robert geriet nach der Nachricht vom Tode Rosalies in einen schweren Angstzustand, und ihm kam auf einmal »der furchbarste Gedanke, den je ein Mensch haben kann ..., den Verstand zu verlieren«. Wie ich bereits ausgeführt habe, suchte er sich vor der ihn so tief erschütternden Todeserfahrung vor allem durch den Mechanismus der Verleugnung zu schützen (beispielsweise indem er der Mutter untersagte, in ihren Briefen irgend etwas vom Tode der geliebten Verwandten zu erwähnen).

Wir würden Roberts zitierten Hinweis darauf, daß er befürchtete, den Verstand zu verlieren, verharmlosen, wenn wir diesen Gedanken lediglich als metaphorische Umschreibung seiner tiefen Trauer interpretierten. Gewiß war das Thema des Wahnsinns in der Romantik sehr beliebt und wurde vielfach zur

Charakterisierung außergewöhnlicher Gefühlszustände verwendet. Bei Robert müssen wir aber diese Aussagen aus dem Jahre 1833 sehr ernst nehmen, zumal die Angst vor der psychischen Dekompensation sein ganzes Leben hindurch, im Verlaufe der Zeit aber immer stärker, sein Fühlen und Handeln bestimmte. Nach dem Tod des Bruders und der Schwägerin traten neben der Angst auch Suizidgedanken auf, derer sich Robert nur mit größter Anstrengung erwehren konnte. Es erscheint deshalb durchaus gerechtfertigt, in dieser Zeit bereits von einem ersten »psychischen Zusammenbruch« zu sprechen.

Über die Ursachen dieser Krise können wir indes nur Vermutungen anstellen. Zweifellos war die Nachricht vom Tode des Bruders und der Robert sehr nahestehenden Schwägerin ein wesentlicher Auslöser. Hinzu kam, daß Robert, wie frühere Konfrontationen mit dem Tod anläßlich des Suizids seiner Schwester Emilie und des Ablebens seines Vaters haben erkennen lassen, prinzipiell größte Mühe hatte, sich mit Todesereignissen auseinanderzusetzen. Möglicherweise spielte ferner eine Rolle, daß Robert befürchtete, nun nach dem Tode des Bruders seinen Unterricht bei Wieck aufgeben und zur Mutter zurückkehren zu müssen.

Obwohl wir aus Roberts Aufzeichnungen keinen direkten Hinweis zur Stützung dieser Hypothese erhalten, denke ich an eine solche Möglichkeit angesichts seiner Äußerungen in dem früher zitierten Brief an Rosen vom 30. April 1829. Robert hatte damals darauf hingewiesen, daß er befürchtet habe, seine Pläne, nach Heidelberg zu gehen, wären beinahe wie »Luftschlösser zerronnen«. Sein Bruder Julius sei schwer erkrankt, und die Mutter habe ihn, im Falle, daß Julius sterben sollte, beschworen, sie nicht zu verlassen, weil sie sonst ganz einsam wäre. Eine Rückkehr in das Elternhaus wäre aber nicht nur wegen seiner Berufspläne, sondern auch aufgrund der recht zwiespältigen Beziehung zur Mutter außerordentlich belastend für Robert gewesen.

Es erscheint mir psychologisch bedeutsam, daß Robert in dieser krisenhaften Zeit eine intensive Beziehung zu einem gleichaltrigen jungen Manne, dem Pianisten *Ludwig Schunke*, anknüpfte. Die beiden hatten sich in einem Restaurant getroffen, und Robert hatte sich, wie er später selber mitteilte, sofort von Schunke sehr angesprochen gefühlt. In der für ihn typischen bildhaften Art schrieb Robert, als Schunke den Raum betreten habe, habe er Florestan in sein Ohr wispern hören, dort komme die Reinkarnation Schillers, und eine innere Stimme habe ihm gesagt, daß dies der Mann sei, den man erwartet habe. Robert nahm Schunke in seine Wohnung auf, und die beiden waren schon nach kurzer Zeit unzertrennliche Freunde geworden.

Wie bereits Roberts Schilderung von seinem ersten Zusammentreffen mit Schunke zeigt, wies diese Beziehung – zumindest in Roberts Erleben – einen fusionären Charakter auf, indem keine klare psychische Abgrenzung zwischen den beiden jungen Männern bestand. Unter dem Aspekt der neuen Narzißmustheorie (i. S. *Kohuts*, 1973) können wir von einer Alter-Ego-Beziehung sprechen, die sich dadurch auszeichnet, daß der Partner als der eigenen Person völlig gleich, geradezu wie ein Zwilling, empfunden wird. Offensichtlich erlebte Robert in der Freundschaft zu Schunke die Erfüllung seiner ihn lebenslang begleitenden Sehnsucht nach einer solchen ihn narzißtisch stärkenden Beziehung zu einem bewunderten Manne. Ob man indes, wie *Ostwald* (1985), annehmen kann, zwischen Robert und Schunke habe eine manifest homosexuelle Beziehung bestanden, erscheint mir aufgrund aller uns vorliegenden Zeugnisse fraglich. Es ist jedoch sehr wohl möglich, daß die narzißtische Dimension dieser Beziehung wesentlich dazu beitrug, daß Robert die schwere Krise, die er nach dem Tode seines Bruders und seiner Schwägerin durchgemacht hatte, erfolgreich überwand.

Fraglich hingegen erscheint es mir, ob wir als Ursache der Krise im Jahre 1833 auch das Fehlen einer tieferen Beziehung zu einer Frau annehmen dürfen, wie dies, nach Roberts Aussagen, der ihn damals behandelnde Arzt tat. In seinem Brief vom 11. 2. 1838 schrieb Robert an Clara über diese Zeit:

»Diese Angst aber trieb mich von Ort zu Ort – der Atem verging mir, beim Gedanken ›wenn es einmal würde, daß Du nicht mehr denken könntest‹, – Clara, der kennt keine Leiden, keine Krankheit, keine Verzweiflung, der einmal so vernichtet war – damals lief ich denn auch in einer ewigen fürchterlichen Aufregung zu einem Arzt – sagte ihm alles, daß mir die Sinne oft vergingen, daß ich nicht wüßte wohin vor Angst, ja daß ich nicht dafür einstehen könnte, daß ich in so einem Zustand der äußersten Hülflosigkeit Hand an mein Leben lege. Entsetze Dich nicht, mein Engel Du vom Himmel; aber höre nur. Der Arzt tröstete mich liebreich und sagte endlich lächelnd ›Medizin hülfe hier nichts; suchen Sie sich eine Frau, die kuriert sie gleich‹. Es wurde mir leichter; ich dachte, das ginge wohl; Du kümmertest Dich dazumal wenig um mich und warst auch auf dem Scheidweg vom Kind zum Mädchen. Da nun kam Ernestine – ein Mädchen so gut wie die Welt je eines getragen – die, dachte ich, ist es; die wird Dich retten. Ich wollte mich mit aller Gewalt an ein weibliches Wesen anklammern. Es wurde mir auch wohler – sie liebte mich, das sah ich – Du weißt alles –«.

Ungeachtet der Frage, ob diese von Robert selber und einigen seiner Biographen (z. B. *Edler*, 1982) vertretene Hypothese sich als psychologisch wirklich stichhaltig erweist, war es tatsächlich so, daß er in dieser Zeit eine intensive Beziehung mit der erwähnten *Ernestine von Fricken* aufnahm. Das attraktive, damals 18jährige Mädchen war ebenfalls Schülerin von Friedrich Wieck und lebte vom Juni 1834 bis etwa Januar 1835 in dessen Haus. Sie war die illegitime Tochter des Barons von Fricken. Aus Roberts Brief an die Mutter vom 2. 7. 1834 erfahren wir, Ernestine sei »ein herrlich reines, kindliches Gemüt, zart und sinnig, mit der innigsten Liebe an mir und allem Künstlerischen hängend, außerordentlich musikalisch – kurz ganz so, wie ich mir etwa meine Frau wünsche«. Die Hintergründe dieser Affäre sind weitgehend unbekannt. Wir wissen lediglich, daß Ernestine und Robert bereits vor Ende des Jahres 1834 verlobt waren. So heißt es etwa in Roberts Brief vom 2. 11. 1834 an Henriette Voigt: »Ernestine hat mir ganz selig geschrieben. Sie hat durch die Mutter den Vater erforscht und er gibt sie mir – – Henriette, er gibt sie mir ... Fühlen Sie, was das heißt – und dennoch dieser qualvolle Zustand, als fürchtete ich, dieses Kleinod annehmen zu dürfen, weil ich es in unseligen Händen weiß«.

Schon kurze Zeit später wurde die Verlobung jedoch in beiderseitigem Einverständnis, wie es hieß, wieder aufgelöst. Die Schumann-Biographen vermuten (und Robert selber erwähnt auch diesen Grund in seinem oben zitierten Brief vom 11. 2. 1838 an Clara), daß er erst nach der Verlobung von der illegitimen Herkunft Ernestines erfahren habe und darüber verärgert gewesen sei, daß sie ihm nicht offen die familiäre Situation erklärt hatte. Obwohl diese Beziehung nur von kurzer Dauer war, beschäftigte sie Robert – und auch Clara – doch noch während mehrerer Jahre. Offenbar bestand bei Robert doch eine tiefere Bindung an Ernestine, als er selber wahrzunehmen und sich einzugestehen vermochte. Chrakteristisch erscheint mir dabei die Tatsache, daß in der Beziehung zu Ernestine – wie schon in Roberts Verhältnis zu seiner Mutter – Schuldgefühle eine dominierende Rolle spielten.

Nur so ist über vier Jahre nach Auflösung der Verlobung seine – und Claras – Erleichterung verständlich, als Clara von einem Bekannten die Nachricht erhielt, Ernestine habe geheiratet. Auf ihre direkte Anfrage bei Ernestine selber erfuhr Clara, als »endlich ... die Antwort, die so langersehnte« eintraf, »... daß sie *sehr* glücklich sei und ihren Mann sehr liebe, und er sie auch«. Clara fährt in ihrem Brief vom 20. 1. 1839 fort: »Nun, lieber Robert, bist Du ruhig? Ach, ich bin so ruhig geworden durch diese Nachricht, und mein Vertrauen auf unser Glück steigt immer mehr – als ich die Nachricht erhielt, konnte ich vor Freude den ganzen Tag nichts essen«. Auch Robert reagierte auf die Nachricht von der Eheschließung Ernestines mit großer Erleichterung: »Die Nachricht über Ernestine ist wichtig, so sehr sie mich überrascht (es ist noch nicht das rechte Wort). Es war das Einzige, was manchmal einen dunklen Schatten in unsre Liebe warf« (Brief an Clara vom 26. 1. 1839). Auch in seinem nächsten Brief (vom 4. 2. 1839) erwähnte Robert noch einmal Ernestines Heirat: »Viel hab ich in den letzten Tagen über Ernestine nachgedacht und Gott aus *innigem Herzen* gedankt, daß er alles so gütig mit einmal geschlichtet hat. Ich muß Dir nun sagen, seit der Nachricht hab ich Dich nun erst recht lieb. Es ist wie eine Einwilligung des Himmels zu unserem Bund«.

Abgesehen davon, daß Ernestine eine attraktive junge Frau gewesen sein muß, mag bei dieser kurzen Liebesaffäre für Robert auch ausschlaggebend gewesen sein, daß sie bereits eine junge Frau war, während die um drei Jahre jüngere Clara noch wesentlich kindlicher war. Für die Beziehung zwischen Robert und Clara war die Affäre mit Ernestine von Fricken insofern von Bedeutung, als in dieser Zeit beide erkannten, daß sie füreinander viel tiefere Gefühle empfanden, als es ihnen früher bewußt gewesen war.

Es kam in der Folge zu einer offenen Aussprache zwischen Robert und Clara über ihre Gefühle zueinander, und sie hofften, daß Friedrich Wieck ihre weiteren Pläne unterstützen würde. Doch noch ehe Robert sich Wieck eröffnen konnte, reiste dieser im Januar 1836 unverzüglich mit Clara nach Dresden ab, nachdem er die in der Beziehung zwischen den beiden eingetretene Veränderung bemerkt hatte. In Dresden ließ er Clara nicht aus den Augen und überwachte auch ihre Korrespondenz genauestens – in der Hoffnung, auf diese Weise ihre Beziehung zu Robert auflösen zu können.

Am 4. Februar 1836 wurde Robert von einem weiteren schweren Schicksalsschlag getroffen: Seine Mutter starb. Wie ich bereits früher erwähnt habe, reiste er nicht zu ihrer Bestattung nach Zwickau, sondern traf erst einige Tage später dort ein. Über die Beweggründe dieses Verhaltens wissen wir nichts Genaues. Die Schumann-Biographen haben verschiedene, voneinander abweichende Hypothesen entwickelt. So interpretiert *Walker* (1972b) dieses Verhalten als Ausdruck von Roberts prinzipieller Unfähigkeit, sich mit dem Tod auseinanderzusetzen, und zwar als Folge der früheren traumatisierenden Erfahrungen, die Robert anläßlich des Todes seiner Schwester Emilie und seines Vaters gemacht hatte. *Rehberg* (1954) ist demgegenüber der Ansicht, es sei der überwältigende Schmerz gewesen, der es Robert unmöglich machte, zur Bestattung der Mutter zu fahren.

Es scheint mir indes noch ein weiterer Grund ausschlaggebend für Roberts Verhalten gewesen zu sein. Wir müssen dabei bedenken, daß die Beziehung zwischen Mutter und Sohn ausgesprochen symbiotische Züge aufgewiesen hatte und trotz aller Innigkeit, gerade wegen der Enge der Beziehung, auch von starker Ambivalenz beherrscht war. Ich habe im Zusammenhang mit Roberts Brief vom 30. Juli 1830 an die Mutter bereits darauf hingewiesen, daß die Mutter für Robert nicht nur die ihm ganz Nahe war, die als »lebendiges Arienbuch« seiner Kindheit die Liebe zur Musik tief in ihm verankert hatte, sondern daß er in diesem Brief auch seinem Gefühl Ausdruck verlieh, die Mutter vertrete ihm den Weg zu seiner eigentlichen Bestimmung. Ferner wissen wir aus seinen bereits zitierten Briefen, daß ihm die Mutter in Träumen oftmals als »ganz schrecklich«, »immer drohend und in einer entsetzlichen Gestalt« und »stets wie warnend und erzürnt über mich« erschienen sei.

Die psychoanalytische Erfahrung hat uns gelehrt, daß eine erfolgreiche Trauerarbeit nach dem Tode nahestehender Personen durch unbewußte, vom Betroffenen selbst nicht zum Erleben zugelassene Ambivalenzgefühle erheblich erschwert werden kann. Wir können uns die in einem solchen Trauernden ablaufenden Gefühle, etwas vereinfacht dargestellt, etwa folgendermaßen vorstellen: Auf der einen Seite trifft ihn der Tod eines Menschen, der für sein Leben von großer Bedeutung war, zutiefst und löst einen heftigen Schmerz aus. Auf der anderen Seite reaktiviert das Faktum des Todes aber auch die aggressiven Gefühle des Betroffenen, da seine geheimen, ihm selbst vielleicht nicht einmal bewußten Todeswünsche nun gleichsam »erfüllt« worden sind. Die innerpsychische Situation wird für einen solchen Menschen um so schwieriger, wenn die aggressiven Gefühle weitgehend vom bewußten Erleben abgespalten geblieben sind, weil sie in einem für diesen Menschen unerträglichen Konflikt mit seinen Liebesgefühlen dem Partner gegenüber stehen. Angesichts der höchst ambivalenten Gefühle, die Robert der Mutter gegenüber gehegt hat, können wir annehmen, daß er, als er von ihrem Tod erfuhr, nicht in der Lage war, sich sofort mit der Realtität des Todes zu konfrontieren und bei der Bestattung in Zwickau anwesend zu sein.

Es ist bei einer psychologischen Betrachtung des Lebens von Robert Schumann interessant zu sehen, daß der Verlust der Mutter ganz offensichtlich seinen Plan beschleunigt hat, offiziell bei Friedrich Wieck um Claras Hand anzuhalten. Dies legt die Vermutung nahe, daß es für sein psychisches Gleichgewicht wichtig war, sobald wie möglich eine andere Frau an die Stelle der Mutter treten zu lassen. Außerdem müssen wir daran denken, daß er sich vielleicht erst durch den Tod der Mutter frei dafür fühlte, eine dauerhafte Bindung zu einer anderen Frau einzugehen. Ich werde später, bei der Darstellung der Schumann'schen Ehe und des sog. »Liederjahres« 1840, noch auf einige Zusammenhänge zwischen Roberts Mutter und Clara hinweisen.

Robert weilte nur wenige Tage in Zwickau und reiste bereits am 13. Februar 1836 wieder zurück nach Leipzig. Unmittelbar vor seiner Abreise schrieb er »auf der Zwickauer Post abends nach 10 Uhr« einen Brief an Clara, der mir in mancherlei Hinsicht für seine psychische Befindlichkeit in dieser Zeit charakteristisch zu sein scheint. Auffallend ist, daß der Tod der Mutter nur mit wenigen Worten, fast könnte man sagen beiläufig, Erwähnung findet. Im Zentrum steht vielmehr der Gedanke an Clara und an die geplante gemeinsame Zukunft mit ihr. So heißt es in diesem Brief u. a.:

»Der Schlaf stand mir in den Augen. Schon seit zwei Stunden warte ich auf die Eilpost. Die Wege sind so zerstört, daß ich vielleicht erst um 2 Uhr fortkomme – wie Du vor mir stehst, meine geliebte, geliebte Clara, ach so nah dünkt es mir, als ob ich Dich fassen könnte ... Liebe Du mich nur auch recht, hörst Du, – ich verlange viel, denn ich gebe viel. Mein heutiger Tag war von mancherlei bewegt – ein offenes Testament meiner Mutter, Erzählungen von ihrem Sterben. Hinter allem Dunkeln steht aber Dein blühend Bild und ich trag alles leichter. Auch darf ich Dir wohl sagen, daß meine Zukunft jetzt um vieles sicherer steht. Zwar darf ich nicht die Hände in den Schoß legen und muß noch vieles schaffen, um das zu erringen was Du kennst, wenn Du zufällig an dem Spiegel vorbeigehst – indes wirst auch Du eine Künstlerin bleiben wollen und keine Gräfin Rossi, d.h. Du wirst mittragen, mitarbeiten, Freud und Leid mit mir teilen wollen. Schreibe mir darüber.

In Leipzig wird mein Erstes sein, meine äußeren Angelegenheiten in Ordnung zu bringen; mit dem Innern bin ich im Reinen; vielleicht daß der Vater nicht die Hand zurückzieht, wenn ich ihn um seinen Segen bitte ... Wir sind vom Schicksal schon füreinander bestimmt; schon lange wußte ich das, aber mein Hoffen war nicht so kühn, Dir es früher zu sagen und von Dir verstanden zu werden«.

KAPITEL 3

Der Kampf um Clara (1836–1840)

»... ich möchte lachen vor Todesschmerz.
Der Zustand kann nicht lange so dauern –
dies hält meine Natur nicht aus«.

R. Schumann, Brief vom 18. 9. 1837
an Clara Wieck

Claras und Roberts Hoffnung auf eine gemeinsame Zukunft erfüllte sich indes keineswegs. Im Gegenteil! Es begann für sie nun eine äußerst belastende Zeit, und zwar vier zermürbende Jahre, die zu den schwersten in Roberts Leben wurden. Friedrich Wieck erfuhr vom Zusammentreffen zwischen Clara und Robert, der sie auf der Reise nach Zwickau heimlich in Dresden besucht hatte, und reagierte darauf mit größter Heftigkeit. In einem zornerfüllten Brief beschimpfte er Robert. Clara schüchterte er durch die verschiedensten Drohungen (so etwa die: er werde Robert erschießen, falls sie noch einmal Kontakt mit ihm aufnehme) so weit ein, daß sie bereit war, die Beziehung zu Robert abzubrechen und, unter dem Druck des Vaters, Robert seine Briefe zurückzuschicken.

Eineinhalb Jahre verstrichen, ohne daß für Clara und Robert eine Möglichkeit bestand, miteinander in Verbindung zu treten. Erst Anfang September 1837 gelang es ihnen wieder, sich heimlich zu treffen. Robert verfaßte daraufhin einen offiziellen Werbebrief und überreichte ihn Friedrich Wieck am 13. September 1837, dem 18. Geburtstag Claras.

Die von Robert erbetene Unterredung mit Wieck fand daraufhin zwar statt, Wieck dachte jedoch keineswegs daran, seine Einwilligung zu einer Verbindung zwischen Clara und Robert zu geben. Wie kränkend und niederschmetternd die Unterredung für Robert war, zeigen die folgenden Passagen aus seinem Brief vom 18. September 1837, in dem er Clara von der Begegnung mit ihrem Vater berichtet. Bereits der Anfang dieses Briefes berührt uns, wenn wir lesen, daß Robert aus der Angst heraus, Wieck könnte diesen Brief bei Clara entdecken, schreibt: »Auf Ihr Ehrenwort, daß ich diesen /ersten/ Brief unverzüglich zurückerhalte«. Der Brief selber lautet folgendermaßen:

Leipzig Am 18ten September.
1837.

Die Unterhaltung mit Ihrem Vater war fürchterlich. Diese Kälte, dieser böse Willen, diese Verworrenheit, diese Widersprüche – er hat eine neue Art zu vernichten, er stößt einem das Messer mit dem Griff in das Herz. Für meine Hingebung, mein langes Dulden, so wenig dagegen erhalten! Was denn nun, meine liebe Clara? Ich weiß nicht, was ich anfangen soll. *Gar nicht*. Mein Verstand geht hier zu Nichte. Und mit dem Gefühl ist ja vollends nicht anzufangen bei Ihrem Vater. Was denn nun, was denn nun? Vor Allem waffnen Sie sich, u. *laßen Sie Sich nicht einmal verkaufen*. Im Grunde läuft Alles bei ihm auf eine reiche Partie hinaus. Wie elend das Alles war, daß wir nicht in einer Stadt leben könnten, wo Mendelssohn u. David u. dgl. lebten! Also waffnen Sie sich; er wird Ihnen, wenn ihm der Zufall einmal einen reichen jungen Banquier oder dergleichen in die Hände spielen sollte, so fein beizukommen wissen, daß Sie gar nichts merken. Ich traue Ihnen, *ach von ganzem Herzen* u. das erhält mich auch aufrecht – aber Sie werden *sehr stark* sein müssen, mehr, als Sie ahnen. Hat Ihr V. doch selbst die fürchterlichen Worte zu mir gesagt »ihn erschüttere nichts«. Fürchten Sie Alles von ihm; er wird Sie zwingen durch Gewalt, kann er es nicht durch List. Fürchten Sie Alles! Ich bin heute so todt, *so erniedrigt*, daß ich kaum einen schönen guten Gedanken fassen kann; selbst Ihr Bild ist mir zerflossen, daß ich mir kaum Ihr Auge denken kann. Kleinmüthig, daß ich Sie aufgäbe, bin ich nicht worden; aber so erbittert, so gekränkt in meinen heiligsten Gefühlen, so über einen Leisten geschlagen mit dem Gewöhnlichsten!

Hätte ich nur ein Wort von Ihnen. Sie müssen mir sagen, was ich thun soll. Es wird sonst Alles Spott u. Hohn in mir und ich gehe auf u. davon. Sie nicht einmal sehn zu dürfen! Wir könnten es, sagte er, aber an einem dritten Ort in Aller Gegenwart, recht zum Spectakel für Alle. Wie das Alles so erkältend ist, so nagend! Auch schreiben dürften wir uns, wenn Sie reisen! das war Alles, was er bewilligte. Als ich endlich im Grund daran war, wahnsinnig zu werden u. nur noch Worte hatte, Gott zu bitten, daß er mich vor Verzweiflung schützen möge, kam Ihr Pf. / der Vetter/ ach wie ein Engel. Er war lieb u. ich küsste ihn. Wüßte ich nur erst genau, was er Ihnen gesagt hätte. Wäre es wahr, daß er /der Vater/ gemeint »Sie möchten ruhig sein, es wird Alles gut gehen, er hätte nichts dagegen« pp. Ich kann es ja nicht glauben nach dem, wie er sich gegen mich benommen. Vergebens suchte ich nach einer Entschuldigung für Ihren Vater, den ich doch immer für einen edelen menschlichen Mann gehalten. Vergebens suchte ich in seiner Weigerung einen schöneren tieferen Grund, etwa den, daß er fürchte, Sie würden als Künstlerin einbüßen durch ein frühzeitiges Versprechen an einen Mann, daß Sie überhaupt noch jung wären u. dgl. Nichts von dem – glauben Sie mir, er wirft Sie dem Ersten Besten zu, der Geld u. Titel genug hat. Sein Höchstes dann ist Concertgeben u. Reisen; darüber läßt er bluten, zerstört mich in meiner Kraft, mitten im Drang, Schönes zu thun auf der Welt; darüber lacht er Ihrer Thränen aller.

Ihr Ring sieht mich jetzt so lieb an, als ob er sagen wollte: schmähe doch nicht so auf den Vater Deiner Clara –

Dreimal sagten Sie neulich fest, fest; ich horchte auf, es kam recht aus der Tiefe Ihrer Seele. – Clara, ich bin so elend geworden durch jeden Tag – wenn ich heute schwach bin u. Ihrem Vater weh gethan, so sind Sie mir nicht böse! Und doch habe ich Recht. Aber die Augen frisch auf das Ziel gerichtet. Sie müssen durch Ihre Güte jetzt Alles vermögen, und dringen Sie so nicht durch, durch Ihre Stärke. Ich kann fast gar nichts als schweigen, mit jeder neuen Bitte an Ihren V. müßte ich ja eine neue Kränkung erwarten. Strengen Sie sich jetzt an, was zu thun ist. Ich folge wie ein Kind. Sollen wir uns noch einmal sprechen? Soll ich, ehe Sie fortreisen, Ihrem Vater sagen, daß er uns erlaubte, noch einmal einander zu sehen? Bringt er uns in Gesellschaft Anderer einmal zusammen, so hab ich mir fest vorgenommen, Sie französisch anzureden! Dies soll wirken, meine ich. Ach, wie geht mir's doch im Kopfe herum; ich möchte lachen vor Todesschmerz. Der Zustand kann nicht lange so dauern – dies hält meine Natur nicht aus. Schreiben Sie mir ein Wort, vielleicht wird es besser. Wir werden aber geschwind sein müssen: ich glaube, daß Sie schon in 8 Tagen nicht mehr hier sind. Wie machen wir's mit unserem Schreiben auf der Reise, Ach, antworten Sie mir doch – warum sind Sie denn so still? Auch keine Nanni –

Ich könnte Tagelang fortschreiben

Adieu, meine Clara, ich küsse Dich. Tröste mich, bitte Gott, daß er mich nicht in Verzweiflung untergehn lässt.

Ich bin angegriffen an der Wurzel meines Lebens.

Dies war jedoch erst der Anfang eines erbitterten Kampfes, den Friedrich Wieck in den folgenden Jahren gegen Robert führte. Die Schumann-Biographen berichten ausführlich über die Fülle von Vorwürfen und Verleumdungen, die Wieck über Robert verbreitete und mit denen er Claras Standfestigkeit zu erschüttern versuchte, sowie über die Intrigen Wiecks und die vielfältigen Repressalien, die er der Tochter gegenüber anwendete. Die Belastungen, die für Robert daraus erwuchsen, blieben nicht ohne Auswirkungen auf ihn. Immer wieder finden wir in dieser Zeit Tagebucheinträge wie die folgenden aus dem Jahre 1839: »Manches versucht, angefangen ohne Kraft zur Vollendung; einsam für mich dahingebrütet« oder »tiefes, trauriges Wesen in mir. Wenig Kraft zum Produzieren«. Mitunter gelangte Robert offenbar bis an die Grenzen einer Dekompensation, etwa wenn er, angesichts der bevorstehenden Reise nach Wien, am 1. August 1838 in sein Tagebuch eintrug: »Ich war in einer Art hellsehendem Zustand – mir schien's als wüßte ich alles voraus. Dienstag den ganzen Tag und die Nacht darauf die Fürchterlichste meines Lebens, ich dachte, ich müßte verbrennen vor Unruhe, etwas Schreckliches ... – ein Moment, und ich hätte die Nacht nicht mehr ertragen können, kein Auge zugetan unter dem schrecklichsten Sinnen und ewig singender, quälender Musik«. Daß der Alkohol in diesen Zuständen als Beruhigungsmittel und »Selbstheilungsversuch« eine große Rolle gespielt hat, habe ich bereits erwähnt.

Die unzähligen Kränkungen und Intrigen, die Wieck gegen Robert richtete, hatten auf diesen eine zermürbende Wirkung. Wie sehr sie ihm zusetzten, läßt sich aus den Schilderungen entnehmen, die Robert Clara in seinen Briefen gab. So heißt es etwa in seinem Brief vom 12. 11. 1839: »... So verwundbar wie ich bin fühl' ich mich den Gemeinheiten dieses Mannes ausgesetzt, kann mich nicht dagegen wehren – meinen Ruf befleckt er, Dich beschimpft er – soll das einen nicht manchmal außer sich bringen«. Und aus Roberts Brief vom 5. 12. 1839 erfahren wir: »Liebe Klara, ich hab Dich wieder recht lieb; sieh, Du mußt Dich in ein *Manneshherz* versetzen, in meines – bedenke doch alles, alles – kaum hat ja je ein Mann so viel gelitten als ich – da kommen denn die finsteren Stunden, wo man das Leben von sich werfen möchte – da kömmt die Menschenscheu, die Dumpfheit, der Haß – da hilft kein Beten u. nichts – noch dazu war ich ja physisch krank«.

Als besonders zermürbend für Clara und Robert wirkte sich auch die Tatsache aus, daß die beiden lediglich auf brieflichem Wege Kontakt miteinander halten konnten und selbst diese Kommunikation geheim bleiben, d.h. hinter dem Rücken Friedrich Wiecks und seiner Ehefrau, stattfinden mußte. Besonders Clara litt sehr darunter, daß sie gezwungen war, den Vater in dieser Weise zu hintergehen. Zunehmend entstand, wie wir vor allem dem Briefwechsel zwischen Robert und Clara aus diesen Jahren entnehmen können, im Hause Wieck eine Atmosphäre des Mißtrauens und der Intrigen. Ein anschauliches Zeugnis dieser Situation legt etwa die folgende Passage aus einem Brief ab, den Clara am 11. Oktober 1837 an Robert geschrieben hat:

»... schreib nur immer *direkt* an Vater, nicht durch die Mutter. Vertraue ihr ja nicht, wenn Du sie etwa besuchst. Es tut mir leid, daß ich es sagen muß, aber glaub mir, sie meint es nicht so, wie sie spricht; ich habe es jetzt oft erfahren. Schreib ja in keiner Stadt von unserem Verhältnis; das verdrießt Vater schrecklich, wie damals in Breslau, wo er alles erfahren, was Du an Kahlert geschrieben. Es schadet mir ja nur und kann Dir nichts nutzen. Oder zweifelst Du etwa? Wenn Du an Vater geschrieben, und er Dir lange nicht antwortet, so wundere Dich nicht, denn er ist wieder sehr bös. Doch obgleich er mir heute versichert, daß Du seit sechs Wochen ihn auf so unwürdige Weise hintergangen, obgleich er sagt, er sei Dir 14 Tage lang nachgegangen und habe gesehen, daß Du zu Nohr gegangen, so glaub ich es doch nicht – Du hast es mir ja beschworen! Solltest Du mich hintergehen können? Könntest Du Dir dies jemals verzeihen, meine unbeschreibliche Liebe so belohnt zu haben? Noch einmal sag ich es Dir, kannst Du Deine Leidenschaft durchaus nicht bezähmen, so kann ich nie die Deine sein, dann will ich lieber einem ehelichen Glück entsagen. Doch hingegen hast Du auch mein Wort, *mein heiliges Wort*, daß *nichts* außerdem mich wankend machen soll, ewig bin ich dann die Deine – wo nicht auf dieser Welt, so denn in Jener!«

In den letzten zitierten Zeilen deutet sich etwas an, das auch in vielen anderen Briefen zwischen Robert und Clara zum Ausdruck kommt: das von Friedrich Wieck intendierte und geschürte Mißtrauen. Ganz ausdrücklich ist davon die Rede beispielsweise in einem Brief, den Robert am 28. November 1837 an Clara richtete. Dort heißt es zu Beginn:

»Zuerst von der wichtigsten Stelle Deines Briefes, die wo Du sagst, daß Du *nie die Meine werde könntest, wenn sich die Verhältnisse* (Clara hatte auf die finanzielle Situation Roberts angespielt, U. R.) *nicht noch ganz anders gestalten.* Der Geist Deines Vaters hat dabei hinter Dir gestanden und diktiert; indes Du hast sie geschrieben, und hast Recht, an Dein äußerliches Glück zu denken. Wir müssen also darüber ganz ins Klare kommen. Das eine betrübt mich, daß Du mir erst jetzt einen Einwand machst, den Du mir schon da, als ich Dir meine Verhältnisse offen auseinandersetzte, hättest machen sollen, weil es mir sonst gewiß nicht in den Sinn gekommen wäre, Deinem Vater überhaupt zu schreiben, wo Du selbst noch soviel Bedenklichkeiten hast. Was ich Dir also über meine Reichtümer früher und dann Deinem Vater schrieb, verhielt sich und verhält sich noch jetzt so. Es ist nicht glänzend, aber so, daß mir manches Mädchen, manches schöne und gute auch, die Hand dafür geboten und gesagt hätte: »Wir müssen es zusammennehmen, aber Du sollst an mir eine gute Hausfrau finden pp. pp.«. Du dachtest damals vielleicht auch so – Du denkst jetzt anders – überhaupt meine Sinne wollen mir manchmal vergehen«.

Clara reagierte in ihrem Antwortschreiben vom 6. Dezember 1837 ihrerseits mit einer gewissen Gekränktheit und fühlte sich von Robert weitgehend mißverstanden, wie die folgenden Zeilen am Beginn ihres Briefes zeigen:

»So groß meine Freude war, bei Empfang Deines Briefes, so groß mein Schmerz bei Lesung der ersten Seite – konntest Du mich so kränken, mir so bittere Tränen entlocken? Ist es Robert, der mich so verkannte, der meinen Worten so einen unschönen Sinn unterlegte, hab ich das verdient? Ja, ich weiß, daß Dir noch viele schöne und vielleicht auch so gute Mädchen als ich zu Gebote stehen und bessere Hausfrauen als man von einer Künstlerin es glaubt – ja, ich weiß es, aber schön ist es nicht, daß Du mir, die nur für Dich und in Dir lebt, so einen Gedanken mitteilst, daß in Dir, wenn Du mich wahrhaft liebst, nur noch so ein Gedanke aufkömmt. Bereust Du, Deine Hand nicht einem anderen Mädchen geboten zu haben, meinst Du, durch ein anderes Mädchen glücklicher geworden zu sein? Schmerzlich für mich! – Du glaubst, ich trage noch unerreichbare Wünsche in mir? Ich habe nur zwei Wünsche, Dein Herz und Dein Glück. Könnt ich ruhig sein, müßte sich Dein Herz mit Sorgen erfüllen um meinetwillen? Könnt ich das unedle Verlangen in mir tragen, Du solltest Deinen Geist zu einem Handwerk machen, damit ich könnte meinem Vergnügen nachgehen? Nein, so unedel denk ich nicht; vielleicht lernst Du mich später noch mehr kennen. Meine Phantasie kann mir kein schöneres Glück vorstellen, als der Kunst fortzuleben aber im Stillen und Dir und mir manche angenehme Stunde zu verschaffen. So stimmten wir denn ganz überein, ich falle Dir an das Herz und sage »Ja Robert, so laß uns leben« ... vielleicht bist Du jetzt anders gesinnt, und hast eingesehen, wie sehr mich Deine *eiskalten* Worte gekränkt haben müssen; sie fielen auf ein *warmes* Herz! Mehr sag ich nicht, die Gefühle sind zu erhaben für die Feder.«

Die Angriffe und Entwertungen Friedrich Wiecks richteten sich indes nicht allein gegen Robert (und später auch gegen die eigene Tochter), sondern ebenso gegen andere Personen, die Clara nahestanden und Friedrich Wiecks ehrgeizigen Plänen gegenüber kritisch eingestellt waren. Ich habe bereits eine Passage aus einem Brief Friedrich Wiecks zitiert, der seiner Frau von seinem Zorn über die Kritik der Frau des Geheimrats Schmidt aus Erfurt berichtete. Sie hatte sich dafür eingesetzt, daß Clara auch einmal einem kindlichen Vergnügen nachgehen sollte. Sehr negative Äußerungen lesen wir auch in Friedrich Wiecks Brief vom 28. 2. 1837 an seine Frau über Marianne Tromlitz, seine Gattin aus erster Ehe. In diesem Brief heißt es u. a.: »Die alte Hanne ist an einen Landstreicher seit 1/2 Jahre verheiratet und ist noch ein Ochse. Sie war bei uns und hat kein Wort gesprochen. – Bargiel (Claras Mutter war in zweiter Ehe mit Adolf Bargiel in Berlin verheiratet; U. R.) ist schwach und sie ein wütendes, zügelloses Weib, dann leidenschaftlich, zu meiner Wut, Clara höchst indigniert – und mich ekelt, wenn sie in die Stube tritt. Den kranken Bargiel brachte sie auch einmal zu uns«. Wieck spürte zu Recht, daß Claras Mutter ihm gegenüber sicher kritisch eingestellt war. So war sie es auch, die Clara im Sommer 1839 in Berlin aufnahm, als Clara die Beziehung zu ihrem Vater abgebrochen hatte.

Es gibt wohl kein Argument, das Friedrich Wieck nicht gegen Robert verwendet hätte. Neben der offiziellen Begründung, Robert könne seiner Tochter nicht die notwendige materielle Sicherheit bieten, stellte Friedrich Wieck – oft in geradezu sadistischer Weise – immer wieder neue Bedingungen auf, die Robert erfüllen müsse, wenn er auf eine Verbindung mit Clara hoffen wolle. So hatte Wieck im April des Jahres 1839 seine »Einwilligung zur Eheschließung« an die folgenden sechs Bedingungen geknüpft:

1. daß Robert und Clara, solange Wieck lebe, nicht in Sachsen ihren Wohnsitz nehmen sollten, daß Robert aber trotzdem auswärts ebenso viel verdienen müsse, wie ihm seine Zeitschrift in Leipzig einbringe;
2. daß Wieck Claras Vermögen erst nach fünf Jahren auszahle, bis dahin mit 4% verzinse;
3. daß Robert die Berechnung seines Einkommens, wie er sie Wieck im September 1837 vorgelegt hatte, beglaubigen und einem von Wieck bestimmten Advokaten übergeben solle;
4. daß Robert weder mündlich noch schriftlich sich an Wieck wenden dürfe, es sei denn Wieck selber äußere diesen Wunsch; außerdem dürfe er niemals Zuflucht im Hause Wiecks oder Unterstützung bei ihm suchen;
5. daß Clara auf jeden Erbanspruch verzichte;
6. daß die Heirat bereits Michaelis 1839 stattfinde.

Robert erkannte – im Gegensatz zu Clara, die immer noch auf eine Einigung mit dem Vater hoffte – realistisch, daß man aus diesen Bedingungen Wiecks keineswegs auf seine Bereitschaft zur Einwilligung schließen dürfe. Er fuhr in seinem Brief an Clara fort:

»... Verlaß Dich darauf, daß er mir auf meine Anfrage im September entweder gar nicht antwortet oder in so beleidigender Weise, daß uns doch weiter nichts übrig bleibt, als die Behörde um Schutz anzusprechen. Der Bruch ist unheilbar. Ich habe es niemals klarer gesehen als nach seinem Brief ... Aber noch einmal im Ernst: laß Dich durch diese scheinbare schlaue Einwilligung nicht etwa einlullen zur Untätigkeit und gar zu großer Nachgiebigkeit, sei behutsam in Deinen Worten, prüfe lange, ehe Du etwas mit Deinem Namen unterschreibst«.

Nach dieser Warnung Roberts antwortete Clara dem Vater im Juni 1839 (Zitat aus ihrem Brief an Robert vom 11. 6. 1839):

»Deinen letzten Brief erhielt ich, kann Dir jedoch nicht viel darauf antworten, da es ja unnütz wäre, Dich noch eines Anderen überzeugen zu wollen; unsere Meinungen stehen zu schroff einander gegenüber. Du bist zu fest überzeugt von der Schlechtigkeit Schumanns, ich vom Gegentheil, und daß nur Er es ist, Der mich beglücken kann. Doch Eines laß mich beantworten! Deine Bedingungen habe ich nicht unterschrieben, und ich sage Dir, ich unterschreibe sie *nie*, dazu habe ich zu viel Ehrgefühl; überhaupt wie konntest Du denken, daß ich eine Schrift unterschreiben würde, in der lauter Schlechtigkeiten des Mannes stehen, den ich liebe? das war nicht Dein Ernst, und wäre es doch wirklich Dein Ernst, so muß ich Dir sagen, zu so Etwas bringst Du mich *nie*. – In Dresden gedenken wir allerdings ein ganzes oder halbes Jahr zu verweilen; daß ich daselbst Stunden gäbe, daran ist nicht zu denken, das würde schon Schumann nicht dulden. Unsere Trauung denken wir keinenfalls in Leipzig zu vollziehen, das kann ich Dir also *gewiß* versprechen. Was die Vorzeigung der Documente Sch's betrifft, so glaube ich ihn gut genug zu kennen, um zu wissen, daß es sein Stolz und seine Ehre nicht zuläßt einem von Dir abgeschickten Advokaten seine Documente vorzuzeigen. *Dir* wird er sie zeigen, ja, nicht aber einem Abgeschickten«.

Sobald sich auch nur entfernt ahnen ließ, daß Robert den verschiedenen von Wieck aufgestellten Forderungen nachkommen oder die Vorwürfe widerlegen könnte, brachte Wieck neue Argumente vor. Es ist verständlich, daß Clara diesen dauernden Beeinflussungen durch den Vater nicht immer widerstehen konnte und daß sich daraus manche Mißverständnisse zwischen Clara und Robert ergaben – zumal die beiden ja über Jahre hin lediglich heimlich, über spärliche Briefe, Kontakt miteinander pflegen konnten. Robert reagierte außerdem empfindlich auf jegliche Unsicherheit Claras, etwa wenn sie, wie bereits aus den Briefzitaten ersichtlich, sich Gedanken über seine finanziellen Verhältnisse machte. Mitunter reagierte Robert auf solche Äußerungen ausgesprochen heftig und vorwurfsvoll Clara gegenüber, wie aus der folgenden Passage seines am 13. November 1838 an Clara geschriebenen Briefes hervorgeht:

»Daß Du mir meine liebste Hoffnung so plötzlich in Trümmer schlägst, hatte ich nicht erwartet. Und das gerade jetzt, wo ich so sehr gerade dieses Trostes bedarf, mich bald mit Dir vereinigt zu denken. Geh, Du bist kalt; ich möchte Dich nicht kränken, aber was Du mir wieder zum Schluß Deines Briefes schreibst, ist *nicht stark herzig*, ist einer ordentlichen Braut, ist Deiner gar nicht würdig. Dachte ich doch, mit Dir wenigstens ganz im Reinen zu sein, freute ich mich doch so, daß ich Dich hier zu Ostern übers Jahr in unsere Wohnung einführen könnte – und nun legst Du die Stirn in Falten, sprichst wieder von »Sorgen der Zukunft« und daß »Du mich das Kapital nicht *anreißen* ließest«, und hast mich so sehr entmutigt und erschlafft in meinem Tun und Denken, daß ich gleich fort möchte wieder von hier ... Und verdiene ich denn für die hundertfachen Beleidigungen und Schmähungen Deines Vaters nicht den Lohn, daß Du mir eine festere Aussicht auf bessere Zeit gibst? Und sind wir nicht über diese Zeit übereingekommen? Und hast Du mir nicht warm und teuer und wiederholt versprochen, zu Ostern dann bei mir zu sein? Und was hab' ich darauf getan? Von meinem Liebsten, von Dir, aus einem liebgewonnenen Leben bin ich fortgegangen in die weite Fremde unter lauter fremde Menschen (Robert hielt sich zu dieser Zeit in Wien auf, U. R.), nur in dem Glauben, daß Du Dein Wort hieltest. Und nun hast Du wieder eine Menge Furcht, glaubst, daß alles nicht so schnell gehen könne, und machst mir wieder so großen Kummer... Clärchen, wie würdest Du die Eltern nennen, die ihrem Kinde zu Weihnachten einen schönen Christbaum und schöne Geschenke versprochen und es nun am Weihnachtsabend in eine dunkle Kammer führten und es darin einsperrten? Sieh, so hast Du es mit mir gemacht; hast mir Belohnung versprochen, wenn ich mich hübsch aufführte, und vertröstest mich dann auf unbestimmte Zeit, auf 1850 oder 60, wo ich dann längst im Grabe liege und Du es dann schon bereuen wirst«.

Briefe dieser Art gingen vielfach in den Jahren zwischen 1837 und 1840 zwischen Clara und Robert hin und her. Friedrich Wieck versuchte unterdessen, mit den verschiedensten Argumenten Robert als untauglichen Bräutigam hinzustellen. Unter anderem wendet er auch ein, Robert führe einen liederlichen Lebenswandel und finde nirgends soziale Anerkennung. Um dieses Argument zu widerlegen, bewarb sich Robert in Jena um den Doktortitel an der Philosophischen Fakultät. Am 17. Februar 1840 reichte er seinen Antrag ein, der am 22. Februar vom Dekan der Philosophischen Fakultät vorgelegt wurde. Bereits zwei Tage später, am 24. Februar 1840 erhielt Robert das Doktordiplom, in dem ausdrücklich seine Verdienste um die Musikliteratur anerkannt wurden. Das Diplom lautete:

Viro praenobilissimo atque doctissimo
Roberto Schumann
Zwickaviensi
complurium societatum musicarum sodali
qui rerum Musis sacrarum et artifex ingeniosus et judex
elegans modis
musicis tum scite componendis tum docte judicandis atque
praeceptis
de sensu pulchritudinis venustatisque optimis edendis
magnam nominis
famam adeptus est
Doctoris Philosophiae honores
dignitatem jura et privilegia
ingenii, doctrinae et virtutis spectatae insignia atque
ornamenta
detulit est.

Je deutlicher Friedrich Wieck spürte, daß er letztlich mit seinen Versuchen, eine dauerhafte Verbindung zwischen Clara und Robert zu verhindern, scheitern mußte, desto rücksichtsloser wurden seine Aktionen, die sich nun auch gegen die eigene Tochter richteten. Um Clara davon zu überzeugen, daß ihre Künstlerlaufbahn ohne den Vater nicht möglich sei, ging Wieck sogar so weit, gegen die eigene Tochter Intrigen zu spinnen. Als Clara in Berlin konzertierte, warnte er z.B. den Flügelverleiher vor ihr, sie sei an die harte englische Mechanik gewöhnt und zerschlage jedes Instrument. Ferner sandte er Clara, unter Angaben falscher Absender (er unterzeichnete mit dem Namen »Lehmann«), Briefe voller Verleumdungen gegen Robert. Er tat dies speziell während ihrer Konzertvorbereitungen oder sogar am Tage ihres Auftretens – all dies in der Absicht, die Tochter bis zur Spielunfähigkeit zu bringen, um sie davon zu überzeugen, daß ihre Pianistenkarriere ohne den Vater unmöglich sei.

Außerdem versuchte Friedrich Wieck Clara dadurch zu kränken, daß er demonstrativ in der Öffentlichkeit als Gönner, Beschützer und schwärmerischer Bewunderer von Kamilla Pleyel, einer jungen, attraktiven Klaviervirtuosin, auftrat. Er machte dieser Rivalin Claras, wie der mit Clara befreundete Reuter schrieb, »förmlich zärtlich« vor den Augen des Publikums den Hof, wendete ihr beim Spiel die Noten und begleitete ihre Darbietungen »mit einem komisch wirkenden, verzückten Lächeln« (*Litzmann*, 1906), das nach Reuter »ebenso lächerlich, als für das Gefühl derer, die es mit ansahen, verletzend erschien«. Robert berichtete Clara von einem dieser Konzerte: »Das Gesicht, das er in den Konzerten der Pleyel dem Publikum zeigt, kann ich Dir kaum schildern: es stand ohngefähr darauf ›es ist hübsch von Euch, daß euch die Pleyel gefällt – aber seht auch auf mich Gemißhandelten – bin ich nicht die Unschuld und Frommheit selbst‹ pp pp – Verzeih, ich konnte aber gar nicht lange hinsehen« (Brief vom 12. 11. 1839).

Trotz all dieser Erschwernisse versuchte Clara tapfer, ihren Weg als selbständige Künstlerin zu gehen. Es ist beeindruckend zu erfahren, welche unerhörten Leistungen Clara in den Jahren 1836–1840 erbrachte. Es ist im allgemeinen wenig bekannt, daß Clara neben ihren Konzerttourneen auch eine rege kompositorische Tätigkeit entfaltete. So schrieb sie in diesen Jahren beispielsweise die »Soirées musicales« (op. 6), »Souvenier de Vienne« (op. 9), »Scherzo« (op. 10), »Trois Romances pour le Piano« (op. 11) sowie die Stücke »Kleine Romanze«, »Kleines dramatisches Andante« und »Romanze in g-Moll«.

Ein ungefähres Bild von dem ungeheuren Arbeitspensum, das Clara erfüllte, vermag vielleicht eine Auflistung der Städte zu vermitteln, in denen sie in diesen Jahren Konzerte (mitunter mehrere am gleichen Tag!) gab. 1836 konzertierte sie in Dresden, Breslau, Naumburg und Freiberg, im Jahre 1837 in Berlin, Hamburg, Bremen, mehrmals in Leipzig, Dresden, Prag und Wien, 1838 nochmals in Wien, Preßburg, Graz, Leipzig und Dresden und im Jahre 1839 in Nürnberg, Ansbach, Stuttgart, Karlsruhe, Paris, Berlin, Stettin und Potsdam. Ich habe oben bereits einige Passagen aus Friedrich Wiecks Briefen zitiert, aus denen hervorgeht, daß Clara bei diesen Konzerten zum Teil unter schwierigsten Bedingungen spielen mußte (beispielsweise auf völlig insuffizienten Instrumenten). Wie aus dem folgenden Bericht über Claras Auftreten in Berlin (Februar 1840) hervorgeht, war mitunter auch das Publikum, vor dem sie spielte, nicht gerade rücksichtsvoll. Der Berichterstatter schreibt über Claras Konzert, in dem sie Roberts zweite Klaviersonate g-Moll (op. 22) spielte:

»Bei der Schumann'schen Sonate, die Clara Wieck mit eigentümlicher Tiefe aufgefaßt, mußte man sich einen Teil des Publikums genau ansehen. Die meisten hörten mit Nas' und Mund und taten, als hätten sie die Ohren zu Hause gelassen; einige brummten in den Bart ›nichts, nichts, neuromantisch! Muster nehmen an Clementi, Berger, Bernhard Klein!‹, andere hörte ich später noch ›Himmel, Hummel, Hammel‹ schreien. Eine Dame sprach von François Hünten und Henri Herz, von Pariser Knallbonbons und Weltschmerz« (Neue Zeitschrift für Musik, Bd. 12, Nr. 18, 28. 2. 1840).

Im allgemeinen aber entfesselte Clara bei ihren Konzerten ungeheure Beifallsstürme. Wie tief beeindruckt die Hörer von ihren Darbietungen waren, läßt sich der Kritik entnehmen, die im Wiener Morgenblatt über Claras fünftes Konzert erschienen ist (Februar 1838):

»Clara Wieck hat unser musikalisches Publikum in einem fünften Konzert entzückt; das Erscheinen dieser Künstlerin kann als Epoche machend betrachtet werden, denn die höchste Kunstfertigkeit mit der größten Genialität vereint, wie dies hier der Fall war, dürfte sich nur selten vorfinden. Die Wieck zeigte auch da, wo sie fremde Kompositionen spielt, ihre eigene Genialität, ihr Auffassungsvermögen, mit welchem sie in das innerste Mark jeder Komposition einzudringen weiß. Unter ihren schöpferischen Händen gewinnt die gewöhnlichste Passage, das alltäglichste Motiv eine höhere Bedeutung, eine Färbung, wie sie nur die höchste Vollendung in der Kunstwelt zu geben vermag. In ihrem fünften Konzert spielte Clara W. ein höchst geistvoll komponiertes Capriccio von Mendelssohn-Bartholdy, eine Fuge von Sechter, ihre liebliche Marzurka, eine Etüde von Henselt und äußerst schwierige Variationen von Chopin in neuem romantischen, etwas phantastischem Stile gehalten«.

Robert nahm während dieser Zeit aus der Ferne lebhaften Anteil an Claras Erfolgen. So schrieb er am 6. 2. 1838 an sie: »Alle Blätter sind von Dir voll – ich gehe deshalb täglich ins Museum und suche nach den Wiener Artikeln. Das war ja vorauszusehen«. Die Begeisterung, welche Clara bei ihren Hörern auszulösen vermochte, fand ihren Ausdruck auch in einem Gedicht, das ihr von *Franz Grillparzer* gewidmet wurde (7. 1. 1838):

Clara Wieck und Beethoven
(f-Moll-Sonate)
Ein Wundermann, der Welt, des Lebens satt,
Schloß seine Zauber grollend ein
In festverwahrten, demantharten Schrein,
Und warf den Schlüssel in das Meer und starb.
Die Menschlein mühen sich geschäftig ab,
Umsonst! Kein Sperrzeug löst das harte Schloß,
Und seine Zauber schlafen wie ihr Meister.
Ein Schäferkind, am Rand des Meeres spielend,
Sieht zu der hastig unberufnen Jagd.
Sinnvoll gedankenlos, wie Mädchen sind,
Senkt sie die weißen Finger in die Flut,
Und faßt, und hebt, und hats. – Es ist der Schlüssel!
Auf springt sie, auf, mit höhern Herzensschlägen,
Der Schrein blickt wie aus Augen ihr entgegen.
Der Schlüssel paßt, der Deckel fliegt. Die Geister,
Sie steigen auf und senken dienend sich
Der anmutreichen, unschuldsvollen Herrin,
Die sie mit weißen Fingern, spielend, lenkt.

Robert nahm in seinem oben zitierten Brief (vom 6. 2. 1838) Bezug auf dieses Gedicht, das er für »das schönste überhaupt« hielt, »was je über Dich geschrieben ist ... wie so zart alles; man hat, sieht Dich vor sich ... Das Gedicht hat mich glücklich gemacht – und könnte Dein Geliebter und überhaupt ein Liebender singen und dichten, so hätte er so machen mögen«.

Da Clara und Robert nach allen bisherigen Erfahrungen nicht darauf hoffen durften, von Friedrich Wieck die Einwilligung zur Heirat zu erhalten, wendeten sich die beiden Anfang Juli 1839 an Claras leibliche Mutter, Marianne Bargiel, in Berlin. Sie antwortete sehr freundlich und bat Robert, zu ihr nach Berlin zu kommen, damit sie »den Mann persönlich kennen ... lerne, der meiner geliebten Clara Herz so ganz erfüllt und eingenommen hat«. Nach Roberts Besuch schrieb sie am 30. 7. 1839 an Clara:

»Meine geliebte Clara! Dein Robert ist seit gestern hier, und ich kann Dir zu meiner wahren Freude sagen, daß ich Deine Wahl billige und ich ihn stündlich immer mehr lieb gewinne ...

... Das erste und notwendigste, mein liebes Kind! ist, daß Du herkommen mußt. – Ohne Deine persönliche Anwesenheit ist keine Beendigung dieser Angelegenheit möglich, und da es doch das Wünschenswerteste für uns alle ist, daß Ihr bald vereinigt werdet, so wirst Du auch nicht anstehen, es auszuführen ... Es ist ja so viel zu besprechen, auch selbst unter Euch beiden, was ja gar nicht möglich ist, mit Briefen abzumachen. Du kannst ja dann wieder nach Paris gehen, es kostet freilich viel Geld, allein die Sachen stehen einmal so, es ist nicht anders möglich!

An Deinen Vater habe ich geschrieben, er hat mir aber nicht geantwortet; das kann nun alles nicht helfen, die Sache muß beendet werden. – Hätte ich Dich jetzt hier, wie glücklich würde es mich machen, Euch beide bei mir zu sehen. – Robert hat uns heute mehrere seiner Kompositionen vorgespielt, was für uns ein sehr erhebender Genuß war! Welch' schönes Talent! – Wie glücklich werde ich mich in Eurer Vereinigung fühlen!«.

Als die Repressalien, die Friedrich Wieck schließlich auch gegen Clara richtete, immer größer wurden und sie einsehen mußte, daß der Vater ihrer Eheschließung mit Robert niemals zustimmen würde, erklärte sie sich bereit, eine Heiratserlaubnis auf gerichtlichem Wege zu erzwingen. Außerdem begab sie sich im September 1939 zu ihrer Mutter nach Berlin. Diese nahm sich der Tochter in liebevoller Weise an. Es erfolgten mehrmals Verschiebungen der Gerichtsverhandlung, da Friedrich Wieck jeweils unter Berufung auf formale Gründe Einspruch erhob bzw. neue Beschuldigungen vorbrachte.

Über den zweiten Gerichtstermin am 18. 12. 1839 schrieb Clara in ihr Tagebuch:

»Heute ist der zweite Termin, wenn der Vater kommt, so schenke mir Gott Kraft«. Am Abend dieses Tages notierte sie: »Er war da! Ich kann es nie vergessen, ich konnte ihn nicht erblicken, ohne das tiefste Mitleid zu hegen; alle seine Mühe, seine vielen schlaflosen Nächte, die Erklärung, an der er seit Monaten gearbeitet – Alles das nutzt ihm nichts. Er war im höchsten Grade leidenschaftlich, so daß ihm der Präsident das Wort verbieten mußte, das mir jedesmal durch die Seele schnitt – ich konnte es kaum ertragen, daß ihm diese Demütigung widerfahren mußte. Mich blickte er in furchtbarem Zorn an, aber gegen mich gesagt hat er nur einmal etwas. Ich hätte ihn so gern noch gebeten vor dem Gericht, doch ich befürchtete, er möchte mich von sich stoßen, und war auch wie festgenagelt auf meinem Stuhl. Dieser Tag hat uns getrennt für ewig, wenigstens das zarte Band zwischen Vater und Kind zerrissen – mein Herz ist auch, als wär es zerrissen!«.

Es erscheint mir psychologisch bedeutsam, daß Clara selbst nach all den Auseinandersetzungen und den vielfältigen Kränkungen, die ihr von Friedrich Wieck zugefügt worden waren, in dieser Tagebuchnotiz von »Mitleid« spricht, das sie angesichts seiner »schlaflosen Nächte« empfinde, daß ihr die Demütigung, die Wieck erfahren mußte, »durch die Seele schnitt« und daß sie unter dem Eindruck stand, mit dem Zerreißen des »zarten Bandes zwischen Vater und Kind« sei auch ihr eigenes Herz zerrissen worden. Diese Passage zeigt meines Erachtens deutlich, daß Clara sich innerlich nicht von ihrem Vater hatte befreien können, sondern im Grunde nach wie vor in einer symbiotischen Verstrickung mit ihm lebte.

Angesichts dieser tiefen Bindung wird auch ihr folgender Tagebucheintrag nach Friedrich Wiecks Tode im Oktober 1873 verständlich: Clara weiß nur noch, daß sie den Vater heiß geliebt hatte, diese Liebe »war gehoben durch ein Dankbarkeitsgefühl, das mich durch mein ganzes Leben begleitet hat. Wie viele Jahre hat er sich mir ausschließlich gewidmet, welch schönen Einfluß hat er auf mich gehabt in der Auffassung eines praktischen tätigen Lebens ... Er war meiner Kindheit ja alles gewesen und nun erlosch der letzte Rest«. Bezeichnenderweise findet sich hier kein Wort über all die Qualen und Kränkungen, die er ihr und Robert während etlicher Jahre zugefügt hatte!

Am 1. August 1840 traf endlich die gerichtliche Heiratsbewilligung ein. Am 12. August wurde das Urteil rechtskräftig, und am 12. September, einen Tag vor der Vollendung von Claras 21. Lebensjahr, heiratete das Paar.

Ich habe bereits früher, bei der Schilderung der Persönlichkeit von Friedrich Wieck, auf seine narzißtische Problematik hingewiesen. Sein Verhalten in den Jahren von Roberts Kampf um Clara (1836–1840) läßt sich schwerlich verstehen, wenn wir nicht diese Störung in seinem Selbstwertgefühl in unsere Überlegungen einbeziehen. Er war beherrscht von der Vorstellung, Clara sei sein »Eigentum«. Die Ausbrüche seiner unkontrollierten, zum Teil nicht mehr an der Realität orientierten Wut mit dem einzigen Ziel, den in die Symbiose von Vater und Tochter eindringenden Robert buchstäblich zu vernichten, und die Wendung der Aggression sogar gegen Clara, als sie versuchte, sich als vom Vater getrennte Persönlichkeit zu artikulieren, sind Ausdruck dieser narzißtischen Störung.

Es zeugt von Claras und Roberts großer Tragfähigkeit sowie von der Tiefe ihrer Gefühle füreinander, daß die beiden diese schweren Belastungen nicht nur durchzustehen vermochten, sondern daneben noch hervorragende künstlerische Leistungen erbrachten. Auf Claras kompositorische und ausgedehnte Konzerttätigkeit habe ich bereits hingewiesen. Robert schuf in dieser Zeit (abgesehen von seiner umfangreichen literarischen Tätigkeit) über zehn Instrumentalwerke sowie einen großen Teil seiner Liedkompositionen.

Gerade die kritischste Zeit dieser Auseinandersetzung, das Jahr 1840, zeichnet sich im Hinblick auf Roberts kompositorisches Schaffen durch ein besonderes Phänomen aus: Es wurde zum sogenannten »Liederjahr«, in dem Robert 138, d.h. mehr als die Hälfte aller seiner Liedkompositionen, darunter die bedeutendsten, schuf. Es ist in der Schumann-Literatur – mit Recht – immer wieder die Frage gestellt worden, welches die Gründe dafür sein mögen, daß das Liedschaffen Robert Schumanns gerade im Jahre 1840 zu einer solchen Blüte gelangte, nachdem er in den zehn vorhergehenden Jahren fast ausschließlich Klaviermusik komponiert hatte.

Man mag argumentieren, daß es in Anbetracht von Roberts enger Beziehung zur Literatur nicht verwunderlich sei, daß er an der Vertonung von Lyrik interessiert war. Außerdem entsprach es auch der romantischen Tradition, Sprache und Musik in inniger Verbindung miteinander zu sehen und der Musik durch Annäherung und Vermischung mit der Poesie eine neue Faßlichkeit zu verleihen (s. *Einstein*, 1950). Diese Auffassung findet etwa Ausdruck im Verständnis der Musik als »romantische Poesie durch das Ohr« (*Jean Paul*, 1825) oder in einer Formulierung *E. T. A. Hoffmanns*: »Da sind Dichter und Musiker die innigst verwandten Glieder *einer* Kirche, denn das Geheimnis des Wortes und des Tons ist ein und dasselbe, das ihnen die höchste Weihe erschlossen«.

Wenn wir geneigt sind, aufgrund dieser persönlichen und zeitgeschichtlichen Hintergründe auch bei Robert ein Interesse an Liedkompositionen zu vermuten, so muß es uns aber verwundern, noch im Sommer 1839 aus einem Brief, den er an den Komponisten Hirschbach richtete, zu erfahren, daß er »Gesangskomposition, so lange ich lebe, nie für eine große Kunst gehalten« habe. Auch früher schon hatte sich Robert in der Weise geäußert, daß er das Wort geradezu als Fessel für seine Phantasie empfinde (s. *Kretzschmar*, 1911; *Lippmann*, 1964). Er stand damit völlig auf dem Boden der romantischen Auffassung seiner Zeit, die der Instrumentalmusik besondere Bedeutung beimaß. Kein geringerer als *E. T. A. Hoffmann* hatte diese Sicht in geradezu programmatischer Form in der »Leipziger Allgemeinen Musikalischen Zeitung« vom 4. Juli 1810 mit den folgenden Worten ausgedrückt: »Wenn von der Musik als einer selbständigen Kunst die Rede ist, sollte immer nur die Instrumentalmusik gemeint sein, welche, jede Hülfe, jede Beimischung einer andern Kunst verschmähend, das eigentümliche, nur in ihr zu erkennende Wesen der Kunst rein ausspricht. Sie ist die romantischste aller Künste, – fast möchte man sagen, allein *rein* romantisch. –«. Wie *Lichtenhahn* (1963) in seiner Untersuchung über diesen Ausspruch *E. T. A. Hoffmanns* zeigt, war für die Romantiker die Instrumentalmusik vor allem deshalb die »romantischste aller Künste«, weil gerade sie »das Herz mit unbestimmten Gefühlen und Ahnungen von Leidenschaften zu erschüttern« vermochte.

Welches mögen – angesichts dieser Situation – die Gründe dafür gewesen sein, daß das Liedschaffen Robert Schumanns gerade in den Jahren 1839/40 zu einer solchen Blüte gelangte? (wie einer Untersuchung von *Hallmark*, 1984, über die handschriftlichen Quellen der Lieder zu entnehmen ist, hat Robert das Papier, das er für diese Kompositionen verwendete, bereits 1838/39 bei seinem Aufenthalt in Wien erworben. Die Skizzen zu den Liedkompositionen, die 1840 veröffentlicht worden sind, gehen zum Teil bereits auf den Winter 1838/39 zurück). Bei der Suche nach den Gründen des sog. »Liederjahres« muß die Antwort auf die Frage, warum Robert gerade in dieser Zeit den Schritt von der Komposition von Klavierwerken zum Lied tat, auf zwei Ebenen erfolgen: Zum einen kommen darin eine veränderte ästhetische Einstellung und damit einhergehend ein neues kompositorisches Selbstverständnis zum Ausdruck, zum anderen muß aber auch die Wirksamkeit psychologischer Kräfte berücksichtigt werden, die den Boden für diesen Perspektivenwechsel vorbereitet haben.

Auch wenn Roberts erste 23 Opera ausschließlich dem Klavier gewidmet sind, stellt die Komposition von Liedern in den Jahren 1839/40 keineswegs einen plötzlichen Bruch dar. Im Grunde wendete er sich nun *wieder* einem Bereich zu, der für ihn bereits von Kindheit an (die Mutter als »lebendiges Arienbuch«) und besonders in seiner Adoleszenz eine besondere Rolle gespielt hatte: Schon im Knabenalter versuchte er sich an geistlichen Chören, und seine ersten »wirklichen« Kompositionen, die er 1828 zur Begutachtung an Wiedebein geschickt hatte, waren *Lieder* gewesen! Insofern ist es nur konsequent, wenn Robert im Februar 1840 an Clara schrieb: »Ach Clara, was das für eine Seligkeit ist, für Gesang zu schreiben; die hatte ich lange entbehrt«. Auch in einer anderen Hinsicht vollzog Robert beim Übergang von der Klaviermusik zum Liedschaffen keinen abrupten Bruch: Er verwendete in seinen ersten Vertonungen (und auch später in großer Zahl) Texte Heinrich Heines, eines

Dichters, den er 1828 persönlich kennengelernt hatte und der in den 30er Jahren des vergangenen Jahrhunderts einen großen literarisch-politischen Einfluß auf die jungen deutschen Liberalen ausübte. Schon 1833 findet sich bei Robert folgende Notiz: »Musikalische Gedichte, mit unterlegten Liedern von H. Heine, verfaßt und Heine zugeeignet«. Wie *Edler* (1982) vermutet, trug er sich offenbar damals mit dem Plan, Klavier-»Gedichte« über Heinesche Lyrik zu schreiben, bei denen der Text allerdings nicht gesungen, sondern lediglich unterlegt, also beim Spiel mitzulesen bzw. vorweg dem Publikum vorzutragen gewesen wäre. Hier deutet sich bereits ein charakteristisches Merkmal des Schumann'schen Liedstils an: Die innige Verschränkung zwischen Lyrik und Musik.

Es ist schließlich zu bedenken, daß Robert – auch wenn er sehr wohl den eruptiven kreativen Ausbruch in den Jahren 1839/40 spürte – sich keineswegs losgelöst von der musikhistorischen und geistesgeschichtlichen Situation seiner Zeit sah. So stellte er selber 1843 in seinen Schriften über Musik seinen Weg zum Lied wie folgt dar: »Man weiß, daß in den Jahren 1830–34 sich eine Reaktion gegen den herrschenden Geschmack erhob. Der Kampf war im Grunde nicht schwer; er war einer gegen das Floskelwesen, das sich ... fast in allen Gattungen, am meisten in der Klaviermusik zeigte. Von der Klaviermusik ging der erste Angriff aus ... für das Lied hatte schon Franz Schubert vorgearbeitet ... Die Entwicklung zu beschleunigen, entfaltete sich auch eine neue deutsche Dichterschule: Rückert und Eichendorff, obwohl schon früher blühend, wurden den Musikern vertrauter, am meisten Uhland und Heine komponiert. So entstand jene kunstvollere und tiefsinnigere Art des Liedes, von der natürlich die Früheren nichts konnten, denn es war nur der neue Dichtergeist, der sich in der Musik widerspiegelte«. Robert sah sich, wie *Edler* wohl zu recht vermutet, als Vorkämpfer am Beginn einer völlig neuen Ära, zu der u. a. er selbst und die im Zitat genannten Dichter die Voraussetzungen geschaffen hatten. Es war Roberts Überzeugung, daß die Musik durch die Zusammenführung von Singstimme und Klaviersatz eine entscheidende Bereicherung der Ausdrucksmittel erfahren könnte. Die Entwicklungslinie führte vom »Lyrischen Klavierstück« zum »Klavier-Gesangsstück« (*Edler*).

Wie bereits erwähnt, reicht es meiner Ansicht nach aber nicht aus, lediglich diese kompositorische Entwicklungslinie und die veränderte ästhetische Einstellung Roberts als Gründe für das »Liederjahr« anzuführen. Wir müssen vielmehr auch nach den psychologischen Motiven für diesen eruptiven Schaffensabschnitt suchen. Damit wird die Bedeutung der bisher genannten Gründe in keiner Weise eingeschränkt. Doch scheinen mir die psychologischen Hintergründe insofern wichtig zu sein, als sie, bildlich gesprochen, den Boden für die genannten Veränderungen vorbereitet haben.

Bei einem psychologischen Deutungsversuch müssen wir uns zum einen fragen, welche frühkindlichen, Robert in seiner Tiefe prägenden Erfahrungen es sein mögen, die zu dem Phänomen »Liederjahr« geführt haben. Zum anderen gilt es festzustellen, welches die aktuellen psychologischen Auslöser dieser kreativen Eruption im Jahre 1840 waren. Aus der psychoanalytischen Kreativitätsforschung wissen wir, daß es beim kreativen Prozeß zu einer »Regression im Dienste des Ich« (*Kris*, 1952) kommt. In diesem Zustand, in dem der Künstler sich dem Reservoir seiner unbewußten Phantasien und Vorstellungen überläßt, kommt es u.a. zu einer Verbindung zwischen den aktuellen Außeneindrücken und den Erlebnissen aus früherer Zeit. *Sterba (Kligerman*, 1972) hat diesen Vorgang »regressive Selbstpassage« genannt und damit ein Konzept geliefert, das uns als Modell zum Verständnis der komplizierten Wechselwirkungen zwischen den aktuellen Erfahrungen des Künstlers und der Beteiligung tieferer Persönlichkeitsschichten im Schaffensprozeß dienen kann (s. *Rauchfleisch*, 1986). Das Konzept der regressiven Selbstpassage läßt sich meiner Ansicht nach auch auf das Phänomen des »Liederjahres« anwenden. Es macht verständlich, weshalb Robert gerade in den Jahren 1839/40 den Schritt von der Klaviermusik zum Lied tun konnte, einen Schritt, der, wie ich bereits gezeigt habe, seit längerer Zeit vorbereitet war. Aus diesem Boden brach nun, bei einer ganz spezifischen lebensgeschichtlichen Konstellation, die Frucht seines reichen Liedschaffens hervor.

Es liegt nahe, sich in diesem Zusammenhang an den bereits früher zitierten Brief zu erinnern, den die Mutter zu Roberts 25. Geburtstag geschrieben hatte. Wir konnten ihren Zeilen entnehmen, daß dem Gesang in der Beziehung zwischen Mutter und Sohn in der Kindheit offensichtlich eine besondere Bedeutung zukam. Johanna schrieb damals: »Ich, die so gern, so viel sang, und das lebendige Arienbuch genannt wurde, freute mich innig, Dich ›Schöne Minka, ich muß scheiden‹ mit welcher herrlichen Betonung und richtigem Takt singen zu hören«. Ich habe bereits darauf hingewiesen, daß die Mutter Roberts Musikerlaufbahn gegenüber nicht nur ablehnend war, sondern daß sie, nachdem sie seinem Drängen, wenn auch widerwillig, nachgegeben hatte, später die Erwartung gehegt hatte, er werde eines seiner Werke ihr widmen. Dies geschah allerdings nicht. Für die Rolle, die das Lied in der Beziehung zwischen Mutter und Sohn spielte, ist es wohl bezeichnend, daß Robert der Ansicht war, den Namen der Mutter »sollte kein Konzert oder so ein Rondo tragen, sondern ein hübsches, frommes, reiches *Lied*« (Hervorhebung vom Ref.), wie Robert in einem Brief formulierte.

Angesichts der symbiotische Züge aufweisenden Beziehung zwischen Johanna und Robert erscheint die folgende, von *Haesler* (1982) entwickelte Hypothese psychologisch plausibel: Das Singen sei für Robert eine Möglichkeit gewesen, Aufmerksamkeit, Zuwendung und Übereinstimmung mit der Mutter dort wiederzugewinnen (sie innig zu erfreuen, wie es in Johannas erwähntem Brief heißt), wo Trennendes in der Beziehung aufbrach oder gar Trennung drohte. Die Korrespondenz zwischen Mutter und Sohn legt ein beredtes Zeugnis davon ab, wie wichtig es beiden war, sich jeweils ganz auf die Bedürfnisse des anderen einzustellen und die feinsten Gefühlsschwingungen des anderen empathisch wahrzunehmen. Mitunter kann man sich dabei des Eindrucks nicht erwehren, daß in Krisensituationen für Mutter und Sohn die Grenzen ihres individuellen Erlebens zu verschwimmen drohten. Es sei an dieser Stelle bereits vorwegnehmend darauf hingewiesen, daß eine solche symbiotische Beziehungsform später auch in der Ehe Roberts mit Clara auftrat.

Die zwischen der Mutter und Robert bestehende symbiotische Beziehung, deren wesentliches Element, wie bereits ausgeführt, ein bohrendes Schuldgefühl auf seiten des Sohnes war, soll noch an einigen Briefpassagen verdeutlicht werden. So schrieb die Mutter, als Robert nach dem unmittelbar aufeinanderfolgenden Tod seines Bruders Julius (August 1833) und seiner geliebten Schwägerin Rosalie (Oktober 1833) auf ihren Brief zunächst nicht antwortete: »Nein, daß *Du*, mein Robert, diese zwei Wesen nicht wiederfinden solltest – wer hätte das gedacht! Oh! laß *mich* weinen ... Tränen erleichtern den Schmerz« (Hervorhebung vom Verfasser). In diesen Formulierungen geht es zum einen um den Schmerz des Sohnes. Damit verwoben ist andererseits aber aufs engste der eigene Schmerz der Mutter. Man gewinnt beim Lesen dieser Passage beinahe den Eindruck: Da, wo Johanna von Robert spricht, meine sie eigentlich sich selbst (»*Du* ... nicht wiederfinden solltest«), und wo sie *ihre* Tränen und *ihre* Erleichterung erwähnt, schildere sie etwas, was sich im Grunde auf den Sohn bezieht. Auch im folgenden Zitat aus einem Brief, den Robert am 25. 11. 1828 als Geburtstagsgruß an die Mutter richtete, wird die Parallelität ihrer Gefühle, hier aus Roberts Sicht, deutlich: Der Sohn sandte seinen Glückwunsch in Form einer Allegorie, in der es um die Frage geht: »Welche Liebe liebt am tiefsten?«. Weder die Freundschaft noch die jugendliche Liebe halten der Prüfung stand. Erst ein »einmal gesunkenes Herz, das wieder gerettet war« vermag die Antwort zu geben, gegen die sich keine kritischen Stimmen erheben: »Die *Mutterliebe*; denn sie liebt uneigennützig«. Robert fährt etwas weiter unten fort: »Mein Traum war aus und wie ich erwachte, rief mein Herz getröstet aus: Ja das Mutterherz liebt am tiefsten – und ich fühlte noch halb im Traume, wie eine andere Stimme in mir antwortete: und das Kinderherz liebt ja so warm und innig wieder«. Hiermit unterstreicht Robert ausdrücklich die Parallelität ihrer Gefühle und beschwört damit über alles Trennende, das zwischen Mutter und Sohn in dieser Zeit bereits lag, die Harmonie eines symbiotischen Zustandes noch einmal herauf.

Wie ich bei der Diskussion von Roberts Reaktion auf den Tod der Mutter bereits erwähnt habe, ist es für solche verschmelzenden Beziehungen charakteristisch, daß sie nicht nur als beglückend erlebt werden, sondern mitunter auch als sehr einengend, ja sogar als bedrohlich. Als Reaktion auf ein solches Gefühl können dann destruktiv-aggressive Impulse auftauchen, die sich unversehens gegen das geliebte Objekt richten. Wir finden in den schriftlichen Zeugnissen von Mutter und Sohn vielfältige Hinweise darauf, daß ihre Beziehung ausgesprochen ambivalent war und neben liebenden Gefühlen mitunter deutlich aggressive Tendenzen zutage traten.

So finden wir beispielsweise in Roberts Brief an die Mutter vom 18. 2. 1831, nachdem er sich für sein langes, ihm selber unerklärliches Schweigen entschuldigt hat, folgenden Passus: »Könnt' ich einen obwohl dunklen Gefühlsgrund angeben, so wär' es wohl der, daß Deine letzten Briefe weder ordentlich lobend noch tadelnd, noch kalt und warm, noch mütterlich oder stiefmütterlich waren.

Ein lang-verhaltener Mißton zwischen zwei Menschenherzen ist viel schneidender und gefährlicher als ein offenkundiger, gerader Vorwurf – das ist's vielleicht, was, obwohl wider meinen Willen, da ich wenigstens sechs Briefe angefangen habe, die eigentliche Antwort so lange verzögert«. Während in diesem Brief die Rede von einem Mißton ist, der offensichtlich, zumindest in Roberts Erleben, von der Mutter ausgegangen ist, erfahren wir aus Roberts Brief vom 29. 12. 1838 an Clara von einer Aggressivität, die er bei sich selber wahrnimmt und die sich bezeichnenderweise gerade gegen die nächsten Beziehungspersonen richtet, zu denen eine symbiotische Beziehung besteht. Robert schrieb an Clara: »Noch möchte ich Dir manches über mich und meinen Charakter vertrauen, wie man oft nicht klug aus mir wird, wie ich oft die innigsten Liebeszeichen mit Kälte und Zurückhaltung annehme und oft gerade die, die es am liebsten mit mir meinen, beleidige und zurücksetze. So oft habe ich mich deshalb befragt und mir Vorwürfe gemacht, denn innerlich erkenne ich auch die kleinste Gabe an, verstehe ich jeden Augenwink, jeden leisen Zug im Herzen des andren; und doch fehle ich noch so oft in den Worten und in der Form«. Bedenken wir, daß die Distanzierung von den Personen, mit denen Robert eine symbiotische Beziehung aufgebaut hatte, für ihn von größter Bedeutung war, so verstehen wir wohl, daß er eben diesen Personen gegenüber mit »Kälte und Zurückhaltung« reagieren mußte.

Viel unverhüllter trat die aggressive Seite seines Ambivalenzkonflikts mitunter während seines zermürbenden Kampfes mit Friedrich Wieck zum Vorschein. So schrieb er einmal in tiefster Verzweiflung an Clara, wenn sie bei ihm gewesen wäre, hätte es passieren können, daß er *sie* und sich selber umgebracht hätte. Auch später äußerte er in psychotischen Phasen die Befürchtung, er könne Clara etwas antun, und er bat deshalb die Gattin, sich in der Nacht nicht in seiner Nähe aufzuhalten.

Angesichts einer solchen psychodynamischen Situation bot in einer Zeit extremer Belastungen die Musik – und, bei den erwähnten frühkindlichen Erfahrungen Roberts, speziell das Lied – die einzigartige Möglichkeit für ihn, auf kreative Weise die Integration seiner Persönlichkeit zu retten. Bezeichnenderweise waren es in der Zeit der psychotischen Dekompensation auch vor allem Gesangsphänomene, die sich Robert in seinen Halluzinationen aufdrängten: So schrieb er 1844 von »ewig *singender,* quälender Musik«, und bei seinem Zusammenbruch im Februar 1854 hörte er, verzückt und erschreckt, Engels- und Dämonen*stimmen*.

Welche psychologische Bedeutung die Liedkomposition für Robert besaß, läßt sich am besten an seinem wohl berühmtesten, im Mai 1840 komponierten Liederzyklus »Dichterliebe«, op. 48, zeigen. Er wählte von den insgesamt 66 Gedichten aus Heinrich Heines »Buch der Lieder. Lyrisches Intermezzo« 16 Gedichte aus und ordnete sie, zum Teil entgegen Heines Vorlage, nach eigenem Plan an. Hier drängt sich die Frage auf, weshalb Robert seinen Vertonungen in dieser Zeit gerade Heine-Texte zugrunde legte. Wenn wir bedenken, daß sich unter den etwa 270 Liedern, die Robert in seinem Leben schrieb, die große Zahl von über 40 Heine-Vertonungen findet, so kann es kein Zufall sein, daß er gerade im Jahre 1840 Texte dieses Dichters auswählte (zum Vergleich sei erwähnt, daß die nächsthäufigen Dichter Rückert mit 26 Texten, Goethe mit 19 Gedichten und Eichendorff mit 16 Texten wesentlich seltener vertreten sind). Wir dürfen deshalb mit einigem Recht vermuten, daß die Lyrik Heines Robert besonders angesprochen hat und deshalb in so großer Zahl von ihm vertont worden ist. Um zu verstehen, inwiefern zwischen dem Dichter Heine und dem Komponisten Schumann eine gewisse »Seelenverwandtschaft« besteht, ist es nötig, wenigstens kurz auf die Persönlichkeit und das Leben Heinrich Heines einzugehen.

Der Beginn des Lebens von Heinrich Heine liegt insofern im Dunkeln, als Ungewißheit über sein genaues Geburtsdatum besteht. Ein Feuer hatte alle Familienpapiere vernichtet. Heine-Biographen nehmen den 13. Dezember 1797 als Geburtsdatum an. Heine selber und seine Schwester Charlotte gaben an, er sei laut Taufschein am 13. Dezember 1799 geboren. Schließlich nannte Heine sich scherzweise »einen der ersten Männer des Jahrhunderts« und verlegte seine Geburt in die Neujahrsnacht 1800. Es ist charakteristisch für die Persönlichkeit Heines, daß er sich elegant über diese Widersprüche hinwegsetzte mit dem Satz: »la chose la plus importante, c'est que je sui né«.

Der Vater war ein jüdischer Tuch- und Manufakturwarenkaufmann, den, wie der Sohn berichtet, eine »grenzenlose Lebenslust« erfüllte und in dessen »Gemüt beständig Kirmes« war. Nach seinem Tod 1828 bekannte Heinrich (der allerdings bis zu seinem Übertritt zum Christentum im Juni 1825 den Namen Harry trug) vom Vater: »Er war von allen Menschen derjenige, den ich am meisten auf dieser Erde geliebt«. Während der Vater für Harry die wenn auch vielleicht etwas weltfremde Heiterkeit, bruchlos in die Harmonie des Daseins eingefügte Zufriedenheit und Lebensbejahung verkörperte, zeichnete sich die Mutter vor allem durch praktische Vernunft und zielgerichtetes Handeln aus. Sie hatte zwar für den Sohn »hochfliegende Pläne« im Staatsdienst oder als Bankier, doch verfügte sie über einen so starken Bezug zur Realität, daß sie ihre Vorstellungen stets auch in Handlungen umzusetzen vermochte. Vor der Poesie soll sie ausgesprochene Angst gehabt haben. Sie riß dem Sohn auch jeden Roman aus den Händen und verbot ihm beispielsweise den Besuch des Schauspiels. Später schrieb Harry von ihr: »Nicht von ihr erbte ich den Sinn für das Phantastische und die Romantik«.

Es ist bezeichnend für die Persönlichkeit des Dichters, daß zu den engsten Vertrauten in seiner Kindheit, außer der geliebten Schwester Charlotte, zwei ausgesprochene Außenseiter gehörten: ein schüchterner, wegen seines exaltierten Radikalismus und Atheismus mit seinen Eltern überworfener Jüngling, der für Harry durch die »Zusammenmischung von Galle, Zerknirschung, Exaltationen und einigen guten Anlagen zu einem Marquis Posa« wurde, und ein hochaufgeschossenes 16jähriges Mädchen, die Nichte eines Scharfrichters. Deren Tante, die »Hexe von Goch«, soll den Kindern geheimnisvolle Volkssagen erzählt und grausige Totenlieder vorgesungen haben. Angeblich habe sie auch den Wirten die Totenfinger von unschuldig Gehenkten verkauft, damit diese durch die abgeschlagenen Glieder das Bier wohlschmeckender machen könnten. Diese beiden Figuren seiner Jugend sind für das Verständnis Heinrich Heines insofern von besonderer Bedeutung, als sie wichtige Seiten seiner selbst verkörpern: Auf der einen Seite ist es eine phantastisch-romantische Welt, der Bereich der Gefühle, auf der anderen Seite Sarkasmus und Polemik.

Es ist für die Persönlichkeit und die Dichtung Heines bezeichend, daß ihm eine Geradlinigkeit und Ungebrochenheit, wie er sie, wenn auch in divergierender Weise, bei seinen Eltern erlebt hatte, nicht möglich war. Dies galt, wie am Beispiel seiner Kameraden in der Kindheit gezeigt, sowohl für seine Beziehungen als auch für seine religiöse Haltung (bei seiner Ambivalenz zwischen Judentum und Protestantismus) sowie auch im Hinblick auf seine politische Anschauung, hinsichtlich derer er von einem begeisterten Patriotismus in einen ausgesprochen haßerfüllten Antipatriotismus verfiel.

Marcuse (1982) hat diese für Heinrich Heine typische Gebrochenheit, die in charakteristischer Weise Niederschlag in seiner Dichtung gefunden hat, mit folgenden Worten anschaulich beschrieben: Bereits der 23jährige »beklagte seine ›dornigsten Lebenswege‹, daß er ›ein höchst trauriges, kränkelndes und einsames Leben führe‹; dichtete sich in den Fresko-Sonetten an Christian S. in eine aristokratisch-pessimistische Wut gegen das führende Geistesgesindel hinein und pries das ›schöne gelle Lachen‹, das uns bleibt, ›wenn das Herz in Liebe ist zerrissen, zerrissen, und zerschnitten, und zerstochen‹. Schon ist die weltberühmte Heinesche Tonfolge da: Ein Posaunenstoß gleitet ab in ein Kinderplärren; eine Orgelkantate rutscht ab in einen Leierkasten-Gassenhauer. Erhabener Beginn: ›Wir tranken Deutschlands Wohl aus Rheinweinkrügen, wir sah'n den Burggeist auf dem Turme lauern‹ – und zu guter Letzt ein Purzelbaum: ›Doch leider bracht' ich den Schnupfen und den Husten mit nach Hause‹. Die eitle Selbstbespiegelung, vor allem die eitle Bespiegelung des leidenden Selbst, dann die Selbstquälerei und schließlich die Selbstironie, so daß er ein Lacher über einen leidenden Verlachten wurde, der er auch war – diese drei Grundhandlungen gegen sein Ich, mit denen Heine die furchtbare Tatsache des Leids beantwortete, sind bereits in seinen ersten Äußerungen vollkommen ausgebildet«.

Es scheint mir, als ob wir in dieser Charakterisierung der Heineschen Lyrik eine Erklärung für die Faszination gefunden haben, welche Heines »Buch der Lieder« auf Robert Schumann ausgeübt hat. Wie Heine besaß Schumann ein gebrochenes Verhältnis zur Welt und erlebte sich in einem ähnlichen Zwiespalt, der – ebenfalls wie bei Heine – durch völlig gegensätzliche Elternfiguren geprägt worden war. Den Gefühlen des Verwundetseins und des Leidens, die Heine zum erstenmal durch die Zurückweisung seiner Liebe zur Cousine Amalie erlebte und die im weiteren Leben bestimmend für seine Beziehung zur Welt blieben, hat der Dichter in seinen Versen Ausdruck verliehen. Die für seine Dichtung charakteristische Ironie bot ihm dann die Möglichkeit, sich von diesen Gefühlen wieder zu distanzieren und sie dadurch zu bewältigen. Gerade diese Vielschichtigkeit, diese Spannung zwischen romantischem Fühlen und desillusionierender Ironie ist wohl das, was Robert Schumann am meisten fasziniert hat. Robert fand in Heines Dichtung die eigenen Widersprüche und schwankenden Gemütszustände wieder, unter denen er nach dem Tode der Mutter in den

Jahren des verzweifelten Ringens um Clara litt. Der Dichter bot ihm gerade durch das »Buch der Lieder«, dessen Thema das Aufblühen, Zerbrechen und Sterben einer Liebe ist, einen Rahmen, in dem Robert seine Gefühle ausdrücken und sich doch zugleich auch wieder von ihnen distanzieren konnte.

Diese Spannung zwischen Gefühlsausdruck und ironischer Distanzierung macht den Reiz der Heineschen Texte aus und ist in genialer Weise von Robert durch die Musik nicht nur nachgezeichnet, sondern in ihrer ganzen Tiefe erst ausgelotet worden. Da der Zyklus »Dichterliebe« nicht nur im Zentrum der Textvertonungen Schumanns steht, sondern, wie erwähnt, auch lebensgeschichtlich eine besondere Rolle spielt, möchte ich einige psychologische Überlegungen zu diesen 16 Liedern darlegen. Es geht mir hier nicht um eine musikwissenschaftliche Analyse, wie sie bereits verschiedentlich vorgenommen worden ist (z.B. von *Cooper*, 1952; *Gerstmeier*, 1982; *Hallmark*, 1979, 1984; *Komar*, 1971; *Wolff*, 1913), vielmehr möchte ich versuchen aufzuzeigen, daß uns die Lieder auch wichtigen Aufschluß über Roberts Gefühle im Mai 1840, als er diese Gedichte vertonte, zu geben vermögen.

Heines 1827 publiziertes »Buch der Lieder« trägt seinen Titel nicht nur in metaphorischer Hinsicht, sondern im wahrsten Sinne des Wortes zu Recht. Immer wieder haben die dort zusammengefaßten Gedichte (unterteilt in die vier Gruppen »Junge Leiden«, »Lyrisches Intermezzo«, »Die Heimkehr« und »Die Nordsee«) Komponisten zu einer Vertonung angeregt. Neben Schubert und Schumann haben sich u.a. Mendelssohn-Bartholdy, Robert Franz, Silcher, Brahms und Richard Strauss durch diese Texte inspirieren lassen. Wir dürfen aus der Tatsache, daß sich so viele Komponisten durch eben diese Texte Heines, insbesondere durch das »Lyrische Intermezzo«, angesprochen fühlten, schließen, daß es nicht nur eine für Robert Schumann spezifische Vorliebe war, die ihn zu Heines Gedichten greifen ließ, sondern daß sie sich für Vertonungen prinzipiell gut eigneten.

Bei der Frage, welches die Eigenschaften sind, die diese Texte als zur Vertonung besonders geeignet erschienen ließen, stoßen wir in den zahlreichen musikwissenschaftlichen Analysen immer wieder auf die drei folgenden Merkmale: die Kürze der meisten dieser Gedichte, verbunden mit einer außergewöhnlichen Intensität des Ausdrucks, sowie die für Heine charakteristische Ironie, mit der er die Erfahrungen der Liebe und des Liebesleids behandelt.

Aufgrund aller Informationen, die wir über Roberts Ansichten über die Person und das Werk Heinrich Heines besitzen, hat Robert die Ironie des Dichters nicht als Selbstzweck verstanden, sondern als Mittel des Schutzes, geradezu als »Maske«, hinter der tiefe, schmerzliche Gefühle verborgen werden konnten. Daß es sich bei einer solchen Interpretation nicht um reine Spekulation handelt, können wir zwei Äußerungen Roberts entnehmen, einmal über die Person Heinrich Heines anläßlich seines Besuches bei ihm im Jahre 1828, zum anderen einer Äußerung über die satirische Dichtung Heines und anderer Autoren.

So hatte Robert am 9. Juni 1828 einem Freund der Familie, Dr. Kurrer in Augsburg, u.a. folgendes über seinen Besuch bei Heine berichtet:

»... die Bekanntschaft mit Heine ... machte meinen Aufenthalt einigermaßen interessant und anziehend. Ich stellte mir nach der Skizze des Herrn Krahe in Heine einen mürrischen, menschenfeindlichen Mann vor ... Aber wie anders fand ich ihn und wie ganz anders war er, als ich mir ihn gedacht hatte. Er kam mir freundlich wie ein menschlicher, griechischer Anakreon entgegen ... nur um seinen Mund lag ein bitteres, ironisches Lächeln, aber ein hohes Lächeln über die Kleinigkeiten des Lebens und ein Hohn über die kleinlichen Menschen; doch selbst jene bittere Satire, die man nur zu oft in seinen Reisebildern wahrnimmt, jener tiefe, innere Groll über das Leben, der bis in das äußerste Mark dringt, machte seine Gespräche sehr anziehend«.

In einem ganz ähnlichen Sinne hat sich Robert über die satirische Dichtung Heines, Byrons und Victor Hugos in seinen »Gesammelten Schriften« geäußert, wo er schrieb: »Die Poesie hat sich auf einige Augenblicke in der Ewigkeit die Maske der Ironie vorgebunden, um ihr Schmerzensgesicht nicht sehen zu lassen; vielleicht daß die freundliche Hand eines Genius sie einmal abbinden wird und daß sich einstweilen die wilden Tränen zu Perlen umgewandelt haben«.

Vor allem der letzte Satz dieses Zitats scheint mir einen Schlüssel zum Verständnis der Komposition der »Dichterliebe« zu liefern. Aufgrund der eigenen lebensgeschichtlichen Erfahrungen zutiefst durch den Inhalt des »Lyrischen Intermezzos« (die schwärmerische und zugleich schmerzliche Erinnerung an eine zerbrochene Liebe) berührt, boten sich Robert diese Texte an, um seine Gefühle auszudrücken, ohne, wie er in der oben zitierten Passage geschrieben hatte, das »Schmerzensgesicht« sehen zu lassen. Zugleich aber hat er mit seiner Komposition, in der viel weniger als in den Texten Heines die Ironie zum Ausdruck kommt, etwas von dem vollendet, was er in den »Gesammelten Schriften« als Hoffnung ausgedrückt hatte: daß vielleicht einmal »die freundliche Hand eines Genius« diese Maske der Ironie abbinden werde und daß »die wilden Tränen zu Perlen umgewandelt« würden.

Die ganze Komposition der »Dichterliebe« erfolgte in der kurzen Zeit zwischen dem 24. Mai und dem 1. Juni 1840. Vorausgegangen war die Vertonung anderer Heine-Gedichte im »Liederkreis I« (op. 24) und im Zyklus »Liederkreis II« nach Eichendorff-Texten (op. 39). Robert nahm, wie bereits erwähnt, unter den 66 Gedichten des »Lyrischen Intermezzos« eine Auswahl vor. Es ist nicht erwiesen, erscheint aber möglich, daß er ursprünglich sogar an die Vertonung der ganzen Gedichtsammlung gedacht hatte, diesen Plan aber schon bald verwarf und einen Zyklus von 28 Liedern plante. Doch auch dieses Vorhaben gab er wieder auf und vertonte schließlich lediglich 20 Gedichte, von denen allerdings nur 16 in der endgültigen, im September 1844 publizierten Ausgabe erschienen.

Die Frage, nach welchen Auswahlkriterien Robert dabei vorgegangen ist, hat vor allem Musikwissenschaftler immer wieder beschäftigt (ich stütze mich im folgenden vor allem auf die Ausführungen von *Gerstenmeier*, 1982; *Hallmark*, 1979, 1984 , 1987 und *Kolmar*, 1971). Dabei ist psychologisch nicht nur interessant, welche Texte gewählt wurden, sondern auch, welche Gedichte Robert ausgeschlossen hat. In der Schumann-Literatur werden vor allem fünf Auswahlkriterien genannt:

1) In Heines »Lyrischem Intermezzo« findet sich eine Reihe von Gedichten, die in ihrem Inhalt, z. T. bis hin in einzelne Formulierungen, als *Paare* imponieren. Als Beispiele seien genannt: »Ich grolle nicht, und wenn das Herz auch bricht, ewig verlor'nes Lieb! Ich grolle nicht« (Nummer 18 des »Lyrischen Intermezzos«) und das folgende Gedicht »Ja, Du bist elend, und ich grolle nicht« (Nummer 19). Andere derartige Paare sind die Gedichte Nummer 22 (»Und wüßten's die Blumen«) und Nummer 23 (»Warum sind denn die Rosen so blaß«) sowie das Paar Nummer 31 (»Die Welt ist so schön«) und Nummer 32 (»Mein süßes Lieb«).

Nach Roberts Aufzeichnungen zu urteilen, fühlte er sich ursprünglich durch diese paarweise angeordneten Gedichte besonders angesprochen und wollte sie in seine Vertonung aufnehmen. Bei der konkreten Arbeit entschloß er sich jedoch, von den Paaren jeweils nur eines der Gedichte zu verwenden.

2) Während das erste Kriterium ein vorwiegend formales ist und der Straffung des Zyklus diente, erweist sich das zweite Auswahlkriterium als ein rein psychologisches: Es zeigt sich nämlich, daß Robert alle Gedichte eliminierte, in denen die *Thematik des Todes* angesprochen wird. Dies gilt für die Gedichte Nummer 5 (»Dein Angesicht«), 42 (»Mir träumte von einem Königskind«), 47 (»Es leuchtet meine Liebe«), 63 (»Am Kreuzweg wird begraben«) und 64 (»Wo ich bin, mich rings umdunkelt«).

Daß Robert bei der Konfrontation mit dem Thema des Todes (in den meisten der erwähnten Gedichte geht es um den Tod der Geliebten, nur in wenigen auch um das Sterben des Liebenden) eine ausgesprochene Ambivalenz erlebte, dürfen wir der Tatsache entnehmen, daß zwei Gedichte mit der Todesthematik in der ersten, 20 Lieder umfassenden Version der »Dichterliebe« noch enthalten waren (die Gedichte Nummer 5 und 47), dann jedoch von Robert herausgenommen und später in einem anderen Zusammenhang publiziert worden sind. Das Thema des Todes taucht in der endgültigen Fassung des Liederzyklus nur in zwei Kompositionen auf, hier allerdings lediglich in einem Traum (Nummer 13 »Ich hab' im Traum geweinet« und Nummer 14 »Allnächtlich im Traume«).

3) Auch das dritte Auswahlkriterium ist ein solches psychologischer Art: Robert hat die bei Heine relativ zahlreich vertretenen Gedichte, in denen *die Geliebte als böse, treulos, kalt geschildert* wird, konsequent ausgeschieden. Er hat nur ein einziges Lied dieser Art in den Zyklus aufgenommen, nämlich das Gedicht »Ich grolle nicht«. Es ist dabei interessant, daß es eines der wenigen Lieder ist, in denen Robert in die Textvorlage Heines eingegriffen und Veränderungen daran vorgenommen hat. Es seien im folgenden die Heinesche und die Schumannsche Version einander gegenübergestellt:

Heine:	*Schumann*:
Ich grolle nicht und wenn das Herz auch bricht.	Ich grolle nicht und wenn das Herz auch bricht.
Ewig verlor'nes Lieb, ich grolle nicht.	Ewig verlor'nes Lieb, ewig verlor'nes Lieb, ich grolle nicht, ich grolle nicht.
Wie du auch strahlst in Diamantenpracht,	Wie Du auch strahlst in Diamantenpracht,

Es fällt kein Strahl in Deines Herzens Nacht.	Es fällt kein Strahl in Deines Herzens Nacht.
Das weiß ich längst. Ich sah Dich ja im Traume,	Das weiß ich längst. Ich grolle nicht und wenn das Herz auch bricht. Ich sah Dich ja im Traume,
Und sah die Nacht in Deines Herzens Raume,	Und sah die Nacht in Deines Herzens Raume,
Und sah die Schlang', die Dir am Herzen frißt,	Und sah die Schlang', die Dir am Herzen frißt,
Ich sah, mein Lieb, wie sehr Du elend bist.	Ich sah, mein Lieb, wie sehr Du elend bist.
	Ich grolle nicht, ich grolle nicht.

Ein Vergleich dieser beiden Versionen zeigt, daß die Unterschiede vor allem darin liegen, daß Robert bestimmte Passagen wiederholt hat, die sich bei Heine nur einmal finden. Dies betrifft etwa den Ausspruch »Ewig verlor'nes Lieb« in der ersten Strophe und die daran anschließende zweifache Beteuerung »Ich grolle nicht, ich grolle nicht«. Hier kann man sich des Eindrucks nicht erwehren Robert unternehme den – allerdings vergeblichen – Versuch, sich selbst davon zu überzeugen, daß in seinem Herzen kein Groll gegen die Geliebte mehr zu finden sei. Das gleiche Anliegen steht wohl auch hinter dem Einschub »Ich grolle nicht und wenn das Herz auch bricht« zwischen der ersten und zweiten Strophe. Auch die von Robert am Ende des Liedes noch einmal eingefügte zweimalige Beteuerung »Ich grolle nicht, ich grolle nicht« läßt erkennen, wie wenig der Komponist diesem Versuch der Selbstüberredung letztlich Glauben schenkt.

4) Ferner fällt bei Roberts Auswahl auf, daß er keines der Gedichte Heines gewählt hat, die sich durch besondere Witzigkeit und durch die für Heines Ironie charakteristische Wendung ins Triviale auszeichnen. Dies gilt etwa für das Gedicht »Mir träumte wieder der alte Traum«, in dem es im letzten Vers heißt »O Liebchen mit den Äuglein klar!/O Liebchen schön und bissig!/ Das Schwören in der Ordnung war,/ das Beißen war überflüssig,« oder ganz ausgesprochen im Gedicht »Sie saßen und tranken am Teetisch«, in dem Heine eine großartige Kostprobe seiner satirischen Begabung gibt.

Fragen wir uns nach den Gründen, die Robert bewegt haben mögen, gerade diese Gedichte auszuschließen, so scheint mir das Hauptmotiv gewesen zu sein, daß für ihn das Thema der Liebe und der Liebesenttäuschung zu ernst war, als daß er darüber noch in dem Ausmaß wie Heine die »Maske der Ironie« hätte streifen können. Eine gewisse Ironie, als Schutz gegen allzuheftige Gefühlsäußerungen, war Robert in Heines Gedichten sehr willkommen. Doch lassen die Vertonungen der »Dichterliebe« immer wieder erkennen, daß die ironische Distanzierung Robert viel weniger gelungen ist als Heine – und von ihm wohl auch weniger intendiert war.

5) Ein letztes Auswahlkriterium ist schließlich die psychologisch bedeutsame Tatsache, daß Robert nur Gedichte verwendet hat, in denen die Geliebte und der

Liebende, nicht aber solche, in denen *Drittpersonen* auftreten. Dies trifft beispielsweise für das Gedicht Nummer 51 in Heines »Lyrischem Intermezzo« zu, in dem es in der ersten Strophe heißt »Sie saßen und tranken am Teetisch,/ und sprachen von Liebe viel./ Die Herren, die waren ästhetisch,/ die Damen von zartem Gefühl«. Dieses Gedicht, in dem außer den in diese Strophe erwähnten Damen und Herren auch ein dürrer Hofrat und eine Hofrätin, ein Fräulein, ein Domherr, eine Gräfin und ein Herr Baron auftreten, kam für Robert für eine Vertonung aber auch insofern nicht in Frage, als es ganz offensichtlich sarkastische Züge trägt.

Man könnte argumentieren, daß das zuletzt erwähnte Kriterium, die ausschließliche Beschränkung auf die Geliebte und den Liebenden, vor allem aus dramaturgischen Erwägungen von Robert verwendet worden ist. Dies mag insofern zutreffen, als durch den Ausschluß von Drittpersonen tatsächlich eine höhere Intensität der Beziehung der Geliebten zueinander erreicht wird. Dennoch scheinen mir neben diesen Motiven noch tiefere, psychologische Gründe eine Rolle zu spielen. Wir sprechen in der Psychoanalyse von einer sog. »Zwei-Personen-Psychologie« zur Kennzeichnung einer Beziehungsform, in der ausschließlich zwei Partner berücksichtigt sind und jegliche andere Person ausgeschlossen bleibt. Es sind zumeist symbiotische Beziehungen, die nicht nur auf zwei Personen beschränkt bleiben, sondern bei denen auch zwischen den beiden daran beteiligten Partnern ausgesprochen fließende Grenzen bestehen.

Berücksichtigen wird das, was ich oben über die Beziehung zwischen Robert und seiner Mutter ausgeführt habe, so wird es psychologisch durchaus plausibel, daß er Gedichte, in denen eine derartige Beziehungsform dargestellt wird, bevorzugte, während ihm ein Text, in dem Beziehungen zu einem größeren Kreis von Menschen thematisiert werden, fremd bleiben mußte. Ich habe bereits darauf hingewiesen, daß seine Beziehung zu Clara ebenfalls stark symbiotische Züge trug. Auch insofern liegt es nahe, daß er im Jahre 1840 in der »Dichterliebe« ausschließlich Gedichte verwendete, denen die Struktur einer »Zwei-Personen-Psychologie« zugrunde liegt.

Vergleichen wir Heines »Lyrisches Intermezzo« mit der schließlich von Robert getroffenen Auswahl von 16 Gedichten, so fällt, wie *Hallmark* (1979) überzeugend dargelegt hat, vor allem auf, daß bei Heine die Geliebte eine recht klar profilierte Person ist, deren negative Seiten ausdrücklich erwähnt und ironisierend angeprangert werden. Bei Robert hingegen erfährt man letztlich nichts über den Charakter der geliebten Frau, die, jeglicher »bösen« Eigenschaften entkleidet, als ersehntes, aber bereits verlorenes Bild erscheint. Dort, wo (wie etwa im 7. Lied »Ich grolle nicht«) eine Anschuldigung gegen die Geliebte laut wird, führt die Schumannsche Zusammenstellung der Gedichte die Eifersucht des Liebenden letztlich auf ihn selber zurück, während offen bleibt, ob die Geliebte irgendeine Schuld trifft.

Nicht nur durch die Beschränkung auf Gedichte, in denen nur die Geliebte und der Liebende auftreten, sondern auch durch die spezifische Auswahl der Texte hat Robert erreicht, in der »Dichterliebe« eine Liebesbeziehung darzustellen, die ausgesprochen symbiotische Züge aufweist und in der, entsprechend dieser Beziehungsstruktur, auch die Gestalt der Geliebten letztlich weitgehend konturlos bleibt. Sie ist, wie es in derartigen Beziehungen zu sein pflegt, nicht als eigenständige Personen mit eigenen Gefühlen und guten und schlechten Seiten wichtig, sondern dient ausschließlich als Ziel der eigenen Gefühle und Wünsche, die sie erfüllen soll. Bei einer sorgfältigen Untersuchung von Menschen, die solche Beziehungen unterhalten, sehen wir immer wieder, daß sie in den verschiedenen Partnern letztlich eine unendlich gebende Muttergestalt suchen, die empathisch all ihre Wünsche wahrnehmen und unverzüglich erfüllen soll.

Ohne im einzelnen auf die 16 Lieder des Schumannschen Zyklus einzugehen, seien doch einige Besonderheiten der »Dichterliebe« hervorgehoben. Jedem, der als Hörender oder Musizierender mit diesem Liederzyklus zusammentrifft, fällt – etwa im Gegensatz zur Kompositionsart von Schubert – auf, welche enge Verquickung zwischen der Gesangsstimme und dem Klaviersatz besteht, wobei der letztere nicht als »Begleitung« im üblichen Sinne bezeichnet werden kann. In ihm vollzieht sich vielmehr »die entscheidende Konzentration des Ganzen, ohne daß deswegen die Singstimme entbehrlich wäre. Erst in dem neuen Verhältnis der Verschränkung, des Eingebettetseins der Singstimme in den Klaviersatz ... ist die neue Qualität, die Schumann in die Geschichte des Kunstliedes einbringt, näherungsweise zu bestimmen« (*Edler*, 1982). Aufgrund dieser Tatsache ist es verständlich und meiner Ansicht nach zutreffend, wenn *Grieg* (1894) einmal geäußert hat, daß, bis zu einem gewissen Grad, derjenige, der Schumann nicht spielen könne, ihn auch nicht zu singen vermöge. Das für das Schumann'sche Lied typische Ineinanderfließen von Singstimme und Klaviersatz könnte man psychologisch als Ausdruck von Roberts symbiotischen Wünschen interpretieren.

Bemerkenswert erscheint mir ferner die Tatsache, daß Robert bei der Vertonung von Texten eine andere kompositorische Strategie verwendete als bei seinen Klavierwerken. Während er die Klavierstücke am Instrument phantasierte, bis der Satz unter seinen Fingern geformt war, beschrieb er in einem Brief an Clara (2. 2. 1840) den Kompositionsvorgang bei seinen Liedern folgendermaßen: »Meistens mach' ich sie stehend oder gehend, nicht am Klavier. Es ist doch eine ganz andere Musik, die nicht erst durch Finger getragen wird – vielmehr unmittelbarer und melodiöser«. *Hallmark* (1984) bestätigt in seiner Analyse der handschriftlichen Quellen der Schumann'schen Lieder, daß Robert tatsächlich im allgemeinen in der geschilderten Weise vorging. Um so interessanter ist es, daß er dieses Prinzip aber mitunter durchbrach, und zwar nachweislich in der »Dichterliebe« im 9. Lied »Das ist ein Flöten und Geigen«. Aus den handschriftlichen Skizzen geht hervor, daß Robert bei der Komposition der Vokalmelodie dieses Liedes – im Gegensatz zu anderen Vertonungen – fünfmal ansetzen mußte, um zur endgültigen Version zu kommen.

Es drängt sich hier die Frage auf, ob es nur kompositionstechnische Probleme waren, die zu diesem für Robert außergewöhnlichen Vorgehen führten, oder ob auch psychologische Motive eine Rolle gespielt haben. Aufschluß über die psychologischen Hintergründe von Roberts kompositorischem Vorgehen liefert uns meiner Ansicht nach vor allem der Inhalt dieses Liedes. Es nimmt in verschiedener Hinsicht eine Sonderstellung im Zyklus ein. Zunächst fällt auf, daß Robert mit dem Einbezug dieses Textes ein Hauptprinzip, nach dem er die Gedichte Heines ausgewählt hat, durchbrochen hat: Es tritt zwar auch in diesem Lied keine Drittperson auf, der Hinweis auf die Hochzeit der Geliebten führt aber letztlich doch, unübersehbar, eine dritte Person, den Rivalen, ein. Bedenken wir, daß für Robert eine Zwei-Personen-Beziehung symbiotischer Art die favorisierte Beziehungsstruktur war, so wird verständlich, daß ihn ein derartiger Text sehr irritieren mußte und vermutlich zu dem beschriebenen Abweichen von seiner sonst üblichen Kompositionstechnik geführt hat.

Mit dem zuletzt genannten Problem hängt eng ein weiterer Unterschied dieses Textes zu den übrigen für die Vertonung ausgewählten Gedichten zusammen: Die Geliebte wird zwar nicht, wie im Lied »Ich grolle nicht«, expressis verbis als böse, treulos und kalt geschildert, jedoch in der Tatsache, daß sie ihre Hochzeit mit einem anderen feiert, wird ausdrücklich auf ihre Treulosigkeit verwiesen. Auch in dieser Hinsicht durchbrach Robert mit der Aufnahme dieses Textes ein ihm sonst in der »Dichterliebe« wichtiges Auswahlkriterium. Schließlich zeigt eine Analyse des Textes, daß das Lied »Das ist ein Flöten und Geigen« auch insofern eine Sonderstellung im Zyklus einnimmt, als hier die Heinesche Ironie recht unverhüllt zum Ausdruck kommt (beispielsweise in Formulierungen wie »dazwischen schluchzen und stöhnen die lieblichen Engelein«). Die vom Text her bereits nahegelegte Ironisierung wird noch besonders durch den Klaviersatz unterstrichen, der den Hochzeitstanz der Geliebten in pochenden Sechzehntelbewegungen, fast in der Art eines Gassenhauers, hart neben die klagende Gesangslinie stellt und diese zum Teil rücksichtslos überdeckt.

Wie aus diesen Überlegungen hervorgeht, bestanden für Robert offensichtlich vielfältige psychologische Gründe dafür, daß er bei der Komposition des Liedes »Das ist ein Flöten und Geigen« von seiner sonst üblichen Kompositionstechnik abwich. An diesem Beispiel zeigt sich aber auch, daß es durchaus fruchtbar ist, wenn wir bei der Suche nach Verständnismodellen für das Leben und das Werk eines Komponisten und anderer kreativ Tätiger auch psychologische Überlegungen einbeziehen.

Charakteristisch für die »Dichterliebe« ist ferner, daß sich bei einigen Liedern längere Vor- und vor allem Nachspiele finden. Der Grund einer solchen Kompositionstechnik ist nicht etwa der – wie man vielleicht annehmen könnte –, daß Robert in den ersten Jahren seiner kompositorischen Tätigkeit ausschließlich Klaviermusik geschrieben hatte. Der tiefere Sinn der Nachspiele (in den Liedern 5, 6, 8, 9, 10, 11, 12, 15 und 16) liegt vielmehr darin, daß Robert nicht nur das Gedicht als sprachliches Gebilde vertonen wollte, sondern vor allem dessen *Wirkung*, das gefühlsmäßige Nachklingen. Die Tatsache, daß für den Komponisten Schumann das Gedicht nicht mit dem letzten Wort abgeschlossen ist, geht auch daraus hervor, daß Robert wiederholt die Gesangsstimme nicht auf dem Grundton enden läßt, wie es üblicherweise der Fall ist, sondern den Text »offen« auslaufen läßt und erst im Nachspiel die Gefühle, die durch den Text ausgelöst worden sind, so weit geklärt werden, daß das Lied einen Abschluß finden kann. Mitunter endet aber nicht einmal der Klaviersatz in der Grundtonart, sondern bleibt offen, in der Schwebe, wie es beispielsweise am Ende des ersten Liedes ist. Hier erfolgt die Auflösung der Harmonie erst mit dem Beginn des zweiten Liedes.

Durch die erwähnten Kompositionstechniken erreicht Robert in der »Dichterliebe« eine außergewöhnliche Spannung, und es gelingt ihm, auch im Musizierenden und im Hörer das Gefühl einer letztlich unlösbaren Ambivalenz hervorzurufen. Diese Gefühle werden noch dadurch intensiviert, daß die Ambivalenz ihren Ausdruck auf drei Ebenen findet: im einzelnen Gedicht, in der Anordnung der 16 Lieder zu einem Zyklus und schließlich auch in der kompositorischen Verarbeitung, insbesondere in den erwähnten Nachspielen. Es werden zwar verschiedene »Abwehrstrategien« eingesetzt: zum Beispiel in Form einer Suche nach einer Bestätigung der eigenen Liebe in der Natur (in den Liedern 1 und 5), in Form der Flucht in eine Märchen- und Traumwelt (Lied 14 und 15) oder in Gestalt von geradezu verzweifelten Versuchen, sich selber einzureden, daß kein Groll gegen die Geliebte bestehe (wie im Lied 7). Doch letztlich erweisen sich alle diese Strategien als unzureichend . Immer wieder bricht der Schmerz über die verlorene Liebe durch, zum Teil bereits in den Texten Heines, ganz besonders aber im Schumannschen Klaviersatz, vor allem in den Nachspielen.

Dies trifft in ganz ausgeprägter Weise für das letzte Lied zu, »Die alten, bösen Lieder«. Die bösen Lieder und Träume sollen hier in einer ins Grotesk-Grandiose gewendeten Bestattungszeremonie zu Grabe getragen werden. Die Beschreibung des Sarges, der »noch größer wie's Heidelberger Faß« sein soll, und der Totenbahre und der Bretter, die noch länger »als wie zu Mainz die Brück« sein müssen, und schließlich der Riesen als Träger, die noch stärker »als wie der starke Christoph im Dom zu Köln am Rhein« sein sollen, deutet an, welche ungeheure Anstrengung nötig ist, um sich endlich von den Gedanken an die vergangene Liebe zu trennen. Während in den ersten fünf Strophen die Szenerie eines solchen grandiosen Begräbnisses dargestellt und sowohl vom Gedicht als auch vom Klaviersatz her durch Ironisierung gefühlsmäßig entschärft wird, zeigt die letzte Strophe ein völlig anderes Gepräge. Unterstrichen durch synkopierte Rhythmen und dunkle Akkordfolgen im Klaviersatz erhebt sich die Frage »Wißt Ihr warum der Sarg wohl so groß und schwer mag sein?«, worauf (musikalisch unterstrichen durch ein Portando) unmittelbar die Antwort folgt »Ich senkt' auch meine Liebe und meinen Schmerz hinein«.

Während für Heine mit diesen letzten Worten eine zerbrochene Liebe definitiv zu Grabe getragen ist und der Liebende Verzicht leisten muß, ist Robert eine solche definitive Entscheidung selbst am Ende dieses Zyklus nicht möglich. Insofern ist es psychologisch plausibel und konsequent, wenn er die Singstimme bei den Worten »Ich senkt' auch meine Liebe und meinen Schmerz hinein« offen enden läßt und erst im langen Nachspiel, einem »Andante espressivo«, das die Melodie des Nachspiels vom zwölften Lied wieder aufnimmt, den Zyklus zu einem Ende führt.

Dieser Rückgriff auf das zwölfte Lied (»Am leuchtenden Sommermorgen«), in dem die sprechenden Blumen den »traurigen blassen Mann« zu trösten versuchen, weist darauf hin, daß die ironische Distanzierung Robert letztlich keine Hilfe zu bieten vermochte. Bei allem Suchen nach einer Versöhnung bleibt der Schmerz über den erlittenen Verlust der Geliebten unauslöschlich bestehen. Psychologisch bedeutsam scheint mir zu sein, daß Robert in diesem Nachspiel auch ein Motiv aus dem Kopfsatz seines Klavierkonzerts (op. 54) verwendet hat, einer Komposition, die wie kaum eine andere einem dringenden Wunsche Claras ihr Entstehen verdankt (*Edler*, 1982). Einen Schluß im herkömmlichen und vom Hörer erwarteten Sinne finden wir im Nachspiel der »Dichterliebe« nicht. Mehrmals setzt die Musik zur Schlußbildung an und fällt doch zweimal wieder an ihren Ausgangspunkt zurück. Erst der dritte Versuch führt mit einem nochmaligen dreimaligen seufzerartigen Ausschwingen zum Ende. Wie *Gerstmeier* (1982) ausführt, zeigt sich in diesem Nachspiel »ein wesentlicher Zug romantischer Musik. Das Ziel, die Erfüllung wird hinausgeschoben, wie der Horizont sich verschiebt, an dessen Ende man gelangen möchte. Das Schumann'sche Nachspiel ist auskomponierte Sehnsucht, Sehnsucht nach dem Unerreichbaren, dem Unendlichen«.

Durch den Einsatz solcher musikalischer Mittel bringt Robert zum Ausdruck, daß er einerseits keinen definitiven Verzicht auf die Geliebte zu leisten vermag, andererseits aber auch nicht auf eine Erfüllung seiner Sehnsucht hoffen kann.

Gerade die Tatsache, daß die Ambivalenz durch den ganzen Zyklus hindurch aufrechterhalten bleibt und selbst am Ende keine eindeutige Lösung findet, scheint mir, neben allen anderen, früher bereits erwähnten Gründen, dafür zu sprechen, daß es Robert bei seinen Kompositionen im »Liederjahr« nicht eigentlich letztendlich um Clara ging. Vielmehr wurden in der Auseinandersetzung mit Clara die alten, aus seiner Beziehung zur Mutter stammenden ambivalenten Gefühle und seine symbiotischen Wünsche wieder aktualisiert. Es ist, wie *Schnebel* (1981) im Hinblick auf Roberts berühmtes Lied »Mondnacht« (op. 39) ausführt, die Robert lebenslang begleitende Sehnsucht »nach dem wirklichen Zuhause, nach warmer Geborgenheit, welche er in der Frühe seines Lebens entbehren mußte, und der er zeitlebens nachhing, bis er im einsamen Dahindämmern zu Endenich ein wenig davon un-sinnig nachholen konnte«. Wie sich später auch bei seinen Opernplänen zeigte, ist es Robert Zeit seines Lebens nicht gelungen, diese tiefen Ambivalenzen aufzulösen. Um so bewundernswerter ist es, daß es ihm im »Liederjahr« möglich war, diese Gefühle in einer derart konstruktiven Weise künstlerisch zu gestalten.

KAPITEL 4

Die Ehejahre (1840–1854)

»O es ist jener stille Engel, in der Brust, den keine Zunge nennen und keine Lippe aussprechen kann, welcher die zerrissenen Menschen in dem Blumen- und Danaerlabyrinthe des Lebens vereint und den gefühlreichen Herzen schöne Minuten giebt, die kein Leben und keine Zukunft wieder aufwiegen kann, bis der finstere Dämon, der jedes Glück im Leben haßt, das Schicksal, mit seinen Tränen zwischen die Seelen tritt und die Rosenfesseln zerschmettert, die der Genius flocht, und den weinenden und erschrockenen Engel der Menschen fortführt und dem Menschen weiter nichts zurückläßt, als Freudenzähren für die selige Vergangenheit und Schmerzenstränen für die umwölkte Zukunft«

R. Schumann »Juniusabende und Julytage«, 1828

Nach der Eheschließlung ließen sich Clara und Robert in Leipzig nieder. Aus ihrer Ehe gingen acht Kinder hervor. Die beiden ältesten Töchter, *Marie* (1841–1929) und *Eliese* (1843–1928), erreichten, ebenso wie das siebte Kind, die Tochter *Eugenie* (1851–1938), ein hohes Alter und zeigten physisch und psychisch keinerlei Auffälligkeiten. Die dritte Tochter, *Julie* (1845–1872), starb im Alter von 27 Jahren an Tuberkulose.

Der ihr folgende Bruder *Emil* (1846–1847) lebte nur ein Jahr. Er starb an »Drüsenauszehrung«. Das fünfte Kind, der Sohn *Ludwig* (1848–1899), zeigte, wie wir Berichten seiner Mutter und seiner Schwester Eugenie entnehmen, schon in der Schulzeit »Eigentümlichkeiten«, eine auffallende »Versunkenheit« und ein sonderlingshaftes Verhalten. Er mußte schließlich in einer psychiatrischen Klinik hospitalisiert werden, wo er bis zu seinem Tode blieb. Der nach ihm folgende Sohn *Ferdinand* (1849–1891) hatte sich im Krieg ein schweres rheumatisches Leiden zugezogen, in dessen späterem Verlauf er von Morphin abhängig wurde. Er mußte deshalb die letzten Jahre seines Lebens in einer Nervenklinik verbringen.

Sein jüngstes Kind, den Sohn *Felix* (1854–1879), hat Robert selbst nie gesehen. Er wurde geboren, als der Vater bereits in der Psychiatrischen Klinik Endenich war. Ein Enkel des Komponisten, Alfred Schumann, vertrat, unter dem Pseudonym Titus Frazeni, 1926 in seinem Buch »Johannes Brahms der

Vater von Felix Schumann. Das Mysterium einer Liebe« die heute als widerlegt anzusehende These, Felix sei nicht Roberts leibliches Kind gewesen, sondern sei von Johannes Brahms gezeugt worden, der am 30. 9. 1853 seinen Antrittsbesuch im Hause Schumann machte. Ich werde später noch auf die Beziehung Clara – Brahms ausführlicher eingehen. Felix litt während mehrerer Jahre an einer schweren Tuberkulose und starb daran im Alter von 25 Jahren.

Nach der Eheschließung widmete sich Robert im Jahre 1840 zunächst noch weiterhin intensiv der Liedkomposition. Im Jahre 1841 erfolge dann ein bedeutsamer Wechsel in seiner kompositorischen Tätigkeit, und zwar wendete sich Robert nun der Arbeit an sinfonischen Werken zu. Er schuf 1841 die folgenden fünf Kompositionen:

1. Die Sinfonie Nr. 1 in B-Dur (auch bekannt als »Frühlingssinfonie«),
2. Das im April und Mai 1841 entstandene Opus 52 »Ouvertüre, Scherzo und Finale E-Dur« (zeitweilig von Robert auch als »Symphonette« und »Suite« bezeichnet),
3. Die im Mai 1841 entstandene »Phantasie a-Moll für Klavier und Orchester« (die erste Fassung des Kopfsatzes des 1845 komplettierten Klavierkonzerts op. 54),
4. Die erste Fassung der Sinfonie in d-Moll (1853 in einer stark umgearbeiteten Fassung erschienen, heute bekannt als 4. Sinfonie, op. 120),
5. Die Sinfonie c-Moll (als 3. Sinfonie bezeichnet), von der aber nur Skizzen überliefert sind (fertiggestellt ist lediglich das Scherzo in g-Moll).

Die Frage, warum sich Robert im Jahre 1841 nach intensivem Liedschaffen nun den sinfonischen Werken zuwendete, ist im Schumann-Schrifttum ganz unterschiedlich beantwortet worden. So nimmt *Edler* (1982) an, daß Robert befürchtet habe, es würden nach dem »Liederjahr« 1840 erneut Rückschläge erfolgen (wie bereits nach dem Scheitern der Streichquartettversuche 1838 und der sinfonischen Konzeptionen von 1839). Der Komponist habe sich deshalb 1841 der Arbeit an sinfonischen Werken zugewandt. Dies mag tatsächlich ein Grund für die Verlagerung seines Interesses gewesen sein. Sicher muß man aber auch, worauf *Schnebel* (1981) hinweist, berücksichtigen, daß sich Robert unter dem Druck seiner schwierigen ökonomischen Verhältnisse dazu gezwungen sah, sich den gängigeren Gattungen des Konzertlebens zuzuwenden, in der Hoffnung, daß dies zu einer Verbesserung seiner finanziellen Situation beitragen würde.

Neben diesen eher »äußeren« Gründen bestanden für Robert im Jahre 1841 aber sicher auch psychologische Motive, die zum Phänomen des »Sinfonischen Jahres« geführt haben. Ich habe bereits darauf hingewisen, daß die Beziehung zu Clara (wie schon die Beziehung zu seiner Mutter) ausgesprochen ambivalente Züge trug. Neben der Liebe zu seiner Gattin bestanden bei Robert auch erhebliche rivalisierende Tendenzen. Er hatte diese Gefühle bereits bei seinem ersten Zusammentreffen mit Clara im Jahre 1828 und verstärkt dann in den Jahren seiner Ausbildung bei Friedrich Wieck gespürt, als ihm Clara als zwar bewundertes, aber letztlich ihm doch unerreichbar erscheinendes Vorbild als Pianistin vor Augen stand. Bis an sein Lebensende machte er immer wieder die Erfahrung, daß Clara die in einer breiteren Öffentlichkeit wesentlich bekanntere Künstlerin war, während die Bedeutung seiner Leistungen oftmals nur von einem kleineren Kreis ihm Nahestehender erkannt wurde. Man darf vermuten, daß Robert hoffte, er werde durch die Schaffung sinfonischer Werke eine größere Wirkung in der breiteren Öffentlichkeit erzielen und damit, in seinem Erleben, endlich Clara ebenbürtig werden (dies war später ein zentrales Motiv für seine Pläne, eine Oper zu komponieren).

Möglicherweise war Roberts zunehmendes Interesse an der Schaffung von Sinfonien auch Ausdruck seiner seit 1836 bestehenden, sich in den Jahren bis 1841 intensivierenden Freundschaft mit Felix Mendelssohn. *Schnebel* (1981) nimmt an, der Freund sei für Roberts »schwache Persönlichkeit zu einer stützenden, freilich auch gefährlichen Vaterfigur« geworden. Diese Vorbildfunktion Mendelssohns kommt nach *Schnebel* etwa in Roberts Formulierung zum Ausdruck: »Mendelssohn ist der, an den ich hinblicke wie zu einem hohen Gebirge. Ein wahrer Gott ist er«. Zweifellos kommt in der Vorbildsfunktion Mendelssohns die bereits früher schon erwähnte Tendenz Roberts zum Ausdruck, sich an »hohen Menschen« zu orientieren. Fragwürdig erscheint mir indes die Hypothese von Roberts »schwacher Persönlichkeit«.

Vergleicht man die fünf von Robert im Jahre 1841 geschaffenen sinfonischen Werke mit anderen Kompositionen dieser Gattung, so fällt vor allem zweierlei auf: Zum einen macht sich Roberts Tendenz bemerkbar, die Abgrenzungen zu benachbarten Gattungen, wie Konzert, Suite, Ouvertüre, Charakterstück, kammermusikalischer Bereich, aufzulockern, zum Teil sogar zu überschreiten. Zum anderen ist es, wie sich vor allem in der d-Moll-Sinfonie (die auf dem Titelblatt des Autographs der Umarbeitung von 1851 von Robert als »Symphonistische Phantasie« bezeichnet worden ist) zeigt, die Verwendung »eines ganz spezifisch unräumlichen Zeitbegriffes« (*Edler*, 1982). Es ist bezeichnend für diese Werk, daß die vier Einzelsätze ineinander übergehen (noch konsequenter hat Robert diese Vereinheitlichung in seiner ebenfalls im Jahre 1841 entstandenen einsätzigen »Phantasie a-Moll für Klavier und Orchester« verwirklicht). Wie *Edler* ausführt, ist in diesem Werk »nichts reine Gegenwart, nichts erscheint im Sosein des Hier und Jetzt gestalthaft an seinem ›Zeitplatz‹. Alles ist entweder auf Zukünftiges hin gerichtet oder erweist sich als Resultat von Vergangenem, ohne daß ihm dieser Resultatcharakter durch ein übergeordnetes Formgesetz äußerlich aufgepfropft würde ... Wollte man ein Prinzip formulieren, dem sich dieses Komponieren am ehesten unterordnen ließ, dann wäre es das des Fortschreitens vom Allgemeinen zum Besonderen ..., das Prinzip allmählichen Spannungsaufbaus, der zunehmenden, durch überraschende Einschübe, Episoden, Retardationen und Wiederholungen immer wieder aufgehaltenen Enthüllung des Zentrums – eben jener dialektischen Spannung, die von Jean Paul zum erstenmal im literarischen Medium dargestellt worden war«. Es ist vielleicht ein gewagter, aber doch naheliegender Schluß, das in diesem Zitat genannte Ausgerichtetsein auf Zukünftiges als Resultat von Vergangenem psychologisch zu verstehen als die immer neue Suche nach einer Wiederbelebung alter (aus der Kindheit stammender) emotionale Sicherheit vermittelnder Erfahrungen. Das von *Ador-*

no (1977) als Robert besonders kennzeichnende Merkmal hervorgehobene »Erinnern, nach rückwärts Schauen und Hören« scheint mir in einem psychologischen Sinne Ausdruck von Roberts lebenslang bestehender Sehnsucht nach der symbiotischen Beziehung mit der Mutter zu sein.

Auf einen ähnlichen psychodynamischen Hintergrund läßt auch die Komposition seiner »Phantasie a-Moll für Klavier und Orchester« schließen. In diesem Falle geht es indes – zumindest primär – um die Beziehung zu Clara (die jedoch letztlich, wie noch zu zeigen sein wird, für Robert eine Repräsentantin seiner Mutter war). Darauf, daß in dieser ersten Fassung des 1845 vervollständigten Klavierkonzerts (op. 54) wichtige Aspekte der Beziehung zwischen Clara und Robert zum Ausdruck kommen, weisen folgende Fakten hin: Zum einen erfüllte er damit Claras langgehegten Wunsch, er möge für sie ein Konzertstück schreiben, das auf ihre künstlerische Persönlichkeit zugeschnitten sei. Zum anderen verwendet Robert in diesem Werk ein Thema aus Claras Komposition »Notturno« (op. 6 Nr. 2), das er bereits in eine seiner früheren Kompositionen (in die 8. Novellette als »Stimme aus der Ferne«, op. 21/8) verwoben hatte. Schließlich ist, wie *Edler* nachweist, zu berücksichtigen, daß eben diese »Stimme aus der Ferne« aus Claras Werk übereinstimmt mit dem Beginn der Arie des Florestan »In des Lebens Frühlingstagen« aus der Eröffnungsszene des zweiten Aktes von Beethovens Oper »Fidelio« (bezeichnenderweise ist das Thema dieser Oper das hohe Lied der Gattenliebe Leonores, die den in einem Verließ in Ketten liegenden Florestan vom Tode errettet!). Es scheint mir keine zu weit gehende Interpretation zu sein, wenn wir den geschilderten Sachverhalt – unter psychologischem Aspekt – als Ausdruck von Roberts Wunsch verstehen, alles Trennende zwischen sich und Clara zu beseitigen und ausdrücklich einen Zustand inniger Verbundenheit zu schaffen. Dabei ist durch die Wahl des musikalischen Zitats (Claras Notturno und Beethovens »Fidelio«) das Ungleichgewicht in der Schumannschen Ehe in symbolischer Form dargestellt.

Es ist sicher kein Zufall, daß Robert gerade im Jahre 1941 dieses ihn lebenslang begleitende Thema der symbiotischen Verschmelzung in einer Komposition zum Ausdruck bringt, die aufs engste mit Clara verknüpft ist. Robert fühlte sich dadurch entlastet, daß der lange, zermürbende Kampf mit Friedrich Wieck zu seinen Gunsten entschieden war und er nun endlich mit der geliebten Frau zusammenleben konnte. Mit großer Befriedigung erlebten es die Ehepartner auch, daß sie in dieser Zeit nicht selten als Paar gemeinsam engagiert wurden. Doch trat nun zunehmend der Konflikt, der im Grunde bereits seit vielen Jahren zwischen ihnen bestanden hatte, deutlich hervor: nämlich das Problem, daß Clara ihre Pianistenkarriere fortsetzen wollte (dies war allein schon aus finanziellen Gründen notwendig), es aber Roberts mehr oder weniger ausgesprochener Wunsch war, Clara möge wenigstens im ersten Jahr der Ehe ihre Karriere vergessen und nur ihrem Manne und den häuslichen Pflichten leben. Es scheint sogar so zu sein, daß er gehofft hatte, die Gattin werde für alle Zukunft ihrer Konzerttätigkeit entsagen. Diese Erwartung geht auch aus einem Brief hervor, den er zwei Jahre zuvor (am 4. 2. 1839) an Clara geschrieben hatte. Dort heißt es u. a.: »... so viel Glück kann es gar nicht für mich geben, Dich den ganzen Tag bei mir zu haben, jemanden, dem ich alles vertrauen kann und darf, Dich Klara, Dich Herzenskind«.

Einerseits war Clara damit einverstanden, zumindest vorerst auf Konzertreisen zu verzichten und den Interessen ihres Mannes Priorität einzuräumen. Dies entsprach ja auch weitgehend der sozialen Rolle, welche die Frau in dieser Zeit einnahm. Andererseits aber spürte sie deutlich, wie wichtig ihr persönlich doch ihre pianistische Tätigkeit war. Außerdem befürchtete sie, wenn sie kaum noch übe (was sich immer wieder als recht schwierig erwies, da sich Robert beim Komponieren durch ihr Klavierspiel häufig gestört fühlte), in ihren pianistischen Fähigkeiten nachzulassen. Robert seinerseits war sich durchaus bewußt, was Clara seinetwegen entbehrte, und er verlieh diesen Gefühlen etwa im gemeinsamen Tagebuch Ausdruck mit den Worten: »Cläre verzeihe mir nur, möchte ich doch so gern, so lange ich jung bin und kräftig, arbeiten und schaffen, so lange es geht, auch wenn mich der Dämon nicht triebe«. Hinzu kam, daß es im Hinblick auf Claras Pianistenkarriere nicht nur um ihre künstlerische Selbstverwirklichung ging, sondern das Ehepaar Schumann auf die finanziellen Einkünfte angewiesen war, die ihnen Claras Konzerttourneen brachten.

Seine Wunschvorstellung von der Ehe mit Clara hatte Robert sehr deutlich in seinem Brief vom 13. April 1838 formuliert: Er sah sich, wie er Clara seine Kompositionen am Klavier vorspielen würde – »Ach, da werden wir beide weinen wie die Kinder – das weiß ich, das wird mich überwältigen«. Er hoffte nun, nach dem jahrelangen zermürbenden Kampf um Clara auf das »Ideal eines Familienlebens«, wie er es bereits als Neunzehnjähriger in seinem Tagebuch formuliert hatte. Die Realität sah hingegen völlig anders aus: Clara mußte Klavier üben, was wie erwähnt, Robert beim Komponieren störte. Auch im Hinblick auf Claras Konzerttourneen war Robert außerordentlich zwiespältig, da er auf der einen Seite seine Frau nicht gerne alleine auf diese Reisen gehen lassen wollte (allein zu Hause zurückgeblieben fand er nicht die zum Komponieren nötige innere Ruhe und Sammlung), auf der anderen Seite aber litt er – wie er anläßlich von Konzerttourneen nach Oldenburg (1842) und vor allem nach Rußland (1844), wohin er Clara jeweils begleitete, schmerzlich erlebte – sehr unter der für ihn kränkenden Tatsache, daß Clara dort die gefeierte Künstlerin war, während er als mehr oder weniger Unbekannter abseits stand. Robert hat dieses Dilemma in einem Tagebucheintrag vom 14. März 1842 mit den Worten beschrieben: »Soll ich denn mein Talent vernachlässigen, um Dir als Begleiter auf der Reise zu dienen? Und Du, sollst Du deshalb Dein Talent ungenützt lassen, weil ich nun einmal an Zeitung und Klavier gefesselt bin?«.

Zunehmend kam es in der Schumannschen Ehe aus diesen Gründen zu erheblichen Spannungen, unter denen beide Ehegatten gleichermaßen litten. Wiederholt finden wir in Claras Tagebuch Hinweise darauf, daß sie sich durch Roberts scharfe Kritik an ihrem Spiel gekränkt und zum Teil erheblich verunsichert fühlte. So schrieb sie beispielsweise: »Müßte ich nicht mein Spiel benutzen, um auch etwas zu verdienen, ich spielte wahrhaftig keinen Ton mehr öffentlich; denn was hilft mir der Beifall der Leute, wenn ich ihn nicht befriedigen kann«, oder an anderer Stelle ihre resignative Äußerung: »Ich weiß kaum mehr, wie ich noch spielen soll; während ich mich bemühe, den Sänger möglichst zart und nachgebend zu begleiten, spricht Robert, meine Begleitung ist ihm schrecklich«.

Umgekehrt reagierte Robert geradezu allergisch auf jeglichen Hinweis, aus dem er entnehmen konnte, daß Clara mehr Beachtung fände als er. Beispielhaft für seine Kränkbarkeit in dieser Hinsicht ist die folgende Episode, die wir von den Schumann-Biographen erfahren: Robert saß zusammen mit Hirschbach und einem anderen guten Bekannten, Assessor H., in einem Restaurant. Als H. beiläufig erwähnte, Clara habe sehr viel dazu beigetragen, Robert den Weg als Tonsetzer zu erleichtern und seinen Werken Eingang in das Konzertrepertoire seiner Zeit zu verschaffen, sprang Robert, zutiefst verletzt, auf und verließ grußlos die Runde. Die gleiche aus der ehelichen Spannung resultierende Verletzbarkeit lesen wir auch in der folgenden Tagebucheintragung Claras anläßlich der Konzertreise nach Rußland 1844: »Robert schreibt hier: ›Kränkungen kaum zu ertragen und Claras Benehmen dabei‹. – Ich weiß von nichts, es scheint mir aber jetzt bei Durchlesung der Notizblätter, daß ich oft Roberts Unwillen erregt habe, in böser Absicht aber gewiß nicht«.

Robert reagierte in dieser Zeit sehr empfindsam auf jegliches – reale oder vermeintliche — Zurückstehen hinter Clara. So kam es während der gemeinsamen Konzertreise nach Magdeburg, Braunschweig, Bremen und Hamburg im Februar 1842 in Oldenburg zu einem Vorfall, der Robert veranlaßte, wieder nach Leipzig zurückzukehren und Clara alleine weiter nach Dänemark reisen zu lassen: Wie *Litzmann* (1905) berichtet, war nach Claras Konzert in Oldenburg an sie allein eine Einladung zu einem Empfang bei Hofe erfolgt, was Robert als grobe Ungehörigkeit empfand. Als Clara trotzdem der Einladung Folge leistete und hinterher sogar recht zufrieden war, vermerkte Robert im Tagebuch: »Der Gedanke meiner unwürdigen Stellung in solchen Fällen ließ aber keine Freude in mir aufkommen«. Er kehrte unverzüglich nach Leipzig zurück. Dort fühlte er sich indes keineswegs wohl. Er litt vielmehr unter schweren depressiven Verstimmungen, konsumierte in exzessiver Weise Alkohol und fühlte sich unfähig zu irgendeiner schöpferischen Tätigkeit. An dieser Episode zeigen sich deutlich die verhängnisvollen Folgen von Roberts Ambivalenzkonflikt zwischen Nähe und Distanz, wie er ihn bereits in der Beziehung zur Mutter erlebt hatte und nun in der Verbindung mit Clara von neuem in unseliger Weise spürte.

Ein Ausweg aus diesem Konflikt schien Robert eine zweijährige Konzerttournee durch Amerika zu sein. Dieser Plan war schon auf der Reise nach Bremen aufgetaucht und zwischen den Ehegatten mündlich und später brieflich erörtert worden. Angesichts des Konflikts, der Robert in Oldenburg noch einmal in seiner ganzen Schärfe spürbar geworden war, verfestigte sich in ihm der Gedanke an eine Amerikatournee zu einem festen Plan. Hinter dieser Idee stand die Hoffnung auf einen schnellen, großen Verdienst: »Wir könnten wohl auch in Deutschland wirken. Aber was kommt heraus? Was Clara erwirbt, verliere ich an Verdienst und Zeit. So wollen wir lieber zwei Jahre an einen großen Plan unseres Lebens setzen, der uns, wenn er glücklich ausschlägt, für das ganze Leben sichert. Und dann kann ich mich ja ganz meiner Kunst ergeben, wie es mein sehnlichster, alleiniger Wunsch ist«. Man darf bei diesem Plan nicht übersehen, daß hinter der Formulierung »der uns, wenn er glücklich ausschlägt, für das ganze Leben sichert« zweifellos Roberts Hoffnung stand, wenn er über genügend finanzielle Mittel verfüge, werde Clara ihre Konzerttätigkeit ganz einstellen. Der Plan eines Amerikaaufenthaltes wurde jedoch vom Ehepaar Schumann nicht weiter ernsthaft verfolgt.

Am 26. April 1842 kehre Clara nach Leipzig zurück. Im Tagebuch vermerkte sie: »Solch ein Wiedersehen entschädigt doch für alle erlittenen Sehnsuchtsschmerzen – auch Robert schien sehr glücklich und führte mich dann zu Haus, wo ich alles bekränzt vorfand, ferner hatte Robert mich mit einem schönen Teppich beschenkt«. In Roberts Schrift stehen am Rande dieser Eintragung die Worte: »Nun kommen wieder bessere Tage«. Tatsächlich erlebte er in der Folge einen wahren Rausch an Kreativität: Im Sommer 1842 komponierte er innerhalb kurzer Zeit drei Streichquartette, ein Klavierquintett, ein Klavierquartett und ein Klaviertrio. Doch folgte darauf im Oktober/November 1842 eine tiefe Erschöpfung, verbunden mit Schlaflosigkeit und allgemeinem Unwohlsein.

Es ist vermutlich kein Zufall, daß Clara wenige Monate nach ihrer Rückkehr von der Konzertreise, die beiden Partnern die Spannungen in ihrer Ehe deutlich gemacht hatte, schwanger wurde (August 1842). Robert reagierte darauf mit einer gewissen Beruhigung, da er nun nicht befürchten mußte, daß seine Frau in nächster Zeit eine weitere Konzerttournee unternehmen werde. Clara hingegen war sehr unglücklich über diese ungewollte Schwangerschaft und machte sich große Sorgen über die finanzielle Zukunft der Familie (was allerdings in dieser Zeit nicht gerechtfertigt war, da Robert durch den Verkauf der Schumann'schen Verlagsgesellschaft eine ansehnliche Summe geerbt hatte).

Während in den Biographien älteren Datums die Schumannsche Ehe zumeist ausgesprochen romantisch-idealisierend als harmonische Beziehung zwischen einem genialen Komponisten und seiner aufopferungsvollen, einfühlsamen Frau dargestellt wurde, müssen wir bei einer psychologischen Betrachtung heute feststellen, daß diese Beziehung neben all dem Schönen, was sie für die Ehegatten mit sich brachte, auch ein starkes Konfliktpotential enthielt. Für die Konstellation dieser Ehe war nicht nur die Tatsache bestimmend, daß Robert seine Ehepläne in dem Moment intensiv voranzutreiben begann, als die Mutter gestorben war – Clara also in der zeitlichen Abfolge für ihn die Mutter ersetzen sollte –, sondern daß für Clara als Frau von robuster Natur und realistischerer Lebenseinstellung von vorneherein eine Art »Mutterrolle« vorgezeichnet war. Insofern dürfte *Edler* (1982) der Dynamik der Schumannschen Ehe eher gerecht werden als frühere romantisierende Darstellungen, wenn er zur Beziehung zwischen Clara und Robert ausführt: »... sie ließ sich auch in den verzweifelsten Situationen nicht darin beirren, alles für ihn zu tun und ihr eigenes Künstlertum bedingungslos hinter das seine zu stellen. Anzunehmen ist, daß nur diese Fähigkeit, durch ihre Liebe die Persönlichkeit Schumanns mit allen ihren Schwierigkeiten zu ertragen, dabei noch durch ihre Konzerte in kritischen wirtschaftlichen Situationen den Haushalt vor dem Zusammenbruch zu bewahren, acht Kinder zu gebären und sieben aufzuziehen, die Beziehungen Schumanns zur Außenwelt durch ihre Vermittlung herzustellen und aufrechtzuerhalten, ihn als Dirigent aufopfernd in der Probenarbeit zu unterstützen und summa summarum den weitaus größten Teil aller materiellen, psychologischen und pädagogischen Probleme der Familie zu lösen, den Komponisten überhaupt so lange am Leben erhalten und über seine zahlreichen gesundheitlichen Zusammenbrüche und beruflichen Schwierigkeiten hinwegbringen konnte«.

Es ist interessant, daß in der Gegenwart die Schriftstellerin *Elfriede Jelinek** die Schumannsche Ehe zum Gegenstand einer »musikalischen Tragödie« mit dem Titel »Clara S.« gemacht hat. Mit Hilfe gewisser Verfremdungen (so spielt das Stück beispielsweise im Jahre 1929, und neben Robert und Clara treten u. a. Gabriele d'Anunzio und Aélis Mazoyer auf) stellt die Autorin am Beispiel der Schumanns in pointierter Weise ihre These dar, daß die Beziehung zwischen den Geschlechtern ein mörderischer Kampf ist, an dem letztlich beide Partner zugrunde gehen: Im Stück erwürgt Clara schließlich Robert. Sie selber sinkt nach einem rasenden Klavierspiel, bei dem sich die Protagonisten und die Zuschauer, wie es im Regietext heißt, fragen sollen »was geht zuerst kaputt, das Klavier oder sie?«, tot vom Klavierhocker.

In krassem Gegensatz zu den früheren romantisierenden Darstellungen der Schumannschen Ehe vertritt Elfriede Jelinek in ihrem Theaterstück dezidiert die Ansicht, letztlich habe vor allem Clara Verzichte geleistet. Sie habe ihre eigene künstlerische Entwicklung Robert geopfert. Im ersten Akt des Stückes glorifiziert Clara zwar noch, wie um sich selber von dem zu überzeugen, was sie im tiefsten Innern nicht glaubt, Robert und seine kompositorischen Leistungen. Indes wird ihre Ambivalenz auch hier schon aus einer ihrer ersten Äußerungen ersichtlich, wenn sie von ihrem Mann als »Robert, der Teufel« spricht.

Die tiefe Verwundung und die ganze in Clara aufgestaute Wut treten dann aber immer offener im zweiten Akt hervor. Auch Robert artikuliert in luziden Momenten unverhüllt seine Verachtung Claras Kompositionen gegenüber, etwa mit den kränkenden Worten: »... fiel mir plötzlich ein, wie unfähig meine Frau Clara für das selbständige Komponieren mit Tönen immer gewesen ist ... Der einzige Effekt ihrer Kompositionsversuche war das sukzessive Absterben ihres weiblichen Geschlechtsreizes für mich«. Clara läßt nun auch ihrerseits dem Haß freien Lauf und schleudert dem Gatten entgegen: »Ich bin im sakralen Raum Deiner Genialität geopfert worden, Robert! ... diese grausige Ehe mit Dir! Immer, wenn ich zum Klavier und an eine Komposition schritt, fand ich den Apparat bereits besetzt: von Dir! ... Durch gezielt plazierte Kindesgeburten hast Du meine bescheidenen Fortschritte immer wieder torpediert«.

Eine letzte Eskalation des nun in seiner ganzen Tiefe offen liegenden Konflikts bringt der Moment, in dem Clara Roberts berühmte fis-Moll-Sonate (op. 11) zu spielen beginnt, von der Robert in einem Brief an Clara einmal geschrieben hatte, sie sei »ein einziger Herzensschrei« nach ihr. Sie hält ihm mit seinem

---

* Es sei Frau Elfriede Jelinek herzlich für die Überlassung eines Exemplars ihres bisher noch nicht im Handel erhältlichen Werkes »Clara S.« gedankt.

eigenen Werk geichsam einen Spiegel vor Augen, in dem er wahrnehmen soll, wie und wodurch er sie zugrunde gerichtet hat. Robert reagiert darauf, wie es in der Regieanweisung heißt »weißglühend vor Wut, mit einem Anfall von Raserei«: »Du Bestie! Teufel! ... Du Canaille! Frau! Fälscherin! Töterin des Komponistenprodukts! Geisttöterin! Potenzmörderin!« Noch einmal versucht er dann, Clara die Idylle eines gemeinsamen Lebens vor Augen zu führen, eines Lebens allerdings, das Clara wiederum nur ganz dem Gatten weihen müßte: »Ein hübsches Haus, nicht weit von der Stadt, selig und still Dir zu leben! Deine Kunst würdest Du natürlich pflegen (er röchelt, weil Clara ihn zu würgen beginnt, heißt es in der Regieanweisung), doch weniger für alle und des Erwerbs wegen, als für einzelne Auserlesene, besonders für mich! und unseres Glücks halber«. Unter dem würgenden Griff seiner Frau stirbt Robert. Mit Claras Worten »Die Welt des Männergenies ist die Todeslandschaft, der Friedhof« fällt der Vorhang des zweiten Aktes.

Es geht Elfriede Jelinek bei ihrer Deutung der Schumannschen Ehe sicher nicht um eine historisch exakte Darstellung. Die Autorin verwendet ja auch bewußt eine Reihe von verfremdenden Elementen. Sie will dem Zuschauer vielmehr an der Beziehung dieser beiden Künstlerpersönlichkeiten das verzweifelte Ringen des Individuums um Selbstverwirklichung vor Augen führen. Es brechen dabei tiefgreifende Konflikte auf, die, in der Sicht von Elfriede Jelinek, vom Mann zumeist auf Kosten der Frau »gelöst« werden. Ein solches Ringen der Partner um Selbstverwirklichung muß, so verstehe ich die Botschaft dieses Stückes, unter den Bedingungen einer patriarchalischen Gesellschaftsstruktur letztlich für beide daran Beteiligte »tödlich« ausgehen.

Dieses von Elfriede Jelinek entworfene Bild ist zweifellos, verglichen mit der historischen Realität, überzeichnet. Dennoch scheint mir ihre »musikalische Tragödie«, abgesehen von der künstlerischen Aussage dieses Stücks, auch für eine psychologische Deutung der realen Schumannschen Ehe bedeutsam: Die Autorin lenkt unser Augenmerk auf die tatsächlich bestehenden, vielfach belegten schwerwiegenden Probleme, welche die Verbindung dieser beiden Künstler mit sich brachte. Ich bin aufgrund der historischen Quellen allerdings der Ansicht, daß wir der Gefahr einer allzu einseitigen Sicht erlägen, wenn wir Clara als die stets Gebende, Robert hingegen als den immer nur Nehmenden charakterisierten. Gewiß hat Clara oftmals ihre eigenen Interessen hinter die ihres Gatten zurückgestellt, doch war sich Robert dieser Opfer, die seine Frau brachte, sehr wohl bewußt. Aus den Tagebuchaufzeichnungen und Briefen der Ehegatten geht deutlich hervor, daß sie beide die Konflikte in ihrer Ehe wahrnahmen und sich auch ernsthaft darum bemühten, eine beide Teile befriedigende Lösung zu finden. Es scheint mir gerade von der großen Souveränität der Ehegatten zu zeugen, daß sie trotz der damaligen starren gesellschaftlichen Rollenvorstellung von Mann und Frau die Konflikte, die sich in der Ehe im Hinblick auf die beruflich-künstlerische Selbstverwirklichung der beiden ergaben, sehr wohl realisierten und bemüht waren, einander soviel Raum zu geben wie möglich.

Wir verstehen die *tiefere Dynamik der Schumannschen Ehe* meiner Ansicht nach noch besser, wenn wir die individuellen lebensgeschichtlichen Erfahrungen Claras und Roberts in unsere Überlegungen einbeziehen. Dabei fällt auf, daß in ihren Biographien bemerkenswerte Übereinstimmungen bestehen. Ein erstes Merkmal ist die Tatsache, daß beide Ehegatten von Kindheit an eine künstlerische Tätigkeit anstrebten, beide im Bereich der Musik, beide auch, zumindest zunächst, im Sinne einer pianistischen Laufbahn. Wie bereits ausgeführt, resultierte aus dieser Gemeinsamkeit einerseits aufgrund der Rivalitätsgefühle ein zentraler Konfliktstoff ihrer Ehe, auf der anderen Seite führte die gemeinsame Tätigkeit im musikalischen Bereich aber auch zu einem tiefen gegenseitigen Verständnis füreinander und wirkte sich für beide Partner fruchtbar auf ihre künstlerische Arbeit aus: Clara trug nicht nur Wesentliches zum Bekanntwerden von Roberts Klavierwerken bei, sondern erntete durch ihr von sehr persönlichen Gefühlen für Robert inspiriertes Spiel seiner Kompositionen auch große Erfolge. Robert wiederum litt nicht nur unter Claras Berühmtheit, sondern hat wiederholt zum Ausdruck gebracht, daß viele seiner Werke »sie beinah allein veranlaßt« hat (wie es im Brief vom 5. September 1839 an Dorn heißt), oder, wie er es in seinem Brief an Clara vom 22. Mai 1840 formuliert hat: »Der Eichendorff-Zyklus ist wohl mein Romantischstes und es steht viel von Dir darin«.

Wie direkt mitunter der Einfluß Claras auf Roberts kompositorische Aktivität war, zeigt die folgende Passage aus seinem Brief an Clara vom 19. März 1838. Dort heißt es u. a.: »Ich habe nämlich erfahren, daß die Phantasie nichts mehr beflügelt als Spannung und Sehnsucht nach irgend etwas, wie das wieder in den letzten Tagen der Fall war, wo ich eben auf Deinen Brief wartete, und nun ganze Bücher voll komponiert – Wunderliches, Tolles, gar Freundliches – Da wirst Du Augen machen, wenn Du es einmal spielst – Überhaupt möcht ich jetzt oft so springen vor lauter Musik. – Und daß ich es nicht vergesse, was ich noch komponiert – War es wie ein Nachklang von Deinen Worten einmal wo Du mir schriebst »ich käme Dir manchmal wie ein Kind vor« – Kurz, es war mir ordentlich wie im Flügelkleid und hab an die 30 kleine putzige Dinger geschrieben, von denen ich ihrer zwölf ausgelesen und »Kinderszenen« genannt habe« (gemeint sind hier von Robert die »Kinderszenen«, op. 15).

Ein weiteres gemeinsames Merkmal, das wir in den Biographien der Ehegatten feststellen können, scheint mir das Folgende zu sein: Beide hatten in ihrer Kindheit zu einem Elternteil, und zwar charakteristischerweise zum jeweils gegengeschlechtlichen, eine ausgesprochen symbiotisch anmutende Beziehung unterhalten. Ich habe bereits ausführlicher die innige Verbindung beschrieben, die zwischen Robert und seiner Mutter bestand. Auch Clara hatte mit ihrem Vater in einer Beziehung gelebt, die sich dadurch auszeichnete, daß, zumindest von seinem Erleben her, keine klare Trennung zwischen ihm und der Tochter bestand. Robert und Clara waren aber in diesen symbiotischen Beziehungen nicht völlig gefangen, sondern wurden in ihren Autonomiebestrebungen jeweils vom gleichgeschlechtlichen Elternteil unterstützt: Robert fühlte sich durch den (nach seinem Tode im psychischen Innenraum des Sohnes präsenten) Vater in seinem künstlerischen Weg unterstützt und vermochte sich, durch die introjizierte Kraft des Vaters gestärkt, aus der Symbiose mit der Mutter zu befreien (zumindest so weit, daß er eine gewisse Autonomie erreichte und für die Beziehung mit einer anderen Frau frei wurde). Bei Clara unterstützte die (ebenfalls nicht leiblich präsente) Mutter die Unabhängigkeitsbestrebungen der Tochter und leistete ihr bei der Zuspitzung des Konflikts mit Friedrich Wieck sogar durch Aufnahme in ihren Haushalt manifeste Hilfe. Beiden, Clara und Robert, war es somit gelungen, sich zumindest weitgehend aus dem symbiotischen Beziehungsnetz, in dem sie sich mit dem gegengeschlechtlichen Elternteil befunden hatten, zu lösen und eine gewisse Autonomie zu erlangen.

Die Tiefenpsychologie und die Erforschung der Familiendynamik haben uns gelehrt, daß die Beziehungserfahrungen der Kindheit bestimmend sind für die Gefühle und das Verhalten des Menschen in späteren Partnerschaften. Für die Ehe Claras mit Robert haben die frühkindlichen Erfahrungen aus den Beziehungen zu ihren Eltern meiner Ansicht nach zwei Konsequenzen gehabt: Von ihrem biographischen Hintergrund her wird verständlich, daß einerseits die Einfühlung in den Partner, das Bestreben, die Bedürfnisse und Stimmungen des anderen empathisch wahrzunehmen, für beide Ehegatten eine der wichtigsten Dimensionen in ihrer Beziehung zueinander war. Sie waren beide seit frühester Kindheit in ihrem Umgang mit dem gegengeschlechtlichen Elternteil für diese Ebene des Gefühlsaustauschs sensibilisiert worden. Zugleich führte die symbiotische Beziehungserfahrung, die Clara und Robert in die Ehe mitbrachten, aber auch dazu, daß beide von einem starken Wunsch nach Unabhängigkeit und Selbständigkeit erfüllt waren. Dies brachte einerseits wiederum eine Gemeinsamkeit für sie mit sich, eine Ebene des Sich-Gegenseitig-Verstehens, andererseits lag darin aber, wie ich bereits ausgeführt habe, auch ein erheblicher Konfliktstoff.

Die zweite Konsequenz für die Ehe von Clara und Robert Schumann ergibt sich aus den zuletzt ausgeführten Gedanken: Beide hatten in ihrer Biographie zum Teil schmerzlich erlebt, von welcher zentralen Bedeutung die Selbstverwirklichung des einzelnen ist. Ihre große Bereitschaft, sich diesem – sowohl von den sozialen Normen ihrer Zeit als auch von ihren individuellen Gefühlen her – schwierigen Problem zu stellen und immer wieder nach einer beide Partner befriedigenden Lösung zu suchen, scheint mir erst aus diesen lebensgeschichtlichen Umständen heraus verständlich zu werden. Man kann insofern wohl sagen, daß die frühen Beziehungserfahrungen der Ehegatten sich nicht nur behindernd auf ihre Partnerschaft ausgewirkt und zu den beschriebenen Konflikten geführt haben, sondern vielmehr auch die Konsequenz hatten, daß beide für die Probleme der Autonomie besonders hellhörig waren und deshalb in dieser Hinsicht ein beachtliches Maß an Toleranz füreinander aufzubringen vermochten.

Gewiß ist das Streben nach Autonomie bei Robert zeitlebens ambivalent geblieben. Einerseits suchte er immer wieder nach »hohen Menschen«, an denen er sich orientieren konnte und zu denen er, wie er es im Hinblick auf Mendelssohn formulierte, »wie zu einem hohen Gebirge« aufschaute. Andererseits spürte er aber auch deutlich die Gefahr, die ihm nicht nur im persönlichen Bereich, sondern auch im Hinblick auf seine kreative Tätigkeit von einer solchen bedingungslosen Unterwerfung unter eine Autoritätsfigur drohte. Diese psychologische Deutung liefert uns einen Schlüssel zum Verständnis der Tatsache, daß Robert zwar immer wieder »Meister« gesucht hat, sich aber von Jugend an stets bereits nach kurzer Zeit wieder von diesen Leitfiguren distanzierte. Die Beispiele reichen von seinem ersten Musiklehrer, Johann Gottfried Kuntsch, über den Theorielehrer Heinrich Dorn bis hin zu Friedrich Wieck. Anschaulich beschrieb Robert dieses Streben nach Autonomie in seinem Brief vom 8. Mai 1832. Nach dem Bruch mit Dorn hatte er an den »Papillons« (op. 2) gearbeitet und schrieb nun an die Mutter:

»Ich stehe allein; fast zaghaft gab ich das Manuskript aus der Hand nun ist's gedruckt, aller Welt vor Augen liegend und dem Urteil jedermanns anheim gefallen ... In mancher schlaflosen Nacht seh' ich ein fernes Bild, wie ein Ziel – während des Niederschreibens der Papillons fühl' ich recht, wie sich eine gewisse *Selbständigkeit* entwickeln will, die jedoch die Kritik meist verwirft – Nun flattern die Papillons in die weite, herrliche Frühlingswelt; der Frühling selbst steht vor der Türe und sieht mich an.«

In Roberts Brief an die Mutter vom 5. Mai 1832 heißt es: »Dann schreibst Du: ›Suche einen würdigen Mann, der Dich beurteilen kann, nähere Dich ihm mit Vertrauen und bitte denselben, Dich zu leiten‹. – Ach: Liebe Mutter! Ich habe dies immer getan – fand aber, daß dann alles schief ging noch auf Kosten meiner Selbständigkeit; ich folge meinem moralischen Instinkt, höre das Urteil erfahrungsreicher Männer gewiß gern und bescheiden an, aber erkenne es nicht blindlings«.

Bevor ich Roberts weitere berufliche und persönliche Entwicklung darstelle, möchte ich noch auf einen Aspekt des familiären Lebens eingehen, nämlich auf Roberts Verhältnis zu seinen Kindern. Angesichts der Schwierigkeiten, die er im Umgang mit Gleichaltrigen hatte, liegt es nahe anzunehmen, daß er in seiner Beziehung zu Kindern unbefangener gewesen sei und sich von ihnen weniger leicht in Frage gestellt gefühlt habe. Dies trifft indes offensichtlich nur zum Teil zu. Nach Aussagen seiner Tochter Eugenie, soll er immer dann, wenn Clara mit recht gemischten Gefühlen eine erneute Schwangerschaft bei sich festgestellt habe, gesagt haben: »Kinder sind der größte Segen. Davon kann man nie genug haben«. Auch zeugt sein zwischen 1846 und 1849 geführtes »Erinnerungsbüchelchen für unsere Kinder« von einer liebevollen Anteilnahme am Leben und Wachsen seiner Kinder und von großer Einfühlungsfähigkeit in die Psyche des Kindes.

Doch scheint Robert im konkreten Umgang mit den Kindern, ähnlich wie gegenüber Erwachsenen, auch eher zurückhaltend gewesen zu sein. Von seinem ersten Biographen *v. Wasielewski* (1858) erfahren wir beispielsweise, daß es ihm nicht gegeben gewesen sei, »sich andauernd und eindringlich mit ihnen zu beschäftigen. Traf er seine Kinder zufällig auf der Straße, so blieb er wohl stehen, langte seine Lorgnette heraus und betrachtete sie einen Augenblick, indem er mit zugespitzten Lippen freundlich sagte: ›Nun, ihr lieben Kleinen?‹. Dann aber nahm er sogleich die vorige Miene an«.

Es fragt sich allerdings, inwieweit Roberts Verhalten in der von *v. Wasielewski* beschriebenen Szene dadurch bestimmt war, daß sich diese Situation in der Öffentlichkeit abspielte. Einen ganz anderen Vater, der selber, wie es Clara einmal formuliert hatte, »auch manchmal wie ein Kind« war, lernen wir in den bereits erwähnten Erinnerungen seiner Tochter Eugenie kennen, wo es u.a. heißt: »Als wir klein waren, ließ er uns auf seinen Knien reiten und sagte ein Verslein dazu, oder er machte einen Scherz mit uns, den wir ›Brot in den Backofen schieben‹ nannten, wobei er eine von uns an den Händen nahm und sie durch seine gespreizten Beine gleiten ließ. Der lange, gefütterte Schlafrock, den er gewöhnlich in der Stube trug, erhöhte den Reiz des Spieles, denn wir verschwanden darin wie in einer Kulisse, aus welcher wir nur herauskrochen, um das Spiel von vorn zu beginnen«.

Ferner erfahren wir von seiner Tochter, daß er den Kindern gerne Geschichten erzählte – und wir erinnern uns in diesem Zusammenhang daran, daß er, wie ich früher erwähnt habe, bei seinem Aufenthalt im Hause Friedrich Wiecks voller Begeisterung Clara und ihrem Bruder Gespenster- und Schauergeschichten erzählt hatte.

Die Tatsache, daß Robert durchaus Zugang zur Welt der Kinder hatte (auch wenn er in seinem manifesten Verhalten, vor allem in der Öffentlichkeit, dies weniger zum Ausdruck bringen konnte), wird nicht zuletzt daran deutlich, daß er einer der ersten Komponisten ist, in dessen Werk die Welt des Kindes in einer recht großen Zahl von Kompositionen thematisiert worden ist. Dies entspricht einerseits zweifellos der romantischen Sehnsucht nach »dem Weg zurück zum Kinderland«, wie es im Lied von Johannes Brahms, nach einem Text von Claus Groth, heißt. Andererseits scheint mir die Beschäftigung mit der Kinderwelt bei Robert aber auch etwas sehr Persönliches zu sein, Ausdruck seiner Sehnsucht nach einer konfliktfreien, friedlichen Welt, von der er jedoch spürte, daß sie für ihn unwiederbringlich verloren war. Daß ihn die Sehnsucht nach dieser Kinderwelt sein ganzes Leben lang begleitet hat, können wir der Tatsache entnehmen, daß sich Werke, in denen kindliche Inhalte thematisiert sind, in allen Schaffensperioden finden. Abgesehen von Sololiedern und Chormusik mit phantastisch-märchenhaften Inhalten, sind es im Bereich seiner Klavierkompositionen nicht weniger als acht – z. T. größere – Werke, deren Titel bereits den Bezug zur Welt der Kinder und Jugendlichen signalisieren: op. 15 »Kinderszenen« (1838), op. 68 »Album für die Jugend« (1848), op. 79 »Liederalbum für die Jugend« (1849), op. 85 »12 vierhändige Klavierstücke, für kleine und große Kinder« (1849), op. 109 »Ballszenen« (1851), op. 118 »3 Sonaten für die Jugend« (1853), op. 130 »Kinderball« (1853) und das Klavierstück »Haschemann« (ohne Opuszahl).

Zumindest ein Teil dieser Werke (beispielsweise das »Album für die Jugend« und die »Drei Klaviersonaten für die Jugend«) ist nachweislich aus der Familie heraus entstanden. Robert hatte sie ursprünglich für den Privatgebrauch seiner Kinder gedacht. *Alf* (1984) belegt dies aus dem überlieferten handgeschriebenen Notenbüchlein mit sechs Stücken, die dann im »Album« veröffentlicht worden sind (Nr. 1–7 unter Fortfall der Nr. 5). Einen ausdrücklichen Bezug zur Familie können wir etwa an der Überschrift »Schlaflied für Ludwig« ablesen sowie an den Untertiteln der drei »Sonaten für die Jugend«: »Julien zur Erinnerung« (Nr. 1), »Elisen zum Andenken« (Nr. 2) und »Marien gewidmet« (Nr. 3).

Neben seiner kompositorischen und literarisch-musikkritischen Tätigkeit übernahm Robert am 1843 von Felix Mendelssohn-Bartholdy gegründeten Leipziger Konservatorium eine Stelle als Kompositions- und Klavierlehrer. Diese Tätigkeit brachte der Familie Schumann zwar in finanzieller Hinsicht eine gewisse Sicherheit, unter pädagogischem Aspekt war seine Zeit als Lehrer aber wenig erfolgreich, da sich seine Schüler wegen seiner Wortkargheit und seiner Gehemmtheit im unmittelbaren verbalen Kontakt oft allein gelassen fühlten und Robert selber bei seiner Tätigkeit auch nicht sehr glücklich war. So soll es vorgekommen sein, daß Schüler eine ganze Unterrichtsstunde hindurch vergebens auf eine Äußerung Roberts gewartet hätten. Einer dieser Schüler, Carl Ritter, berichtete etwa:

»Im Unterricht verhielt sich Schumann äußerst schweigsam. Gewöhnlich setzte er sich mit meiner Arbeit ans Klavier, las sie mit den Augen, und wenn ihm etwas mißfiel, so griff er es auf dem Klaviere, wobei er mich nur mit einem mißbilligenden Blicke ansah. Für Fugen gab er mir meist Bach'sche Themata, nur einmal ein Beethoven'sches, und ließ mich dann meine Ausführungen mit der des Vorbildes vergleichen. Ebenso verfuhr er beim Instrumentieren; da ließ er mich Mozart'sche Klavierauszüge für Orchester setzen, worauf meine Partitur mit der Mozart'schen verglichen wurde«.

Es ist kennzeichnend für die Art der Kommunikation, die Robert mit seiner Umwelt pflegte, daß er vieles indirekt ausdrückte und häufig von der Vorstellung ausging, der Partner verstehe ihn ohne jegliches gesprochene Wort. Ein solcher Kommunikationsstil ist sicher durch seine Scheu im unmittelbaren sozialen Kontakt bedingt gewesen. Als tiefere Quelle müssen wir aber wohl seine frühkindliche, symbiotische Züge aufweisende Beziehungserfahrung mit der Mutter ansehen: die Interaktion zwischen Johanna und Robert zeichnete sich ja gerade dadurch aus, daß wesentliche Dinge indirekt ausgedrückt wurden und die beiden am Dialog Beteiligten die tieferen Gefühle und Motive des anderen empathisch zu spüren suchten.

Führte eine solche Art der Kommunikation schon in persönlichen Beziehungen zu Schwierigkeiten, so wirkte sie sich verhängnisvoll auf die Tätigkeit als Lehrer aus. Gerade im Unterricht wäre es ja notwendig gewesen, nicht nur vage Andeutungen zu machen, sondern sich direkt mit dem Schüler auseinanderzusetzen. Wie weit Roberts Scheu vor einer direkten Kritik ging (vermutlich weil er angesichts seiner eigenen erhöhten Kränkbarkeit eine solche auch beim Schüler vermutete), zeigt die folgende von *Edler* (1982) berichtete Episode: Roberts Schüler Gustav Merkel hatte eine Motette komponiert und sie Robert zur Beurteilung vorgelegt. Dieser nahm verbal keine Stellung dazu, bot aber eigens einen Chorverein auf, damit der Schüler selbst die Wirkung seiner Komposition kennenlernen konnte. Merkel berichtet: »Gesagt aber hat er über dieselbe mir weder vorher noch nachher etwas Erhebliches«. Es erscheint mir charakteristisch für Robert, daß sich in diesem Verhalten einerseits seine Scheu vor einem direkten sozialen Kontakt artikuliert, daß er zum anderen aber mit dieser seiner Schwierigkeit in einer derart produktiven Weise umzugehen vermochte. Sicher wäre es für den Schüler hilfreich gewesen, wenn Robert auch verbal Stellung genommen hätte. Doch war zweifellos die direkte Konfrontation des Schülers mit der Lösung seiner Aufgabe eine wirkungsvolle – und didaktisch kluge – Methode.

Im Frühjahr 1843 begann Robert mit der Arbeit am Oratorium »Das Paradies und die Peri« für Soli, Chor und Orchester (op. 50) nach der exotischen Erzählung »Lalla Rookh« von Thomas Moore (1779–1852). Die Hauptfigur, die Fee »Peri«, ein gefallener Engel beiderlei Geschlechts, wird aus dem Paradies verstoßen (wobei die Schuld der Peri mystisch verhüllt bleibt). Um wieder in das Paradies aufgenommen zu werden, bedarf es einer speziellen Buße. Verschiedene Versuche führen indes nicht zum Ziel. Die Peri wird erst erlöst durch die Träne des Sünders, der beim Anblick eines betenden Knaben von der Erinnerung an seine eigene kindliche Unschuld überwältigt wird. Der Text dieser Erzählung war von Flechsig und Ölkers ins Deutsche übertragen worden. Robert entnahm diesen Übersetzungen Passagen, änderte daran aber viel und fügte eigenes hinzu. Somit ist der Text zu seinem Oratorium eine freie Adaptation von Moores Dichtung (zur Entstehungs-, Aufführungs- und Rezeptionsgeschichte s. auch *Nauhaus*, 1987b).

Als Robert im Frühjahr 1843 mit der Komposition der »Peri« begann, war die Idee eines Oratoriums für ihn keineswegs neu. Spätestens im Jahre 1840 finden wir beispielsweise in seinen Briefen an Clara wiederholt Hinweise darauf, daß er passende Sujets für eine Oper bzw. ein Oratorium suche. Er konnte sich damals nur noch nicht für einen bestimmten Stoff entscheiden. Die Komposition eines Oratoriums war auch insofern kein Bruch mit seiner bisherigen Entwicklung, als er von den frühen Klavierwerken und den Liederzyklen – im Grunde konsequent – zu größeren Werken weitergeschritten war, d. h. zur Kammermusik, zur Sinfonie und nun zu einer Kompositionsform, in der Soli, Chor und Orchester vereint sind. Er blieb seiner ursprünglichen Kompositionsart im Grunde auch treu, da er in seinen Oratorien die Tradition seiner Klavierkompositionen fortsetzte, indem er im Oratorium »einzelne, in sich abgeschlossene Episoden ähnlich den Einzelstücken der Klavierzyklen zur ›großen Form‹ aneinandergereiht« hat (*Popp*, 1971).

Fragen wir uns, weshalb Robert gerade in dieser Zeit seinen schon so lange gehegten, aber bisher noch nicht erfüllten Wunsch, ein Oratorium zu komponieren, verwirklichte, so lassen sich verschiedene Motive anführen. Zum Teil sind es offensichtliche, »äußere« Gründe, zum Teil lassen sich aber auch hintergründige, psychologische Motive eruieren, die seinen erstaunlichen Schritt zum Oratorium plausibel machen. Zweifellos muß man berücksichtigen, daß im 19. Jahrhundert viele Komponisten danach strebten, eine Oper oder ein Oratorium zu schreiben. Auf dem Gebiet der Oper waren es vor allem Heinrich Marschner und Richard Wagner, im Hinblick auf das Oratorium insbesondere der Robert nahestehende Felix Mendelssohn-Bartholdy. Dabei spielte sicher auch ein sozialpolitischer Aspekt eine Rolle: Wie *Probst* (1975) zeigt, waren die Oratorien im 19. Jahrhundert in den Mittelpunkt des bürgerlichen Konzerts, der großen Musikfeste, gerückt, die gerade im politisch zersplitterten Deutschland den Massen das rauschhafte Erlebnis nationaler Zusammengehörigkeit vermitteln sollten. Eine solche Funktion erfüllte das Oratorium ohne Zweifel auch für Robert, der beispielsweise über ein Musikfest in Zwickau am 12. Juli 1837 schrieb:

»So möge sich denn allmählich ganz Deutschland zu einem engen Musikvolksbund vereinigen, in großen allgemeinen Festen Zeichen seines Lebens, seiner Liebe zu den erhabensten Werken der Musik geben. Aller aber, die eine solche Zeit beschleunigen helfen, soll mit Ehren in diesen Blättern gedacht werden«.

Dieser Prozeß der Nationalisierung in der Musik des 19. Jahrhunderts hat, wie *Probst* (1975) nachweist, während des nationalsozialistischen Regimes auch direkte Konsequenzen für Roberts Oratorium »Das Paradies und die Peri« gehabt. Der Mißbrauch dieses Schumann'schen Oratoriums für die nationalsozialistische Ideologie ließ sich leicht bewerkstelligen, indem vor allem die kriegerischen Szenen und nationalistischen Tendenzen herausgestrichen wurden. Bereits im Jahre 1914 formulierte *Hirschberg* im Hinblick auf »Das Paradies und die Peri«: Dieses Werk gebe Robert »zum erstenmal Gelegenheit zu kriegerischen Gesängen größeren Stils. In der Hauptsache spielt ja der erste Teil dieses Werkes auf dem Schlachtfelde«. An einer anderen Stelle seines Aufsatzes führt der Autor über den Gesang der Peri in der Nummer I, 9 und den »mächtigen Aufbau des Chores: Heilig ist das Blut, für die Freiheit verspritzt von Heldenmut« aus, daß diese Passagen »den Hörer in eine Stimmung weihevollster Erhabenheit (versetzen), und ich kann mir kaum eine schönere Musik zur Totenfeier unserer Heldenscharen denken«. Noch rigoroser ging man während der NS-Zeit mit diesem Werk um, indem man etwa bei der offiziellen Zwickauer Schumann-Feier von 1943 den Handlungsablauf der »Peri« dahingehend »korrigierte«, daß man Nummern des ersten Teils mit Nummern des dritten Teils vertauschte, so daß nicht die Träne des reuigen Sünders, sondern der Blutstropfen des Vaterlandshelden die Erlösung bringt (*Probst*).

Abgesehen von diesen politisch-zeitgeschichtlichen Gründen für die Komposition eines Oratoriums lassen sich aus Roberts persönlicher Situation im Jahre 1843 und aus seiner Biographie heraus weitere Motive für die Wahl eines solchen Sujet identifizieren. Wie ich bereits bei der Diskussion seiner sinfonischen Werke ausgeführt habe, gab es für Robert finanzielle Gründe dafür, sich der Arbeit an Werken zuzuwenden, die bei einem breiten Publikum ein größeres Echo versprachen als seine frühen Klavierwerke und Lieder. Neben den finanziellen Motiven war in diesem Zusammenhang für ihn aber sicher auch der Wunsch bestimmend, durch die Komposition eines großen Werkes endlich in den Augen der Öffentlichkeit Clara ebenbürtig zu werden. Dieses Motiv hatte ja bereits bei der Komposition von Sinfonien eine wichtige Rolle für Robert gespielt.

Bei der Suche nach den psychologischen Motiven für Roberts Schritt von der Instrumentalmusik aphoristischen Stils zur Sinfonie und nun zum Oratorium (das für ihn letztlich gleichbedeutend mit einer Oper war, allenfalls ein letzter Schritt hin zu diesem höchsten Ziel) lohnt es sich, die Inhalte seiner Oratorien einer genaueren Betrachtung zu unterziehen. Die auffallendste Übereinstimmung zwischen den »Peri«, »Der Rose Pilgerfahrt« und den »Faustszenen« liegt darin, daß im Zentrum der Handlung das Motiv der Erlösung steht. Wie bereits ausgeführt, ist es in den »Peri« die Sühnung einer mystisch verhüllten Schuld, die letztlich durch die Träne eines Sünders getilgt wird und die der Peri wieder den Weg ins Paradies öffnet. Robert selber hat die Bedeutung dieses Erlösungsthemas in zwei Briefen folgendermaßen formuliert:

»Der Stoff (gemeint sind hier die Faustszenen, U. R.), und deshalb natürlich die Musik auch, erinnert an die Peri darin, daß beide, nachdem sie lange geirrt und gestrebt, den Himmel erlangen« (Brief an F. Whistling).

»Die Steigerung, Rose, Mädchen, Engel, scheint mir poetisch und außerdem auf jene Lehre höherer Verwandlungen der Wesen hinzudeuten, der wir ja alle so gern anhängen« (Brief an Moritz Horn).

Bei einer psychologischen Betrachtung erscheint es mir zulässig, die in Roberts Oratorien angestrebte »Erlösung« als Suche nach einem konfliktfreien symbiotischen Zustand aufzufassen, in dem alle Polaritäten und Spannungen des Lebens aufgehoben sind und in der es ausdrücklich keine Aggressivität mehr gibt. Es ist angesichts dieses Strebens nach »höheren Verwandlungen ..., der wir ja alle so gern anhängen«, wie es in Roberts zitiertem Brief hieß, tragisch, daß die Anhänger des NS-Regimes gerade die aggressiven Aspekte der »Peri« in den Vordergrund rückten und damit Roberts eigentliches Ziel, die Erlösung, in einem pervertierten Sinne darstellten. Man muß sich bei einem solchen Umgang mit diesem Werk aber auch fragen, ob in dieser Um-Interpretation nicht doch auch ein Teil der Dynamik zum Ausdruck kommt, die Robert in seinem Werk in den Hintergrund gedrängt hat, gerade *weil* er sich dieser aggressiven Tendenzen bei sich durchaus bewußt war. In diesem Sinne könnte die Komposition der »Peri«, ebenso wie die der anderen Oratorien mit dem Erlösungsmotiv, für ihn die Funktion erfüllt haben, sich von seinen eigenen aggressiven Impulsen zu distanzieren und angesichts der vielen Konflikte in seiner Biographie und seiner damaligen aktuellen Lebenssituation Zuflucht zu suchen in einer »erlösten« Welt immerwährender Harmonie.

Probst weist auf einen weiteren Aspekt hin, der für Robert bei der Entscheidung, ein Oratorium zu komponieren, eine Rolle gespielt hat: Es ist der von ihm und seinen Zeitgenossen artikulierte Wunsch nach einer Kunstgattung, welche die früher bestehende Trennung in »Theater« (mit seinen Opern) und »Kirche« (mit seinen geistlichen Oratorien) aufhöbe. So sprach etwa *Liszt* davon, die neue Musik »vereinige in kolossalen Verhältnissen Theater und Kirche«, und Robert schrieb, als er sich mit dem Gedanken an ein Oratorium »Luther« trug, in einem Brief an Richard Pohl: »Das Oratorium müßte für Kirche *und* Konzertsaal passend sein« (14. 2. 1851).

Wie angedeutet, entsprach eine solche Sicht durchaus dem Zeitgeist. Dennoch scheint mir psychologisch bedeutsam zu sein, daß Robert sich mit dieser Idee soweit identifizierte, daß er selber solche Werke zu komponieren begann. Berücksichtigen wir das bereits erwähnte rauschhafte Erleben einer Musik für die »Massen« bei den großen Musikfesten, den Wunsch nach der Schaffung einer Oper, mit der er auch breitesten Bevölkerungsschichten bekannt würde, die Erlösungsthematik in seinen Oratorien und das zuletzt erwähnte Streben nach einer Vereinigung von Theater und Kirche, so lassen sich diese Wünsche – auf einer individuell-psychologischen Ebene – als Roberts Versuch verstehen, in grandioser Weise die eigenen Ohnmachtsgefühle zu kompensieren und über die Konflikte und Begrenztheiten seiner damaligen Situation hinwegzuschreiten.

Bei einer solchen Interpretation ist indes zu berücksichtigen, daß dies eine durchaus produktive Bewältigungsstrategie war, wie das Ergebnis seiner Anstrengungen erkennen läßt. Daß diese Strategie aber auch für die Stabilisierung seiner innerpsychischen Befindlichkeit erfolgreich war, können wir einem Hinweis Claras entnehmen, die im März 1843 über die Komposition der »Peri« schrieb: »Er arbeitet aber auch mit Leib und Seele daran, mit einer Glut, daß mir zuweilen bangt, es möchte ihm schaden, und doch beglückt es mich auch wieder«. Ich bin der Ansicht, daß wir diese Passage nicht nur als metaphorische Umschreibung von Roberts begeisterter Arbeit an seinem ersten Oratorium auffassen dürfen, sondern daß sich in Claras Worten sehr deutlich widerspiegelt, daß die hier von Robert gewählte Bewältigungsstrategie für ihn von existentieller Bedeutung war. Es zeugt von der großartigen Kreativität dieses Komponisten, daß er die Kraft besaß, diese individuelle Konfliktthematik so zu gestalten, daß daraus ein allgemeingültiges Kunstwerk wurde.

Nachdem Robert am 16. Juni 1843 die Arbeit an seinem Oratorium »Das Paradies und die Peri« beendet hatte (geringfügige Änderungen des Schlußchors nahm er allerdings noch am 20. September, zwei Wochen vor den ersten Proben, vor), entschloß er sich, bei der Premiere selber zu dirigieren. Bei dieser Entscheidung war vermutlich nicht nur ausschlaggebend, daß Robert bei den wenigen Malen, in denen er bei gemeinsamen Konzerttourneen mit Clara die Leitung des Orchesters übernommen hatte, sich »enthusiastisch« gefühlt hatte, vielmehr entschloß er sich wohl auch zur Leitung dieser Uraufführung, weil er darauf hoffte, die eben freigewordene Stelle des Dirigenten des Gewandhausorchesters einmal bekleiden zu können (gerade zu dieser Zeit war Felix Mendelssohn zum Preußischen Generalmusikdirektor ernannt worden. Während seiner Abwesenheit von Leipzig wurden wiederholt Gastdirigenten engagiert).

Mit der Uraufführung seines Oratoriums im Dezember 1843 errang Robert einen doppelten Erfolg: Zum einen wurde dem Werk selber enthusiastischer Beifall entgegengebracht, zum anderen gab Robert bei diesem Anlaß auch sein Debut als Dirigent eines großen Orchesters und Chores. Allerdings wissen wir aus verschiedenen Quellen, daß ihm bereits zu dieser Zeit die Arbeit mit der großen Zahl von Mitwirkenden recht schwergefallen ist und daß es ihm mitunter etwa den Chorsängern gegenüber an der nötigen Durchsetzungsfähigkeit mangelte.

Obwohl Robert mit diesem Oratorium einen großen Erfolg errungen hatte, muß man bei einer kritischen Betrachtung doch sagen, daß es letztlich ein wenig gelungener Versuch war, aus seiner bisherigen Zurückhaltung herauszutreten und sich der Öffentlichkeit auch als Dirigent zu präsentieren. Wegen des großen

Ansehens und der freundschaftlichen Sympathie, die er bei den Musikern und dem Leipziger Publikum genoß, ließ man ihn offensichtlich seine Schwächen nicht spüren. Hingegen mokierte man sich hinter seinem Rücken, etwa wenn der Konzertmeister David sich über die »paradiesischen Taktarten« des mit Lorgnette dirigierenden Schumann amüsierte, »die ich mir nicht ins Irdische übersetzen konnte ... Schumann hat vier Orchesterproben von der Peri gemacht, und er hätte ebensogut noch zehn machen können, ohne daß es besser geworden wäre. Der einzige Mensch, der etwas von seinen Bemerkungen verstand, war sein Taktstock, den er beim Sprechen immer vor den Mund hielt, alle übrigen hörten nichts, und so mußte denn bei allen Leipzigern guter Wille vorhanden sein, damit es am Abend erträglich ginge«.

Schon in dieser Zeit unterstützte Clara, wie vor allem auch später in Düsseldorf, ihren Mann beim Dirigieren und bei der Einstudierung der Chöre. Wieder erfahren wir von David: »Madame donnerte den ganzen Klavierauszug und wir winselten so beiläufig mit drein«. Behindernd machte sich bei Roberts Dirigententätigkeit auch seine Kurzsichtigkeit bemerkbar, zumal er keine Brille trug, sondern lediglich eine Lorgnette benutzte. Diese Kurzsichtigkeit bestand, nach dem ärztlichen Attest von 1841, bereits seit dem Knabenalter. Angeblich soll sich das Tragen einer Brille insofern nicht bewährt haben, als mehrmalige Versuche gezeigt hätten, daß sich durch den Gebrauch einer Brille Roberts Augenleiden verschlimmert habe. Wir müssen uns indes fragen, ob Roberts Abneigung gegen eine Brille in erster Linie ausschlaggebend dafür war, daß diese Versuche erfolglos blieben.

Obwohl Claras Unterstützung für Robert außerordentlich hilfreich war und er eigentlich nur dadurch in der Lage war, seine Dirigentenverpflichtungen zu erfüllen, hatte dieses Verhalten für die Beziehung der Ehepartner zueinander und für Roberts Selbstwertgefühl doch verhängnisvolle Konsequenzen. Claras Hilfe führte nämlich dazu, daß sich Robert noch insuffizienter und abhängiger von ihr fühlte, als er es schon bisher empfunden hatte. Zudem erlebte er nun, daß nicht nur eine emotionale Abhängigkeit bestand, sondern daß er ganz real auf ihre Unterstützung angewiesen war.

So mußte er etwa am 23. 11. 1843 an Clara die dringende Bitte richten, doch unverzüglich (von Konzertverpflichtungen in Dresden) heimzukehren, denn »ich mag keine Probe ohne Dich halten, es ist, als fehlte mir der gute Genius dabei«. Dies ist keineswegs eine metaphorische Umschreibung von Roberts Wunsch nach einer emotionalen Unterstützung durch die Gattin, sondern Ausdruck seiner – durchaus realistischen – Einsicht, daß er ohne Claras Hilfe nicht in der Lage sei, den großen Chor und das Orchester zu leiten. Immer wieder versuchte Robert zwar, sich selber zu beruhigen, indem er etwa nach der ersten Orchesterprobe schrieb: »Vortrefflich ist's gegangen, und ich denke, Du wirst Ehre einlegen mit Deinem Alten«. Doch läßt beispielsweise der Bericht, den Livia Frege, die Sängerin der Peri, Clara von den Proben gab, erkennen, daß – bei allem Wohlwollen Robert gegenüber – doch vieles kritisch anzumerken war. So schrieb die Sängerin, daß es für eine erste Orchesterprobe noch »recht gut gegangen« sei, und fuhr in einem deutlich kritischeren Ton fort:

»Könnte sich nur Ihr lieber Mann einmal entschließen, ein wenig zu zanken und auf größere Aufmerksamkeit zu dringen, dann ging's gewiß gleich«.

Auch wenn die Uraufführung der »Peri« ein großer Erfolg für Robert wurde, zeigte ihm diese Erfahrung doch zugleich, daß er zu öffentlichen Auftritten dieser Art nur mit Claras Hilfe fähig sein würde. Er befand sich damit in einem letztlich unlösbaren Konflikt: Einerseits war es, wie bereits ausgeführt, sein dringendster Wunsch, einer breiten Öffentlichkeit bekannt zu werden (um endlich Clara ebenbürtig zu sein!), andererseits aber erlebte er nun bei seinem Debüt als Dirigent, daß er eben dieses Ziel ohne Clara nie würde erreichen können.

Nach seinem großen Erfolg mit dem Oratorium hätte sich Robert gern neuen kompositorischen Projekten, vor allem den schon seit einiger Zeit gehegten Opernplänen, zugewendet. Er entschied sich aber schließlich, diese zurückzustellen und Clara auf einer im Januar 1844 beginnenden Konzertreise nach Rußland zu begleiten.

Wie bereits erwähnt, waren die Erfahrungen bei derartigen Anlässen schon in früherer Zeit, vor allem bei Claras Konzert in Oldenburg, für Robert sehr schmerzlich und kränkend gewesen. Es ist deshalb verständlich, daß er sich gegen die von Clara längere Zeit geplante Rußland-Tournee entschieden wehrte. Clara verschob aus diesem Grunde mehrmals die Reise. Während der Weihnachtszeit des Jahres 1843 beschloß sie jedoch, die Reise definitiv im Frühjahr 1844 anzutreten. Clara wurde bei diesem Vorhaben zum einen durch Felix Mendelssohn unterstützt, der ihr durch seine internationalen Verbindungen bei der Planung der Tournee behilflich war. Zum anderen setzte sich auch ihr Vater, Friedrich Wieck, für die Realisierung des Unternehmens ein (während der Weihnachtszeit war es zu einer Aussöhnung zwischen dem Ehepaar Schumann und Friedrich Wieck gekommen. Auf die psychologische Bedeutung dieser Versöhnung werde ich weiter unten noch ausführlicher eingehen).

Die Rußlandreise brachte für Robert Belastungen mit sich, denen er nicht mehr gewachsen war. Auch wenn man bei seiner Erkrankung, die sich nach früheren leichteren Zeichen jetzt zum ersten Male in ihrer ganzen Schwere zeigen sollte, vermutlich einen Teil als endogenes Geschehen ansehen muß, finden sich in Roberts Lebensgeschichte doch einige, für sein Erleben wichtige Auslöser für den seelischen Zusammenbruch, den er im Anschluß an diese Reise, im Herbst 1844, erlitt.

Robert stand nach wie vor im Konflikt zwischen seinem Bedürfnis, sich stets in Claras Nähe aufzuhalten, was bedeutete, daß entweder Clara auf ihre Konzerttourneen verzichten oder er sie auf diesen Reisen begleiten müßte, und dem dringenden Wunsch, seine kompositorischen Pläne zu verwirklichen, was allerdings zur Voraussetzung hatte, daß er in aller Ruhe zu Hause arbeiten konnte. Er befand sich auch insofern in einem Dilemma, als Claras Konzerttätigkeit nicht nur um ihrer künstlerischen Selbstverwirklichung willen erfolgte, sondern aus materiellen Gründen fast unumgänglich war. Den Konflikt, der in dieser Situation für ihn lag, spürte Robert anläßlich der Rußlandtournee besonders schmerzlich, da er sich schon lange intensiv mit seinen Opernplänen beschäftigt hatte, von deren Realisierung ihn nun aber die vier Monate dauernde Konzertreise, auf der er Clara begleitete, abhielt. Hinzu kam, daß sich Robert in Rußland durch – z. T. nur vermeintliche – Kränkungen und Zurücksetzungen zutiefst in Frage gestellt fühlte. Sein Ärger richtete sich nun auch gegen Clara, die sich ihrerseits aber keiner Schuld bewußt war, wie ihre folgende Tagebucheintragung erkennen läßt: »Robert schreibt hier: ›Kränkungen kaum zu ertragen und Claras Benehmen dabei‹. – Ich weiß von nichts, es scheint mir aber jetzt bei Durchlesung der Notizblätter, daß ich oft Roberts Unwillen erregt habe, in böser Absicht aber gewiß nicht«.

Ein weiterer Faktor, der eng mit diesen seelischen Belastungen zusammenhing, war das Auftreten einer körperlichen Erkrankung in Dorpat (dem heutigen Tartu) bereits vier Wochen nach Antritt der Reise. Bei den Schumann-Biographen heißt es im allgemeinen, Robert hätte unter rheumatischen Beschwerden gelitten (dies geht auf seine eigene Beschreibung zurück). Clara sprach hingegen in einem Brief an ihren Vater, in bagatellisierender Weise, von einer Erkältung, deretwegen Robert das Bett habe hüten müssen. *Ostwald* (1985) vertritt demgegenüber aufgrund eines Untersuchungsbefundes von Prof. Walther und einem anderen, namentlich nicht bekannten Arzt (beide vermutlich Mitglieder der Medizinischen Fakultät der Universität in Dorpat) die Ansicht, Robert habe unter Hämorrhoiden gelitten. Nachdem ihm seine Ärzte diese Diagnose mitgeteilt hätten, sei er, wie einem Tagebucheintrag zu entnehmen ist, sichtlich erleichtert gewesen. Er habe aber doch noch eine weitere Woche im Bett verbringen müssen, wobei er sich in dieser Zeit intensiver mit seinem Plan, Goethes »Faust« zu vertonen, beschäftigt habe.

Es ist durchaus möglich, daß der von *Ostwald* zitierte Untersuchungsbefund der zutreffende ist. Dennoch wissen wir, daß Robert immer wieder in seinem Leben wohl tatsächlich an rheumatischen Beschwerden gelitten hat, die möglicherweise auch in dieser Zeit, neben den Hämorrhoiden, aufgetreten sind. Es stellt sich in diesem Zusammenhang die Frage, ob die Beschwerden, die Robert unmittelbar im Anschluß an »drei brillante Konzerte« Claras (wie sie in ihrem Brief an den Vater schrieb) für mehr als eine Woche ans Bett fesselten, nicht auch noch eine psychologische Dimension besaßen. Die körperlichen Störungen waren vielleicht nicht nur Auslöser der späteren psychischen Dekompensation, sondern Ausdruck von Roberts psychischen Spannungen. Aus der modernen psychosomatischen Forschung wissen wir, daß – bei der leibseelischen Einheit des Menschen – psychische Spannungen und körperliche Verkrampfungen Hand in Hand gehen und zu rheumatischen Symptomen und anderen körperlichen Erkrankungen führen können. Daß es bei Robert nicht allein eine körperliche Störung war, zeigt außerdem die Tatsache, daß er in dieser Zeit auch unter heftigen Angstgefühlen und schweren depressiven Verstimmungen litt.

Der Aufenthalt in Petersburg brachte zwar eine gewisse Entspannung dadurch mit sich, daß das Ehepaar Schumann dort mit Menschen zusammentraf, die nicht nur Claras, sondern auch Roberts Kunst voll zu würdigen wußten, doch litt Robert immer wieder unter schweren Selbstwertkrisen. Die jeweiligen Auslöser mögen – von außen betrachtet – geringfügig erscheinen. Es ist jedoch zu berücksichtigen, daß Robert durch die Erfahrungen der vergangenen Zeit aufs höchste für Zurücksetzungen sensibilisiert war und, wie ich an verschiedenen Beispielen gezeigt habe, bereits früher heftig darauf reagiert hatte, wenn er einem Verhalten oder einer Äußerung eines Menschen entnommen hatte, daß er hinter Clara zurückstehe. Hinzu kam, daß für ihn, der in der letzten Zeit noch schweigsamer und in sich gekehrter geworden war als früher, der intensive gesellschaftliche Kontakt mit immer wieder anderen Menschen eine große Belastung bedeutete. Es fehlte ihm in dieser Situation auch die Möglichkeit, seine Verzweiflung, seine Gekränktheit und seinen Ärger zu artikulieren, da es ihm zum einen generell schwerfiel, seine Gefühle zu äußern, und er sich zum anderen bemühte, Clara nicht mehr als unbedingt nötig mit seinen Problemen zu belasten.

Die nächste Station für das Ehepaar Schumann war Moskau. Clara gab dort zwar eine Reihe von Konzerten, diese waren aber, am Ende der eigentlichen Konzertsaison, zum Teil nur wenig besucht. Robert unternahm während dieser Zeit häufig Spaziergänge und schrieb kurze Essays und Gedichte. Im Hinblick auf seine psychische Befindlichkeit ist insbesondere sein folgendes Gedicht interessant:

> In Moskau, Rußlands Wunderstadt,
> Von einer Glocke ging die Sage,
> So riesengroß, daß sie im Sturze
> Die Kuppel, die sie trug, hernieder
> Gezogen in die Erde, wo
> Sie selber nun vergraben, jährlich,
> sich tiefer in die Erde bohrend.

Mit Recht sieht *Ostwald* (1985) in diesen Zeilen und in den folgenden Versen, in denen von Leichen, einem Grab und ähnlichem die Rede ist, Hinweise auf die schwere Depressivität, die sich in dieser Zeit Roberts bemächtigt hatte. Auch Ostwalds Hypothese, im Bild der riesengroßen Glocke, welche die Kuppel, die sie eigentlich trage, in die Tiefe reiße, habe Robert – unbewußt – sich selbst dargestellt, wie er Clara in die Tiefe reiße, erscheint durchaus psychologisch plausibel. Ich möchte dieser Interpretation noch hinzufügen, daß es wohl nicht nur die drepressiven Selbstanklagen sind, die Robert in diesem Gedicht in symbolischer Weise dargestellt hat, sondern daß sich im Niederreißen der Kuppel auch aggressive Impulse Clara gegenüber artikulieren. Die psychodynamische Übersetzung des Gedichts würde demnach lauten: Robert gibt hier seinem Gefühl Ausdruck, daß er sich von der – in seinem Erleben – erdrückenden Übermacht seiner Gattin nur befreien könne, indem er sie in die Tiefe reiße, was zugleich aber auch Selbstzerstörung für ihn bedeutete. Zum anderen scheint mir Robert mit diesem Gedicht den Versuch zu unternehmen, die ihn so kränkende reale Situation der Überlegenheit Claras umzukehren, indem er selber nun – im Bild der »riesengroßen« Glocke – sich in grandioser Weise über die Gattin erhebt. Im Gedicht wird er fähig, sie, die doch eigentlich ihn trug, zu zerstören, ohne im Grunde selbst wirklich Schaden zu nehmen. Der Preis, den er für diese Äußerung seiner aggressiven Impulse zahlt, ist allerdings das immer tiefere »Versinken in der Erde«. Eine solche narzißtische Kompensation von Ohnmachtsgefühlen ist ein Mechanismus, den wir regelhaft bei Menschen beobachten, die eine Störung in ihrem Selbstwerterleben aufweisen.

Man mag gegen eine solche Interpretation einwenden, daß es eine vielleicht interessante »Gedankenspielerei« sei, ohne daß solchen Überlegungen aber praktische Relevanz zukomme. Den Wert solcher psychodynamischen Überlegungen sehe ich jedoch darin, daß wir dadurch Zugang finden zu den erlebensmäßigen Tiefen eines Menschen und manche seiner Verhaltensweisen besser verstehen können. Unter diesem Aspekt erscheint es mir bespielsweise keineswegs merkwürdig, wie *Ostwald* (1985) es empfindet, daß Robert dieses Gedicht an Friedrich Wieck geschickt hat. Es mag sein, wie Ostwald vermutet, daß er damit dem Schwiegervater einen Hilfeschrei zukommen lassen wollte, ähnlich wie er es bereits früher getan hatte, als er noch Schüler Friedrich Wiecks war. Wenn wir das Gedicht in dem von mir interpretierten psychodynamischen Sinne verstehen, erhält die den Außenstehenden sonst merkwürdig berührende Tatsache, daß Robert dieses Gedicht an Wieck schickte, einen tieferen Sinn: Offensichtlich war es ihm sehr wichtig, daß er Wieck als dem nächsten Vertrauten Claras auf diese Weise mitteilen konnte, Claras (in Realität bestehende) Überlegenheit sei gebrochen.

Mit Claras Unterstützung gelang es Robert, trotz vielfältigen körperlichen und seelischen Störungen während der Rußland-Tournee die vier Monate dauernde Reise ohne völligen Zusammenbruch zu überstehen. In finanzieller Hinsicht war die Tournee ein großer Erfolg (die Einnahmen beliefen sich auf 4796 Taler). Nach der Rückkehr nach Leipzig trat jedoch die schwere Depressivität, unter der Robert litt, deutlich hervor. So trug Clara etwa in ihrem Tagebuch ein: »Alles kam uns so öde, so leer vor, trotzdem wir doch in unserer alten Häuslichkeit wieder waren und unsere Kinder wieder hatten. Dazu kam Roberts immerwährendes Unwohlsein, was eigentlich die ganze Reise dauerte, doch immer zurückgehalten war«. Es scheint mir psychodynamisch sehr bedeutsam zu sein, daß mit dem Tage der Rückkehr (30. Mai 1844) das von Clara und Robert gemeinsam geführte Ehetagebuch endet. Von nun an führte Robert seine Haushaltsbücher weiter und Clara ihr eigenes Tagebuch. Wir dürfen diesem Umstand wohl entnehmen, daß es während der Rußlandreise und der damit einhergehenden schweren Depressivität Roberts zu einem gewissen Bruch zwischen den Ehepartnern gekommen war, ohne daß dies ihnen beiden selber wohl bewußt geworden war.

Bei der Frage nach den Gründen der schweren psychischen Krise, die sich während der Rußlandreise angebahnt hatte und im Sommer und Herbst des Jahres 1844 ihren Höhepunkt erreichte, müssen wir noch ein weiteres psychologisches Motiv berücksichtigen (*Haesler*, 1982): Der Konzerttournee nach Rußland war im Dezember 1843 eine Einladung Friedrich Wiecks an Clara und Robert vorausgegangen, mit ihm das Weihnachtsfest zu verleben. Nach all den bitteren Erfahrungen der Jahre vor der Eheschließung ließen sich jetzt zwar keine wirklich herzlichen Beziehungen mehr herstellen, immerhin folgten die

Ehegatten aber der Einladung Wiecks, und es kam zu einer offiziellen Aussöhnung. *Haesler* vermutet nun, daß diese Verbesserung der Beziehung zum Schwiegervater für Robert nicht nur, wie man bei vordergründiger Betrachtung annehmen könnte, entlastend war, sondern zugleich eine Bedrohung seines inneren Gleichgewichts bedeutete. Ausgehend von psychoanalytischen Konzepten, nimmt der Autor an, daß durch die Aussöhnung Wieck Robert nicht mehr »als stabilisierendes Objekt paranoider Entlastung ... zur Verfügung« gestanden habe.

Die psychoanalytische Theorie und die Erfahrungen aus psychoanalytischen Behandlungen haben uns gelehrt, daß ein realer Verfolger in der Außenwelt trotz aller Leiden, die er verursacht, insofern nicht selten zur inneren Stabilisierung des Sich-verfolgt-Fühlenden dient, als der Bedrohte all seine Aggression gegen den »Feind« richten kann. Fällt dieser äußere Gegner jedoch weg, so sieht sich der Betroffene plötzlich mit seinen eigenen aggressiven Impulsen konfrontiert, ohne diese auf ein Ziel in der Außenwelt richten zu können. Er erlebt in einer solchen Situation, daß es seine eigene Aggression ist und der tatsächliche oder vermeintliche »Feind« lediglich das Objekt war, an dem sich seine Impulse artikulieren und auf das sie abgelenkt werden konnten. Eine solche Dynamik findet sich mitunter bei Menschen mit psychischen Dekompensationen psychotischen Ausmaßes. *Haesler* vermutet – und dies erscheint psychologisch durchaus plausibel –, daß durch die Aussöhnung mit Friedrich Wieck für Robert der äußere Feind, auf den er seine Aggressivität lenken konnte, wegfiel und daß Robert dadurch mit eigenen aggressiven Impulsen konfrontiert war, deren Verarbeitung ihm wegen seiner zunehmend schwerer werdenden psychischen Erkrankung nicht mehr gelang.

Hinzu kam, daß durch die Aussöhnung mit Friedrich Wieck das für Roberts Erleben ohnehin problematische »Gleichgewicht« in der Schumann'schen Ehe eine weitere Labilisierung erfuhr. Mit dem Wiederauftreten von Friedrich Wieck wurde Claras Position noch einmal erheblich gestärkt. Dies geschah nicht nur in Roberts Erleben, sondern zeigte sich ihm schon bald in augenfälliger Weise: Beispielsweise als Clara ihren mehrmals verschobenen Plan, die Rußland-Tournee zu unternehmen, schließlich nicht zuletzt durch die Unterstützung ihres Vaters realisierte; auch bei der Entscheidung darüber, ob das Ehepaar Schumann seinen Wohnsitz von Leipzig nach Dresden verlegen solle, war Friedrich Wieck, Clara unterstützend, maßgeblich beteiligt. Bei diesen und anderen Gelegenheiten erlebte Robert, daß Clara durch ihren Vater eine erhebliche Verstärkung ihrer ohnehin überlegenen Position erfuhr.

Nach der Rückkehr von Rußland hatte Robert gehofft, mit ähnlichem Elan wie bei der Komposition seiner »Peri« nun neue Projekte, vor allem seine Opernpläne, in Angriff nehmen zu können. Dabei ist allerdings zu berücksichtigen, daß Roberts Wunsch, ein Opernwerk zu komponieren, letztlich von einer starken Ambivalenz geprägt war. Aus seinen eigenen Äußerungen können wir zwar nicht direkt auf eine solche Zwiespältigkeit schließen, doch weisen viele Verhaltensweisen, auf die ich bei der Diskussion seiner Oper »Genoveva« noch ausführlicher eingehen werde, auf recht ambivalente Gefühle in dieser Beziehung hin. Das Zögern gegenüber der Realisierung seiner Opernpläne ist aus mancherlei Gründen, die ich noch erörtern werde, verständlich und spricht im Grunde für Roberts selbstkritische Haltung, da seine Faszination für die Oper letztlich eine »unglückliche Liebe« war.

Es mag Ausdruck dieser Ambivalenz Roberts gewesen sein oder auch die Folge der ihn zermürbenden Rußlandreise, daß nach seiner Rückkehr seine Schaffenskraft weitgehend erlahmt war. Selbst unter größten Anstrengungen gelang es ihm nicht, auch nur im Ansatz das zu erreichen, was er von sich erwartete und was er früher ohne weiteres hatte leisten können. Außerdem mag sich die Tatsache ausgewirkt haben, daß Robert seine Arbeit während der vier Monate dauernden Rußlandreise gezwungenermaßen hatte unterbrechen müssen, ohne in der Zeit des Wartens von neuen, positiven Eindrücken erfüllt worden zu sein. Der unmittelbare Anlaß für den Zusammenbruch im Herbst 1844 scheint schließlich eine Überanstrengung gewesen zu sein, da Robert versucht hatte, ungeachtet seiner Erschöpfung psychischer und physischer Art, seine kompositorischen Aufgaben zu erfüllen.

Wir müssen bei dieser Krise im Herbst 1844 bereits von einer Dekompensation psychotischen Ausmaßes sprechen. Neben vielgestaltigen körperlichen Mißempfindungen und einem Wiederaufflammen schon früher erlebter phobischer Symptome (Angst vor hochgelegenen Wohnungen und spitzen, metallenen Gegenständen) traten nun auch ausgesprochene Vergiftungs- und Todesängste, ein ins Paranoide gehendes Mißtrauen sowie akustische Halluzinationen auf. Robert konnte in dieser Zeit Musik kaum noch ertragen, da sie ihm »mit Messern in die Nerven schneidet«, er hörte innerlich Musik, vor allem in Form eines ihn sehr irritierenden bohrenden Tones.

Es ging Robert so schlecht, daß er zur kompositorischen Arbeit praktisch nicht mehr fähig war. Nur mit größter Mühe hatte er noch den Schlußchor »Alles Vergängliche ist nur ein Gleichnis« seiner »Faust-Szenen« fertiggestellt. Eine kurze Erholungsreise in den Harz führte zu keiner wirklichen Besserung seines Befindens.

Wegen der beschriebenen körperlichen und psychischen Störungen hatte Robert bereits vor der Reise in den Harz ärztliche Hilfe gesucht. Diese erfolgte zunächst in Form von Bädern. Als er nach seiner Rückkehr aus dem Harz aber wiederum unter schwersten Depressionen zu leiden begann, wandte er sich an den Arzt Dr. Müller (nach *Ostwald*, 1985, war es entweder Dr. Moritz Müller oder dessen Sohn Clothar Müller). Beide in Frage kommenden Ärzte waren anerkannte, konservative Mitglieder der Homöopathischen Schule, die in Leipzig von Samuel Hahnemann gegründet worden war. *Ostwald* weist darauf hin, daß in dieser Zeit die Ärzte in Leipzig dazu neigten, ihren Patienten Quecksilber in relativ hohen Dosen zu verordnen. Die Folge davon seien Intoxikationen gewesen, die zu Neuralgien, Erkältungen, Zahnschmerzen, Gastritis, Diarrhöen und vielen anderen körperlichen Beschwerden geführt hätten. Um abzuklären, ob auch Robert mit diesem Präparat behandelt worden war, hat Ostwald eine Haarprobe von Clara, Robert und dessen Vater aus der Staatsbibliothek Dresden untersucht und festgestellt, daß sowohl Roberts Haar als auch das seines Vaters Spuren von Quecksilber enthält, nicht jedoch die Haarprobe Claras. Der Autor weist indes darauf hin, daß damit noch nicht bewiesen sei, daß Robert Quecksilber in Form eines Medikaments appliziert worden sei. Möglich sei auch, daß die Spuren von Quecksilber in Roberts Haar von seinem Hut stammten (man pflegte in dieser Zeit den Hut auf einem quecksilberhaltigen Hutstock aufzubewahren). Selbst wenn Robert mit Quecksilber behandelt worden sein sollte, ist es unwahrscheinlich, daß seine schweren körperlichen und psychischen Symptome, inklusive die Depressivität, unter der er in erheblichem Maße litt, allein durch die Behandlung mit Quecksilber bedingt sein sollten.

In dieser Zeit traf Robert eine weitere tiefe Enttäuschung, die allerdings erkennen läßt, wie wenig realistisch er in dieser Zeit seine Fähigkeiten einzuschätzen wußte: Während der Abwesenheit Mendelssohns im Winter 1844/45 war der dänische Komponist Niels Gade als dessen Vertreter zum Leiter der Gewandhauskonzerte ernannt worden. Robert empfand diese Ernennung als ihn zutiefst kränkende Mißachtung seiner Person, obwohl seine Erwartung, selber diesen repräsentativsten deutschen Dirigentenposten auszufüllen, völlig unrealistisch war.

Seine bisherigen Versuche, sich als Dirigend zu betätigen, hätten ihm eigentlich zeigen müssen, daß es ihm an der dazu nötigen Erfahrung und Eignung fehlte. Aufgrund dieser Enttäuschung verschlechterte sich Roberts Befinden erheblich, und es versagten ihm seine Füße im wahrsten Sinne des Wortes den Dienst, so daß er liegen mußte.

Das Ehepaar Schumann beschloß daraufhin, Leipzig – zumindest für ein halbes Jahr – zu verlassen und sich nach Dresden zu begeben, damit Robert in dieser landschaftlich schönen Stadt Ruhe und Erholung finden könnte. Clara war, unter Verzicht auf ihre eigenen Ambitionen, in geradezu aufopfernder Weise bemüht, alles ihr nur Mögliche zu tun, um Roberts Lage zu erleichtern. Indes verlebte er in Dresden eine schlimme Zeit. Vor allem zu Beginn seines Aufenthaltes hier war er sehr leidend und lebte zurückgezogener denn je. *Von Wasielewski* (1858) zitiert den folgenden Bericht des Robert damals behandelnden Arztes Dr. Helbig:

»Robert Schumann kam im Oktober 1844 nach Dresden und war namentlich durch die Komposition des Epilogs von Goethes Faust so sehr in Anspruch genommen worden, daß er bei Abfassung des Schlusses dieses Musikstückes in einen krankhaften Zustand verfiel, der sich durch folgende Erscheinungen aussprach: Sobald er sich geistig beschäftigte, stellten sich Zittern, Mattigkeit und Kälte in den Füßen und ein angstvoller Zustand ein mit einer eigentümlichen Todesfurcht, die sich durch Furcht vor hohen Bergen und Wohnungen, vor allen metallenen Werkzeugen (selbst Schlüsseln), vor Arzneien und Vergiftungen zu erkennen gab. Er litt dabei viel an Schlaflosigkeit und befand sich in den Morgenstunden am schlechtesten. Da er an jedem ärztlichen Rezepte so lange studierte, bis er einen Grund gefunden hatte, die ihm verschriebene Arznei nicht einzunehmen, so verordnete ich kalte Sturzbäder, welche auch seinen Zustand so weit verbesserten, daß er wieder seiner gewöhnlichen (einzigen!) Beschäftigung, der Komposition, nachhängen konnte. Da ich eine ähnliche Gruppe von Krankheitszufällen mehrmals bei solchen

Männern, namentlich bei Expeditionern, beobachtet hatte, welche im Übermaß mit einer und derselben Sache (stetem Addieren usw.) beschäftigt waren, so führte diese zum Rate, daß Schumann sich mindestens zeitweise mit einer Geistesarbeit anderer Art, als Musik, beschäftigen und zerstreuen möge. Er wählte selbst bald Naturgeschichte, bald Physik usw., stand aber schon nach ein bis zwei Tagen davon ab, und hing, er mochte sein wo er wollte, in sich gekehrt seinen musikalischen Ideen nach. Lehrreich für den Beobachter waren die mit dem hohen Grad von Entwicklung des Musik- und Gehörsinnes zusammenhängenden Gehörstäuschungen und das eigentliche Gemütsleben des Mannes«.

Diese von Dr. Helbig gegebene Beschreibung von Roberts Befinden scheint eindeutig auf ein psychotisches Geschehen hinzudeuten. Angesichts der früheren Episoden und der schweren Erkrankung, die 1854 zu Roberts Hospitalisierung in einer psychiatrischen Klinik geführt hat, erscheint mir eine solche Interpretation auch durchaus zutreffend. Dennoch muß man bei einer kritischen Sichtung der von Dr. Helbig mitgeteilten Beobachtungen folgendes berücksichtigen: Nach Recherchen von *Ostwald* (1985) bediente sich Dr. Helbig der Hypnose. Wie viele seiner Zeitgenosssen verwendete er zur Einleitung des hypnotischen Zustands Magnete, Schlüssel und andere Gegenstände aus Metall, mit dem Ziel, auf diese Weise den »tierischen Magnetismus« auf den Patienten zu übertragen. Wie aus dem oben zitierten Brief des Arztes hervorgeht, lag ihm sehr daran, Robert von dessen intensiver Beschäftigung mit Musik – zumindest für einige Zeit – abzubringen. Demgegenüber war es für Robert als Komponist unvorstellbar, daß er sich gerade jetzt, wo er daran war, seinen langen gehegten Plan einer Faust-Komposition zu realisieren, von der Musik distanzieren sollte. Angesichts dieser grundsätzlichen Divergenzen von Arzt und Patient im Hinblick auf die Bedeutung der Musik im Leben Robert Schumanns ist es verständlich, daß Robert sich im tiefsten Innern gegen die Behandlung von Dr. Helbig auflehnte. Insofern ist *Ostwalds* Hypothese plausibel, daß Roberts Schlüssel-Phobie Ausdruck dieser prinzipiellen Abneigung Dr. Helbig gegenüber war.

Mit dem Wechsel des Wohnortes tauchte noch ein Problem auf, dessen Bedeutung man für Roberts weitere psychische Entwicklung wohl kaum hoch genug einschätzen kann. Es ist die Tatsache, daß Robert vor der Frage stand, ob er nach seiner Umsiedlung nach Dresden weiterhin die »Neue Zeitschrift für Musik« herausgeben wolle. Während seiner Depression entschloß er sich nun, sich völlig von der Zeitschrift zurückzuziehen, und er verkaufte sie am 20. November 1844 an Franz Brendel (aus seinem Haushaltsbuch erfahren wir, daß er dafür nur die geringe Summe von 500 Talern erhalten hat). Zweifellos war die Tätigkeit für die »Neue Zeitschrift für Musik« für Robert in den vergangenen Jahren sehr anstrengend gewesen, und sie erschien ihm sicher nun, in seiner schweren Depression, wohl auch als kaum noch zu bewältigen, zumal mit dem Wohnortwechsel auch neue Pflichten auf Robert zukommen würden. Dennoch war der Verkauf der Zeitung für sein psychisches Befinden eine fatale Entscheidung. Um zu verstehen, was der Verkauf der Zeitung psychodynamisch für Robert bedeutete, muß man sich vor Augen halten, welche Funktionen sie in seinem Erleben erfüllt hatte.

Ich habe bereits ausgeführt, daß Robert von früher Jugend an, vor allem durch den Vater angeregt, ein reges Interesse an der Literatur gehegt hatte. Er hatte sich denn auch, wie aus den zitierten Texten ersichtlich, als brillanter Autor von Kritiken und Essays erwiesen. Der Verkauf der »Neuen Zeitschrift für Musik« bedeutete unter diesem Aspekt einen radikalen Bruch mit seinen literarischen Interessen, in einem weiteren Sinne sogar einen Bruch mit der väterlich-männlichen Welt. Tatsächlich war Robert nach dem Verkauf der Zeitung finanziell ausschließlich auf seine – oft unregelmäßigen – Einnahmen als Komponist und insbesondere auf Claras Einnahmen angewiesen. Zu dem erwähnten Bruch mit der väterlich-männlichen Welt kam insofern auch noch eine weitere Kräfteverschiebung innerhalb der Schumann'schen Ehe zu Claras Gunsten zustande. Noch mehr als bisher war er – real – auf Clara angewiesen. Schließlich muß man, wie *Ostwald* (a. a. O.) anführt, berücksichtigen, daß die Zeitung für Robert ein wichtiges Kommunikationsmittel mit der äußeren Welt war. Er, der zunehmend Schwierigkeiten im unmittelbaren sozialen Kontakt erkennen ließ, hatte durch seine publizistische Tätigkeit immerhin noch die Möglichkeit gehabt, sich auf indirektem Wege mit anderen Menschen auseinanderzusetzen und ihnen seine Vorstellungen kundzutun. Auch diese Möglichkeit war ihm nun durch den Verkauf der Zeitung genommen. Später, im April 1846, bot sich ihm noch einmal die Möglichkeit, eine musikalische Zeitschrift zu übernehmen (ihm wurde die Leipziger »Allgemeine Musikalische Zeitung« angeboten). Er lehnte jedoch auch dieses Angebot ab.

Im Frühjahr 1845 erholte sich Robert langsam wieder und begann zu arbeiten. Sein besonderes Interesse galt dem von ihm schon von jeher verehrten Johann Sebastian Bach und dessen Werk. So plante Robert eine kritische Ausgabe von Bachs »Wohltemperiertem Klavier«. Er konnte dieses Vorhaben aber nicht verwirklichen und griff deshalb wieder auf die früher bereits betriebenen kontrapunktischen Studien zurück. Dabei geriet er, wie einem Tagebucheintrag Claras zu entnehmen ist, geradezu in eine »Fugenpassion«. Wie das Resultat dieser kompositorischen Aktivität zeigt, war es jedoch keine unproduktive, stereotype, im rein Formalen bleibende Beschäftigung: Robert schuf in dieser Zeit eine Anzahl bedeutender Werke wie »Studien und Skizzen für den Pedalflügel« (op. 56 und op. 58), »Fugen über den Namen BACH für Orgel« (op. 60) und »Vier Fugen für das Pianoforte« (op. 72).

Diese Schaffensperiode nach der schweren Erkrankung zeichnet sich vor allem durch formstrenge Kompositionen aus. Es scheint mir bei dem Versuch eines psychologischen Zugangs zur Persönlichkeit und zum Werk Robert Schumanns legitim, die erwähnte »Fugenpassion« und die daraus resultierenden Werke als Reaktion auf die vorhergehende Dekompensation zu interpretieren. Wir kennen in den Bildnereien, die Schizophrene nach akuten Krankheitsschüben, in Zeiten der Remission, hervorbringen, ganz ähnliche Phänomene: Auch hier dominieren formstrenge Elemente, mitunter gesteigert bis zu rein ornamentalen Darstellungen. Es ist insofern sicher keine unzulässige Spekulation, wenn wir vermuten, daß Robert in der Kontrapunktik Integration, Strukturierung und Halt gegen die in der psychotischen Dekompensation so bedrängend erlebten Phantasien und Ängste gesucht hat. Mit einem solchen psychologischen Verständnisansatz ist indes keine Aussage über die Qualität der Komposition gemacht. Ich werde später, bei der Diskussion der letzten Werke Robert Schumanns, noch ausführlicher auf die Frage eingehen, inwieweit wir von psychologischer Seite Aussagen über Zusammenhänge zwischen Geisteskrankheit und Komposition formulieren können. Was Roberts verstärkte Beschäftigung mit der Kontrapunktik im Jahre 1845 angeht, können wir meiner Ansicht nach sagen, daß diese Aktivität in zweierlei Hinsicht sehr produktiv war: Zum einen stellte sie offensichtlich einen erfolgreichen Versuch dar, Strukturierung und Halt in einer von ihm als chaotisch erlebten inneren Welt zu finden; zum anderen gelang es ihm, mit den erwähnten Werken großartige Kompositionen zu schaffen, die bei aller Formstrenge durchaus die persönliche Schumann'sche Handschrift tragen.

Erfolgreich war diese Strategie auch insofern, als Robert anschließend in der Lage war, seiner Phantasie wieder freieren Spielraum zu gewähren: Er schuf sein berühmtes Klavierkonzert in a-Moll (op. 54), in dem er das noch unveröffentlichte »Allegretto affettuoso« verwendete und im Mai und Juni 1845 zwei weitere Sätze (»Intermezzo« und »Rondo«) hinzukomponierte. In der Folge entstanden noch weitere Werke, u. a. eine neue Sinfonie, die sog. 2. in C-Dur (op. 61). Robert begann mit der Arbeit an diesem Werk am 14. Dezember 1845 und hatte bereits 14 Tage später die Skizzen der Sinfonie fast ganz fertiggestellt. Die Orchestrierung benötigte wesentlich mehr Zeit. Die Veröffentlichung der Sinfonie erfolgte erst im Jahre 1847.

1849 schrieb Robert über die Arbeit an seiner C-Dur-Sinfonie in einem Brief an den Musikdirektor Otten in Hamburg u. a., er habe sich bei der Komposition »noch halb krank« gefühlt. »Mir ist's, als müßte man ihr dies anhören; wirklich wurde ich nach Beendigung des ganzen Werkes wieder wohler. Sonst aber, wie gesagt, erinnert sie mich an eine dunkle Zeit. Daß trotzdem auch solche Schmerzensklänge Interesse erwecken können, zeigt mir Ihre Teilnahme«. In einem anderen Brief (an Lobe 1846) heißt es, das Werk erzähle »von manchen Schmerzen und Freuden«. Diesen aus den Jahren 1846 und 1849 stammenden Schilderungen, in denen Robert vor allem den engen Zusammenhang zwischen der zweiten Sinfonie und seiner schweren psychischen Krise hervorhob, steht die folgende Antwort gegenüber, die er unmittelbar nach Abschluß der Arbeit dem niederländischen Musiker Verhulst auf seine Frage nach dem Gelingen gegeben haben soll: »Ja – ich denke, so'ne rechte Jupiter« (gemeint ist hier Mozarts strahlende letzte Sinfonie).

Zweifellos hat sich Roberts schwere Depression, die im Zentrum seiner Dekompensation in den Jahren 1844/45 stand, auf die zweite Sinfonie ausgewirkt. Es ist deshalb sicher kein Zufall, daß etwa das Adagio dem Hörer »Schmerzensklänge« (wie es in dem zitierten Brief hieß) vermittelt, welche in eindrücklicher Weise Roberts psychische Befindlichkeit während der Komposition widerspiegeln. Zuzustimmen ist auch *Edlers* (1982) folgender Interpretation: Im Finale werde im Verlaufe der Durchführung der strahlend-festliche Charakter des Beginns durch die »Schmerzens-Substanzen« des Adagios allmählich immer mehr eingetrübt; das am Schluß auftretende Thema werde geradezu gewaltsam gegen den übermächtig gewordenen Schmerz gesetzt, und damit werde der vordergründig strahlende Abschluß letztlich offen als »erzwungen« vorgeführt.

Während Edler sich darauf beschränkt, aus dem Kontext des Werkes selber heraus zu interpretieren, finden wir in der Literatur auch – nach meiner Ansicht sehr fragwürdige – Versuche, diese Sinfonie ganz aus Roberts lebensgeschichtlicher Situation heraus zu verstehen und gleichsam eine Musikanalyse mit psychologischen Termini vorzunehmen. Beispielhaft für ein solches Vorgehen sind die folgenden Formulierungen von *Schweikert* (1984):

»Dem Zusammenbruch 1844/45 buchstäblich abgerungen hat er seine zweite Sinfonie C-Dur, das wohl bedeutendste nicht-klavieristische Werk seines gesamten Oeuvres. In den Einbrüchen dieser Angst-Musik (die jüngst von dem Dirigenten Giuseppe Sinopoli auf einer Schallplatteneinspielung der DGG in höchst eindrucksvoller Weise als eine auskomponierte Psychose interpretiert wurde) vollzieht sich das Leiden in einer auch für Schumanns kompositorische Praxis wahrhaft schonungslosen, bestürzenden Weise. Das sinfonische Ich, das, der Verpflichtung der klassischen Form gemäß, der erste und der letzte Satz mit dem Mut der Verzweiflung und um den Preis ihres Scheiterns aufzurichten versuchen, zerbricht in der hysterischen Raserei des im Scherzo entfesselten rhythmischen Kontinuums und in der zwanghaft, wie unter Hypnose ruhiggestellten Verklärung des Adagios«.

Ich werde später bei der Diskussion des Themas »psychische Krankheit und Werk Robert Schumanns« noch ausführlicher auf die Problematik derartiger Interpretationsansätze eingehen.

Robert verlebte in Dresden keine glückliche Zeit. Er empfand – nach den uns vorliegenden Zeugnissen jener Epoche wohl weitgehend zurecht – das musikalische Klima in Dresden als wenig anregend. Eine Ausnahme bildete Ferdinand Hiller, von dem Robert später sagte, er sei »in Dresden der einzige gewesen, mit dem man ein ordentliches Wort über Musik sprechen konnte«. Gesellschaftliche Kontakte vermied Robert, obwohl er, wie seine Teilnahme am Stammtisch zeigte, offenbar durchaus ein Bedürfnis nach Geselligkeit verspürte. Wie bereits früher erwähnt, hatte diese Ambivalenz zwischen der Tendenz zum Rückzug und dem Wunsch nach mitmenschlicher Nähe im Grunde von jeher Roberts soziales Verhalten gekennzeichnet. Charakteristisch ist Roberts folgender Ausspruch, den *Edler* (1982) mitteilt: »Ich liebe die Menschen am meisten, wenn sie mich fliehen, und doch möcht' ich sie alle ans Herz drücken können«. Ein Sohn Carl Maria von Webers beschrieb Roberts Verhalten in dieser Zeit wie folgt: »Meist saß er dann, das Gesicht nach der Wand gewendet, vom Getriebe des Saales abgekehrt, die Hand auf dem Henkel des Bierkruges, an einem kleinen Tisch, völlig in sich versenkt und schien leise vor sich hinzupfeifen, obwohl aus den zugespitzten Lippen kein Ton gehört wurde«.

Trotz der weitgehend unbefriedigenden äußeren Situation entwickelte Robert in Dresden einige organisatorische Aktivitäten. So leitete er einen Männerchor, die »Liedertafel«, mit dessen Hilfe er eigene Werke zur Aufführung brachte. Außerdem gründete er den »Verein für Chorgesang«. Auch in kompositorischer Hinsicht war er in den Dresdener Jahren recht produktiv. So entstand etwa das »Jugendalbum« (op. 68). Außerdem führte Robert eine große Zahl von bisher aufgeschobenen Kompositionsideen aus (vierhändige Klavierstücke, ein Konzert-Allegro, Chorwerke, Gesänge, Balladen, Romanzen für Oboe mit Klavierbegleitung u. a.). Ferner vollendete er 1848 seine Oper »Genoveva« (op. 81) und begann mit seiner Arbeit an Byrons Dichtung »Manfred« (op. 115).

Roberts umfangreiche kompositorische Tätigkeit während seiner Dresdener Zeit erfuhr immer wieder Unterbrechungen, auf die er, wie bereits in früheren Jahren, zumeist mit großer Irritation reagierte. So unternahm das Ehepaar Schumann etwa im Jahre 1846 verschiedene kurze Erholungsreisen in der Hoffnung, daß sich dadurch Roberts Befinden bessern würde. Eine dieser Reisen führte sie (im Sommer des Jahres 1846) auf die Nordsee-Insel Norderney, weil sich Robert vom dortigen warmen Klima und den Bademöglichkeiten einen günstigen Einfluß auf sein Befinden erhoffte. Clara war in dieser Zeit schwanger. Offenbar kam es während des Aufenthaltes in Norderney bei Clara zu einer Fehlgeburt.

Es ist bezeichnend für das Verhalten der Ehegatten in dieser Zeit, daß Robert jeweils darauf drängte, möglichst schnell wieder heimzukehren, während Clara (aus sehr berechtigten finanziellen Sorgen heraus) stets noch nach Möglichkeiten für Konzerte Ausschau hielt und dadurch zum Teil die Heimreise wesentlich verzögerte. Paradigmatisch für ihr Auftreten in der Öffentlichkeit ist es wohl auch, daß sich Clara im Hotel in Norderney als Kammermusik-Virtuosin Seiner Majestät des Kaisers von Österreich eintrug, während Robert schlicht mit »Dr. Schumann« unterschrieb.

Von besonderer Bedeutung war für Clara und Robert eine Reise nach Wien im November 1846. Diese Tournee ging vor allem auf Claras Betreiben zurück, da sie auf Erfolge außerhalb Dresdens hoffte. Der Aufenthalt in Wien wurde jedoch, insbesondere für Clara, eine herbe Enttäuschung: Sie erzielte dort nicht, wie bei ihrem früheren, neun Jahre zurückliegenden Aufenthalt große Erfolge, sondern vermerkte in ihrem Tagebuch: »Ich fand aber nichts von dem Enthusiasmus, wie er vor neun Jahren war« oder an anderer Stelle: »Ich merkte gar bald, daß ich nicht nach Wien passe, und die Lust, hierzubleiben, verging mir ganz, noch viel weniger kann sich Robert hier auf die Länge gefallen«. Besonders bitter war es angesichts dieser Situation für Clara, daß ihr letztes Konzert in Wien zwar von einer großen Zahl von Hörern besucht wurde, diese aber nicht ihretwegen kamen, sondern ganz offensichtlich deshalb, weil sich die bekannte Sängerin Jenny Lind, Clara zuliebe, bereit erklärt hatte, ebenfalls in diesem Konzert aufzutreten. Dieses Konzert brachte Clara zwar in materieller Hinsicht einen großen Erfolg, enttäuscht vermerkte sie aber in ihrem Tagebuch: »Und doch gehört es zu meinen traurigsten Erinnerungen ... ich konnte mich des bittersten Gefühles nicht erwehren, daß ein Lied der Lind bewirkte, was ich mit all meiner Spielerei nicht hatte können erreichen«. Soweit bei den Konzerten in Wien auch Werke von Robert aufgeführt wurden, zeigte sich das Publikum diesen gegenüber ausgesprochen kühl. Als das Ehepaar Schumann im März 1847 nach Dresden zurückkehrte, standen Clara und Robert unter dem deutlichen

Eindruck, daß sie nicht auf Erfolge außerhalb Dresdens hoffen dürften. Robert wendete sich daraufhin seinem lange gehegten Plan, eine Oper zu komponieren, mit großer Begeisterung zu.

Eine psychologische Deutung der Persönlichkeit und des Werkes von Robert Schumann kann nicht an der Tatsache vorbeigehen, daß sein Interesse an der Oper im Grunde eine »unglückliche Liebe« war. Wir würden in unserer Betrachtung indes allzu vordergründig bleiben, wenn wir lediglich annähmen, Robert habe sich nun in den Jahren 1847/48, nachdem er Klaviermusik, Sololieder sowie Chor- und Orchesterwerke komponiert habe, aus rein sachlichen Gründen auch der Oper zuwenden wollen. Wir müssen vielmehr nach tieferen Quellen seiner Faszination für das Medium »Oper« suchen.

Sein Interresse an der Oper stammt keineswegs erst aus den Jahren 1847/48. Bereits am 12. 12. 1830 schrieb er in einem Brief an die Mutter u. a.: »Sodann: Mit der großen Oper hat es seine Richtigkeit; ich bin in Feuer und Flammen und wüte den ganzen Tag in süßen, fabelhaften Tönen. Die Oper heißt: ›Hamlet‹, der Gedanke an Ruhm und Unsterblichkeit gibt mir Kraft und Phantasie und der Amtmann zieht sich furchtsam zurück«. Aktuell wurde der Gedanke an eine Oper auch im »Liederjahr« (1840). So lesen wir beispielsweise in seinem Brief vom 19. 2. 1840 an Keferstein: » . . . Kaum kann ich Ihnen sagen, welcher Genuß es ist, für die Stimme zu schreiben im Verhältnis zur Instrumentalkomposition, und wie das in mir wogt und tobt, wenn ich in der Arbeit sitze. Da sind mir ganz neue Dinge aufgegangen und ich denke auch wohl an eine Oper, was freilich nur möglich, wenn ich ganz einmal von der Redaktion los bin«. Es ist sicher nicht nur eine schöne Metapher, sondern zeigt, welche zentrale Bedeutung in Roberts Denken die Oper einnahm, wenn er in einem Brief an Kossmaly vom 1. September 1842 schrieb: »Wissen Sie mein morgen- und abendliches Künstlergebet? Deutsche Oper heißt es. Da ist zu wirken«. Der Gedanke an eine dramatische Arbeit beschäftigte Robert offensichtlich immer wieder, wie auch die folgende Passage aus seinem Brief an Zuccalmaglio vom 23. Januar 1844 zeigt: »Nun möchte ich bald an eine Oper; da wirft sich der nordische Reiseplan dazwischen, und ich muß alle Pläne und Vorarbeiten vor der Hand liegen lassen« (Robert spielt hier auf die bevorstehende Konzertreise nach Rußland an).

Wie ich bereits früher angedeutet habe, war Roberts Wunsch, eine Oper zu komponieren, indes keineswegs eindeutig, sondern zeichnete sich durch eine ausgesprochene Ambivalenz aus. Nicht anders können wir es erklären, daß er mindestens sieben Jahre, von 1840 bis 1847, zögerte, seine Pläne zu realisieren. Man könnte als Grund für ein solches Aufschieben seiner Kompositionsabsichten anführen, daß sich Robert in selbstkritischer Weise sehr wohl darüber klar gewesen sei, daß sein künstlerisches Naturell nur wenig der Bühne entsprach und seine Stärke gerade in der kleinen, überschaubaren Komposition lag. Derartige Überlegungen mögen tatsächlich für ihn eine Rolle gespielt haben. Jenseits dieser rationalen Ebene scheint aber auch noch eine ihm selber weitgehend unbewußte Ambivalenz bestanden zu haben. Wie sollten wir es sonst verstehen, daß er sich während langer Zeit nicht für die Wahl eines Sujets entscheiden konnte, obwohl sich in seinem Projektierbuch nicht weniger als die folgenden

24 Stoffe finden: Faust, Till Eulenspiegel, El Galan (Calderon), Janko (Beck), Niebelungenlied, Wartburgkrieg, Brücke von Mantible (Calderon), Abélard und Héloise, Der falsche Prophet (aus Lalla Rookh), Der letzte Stuart, Kunz v. d. Rosen, Atala (Chateaubriand), Die hohe Braut (König), Der Paria, Der Corsar (Byron), Maria Stuart, Sakuntala (Übersetzung von Gerhard), Hamlet, Der deutsche Bauernkrieg (Kolhas), Sardanapal (Byron), Die Glockendiebe (Mörike), Der steinerne Fingerzeig (Immermann), Der Schmied von Grethna-Green, Der tote Gast (L. Robert).

Als Hinweis darauf, daß bei Robert im Hinblick auf seine Opernpläne eine weitgehend unbewußte Ambivalenz bestand, können wir die auffallende Diskrepanz zwischen seinen verbalen Äußerungen und seinem konkreten Handeln werten: Wie in den oben zitierten Briefpassagen äußerte er einerseits, daß sein ganzes Sinnen und Trachten danach gehe, eine Oper zu komponieren, andererseits aber kann man sich bei seiner Schilderung all der Schwierigkeiten, die sich der Verwirklichung dieser Pläne in den Weg stellten, oft des Eindrucks nicht erwehren, Robert habe geradezu »Vorwände« gesucht, um nicht mit der Arbeit an einem Opernprojekt beginnen zu müssen.

Um recht ermessen zu können, in welcher schwierigen Lage er sich mit seinen Opernplänen befand, müssen wir uns vor Augen halten, daß eine ernste Oper, um die es Robert ja ging, ihm im wesentlichen nur die Wahl zwischen zwei Möglichkeiten ließ: zwischen der deutschen Romantischen Oper der Weber-Spohr-Marschner-Tradition oder der französischen Grand'Opéra Meyerbeerscher Prägung. Wie *Edler* (1982) ausführt, befand sich Robert in dieser Hinsicht in einer schwierigen Situation: Als Anhänger des »Jungen Europa« hätte er sich eigentlich auf die Seite der Grand'Opéra mit ihren historischen Sujets schlagen müssen (während die deutsche Oper mythologische Stoffe aus Märchen oder Sagen bevorzugte). An einem Werk im Stile der Grand'Opéra jedoch wurde Robert durch seine musikalischen Überzeugungen gehindert. *Edler* ist der Ansicht, daß Robert erst gegen Ende der 40er Jahre seine Opernpläne realisieren konnte, da sich nun die Intention deutscher Opernästhetik allmählich auf eine Synthese des romantischen Zurückgehens auf die Ursprünge der nationalen Identität einerseits mit der Überwindung der subjektivistischen Begrenzung der Musik, die man bei Meyerbeer erreicht sah, andererseits, gerichtet hatte. Gewiß mögen auch diese aus den geistesgeschichtlichen Strömungen seiner Zeit resultierenden Gründe für Robert eine Rolle gespielt haben.

Neben solchen bewußten und halbbewußten Gründen bestanden bei Robert offensichtlich aber auch ihm selber unbewußte Konflikte, deren Aktualisierung er befürchtete, falls er seine Opernpläne verwirklichen würde. Es waren meiner Ansicht nach vor allem zwei Konfliktbereiche, hinter denen zwei von ihm ambivalent erlebte Wünsche standen: Zum einen war es wohl das Streben nach einer Steigerung der Ausdrucksintensität und nach einer Bewältigung seiner inneren Konflikte im Grenzbereich zwischen Sprache und Musik, gleichsam als Wiederholung seiner »Liederjahr«-Erfahrung. Den anderen Konfliktbereich sehe ich in seinem Wunsch, durch die Schaffung einer

Oper seiner Musik eine große Breitenwirkung zu sichern und damit Clara an Popularität zu überflügeln.

Ich habe bereits Roberts Bekenntnis im Brief vom 19. Februar 1840 an Keferstein zitiert: »Kaum kann ich Ihnen sagen, welcher Genuß es ist, für die Stimme zu schreiben im Verhältnis zur Instrumentalkomposition, und wie das in mir wogt und tobt, wenn ich in der Arbeit sitze. Da sind mir ganz neue Dinge aufgegangen und ich denke auch wohl an eine Oper«. Roberts Erfahrung in diesem »Liederjahr« hatte ihm gezeigt, daß es ihm im Grenzbereich zwischen Sprache und Musik möglich wurde, seine Gefühle in all ihrer Zerrissenheit und Widersprüchlichkeit in einer Intensität auszudrücken, die ihm bisher nicht zugänglich gewesen war. Ich habe bei der psychologischen Interpretation des »Liederjahres« bereits darauf hingewiesen, daß die Textvertonung, das Lied, für Robert angesichts seiner frühkindlichen Beziehungserfahrungen mit der Mutter die einzigartige Möglichkeit bot, seine Gefühle zu artikulieren und traumatische Beziehungserfahrungen zu bewältigen.

Unter diesem Aspekt können wir seinen Wunsch, eine Oper zu komponieren, als Rückgriff auf eine in seinem Leben bereits vielfach bewährte Bewältigungsstrategie verstehen. Die Tatsche, daß er nicht beim Sololied stehenblieb, sondern ein Lied im großen Stil, eine Oper, anstrebte, mag uns als Hinweis darauf dienen, daß die Konflikte nun, in den Jahren 1847/48, ungleich größer und bedrängender geworden waren (in seiner Beziehung zu Clara bestanden die beschriebenen vielfältigen Konflikte, er fand sich immer weniger in der sozialen Realität zurecht und hatte eine erste schwere psychotische Dekompensation durchgemacht). So stark einerseits der Wunsch nach einer Reaktivierung dieser Bewältigungsstrategie war, so groß war andererseits aber wohl auch seine Angst, dazu nicht mehr fähig zu sein. Die Steigerung vom Lied zur Oper und seine Bevorzugung monumentaler Opernstoffe, wie sie Robert in seinem oben zitierten Projektierbuch vermerkt hatte, legen Zeugnis davon ab, daß er offensichtlich der Ansicht war, nur noch in dieser großartigen Form seinen Gefühlen Ausdruck verleihen und sie gleichzeitig beherrschen zu können.

Wir müssen in diesem Zusammenhang auch berücksichtigen, daß die Komposition einer Oper Robert die Möglichkeit bot, die in ihm bestehende Spannung zwischen Literatur und Musik aufzuheben. Da sich mit seinen literarischen Interessen die Person des Vaters verband, während die Mutter – wenn auch in zwiespältiger Weise – die musikalische Seite bei Robert vertrat, kann man in der Komposition einer Oper auch Roberts Suche nach einer Integration väterlicher und mütterlicher Seiten sehen. Dies ist psychologisch durchaus verständlich, wenn wir uns vor Augen halten, daß seine Beziehung zu Clara immer gespannter wurde. Vermutlich ist es durch diese psychologische Dimension bedingt, daß Robert keines der vielen geplanten Sujets akzeptieren konnte, sondern auch bei denen, die er schließlich vertonte, selber literarisch tätig wurde, indem er wesentlich in die Textvorlage eingriff.

Der zweite Konfliktbereich lag für Robert meiner Ansicht nach in seinem Wunsch, durch die Komposition einer Oper seiner Musik eine große Breitenwirkung zu sichern und damit Clara an Popularität zu überflügeln. Ich habe bereits mehrfach auf die zwischen Robert und Clara von Anbeginn ihrer Beziehung bestehende Konkurrenz hingewiesen. Schon bei seinem ersten Aufenthalt im Hause Friedrich Wiecks hatte Robert ja zum Ausdruck gebracht, daß er Claras pianistische Fähigkeiten nicht nur zutiefst bewundere, sondern daß er sich durch ihr ihm unerreichbar erscheinendes Vorbild auch in seinem Selbstwerterleben beeinträchtigt fühle. Wir haben gesehen, daß in der Ehe diese Konflikte weiter eskalierten, bis sie anläßlich Claras Rußland-Tournee ihren Kulminationspunkt erreicht hatten.

Durch die Komposition einer Oper schien sich Robert nun die Möglichkeit zu bieten, aus dem engeren Rahmen des Konzertsaals herauszutreten und als Opernkomponist Clara an Bekanntheit übertreffen zu können. Endlich wäre er in der Lage, seine tiefen Insuffizienzgefühle Clara gegenüber abzuschütteln und all die Kritiker und Neider in der Außenwelt zum Schweigen zu bringen.

Obwohl ihm die Komposition einer Oper aus diesen Gründen höchst erstrebenswert erscheinen mußte, weist uns sein erwähntes Zögern bei der Realisierung seiner Pläne auch auf gegenläufige Tendenzen in ihm hin. Zwei Befürchtungen scheinen mir dabei ausschlaggebend gewesen zu sein: Zum einen die Angst vor einem Versagen, da Robert sehr wohl darum wußte, daß seine Stärke als Komponist nicht in den großen Formen, sondern vor allem in kleinen, überschaubaren Kompositionen lag. Zum anderen aber dürfte bei ihm auch Angst davor bestanden haben, daß er tatsächlich erfolgreicher sein könnte als Clara, wodurch die Konflikte zwischen den Ehegatten nicht geringer geworden wären, sondern sich erst recht zugespitzt hätten. Dabei müssen wir bedenken, daß Clara – in Roberts Erleben – an die Stelle seiner Mutter getreten war und deshalb die Möglichkeit, sie zu überflügeln, von ihm zwiespältig empfunden werden mußte. Gewiß wollte er sich einerseits gegen sie behaupten und hat sich ja auch, wie die Geschichte der Familie Schumann zeigt, sowohl gegenüber der Mutter als auch gegenüber seiner Ehefrau mehr oder weniger durchgesetzt. Dennoch scheint es daneben abgespaltene aggressive Impulse gegeben zu haben, vor deren Durchbrechen sich Robert gefürchtet hat. Ich habe bereits darauf hingewiesen, daß ich als Ursache seines Fernbleibens vom Begräbnis der Mutter solche ambivalenten Gefühle vermute. Auch Clara gegenüber haben offenbar heftige, weitgehend vom bewußten Erleben abgespaltene Aggressionen bestanden: So hatte Robert ja in einem Brief geschrieben, daß er während seines Kampfes um Clara einmal so verzweifelt gewesen sei, daß er, wenn Clara in seiner Nähe gewesen wäre, sie und sich vielleicht getötet hätte. Außerdem wissen wir, daß er bei seiner psychotischen Dekompensation im Jahre 1854 Clara wiederholt gebeten hat, das eheliche Schlafzimmer in der Nacht zu verlassen, da er befürchte, er könne ihr ein »Leid« antun.

Angesichts dieser Konflikte ist es wohl kein Zufall, daß Robert keines der früher geplanten Sujets für seine Oper benutzte, sondern von einem neuen Stoff so fasziniert war, daß er ihn für eine Realisierung seiner Opernpläne verwendete: Es war Friedrich Hebbels 1840/41 entstandene Tragödie »Genoveva«. Robert hatte zuerst zwar an Ludwig Tiecks 1799 geschriebene Tragödie »Leben und Tod der Heiligen Genoveva« gedacht und hatte Robert Reinick damit beauftragt, dieses Werk zu einem Operntext umzugestalten. Doch begeisterte ihn die Hebbel'sche Version derart, daß er Reinick bat, dieses und nicht das Tieck'sche Werk dem Libretto zugrunde zu legen. Indes wollte Robert nicht Hebbels Konzentration auf die Gestalt Golos übernehmen und forderte deshalb Reinick auf, Hebbels Werk durch einige Elemente aus der Tragödie von Tieck zu ergänzen, was dieser jedoch ablehnte.

Gleich erfolglos verlief Roberts Versuch, Hebbel selbst für eine solche Überarbeitung seiner Tragödie zu gewinnen. Wie ausgeprägt in dieser Zeit seine soziale Scheu bereits war, zeigt die widersprüchliche Darstellung, welche die beiden Männer von dieser Begegnung gegeben haben: Hebbel vermerkte in seinen Tagebuchaufzeichnungen, Robert sei ein »nicht bloß ... hartnäckiger, sondern auch ... unangenehmer Schweiger«, und in einem Brief schilderte er, wie Robert nach kurzer Begrüßung eine Viertelstunde lang schweigend dagesessen habe und ihn »angaffte« und, als Hebbel erbost das Schumannsche Haus verließ, sein Schweigen auf dem halbstündigen Rückweg ins Hotel fortgesetzt habe. Demgegenüber notierte Robert in seinem Tagebuch: »Eine große Ehre ist unserem Hause widerfahren – Fr. Hebbel besuchte uns auf seiner Durchreise. Das ist wohl die genialste Natur unserer Tage. Auch war seine Persönlichkeit entsprechend. Überspannt er seine Kräfte nicht, so wird er das Höchste erreichen, sein Name den unsterblichen Künstlern beigesellt werden«.

Da weder Reinick noch Hebbel somit als Librettisten in Frage kamen, entschloß sich Robert, den Text des Hebbelschen Dramas selbst seinen Vorstellungen entsprechend umzuformulieren. Wie erwähnt, lag ihm vor allem daran, anstelle von Golo (wie bei Hebbel) die Gestalt der Genoveva in den Mittelpunkt seiner Oper zu stellen. Golos Bosheit diente ihm lediglich als Kontrastfolie, um Genovevas Reinheit um so heller strahlen zu lassen. Eine weitere Veränderung inhaltlicher Art nahm Robert insofern vor, als in allen literarischen Vorlagen der »Genoveva« ein tragischer Ausgang zu finden ist. Robert hingegen ließ im vierten Akt auf die Verbannung unmittelbar die Rettung der Genoveva folgen. Reinheit und Güte siegen über die Macht des Bösen. Dem entspricht etwa auch, daß die Hexe Margarethe in Roberts Fassung durch Geistererscheinungen genötigt wird, ihrer Bosheit abzuschwören und die Guten schließlich wieder zueinanderzuführen.

Roberts Vorgehen bei der Abfassung des Librettos läßt erkennen, daß sein Hauptziel bei den Eingriffen in die Textvorlage darin bestand, die in den Originalen enthaltenen aggressiven Tendenzen möglichst weitgehend zu eliminieren. So stellt seine Version der »Genoveva« letztlich eine Verherrlichung der reinen, tugendhaften Frau dar, die ausdrücklich (im Gegensatz zur Textvorlage) *nicht* das Opfer männlicher Aggressivität wird. Robert wollte also, so dürfen wir bei einer psychologischen Interpretation vermuten, mit seiner Oper das Bild einer in ihrer Unschuld unangreifbaren Frau zeichnen. Damit konnte er seinen eigenen, gegen Clara gerichteten aggressiven Impulsen den Boden entziehen und dadurch Clara schützen (wie ich bei der Interpretation des auf S. 120 zitierten Gedichts von der herabstürzenden und die

Kuppel mitreißenden Glocke gezeigt habe, hätte für ihn, psychologisch, der Angriff auf Clara auch Selbstzerstörung bedeutet).

Angesichts dieser psychodynamischen Situation ist es verständlich, daß Robert ein anderes Libretto, dessen Vertonung er im Jahre 1847 eigentlich geplant hatte, fallengelassen hatte: Es war die Geschichte von Mazeppa, einem Kosaken aus dem 17. Jahrhundert, der für Rußland gegen Schweden kämpfte. Es wäre die Vorlage für eine dramatische Oper gewesen, voller Gewalttätigkeit und sexueller Themen. Die Entscheidung, dieses Libretto zu verwerfen und an seiner Stelle den Stoff einer »bereinigten« Fassung der »Genoveva« zu vertonen, war offensichtlich durch Roberts Angst vor den eigenen aggressiven Impulsen bedingt.

Um recht ermessen zu können, welche psychologische Bedeutung die Komposition der »Genoveva« für Robert besessen hat, ist es notwendig, sich den Inhalt dieser Oper zu vergegenwärtigen: Der *erste Akt* zeigt den Grafen Siegfried, der in den Kampf gegen die Mauren zieht und seine Gattin Genoveva in der Obhut seines Getreuen, Golo, zurückläßt. Golo verliebt sich jedoch in die junge Gräfin, und es gelingt ihm, ihr, während sie im Schlummer liegt, einen Kuß zu geben. Golos Amme, die Hexe Margarethe, hat die Szene beobachtet und wiegelt den Hof gegen Genoveva auf, um sich für ihre Vertreibung vom Schloß zu rächen. Im *zweiten Akt* gesteht Golo Genoveva seine Liebe. Sie weist ihn jedoch mit Entschiedenheit zurück. Auf Margarethes Rat hin veranlaßt Golo einen anderen Höfling, Drago, sich heimlich in Genovevas Gemach zu schleichen. Angeblich werde er dort einen Beweis für Genovevas eheliche Untreue finden. Zugleich verbreiten Margarethe und Golo Gerüchte am Hof und schüren das Mißtrauen gegen Genoveva, so daß schließlich die Hofschranzen in ihre Gemächer eindringen und dort tatsächlich Drago finden. Dieser muß seine angebliche Treulosigkeit mit dem Leben büßen. Genoveva wird in den Kerker geworfen. Der *dritte Akt* zeigt den verwundeten Grafen Siegfried, den Margarethe mit dem Versprechen in ihre Hütte lockt, sie werde ihn in ihrem Zauberspiegel Vergangenheit und Zukunft sehen lassen. Nachdem Siegfried zunächst abgelehnt hat, sich in derartige Zauberpraktiken einzulassen, willigt er schließlich, als ihm Golo über Genovevas angeblichen Verrat berichtet, ein und will sich Gewißheit verschaffen. Im Zauberspiegel sieht er, wie Genoveva die Arme nach Drago ausstreckt. Voller Zorn zerbricht er den Spiegel und stürzt auf sein heimatliches Schloß. Aus den Scherben des zerbrochenen Zauberspiegels erhebt sich der Geist Dragos, der Margarethe drohend bedrängt, den Betrug aufzudecken. Im *vierten Akt* ist Genoveva von Siegfrieds Höflingen in den Wald geführt worden, wo sie hingerichtet werden soll. Golo versucht, sie zur Flucht mit ihm zu überreden. Doch Genoveva weist ihn wiederum zurück und vertraut ihr Schicksal der Heiligen Jungfrau an. Als die Henker schon zum tödlichen Stoß angesetzt haben, erscheint Siegfried gerade noch rechtzeitig, um Genoveva zu retten. Von allem Verdacht befreit, zieht sie triumphierend mit ihm ins Schloß zurück, wo das Paar den Segen des Erzbischofs erhält.

Man mag argumentieren, daß die inhaltlichen Änderungen, die Robert an den Dramen von Tieck und Hebbel vorgenommen hat, vor allem aus dramaturgischen Erwägungen erfolgten. Die Tatsache jedoch, daß Hebbel selbst und Reinick derartige Bearbeitungen ablehnten, Robert aber dennoch die von ihm geplanten Änderungen durchsetzte, läßt erkennen, daß tiefere Motive ausschlaggebend gewesen sein dürften. Berücksichtigen wir, daß die beiden wesentlichsten Änderungen gegenüber den Dramen Hebbels und Tiecks in der Konzentration auf die Gestalt der Genoveva sowie im Triumph des Guten über das Böse liegen, so drängt es sich auf, die Gründe für Roberts dramaturgische Veränderungen in seiner Lebensgeschichte, speziell in seiner Beziehung zu Clara, zu suchen.

Abgesehen von den bereits erwähnten Motiven (Eliminierung aller aggressiven Tendenzen und Preis der reinen, tugendhaften Frau) mag auch folgender Umstand bei der Wahl dieses Librettos und bei der Entscheidung, gerade jetzt diesen Text zu vertonen, eine Rolle gespielt haben: Als Robert die Entscheidung zur Komposition dieser Oper traf, war Clara schwanger. Wie *Ostwald* (1985) ausführt, liebte Clara die Geschichte der Genoveva. Dies mag tatsächlich Roberts Wahl beeinflußt haben. Außerdem ist dem Autor zuzustimmen, wenn er darauf hinweist, daß in Roberts Version der »Genoveva« eine gegenüber der Schumann'schen Ehe genau umgekehrte Beziehung der Geschlechter zueinander geschildert wird. Es mag deshalb tatsächlich, wie *Ostwald* vermutet, Roberts bewußter Wunsch gewesen sein, Clara eine Freude zu bereiten, während sein unbewußter (von ihm selber dann auch im Werk eliminierter) Wunsch dahin ging, Clara gegenüber aggressive Impulse zu äußern.

Wie bereits ausgeführt, lagen seinen Opernplänen zwiespältige Gefühle zugrunde, wobei eine wesentliche Triebkraft offensichtlich sein Wunsch war, Clara endlich an Popularität zu überflügeln. Angesichts dieser psychodynamischen Konstellation ist es psychologisch durchaus plausibel, daß er die Frau in den Mittelpunkt des Operngeschehens rückte und sie sich am Ende als die reine, ganz dem Manne ergebene Gattin erweisen mußte. Ein tragischer Schluß dieser Oper, wie Hebbels und Tiecks Dramen ihn vorzeichneten, war für Robert tatsächlich nicht akzeptabel. Seine psychische Situation in den Jahren 1847/48 verlangte vielmehr nach einem Schluß, der die Konfliktlosigkeit der Beziehung zwischen Mann und Frau ausdrücklich hervorhob. Auf diese Weise sollte der Konflikt, der sich durch einen großartigen Erfolg dieser Oper zugespitzt hätte, durch das Werk selber gleichzeitig wieder entschärft werden.

Der von Robert (wenn auch ambivalent) erhoffte großartige Erfolg blieb dieser Oper indes versagt. Nach einigen Verschiebungen wurde sie schließlich im Herbst 1850 unter Roberts Leitung, in Gegenwart von Gade, Hiller, Moscheles, Reinecke, Spohr und Liszt uraufgeführt. Das Werk fand jedoch beim Publikum und bei der Kritik wenig Anklang. Auch in der Folge hat sich diese Oper kaum behaupten können und ist heute aus dem Opernrepertoire weitgehend verschwunden.

Fragt man sich, warum die Oper »Genoveva« niemals die Beachtung gefunden hat, die Robert sich erhofft hatte, so muß man berücksichtigen, daß die Gründe dafür bereits im Libretto liegen. Es fehlt der Schumann'schen Version der Genoveva-Geschichte die Dramatik, die beispielsweise das Hebbelsche Werk auszeichnet. Hinzu kommt, daß sich viel von der Handlung im Innern der

Protagonisten vollzieht. Roberts Personen sprechen vor allem davon, was sie empfinden, hingegen fehlt es weitgehend an einer dramatisierten Handlung. Schließlich sind die Stimmen der Hauptpersonen in musikalischer Hinsicht auch nicht klar konturiert. Diese »Schwachstellen« werden besonders deutlich, wenn man Roberts »Genoveva« mit den Werken seiner Zeitgenossen Richard Wagner und Giacomo Meyerbeer, dem Hauptexponenten der Grand'Opéra, vergleicht.

Diese Divergenzen waren auch Richard Wagner bei seinen Gesprächen mit Robert während der Dresdner Zeit aufgefallen. Wiederholt hatten Schumann, Wagner, Hiller und andere Künstler über Projekte diskutiert. U.a. hatte Wagner in diesem Kreis seinen Lohengrin-Text vorgetragen und über seine Kompositionspläne berichtet (Robert selber hatte sich ebenfalls für die Lohengrin-Vorlage interessiert). Roberts Urteil über Wagner war zwiespältig: So konnte er sich »an vielen Stellen seiner (Wagners) Opern ... einer tiefen Erregung nicht erwehren«, wenn er die Werke auf der Bühne sah. Die Musik jedoch, »abgezogen von der Darstellung«, beurteilte Robert (z.B. in einem Brief an C. V. Bruyck aus dem Jahre 1853) »gering, oft geradezu dilettantisch, gehaltlos und widerwärtig, und es ist leider ein Beweis verdorbener Kunstbildung, wenn man im Angesicht so vieler dramatischer Meisterwerke, wie die Deutschen aufzuweisen haben, diese neben jenen herabzusetzen wagt«. Umgekehrt war Wagner Roberts Opern-Versuchen gegenüber sehr kritisch. So soll er etwa, nachdem Robert ihm den Genoveva-Text vorgelesen hatte, aus »wahrer Besorgtheit« auf die »großen Fehler« dieses Librettos hingewiesen haben. Robert habe auf die vorgebrachten Einwände jedoch »mit empfindlichem Trotze« reagiert (*Wagner*, 1911). *Edler* (1982) weist darauf hin, daß sich Richard Wagner nach Roberts Tod in geradezu gehässiger Form über Robert geäußert habe. Aus Cosima Wagners Tagebuch sei etwa zu entnehmen, daß Richard Wagners Kommentar nach einer konzertanten Aufführung der »Genoveva« im Jahre 1875 gewesen sei: »... Wenn so ein Zwickauer anfängt, gemein zu werden ...«.

In den Jahren 1847/48 arbeitete Robert unter anderem auch an seiner »Faust«-Vertonung. Die Komposition des ganzen Werkes, das aber letztlich ein Fragment geblieben ist, erstreckte sich über die weite Spanne von 1844 (Epilog) bis 1853 (Skizzierung der Ouvertüre und deren Instrumentierung). Ursprünglich hatte Robert mehr an eine lockere Szenenfolge gedacht, dann faßte er den Plan, eine »Faust«-Oper zu komponieren, und schließlich entstand der Gedanke, die Faust-Vorlage in Form eines Oratoriums musikalisch zu gestalten.

Bei einer psychologischen Betrachtung ist auf verschiedene Gesichtspunkte hinzuweisen, die bei der Komposition der »Faust-Szenen« interessant sind. Zunächst fällt auf, daß Robert in diesem Falle (ganz im Gegensatz zu seinem Vorgehen bei seinen anderen Oratorien und auch bei der Oper »Genoveva«) überhaupt nicht in die Textvorlage eingegriffen hat. Er übernahm vielmehr den Text Goethes ohne die geringste Änderung, sogar mit den szenischen Anweisungen. In diesem Verhalten zeigt sich noch einmal in eindrücklicher Weise Roberts – lebenslang bestehende – Neigung, sich an »hohe Menschen« anzulehnen.

Ferner fällt auf, daß Robert auch in den »Faust-Szenen«, wie schon in seinen Oratorien »Das Paradies und die Peri« und »Der Rose Pilgerfahrt«, das Erlösungsmotiv ausdrücklich in den Mittelpunkt stellt. Das ganze Werk zielt im Grunde auf die Schlußszene des »Faust Zweiter Teil« hin. Die abschließenden Worte des Chorus mysticus (»Alles Vergängliche ist nur ein Gleichnis ...«), die Robert zu einem mächtigen Chorsatz ausgedehnt hat, sind zum Leitspruch der ganzen Komposition erhoben worden. Wie *Probst* (1975) nachweist, hat Robert diese Szene in einem religiösen Sinne interpretiert, während sie bei Goethe lediglich der Endpunkt einer langen Kette von Tragödien ist. Diese Veränderung gegenüber dem Goetheschen Original kann verstanden werden als Ausdruck von Roberts Sehnsucht nach einem Zustand der Harmonie und Konfliktlosigkeit, nach einer Erlösung vom Kampf, der zwischen Gut und Böse tobt.

Diesen zuletzt genannten Wunsch erfüllte sich Robert – zumindest teilweise – bereits dadurch, daß er die Gestalt des Mephistopheles, den Vertreter des Bösen, in seiner Vertonung zu einer bedeutungslosen Randfigur machte. Die antithetische Anlage des Goetheschen Dramas wird damit weitgehend aufgegeben und damit die omnipräsente Macht des Bösen erheblich beschnitten. Eine gleiche Tendenz hatten wir bereits bei Roberts Umformulierung des Genoveva-Stoffes beobachtet, bei dem er auch – im Gegensatz zur Textvorlage – die »bösen« Tendenzen weitgehend eliminierte. Konsequenterweise hat Robert in seiner Faust-Komposition den Szenen religiösen Charakters (die Dom-Szene, Gretchen vor dem Bild der Mater dolorosa, der »katholische Himmel« am Schluß von »Faust Zweiter Teil«) besonderes Gewicht verliehen. Auch darin deutet sich Roberts Wunsch nach einer Überhöhung des Geschehens im Religiösen an, eine Entwicklung, die zum Höhepunkt der Erlösungsszene, zu den Worten »Alles Vergängliche ist nur ein Gleichnis« leitet.

Bereits einen Tag nach Abschluß seiner Arbeit an der Oper »Genoveva« (am 5. 8. 1848) wendete sich Robert einem neuen musikdramatischen Projekt zu: Der Dichtung »Manfred« von Lord Byron. Der Grund für diesen schnellen Griff zu einer weiteren großen Arbeit dürfte, wie *Edler* (1982) vermutet, darin zu suchen sein, daß Robert mit dem Ergebnis seiner Oper nicht wirklich zufrieden war. Hinzu kam meiner Ansicht nach aber sicher noch ein weiteres – psychologisches – Motiv: Robert hatte bisher in seinen Oratorien (»Das Paradies und die Peri« und »Der Rose Pilgerfahrt« – die »Faust-Szenen« waren noch in Arbeit) und in seiner Oper »Genoveva« Frauengestalten in den Mittelpunkt gestellt. Er hatte damit in seinen dramatischen Werken etwas wiederholt, was er in seinem täglichen Leben von Kindheit an bis zur Gegenwart, zum Teil schmerzlich, erlebt hatte, nämlich die Übermacht der Frau gegenüber dem Manne. Ich bin der Ansicht, daß es zur Erhaltung seines psychischen Gleichgewichts für ihn nun geradezu notwendig geworden war, ein Werk zu schreiben, in dessen Mittelpunkt ausdrücklich ein Mann steht, und zwar ein Mann, der jeder Unterwerfung trotzt und, wie Manfred, sich selbst noch den Dämonen gegenüber mit den Worten zu behaupten weiß: » ... Meine Macht erkaufte nicht Vertrag mit dem Gelichter; ich fuße auf der eigenen Kraft ... fort, geschlag'ne Feinde! der Tode legt seine Hand an mich – nicht ihr!«. Mit diesem Über-Mann, der von einer dunklen Schuld und einem geheimnisvollen Fluch umgeben ist und der alle, die ihm begegnen, vor allem die Frauen, mit sich in den Untergang reißt, versuchte Robert offenbar verzweifelt, eine gigantische Gegenkraft gegen die Macht des »Ewig-Weiblichen« aufzurichten. Diese Dynamik erinnert an sein in Rußland geschriebenes, oben zitiertes Gedicht von der »riesengroßen« Glocke, welche die Kuppel, die sie trägt, mit sich in die Tiefe reißt.

Diese Interpretation erhält einen gewissen Beleg durch die Tatsache, daß sich die Dichtung Byrons für Robert von Jugend an mit der männlichen Welt, dem Vater, verband, der ja Byrons Werke zum Teil selber übersetzt und herausgegeben hatte. Bereits im Alter von 18 Jahren hatte gerade die Dichtung »Manfred« Robert »schreckliche Nächte« bereitet. Inhaltlich bestehen viele Parallelen zu Goethes »Faust«, an dessen Vertonung Robert in den Jahren von 1844 bis 1853 arbeitete. Möglicherweise sah Robert in Manfred auch eine Parallele zu seinem eigenen Schicksal. Man muß nicht unbedingt so weit gehen wie *von Wasielewski*, der annahm, Robert habe sich zu Byrons »Manfred« hingezogen gefühlt, da »sein eigenes Seelenleben und die Vorahnung von dem, später ihn betreffenden schrecklichen Schicksal sich darin abspiegelt«. Doch bestand bei Robert zweifellos eine große Affinität zu diesem Stoff, wobei sich tatsächlich eine gewisse Parallele zwischen Manfred und Robert feststellen läßt, wie aus der folgenden Passage aus Byrons Werk hervorgeht:

> Look on me! there is an order
> Of mortals on the earth, who do become
> Old in their youth, and die ere middle-age,
> Without the violence of warlike death;
> Some perishing of pleasure, some of study,
> Some worn with toil, some of mere weariness,
> Some of disease and some insanity,
> And some of wither'd or of broken hearts.

Wie sehr die Byronsche Dichtung Robert emotional bewegte, geht auch aus seinem folgenden (von v. Wasielewski berichteten) Ausspruch hervor: »Noch nie habe ich mich mit der Liebe und dem Aufwand von Kraft einer Komposition hingegeben, als der zu Manfred«. Außerdem berichtet von Wasielewski, daß Robert, als er einmal in Düsseldorf die Dichtung unter vier Augen vorgelesen habe, plötzlich die Stimme versagt habe, er habe heftig zu weinen begonnen, und es habe sich seiner eine solche Ergriffenheit bemächtigt, daß er nicht habe weiterlesen können.

Das musikdramatische Werk »Manfred« war von Robert zunächst konzipiert worden als einfache Schauspielmusik ». . . zu dramatischer Aufführung bearbeitet, mit Ouvertüre, Zwischenakten und anderen Musikstücken, wie sie der Text in reicher Fülle darbietet«. Später meinte Robert: »Das Ganze müßte man dem Publikum nicht als Oper oder Singspiel oder Melodram, sondern als ›dramatisches Gedicht mit Musik‹ ankündigen. – Es wäre etwas ganz Neues und Unerhörtes«.

Die von Robert komponierte Musik zu Byrons »Manfred« besteht aus einer

Ouvertüre und drei Abteilungen in 15 Nummern, bei denen opernmäßiger Sologesang ganz ausgeschlossen bleibt: Neben den Instrumentalstücken (der heute noch häufiger in Konzerten gespielten Ouvertüre und den Zwischenaktmusiken) und den Chören herrscht in diesem Werk das Melodram vor, d.h. das Rezitieren des Textes zu musikalischer Begleitung. Dabei handelt es sich bis auf wenige Dialogszenen ausschließlich um Monologe (Beschwörungssprüche) der Hauptperson.

Liszt unternahm 1852 in Weimar den Versuch, dieses Werk in einer musiktheatralischen Realisation zur Uraufführung zu bringen. Es sei hier am Rande vermerkt, daß Liszt als Bewunderer der Musik Richard Wagners bei der Uraufführung des »Manfred« zu Roberts Zwischenaktmusiken Richard Wagners »Faust-Ouvertüre« hinzufügte. Das Echo auf diese Aufführung war jedoch wenig ermutigend, so daß Liszt fortan für die Verlegung des »Manfred« in den Konzertsaal plädierte (Robert selber konnte bei der Uraufführung wegen einer Erkrankung nicht anwesend sein).

Wie stark in Robert der Wunsch war, eine Oper zu schreiben, geht daraus hervor, daß er sich auch weiterhin ernsthaft mit dem Plan zu einem solchen Werk beschäftigte. Eines dieser Projekte war eine Oper »Beatrice« nach der Vorlage »Aladdin und die Wunderlampe« aus der Märchensammlung »Tausendundeine Nacht«. In der Schumann-Literatur wird von diesem Plan im allgemeinen nicht berichtet. Das Opernprojekt war Gegenstand eines Briefwechsels zwischen Robert und dem in Dessau lebenden Juristen Georg Adolf Schubring. Die aus dem Jahre 1851 stammenden Dokumente sind erst 1984 von *Federhofer-Königs* (1984a) publiziert und kommentiert worden. Da dieser Briefwechsel bisher wenig bekannt ist und anschaulich Roberts Verhalten in dieser Zeit widerspiegelt, soll im folgenden kurz darauf eingegangen werden.

Am 6. September 1851 richtete Georg Adolf Schubring einen Brief an Robert und teilte ihm mit, daß er Felix Mendelssohn ein halbes Jahr vor seinem Tode versprochen habe, einen Operntext zu verfassen. Schubring bot Robert nun ein Libretto an, dessen Inhalt er ihm aber noch nicht mitteilen wollte, »denn ich will sie ja neugierig machen«. Zur Charakterisierung der Textvorlage schrieb der Autor lediglich, die Handlung solle »rasch fortschreiten, nirgends durch eine überflüssige Nummer aufgehalten werden ... keine einzige darf bloß darauf berechnet sein, einem Sänger Gelegenheit zur Pfauenschweifentwicklung zu geben«. Es sei eine bühnenwirksame Handlung, die Hauptpersonen seien klar konturierte, verschiedenartige Charaktere, »so daß der Komponist Gelegenheit hat, ihre Partien durch Melodie, Rhythmus und Instrumentation zu zeichnen«. Jeder Akt solle mit einem großen Ensemble schließen.

Auf dieses Angebot hin schrieb Robert am 10. September 1851 folgenden Brief an Schubring (das Original dieses Schreibens ist verschollen, der Wortlaut wurde aber von Schubring unter dem Pseudonym DAS in der Schumanniana Nr. 10 in der »Neuen Zeitschrift für Musik«, 1863, mitgeteilt):

Düsseldorf, den 10. September 1851

Hochgeehrter Herr

Ihr Brief hat mir viel Freude gemacht. Mit allem, was Sie über Oper und Operntextwesen schreiben, bin ich einverstanden. Aber die Zeiten sind schlimm, d. h. die Theaterdirektionen und das Publikum. Indes was kümmert der äußerliche Erfolg, wo es sich um viel Höheres handelt. Senden Sie mir denn Ihren Text und haben nochmals Dank für Ihr freundliches Anerbieten.

Ihr ergebenster
Robert Schumann

Schubring hat in seinem zitierten Artikel in der »Neuen Zeitschrift für Musik« verheimlicht, daß er selber der Autor dieses Operntextes war. Er schrieb vielmehr, es sei »ein junger Kandidat, Herr J. N. aus T.« gewesen, »welcher bei seinen Lebzeiten ein eifriger Musikfreund war«. In seinem Artikel schreibt Schubring weiter, daß nach diesem Antwortschreiben Robert Schumanns »ein böser Dämon nun unseren jungen Kandidaten (trieb), sich nicht am Textschreiben zu begnügen, sondern auch dem Meister der Töne den Text lesen zu wollen«. Was hier mit wenigen Worten angedeutet wird, ist die Tatsache, daß Schubring Robert nicht nur den Operntext lieferte, sondern ihm außerdem noch eine Fülle von Vorschlägen zur Vertonung unterbreitete. In seinem Schreiben vom 12. September 1851 heißt es u. a.:

Hochgeehrter Herr Doktor!

Sie erhalten beiliegend meinen Operntext, den ich Ihnen vorlesen zu können wohl gewünscht hätte. Ich habe in Ermangelung der Möglichkeit des Vorlesens Ihnen den Text noch einmal abgeschrieben und dabei mitunter meine musikalischen Ideen – natürlich ohne Präjudiz – vermerkt. ... Ich habe irgendwo gelesen, daß Sie einige recht schöne und enthusiastische Freunde hätten, die immer nur rieten, so absonderlich als möglich zu schreiben. Ich halte diese mehr für Ihre Feinde. Stände ich Ihnen nahe, so würde ich täglich rufen: Nur ja recht einfach! nur nicht das Ohr und das Herz über Auge und Verstand vergessen! lieber eine Imitation weniger und zwei Melodien mehr! wozu der Zeit gleich 100 Jahre vorauseilen? warum nicht lieber erst 5 oder 10, damit ihnen der Troß folgen kann? Wieviel Verehrer oder auch nur Versteher zählen ihre op. 4, 6, 9? ... Daß ich solche Fragen überhaupt stelle, beweist fürs Erste zwar nur, daß ich eine andere Natur habe als sie. Aber hinter mir stehen, und, so wie ich sind Tausende; und wenn Sie Ihre Verehrer nach hundert Tausenden zählen wollen, so lassen Sie sich gefälligst ein ganz klein wenig ungeheuer viel herab und sprechen von Ihrem Himmel herab zu uns armen Kothsassen in der Sprach, die wir verstehen, und nicht so viel in der, die Florestan und Eusebius ... redeten. ... Sie kommen mir in manchem ihrer Werke vor, wie Jean Paul. Auch er sagt schöne Gedanken in – sit venia verbo – unschöner Form. Die Weltgeschichte lehrt aber, daß nur die Form Schönheit und Einigkeit verleiht ... doch genug mit meiner klassischen Vorlesung. Fort mit Eusebius! Pereat Florestan! Künftig alles für die lieben großen und kleinen Kinder geschrieben!

Ergebenst Dr. A. Schubring
Dessau
den 12. September 1851.

Abgesehen von der Tatsache, daß es eine ungeheure Bevormundung des Komponisten war, ihm detaillierte Hinweise zu geben, ja geradezu Vorschriften darüber zu machen, wie er die Oper zu komponieren habe, beinhaltete dieser Brief eine Reihe von Kränkungen für Robert. So geht doch aus dem Schreiben von Schubring eindeutig hervor, daß ihm Roberts ganzes Denken und seine kompositorischen Intentionen völlig fremd waren. Es mußte Robert auch zutiefst kränken, daß Schubring über den von Robert so hoch verehrten Jean Paul schrieb, dieser äußere zwar »schöne Gedanken«, tue dies aber »in unschöner Form«. Schließlich ist zu berücksichtigen, daß Schubring offensichtlich einen für Robert besonders kritischen Punkt traf, wenn er ausdrücklich hervorhob, daß Robert eine Musik schreiben müsse, mit der er »hundert Tausende« zu seinen Verehrern machen könne. Er sprach damit einen Konflikt an, unter dem Robert ja bereits seit längerer Zeit empfindlich litt: Auf der einen Seite strebte er danach, eine Musik zu schreiben, die seinem innersten Wesen entsprach, die aber von vielen seiner Zeitgenossen nicht verstanden wurde; auf der anderen Seite hoffte er jedoch, durch die Komposition großer dramatischer Werke endlich auch in einer breiteren Öffentlichkeit Anerkennung zu finden.

Angesichts dieser Kränkungen, die Robert durch den Brief Schubrings erfuhr, ist es nicht verwunderlich, daß er es ablehnte, das ihm von Schubring angebotene Werk zu vertonen. Robert schrieb am 22. September 1851 u.a. folgendes an Schubring:

Geehrter Herr!

Wenn ich Ihnen für die Bereitwilligkeit, mit der Sie mir Ihre Arbeit mitteilten, verbunden bin, so muß ich mich dagegen gegen den anderen Teil Ihres Schreibens verwahren, der mir, Ihrer und meiner Stellung nach, wie eine anmaßliche Überhebung erscheint. Wie kommen Sie, der Sie der Welt noch keine Probe künstlerischer oder kritischer Befähigung gegeben, wie kommen Sie dazu, einem Manne, der wenigstens einige kleine geliefert, Verweise zu erteilen, wie man sie Anfängern gibt? Haben Sie sich dies nicht überlegt? Was Sie mir da schreiben, das war mir schon vor 30 Jahren nichts Neues, das habe ich schon vor 10 beinahe meinen Eleven am Leipziger Konservatorium doziert... Das ist es, was ich Ihnen auf Ihr in Ton und Inhalt beleidigendes Schreiben zu antworten habe. Es kann mir deshalb nicht einfallen, auf eine Arbeit einzugehen, die am wenigsten durch sogenannte ›Einfachheit‹ zu bezwingen wäre, wenn der Stoff auch sonst zeitgemäßer wäre, als er mir erscheint. Auf einige musikalische Donnerschläge müßten Sie sich in der ›Beatrice‹ jedenfalls gefaßt machen, auch wenn sie der simpelste Tonsetzer in Angriff nähme.

Ergebenst

R. Schumann

Diese Zeilen lassen erkennen, daß Robert auf die von Schubring erfahrene Kränkung scharf und unmißverständlich reagierte. Während er in diesen Jahren bereits große Mühe hatte, sich im unmittelbaren persönlichen Kontakt anderen Menschen gegenüber zu behaupten, läßt dieser Brief erkennen, daß Robert im schriftlichen Verkehr sehr wohl fähig war, seine Argumente auch in scharfer Form darzulegen.

Da sich das Ehepaar Schumann im Grunde von Anfang an, aber zunehmend in den Jahren 1847/48/49 in Dresden immer weniger wohl fühlte, war es verständlich, daß Robert Ausschau nach einem gut dotierten Posten in einer anderen Stadt hielt. Doch scheint dies nur *ein* Grund für den Ortswechsel gewesen zu sein. Ein anderer war zweifellos seine Hoffnung, eine Änderung der äußeren Situation werde auch eine Besserung seines psychischen Befindens mit sich bringen. Es ist der – gerade bei Menschen mit schweren psychischen Störungen immer wieder zu beobachtende – Versuch, ein innerpsychisches Geschehen in der Außenwelt abzuhandeln. Offensichtlich stellt diese projektive Tendenz bei Robert ein Relikt der durchgemachten psychotischen Episode dar.

Eine solche Vermutung liegt um so näher, als wir von einer weiteren ähnlichen Vorstellung wissen, die er angesichts seiner Übersiedlungspläne nach Düsseldorf entwickelte: Robert schrieb damals an Hiller, der ihm den Vorschlag zur Übernahme des Postens als Städtischer Musikdirektor Düsseldorfs gemacht hatte, im Dezember 1849 u. a.: »Noch eines: Ich suchte neulich in einer alten Geographie nach Notizen über Düsseldorf und fand da unter den Merkwürdigkeiten angeführt: drei Nonnenklöster und eine Irrenanstalt. Die ersteren lasse ich mir gefallen allenfalls; aber das letztere war mir ganz unangenehm zu lesen. Ich will Dir sagen, wie dies zusammenhängt. Vor einigen Jahren, wie Du Dich erinnerst, wohnten wir in Maxen. Da entdeckte ich denn, daß die Hauptansicht aus meinem Fenster nach dem Sonnenstein (eine psychiatrische Klinik, U. R.) zu ging. Dieser Anblick wurde mir zuletzt ganz fatal; ja, er verleidete mir den ganzen Aufenthalt. So dachte ich denn, könne es auch in Düsseldorf sein. ... Ich muß mich sehr vor allen melancholischen Eindrücken derart in acht nehmen«.

Offenbar war Roberts psychische Verarbeitungs- und Tragfähigkeit in den Jahren 1849/50 – trotz aller äußeren Gelassenheit – doch so geschwächt, daß er sich von diesen Befürchtungen innerlich nicht distanzieren konnte und die Situation nicht durch eigenes Handeln zu bewältigen vermochte. Vielmehr neigte er dazu, eher die äußere Realität in Frage zu stellen. So fuhr er in seinem Brief an Hiller fort: »Vielleicht ist aber die ganze Notiz unrichtig, und die Anstalt dann nur ein Krankenhaus, wie sie in jeder Stadt sind«.

Ein weiterer Grund, der Robert den Aufenthalt in Dresden sehr schwierig machte, hing mit der politischen Situation zusammen. In den Jahren 1848/49 hatten die Revolutionswirren auch den Norden Deutschlands erreicht. Überall kam es zu heftigen Kämpfen, Tausende von Menschen wurden getötet. Roberts Sympathien lagen zwar prinzipiell eher bei den politischen Kräften, welche Deutschland unter einer einheitlichen Bundesregierung sehen wollten. Er fürchtete jedoch – im Gegensatz etwa zu Richard Wagner – jegliche Gewalttätigkeit so sehr, daß er unter keinen Umständen aktiv an der Revolution beteiligt sein wollte. Ich habe bereits darauf hingewiesen, daß die Wurzeln dieser Angst vor Aggression in den frühkindlichen Erfahrungen Roberts zu suchen sind: Er wuchs in einer Zeit großer politischer und sozialer Wirren auf und erlebte als Dreijähriger anläßlich der »Völkerschlacht von Leipzig« in seiner nächsten Umgebung die grauenhaften Folgen von Gewalt. Immerhin hat Robert eine Reihe von patriotischen Gesängen geschrieben (so etwa die drei Gesänge für Männerchor, op. 62, »Der Eidgenossen Nachtwache«, »Freiheitslied« und »Schlachtgesang« aus dem Jahre 1847 sowie im Jahre 1848 die Gesänge »Zu den Waffen«, »Schwarz-Rot-Gold« und ein weiteres »Freiheitslied«). Robert hoffte, daß er, bevor die Revolution Dresden erreichen würde, in einer anderen Stadt eine Anstellung finden könne.

Diese Hoffnung erfüllte sich jedoch nicht. Im Mai des Jahres 1849 kam es beim »Dresdner Mai-Aufstand« auch dort zu heftigen Kämpfen. Aus Claras Tagebuch erfahren wir, daß die Straßen verbarrikadiert wurden und »überall herrschte die größte Gesetzlosigkeit«. Am Freitag, dem 4. 5. 1849 schrieb sie in ihr Tagebuch u. a.: »Auf unsrer Promenade durch die Stadt wurde uns auch der schreckliche Anblick von 14 Toten, die tags vorher gefallen und schrecklich zugerichtet zur Schau des Publikums im Hofe des Klinikums lagen. Ich konnte diesen Anblick lange nicht vergessen, und nur die viele Aufregung, die noch folgen sollte, verwischte den schrecklichen Eindruck«. Am folgenden Tag, dem 5. Mai, sollte sich Robert bei der Bildung eine Sicherheitswache beteiligen. Zweimal verleugnete Clara ihn, als »die Leute aber drohten, ihn suchen zu wollen, flüchteten wir mit Marien zur Gartentür hinaus auf den böhmischen Bahnhof«. Die Ehegatten flohen zusammen mit der Tochter Marie, unter Zurücklassung der übrigen Kinder, in den zwölf Kilometer entfernten kleinen Ort Mügeln, damit Robert unter allen Umständen davor bewahrt bleibe, zum Waffendienst eingezogen zu werden. Das Ehepaar Schumann begab sich dann nach Maxen, wo Robert in der Obhut von Freunden blieb.

Clara hingegen, die in dieser Zeit im 7. Monat schwanger war, kehrte, begleitet von zwei anderen Frauen, nach Dresden zurück. In eindrücklicher Weise schildert sie in ihrem Tagebuch, welche ungeheuren Strapazen sie dabei auf sich nahm, als sie einen vier Kilometer langen Weg über die Felder zu Fuß zurücklegte: »Unter fortwährendem Kanonendonner gingen wir dahin, und plötzlich sahen wir, uns an die 40 Sensenmänner entgegenkommen. Wir wußten erst nicht was beginnen, doch faßten wir uns ein Herz und gingen (mit uns noch ein Mann, den wir auf dem Felde getroffen) ruhig durch. Glücklich kamen wir in die Reitbahngasse, ... Die Kinder fand ich noch schlafend, riß sie gleich aus den Betten, ließ sie anziehen, packte einige wichtige Sachen zusammen, und in einer Stunde waren wir zusammen wieder draußen auf dem Felde«. Es könnte beinahe wie Ironie anmuten, wenn Clara wenige Sätze später, als sie von ihrer Rückkehr nach Maxen schreibt, hinzufügt: »Mein armer Robert hatte auch angstvolle Stunden verbracht und war daher jetzt doppelt glücklich«. Um sicher vor den Revolutionswirren zu sein, begab sich die Familie Schumann am 11. Mai 1849 in das nahegelegene Dorf Kreischa und blieb dort bis Anfang Juni.

Zwei Dinge erscheinen mir psychodynamisch wichtig bei Roberts Verhalten anläßlich der Revolutionswirren im Mai/Juni 1849: Zum einen ist es die Tatsache, daß er die Verantwortung für seine Familie nahezu völlig Clara übergab, die diese Aufgabe trotz ihrer Schwangerschaft souverän löste; zum anderen erscheint es mir bemerkenswert, daß Robert gerade während dieser von Aggressivität erfüllten Zeit Kompositionen schrieb, über denen »ein Hauch der höchsten Friedlichkeit« schwebt, wie Clara es in ihrem Tagebuch formulierte. Auf diese beiden psychologisch bedeutsamen Phänomene soll im folgenden noch kurz eingegangen werden.

Ich habe bereits mehrfach darauf hingewiesen, daß das Kräfteverhältnis in der

Schumannschen Ehe nicht nur im subjektiven Erleben von Robert, sondern auch in der sozialen Realität unausgewogen war: Eindeutig war Clara diejenige, die etwa in finanzieller Hinsicht Wesentliches zum Unterhalt der Familie beitrug und, wie gerade ihr Verhalten während der Revolutionsereignisse zeigt, die eigentlich tragende Kraft in der Familie war. Diese offensichtliche Überlegenheit mußte für Robert, der ohnehin unter seiner Insuffizienz litt, eine schwere zusätzliche Kränkung sein. Gerade weil Claras tatkräftiger Einsatz für Robert eine große Hilfe bedeutet hatte, erlebte er seine »Krankenrolle« als um so beschämender.

Das zweite, psychodynamisch bemerkenswerte Phänomen ist die Tatsache, daß Robert noch während seines Aufenthaltes im Dorf Kreischa Werke komponierte, die wegen ihrer friedlichen Stimmung selbst Clara in Erstaunen versetzten. Dies gilt insbesondere für den Zyklus »Liederalbum für die Jugend«, op. 79 (entstanden in Dresden und Kreischa in der Zeit zwischen dem 21. April und dem 13. Mai 1849). Clara vermerkte im Hinblick auf diese Lieder in ihrem Tagebuch: »Merkwürdig erscheint es mir, wie die Schrecknisse von außen, seine innern poetischen Gefühle in so ganz entgegengesetzter Weise erweckt. Über den ganzen Liedern schwebt ein Hauch der höchsten Friedlichkeit, mir kommt alles darin wie Frühling vor, lachend wie die Blüten«. Ferner komponierte Robert während seines Aufenthalts in Kreischa fünf »Jagdlieder« für Männerchor mit Begleitung von vier Hörnern (op. 137) sowie die Motette »Verzweifle nicht im Schmerzenstal« nach Rückert, für Männerchor und Orgel. Allenfalls bei diesem letzten Werk könnte man einen gewissen Bezug zu den schrecklichen Ereignissen während der Revolution sehen (»Verzweifle nicht im Schmerzenstal, wo manches Wasser quillt aus Qual, oft braust der Sturm, und hinter ihm ein Lauschen Gottes allzumahl ...«). Doch herrscht auch hier eher eine tröstliche Stimmung vor. Und der ebenfalls im Kreischa entstandene Zyklus »Minnespiel« (nach Friedrich Rückerts »Liebesfrühling«), op. 101, spiegelt nichts von den Schrecknissen der politischen Situation wider.

Es scheint mir eine verkürzte Sicht zu sein, wenn wir das Vorherrschen einer friedlichen Stimmung in den Kompositionen dieser Zeit lediglich als Kontrastphänomen zu den politischen Wirren in der Außenwelt verstehen. Dies ist sicher auch der Fall. Hinzu kommt aber wohl noch etwas für Robert im allgemeinen Charakteristisches: Die Konfrontation mit der Grausamkeit und Gewalttätigkeit während der Revolutionswirren in Dresden hat zweifellos einen Einfluß auf Roberts eigene Aggressivität ausgeübt, die er bisher in seinem Leben immer wieder durch eine Reihe von Abwehrmechanismen in Schach zu halten versucht hatte. Wir dürfen vermuten, daß diese Impulse nun durch die politische Situation in Dresden aktualisiert worden sind und für Robert die Gefahr bestand, von seinen aggressiven Gefühlen überflutet zu werden. Es ist aus diesem Grunde verständlich, daß er Dresden unter allen Umständen verlassen *mußte,* und zwar nicht nur deshalb, weil er sich einer Rekrutierung entziehen wollte, sondern vielleicht vor allem deshalb, weil die Gewalttätigkeit in der Außenwelt dazu hätte führen können, daß seine eigenen aggressiven Impulse durchgebrochen wären. Zu der räumlichen Distanzierung vom Ort der Gewalttätigkeit kam – als weitere Strategie gegen das Durchbrechen seiner Aggressivität – dann wohl auch die Komposition ausgesprochener »friedlicher« Werke. Auf diese Weise gelang es ihm offensichtlich, sein inneres Gleichgewicht wiederzufinden. Wie die in dieser Zeit komponierten Werke erkennen lassen, war es aber nicht nur eine für sein psychisches Befinden erfolgreiche Bewältigungsstrategie, sondern auch ein kreativer Akt, mit dem es ihm gelang, großartige Werke zu schaffen. Immerhin zeigt Roberts Verhalten während der Revolution in Dresden, wie gefährdet sein psychisches Gleichgewicht war und welche großen Anstrengungen er unternehmen mußte, um die drohende Dekompensation noch einmal abzuwenden.

Wie schnell es in dieser Zeit bereits zu einem aggressiven Durchbruch kommen konnte, zeigt die folgende Episode aus dem Juni 1848, als Liszt, von Wien kommend, überraschend einen Besuch beim Ehepaar Schumann in Dresden ankündigte. Auf seine Bitte hin, am Abend Roberts Trio zu hören, gab sich Clara große Mühe, in wenigen Stunden die Mitspieler zusammenzubringen. Ferner lud sie einige ihrer Freunde ein. Liszt jedoch ließ die Gesellschaft »zwei volle Stunden warten«, wie wir aus Claras Tagebuch erfahren. Man begann schließlich mit dem D-Dur Trio von Beethoven. »Als wir auf der letzten Seite waren, da stürzte Herr Liszt zur Tür herein«, schreibt Clara. An dem daraufhin folgenden Trio von Robert habe Liszt zwar großes Gefallen gefunden, habe dann aber vom Quintett gesagt, es sei zu »Leipzigerisch«. Dieser Hinweis kränkte Robert um so mehr, als er daraus nicht nur eine Kritik an sich hörte, sondern ihn als indirekte Attacke gegen den vor kurzem verstorbenen Felix Mendelssohn empfand, der einer der engsten Freunde Roberts gewesen war. Die daraufhin gespannte Stimmung erreichte ihren Höhepunkt, als Liszt den Fauxpas beging, Meyerbeer und seine Opern auf Kosten von Mendelssohn zu preisen. Clara berichtet, daß Robert voller Zorn Liszt entgegengeschleudert habe: »Meyerbeer sei ein Wicht gegen Mendelssohn, letzterer ein Künstler, der nicht nur in Leipzig, sondern für die ganze Welt gewirkt hätte, und Liszt solle doch lieber schweigen«. Mit diesen Worten habe Robert das Zimmer verlassen. Liszt, als gewandter Weltmann, habe sich am Ende bei Clara mit den Worten verabschiedet: »Sagen Sie Ihrem Manne, nur von einem in der Welt nähme ich solche Worte so ruhig hin, wie er sie mir eben geboten«.

Zweifellos war es eine Taktlosigkeit von Liszt, sich in der geschilderten Weise abschätzig über Roberts Quintett zu äußern. Er hätte auch wissen müssen, daß es für Robert verletzend war, wenn er Mendelssohn, einen engen, erst vor kurzem verstorbenen Freund Roberts, kritisierte. Es ist angesichts dieser Situation nicht verwunderlich, daß sich Robert durch das Verhalten von Liszt tief getroffen fühlte. Dennoch zeigt ein Vergleich zwischen den beiden Männern, wie ungleich souveräner Liszt mit einer solchen Situation umgehen konnte: Robert entlud seinen Zorn gegen Liszt und verließ die Gesellschaft, Liszt hingegen vermochte sich über die Peinlichkeit der Situation ohne weiteres hinwegzusetzen und bei der Verabschiedung sowohl seinem Unmut Ausdruck zu geben als auch – zumindest indirekt – sich für sein Verhalten zu entschuldigen.

Wie erwähnt, war Anfang November 1847 Felix Mendelssohn gestorben (vermutlich an einer Aneurysma-Blutung). Robert traf dieser Verlust nicht nur deshalb besonders schwer, weil Mendelssohn einer seiner engsten Freunde gewesen war, vielmehr konfrontierte ihn diese Situation wieder mit der Realität des Todes, mit einer Erfahrung, der er zeit seines Lebens hilflos gegenübergestanden hatte. Es ist deshalb verständlich, daß der Tod des Freundes Robert zutiefst erschütterte. Von den Schumann-Biographen erfahren wir, daß der Gedanke, es könne ihm ein gleiches Ende bevorstehen, Robert seit dieser Zeit nicht mehr verlassen habe, mitunter sei er sogar fest davon überzeugt gewesen, daß er ebenfalls eines solchen Todes sterben müsse. Was der Verlust des Freundes für Robert bedeutete, können wir auch der Tatsache entnehmen, daß er ihn, wie bereits zitiert, als »hohes Gebirge ... wahren Gott« bezeichnet hatte, zu dem er aufblicke.

Angesichts dieser Situation empfand es Robert als einen weiteren, ihn in seiner Stabilität erschütternden Verlust, als bereits zwei Tage nach der Bestattung Mendelssohns Hiller, ein anderer enger Freund, Abschied von Dresden nahm. Er war zum Städtischen Musikdirektor von Düsseldorf gewählt worden und folgte diesem Ruf. Wieder verlor Robert eine enge männliche Beziehungsperson, die ihn unterstützt hatte und für Roberts inneres Gleichgewicht offensichtlich von großer Bedeutung gewesen ist. Er war es dann ja auch, der Robert im Jahre 1849 den Vorschlag unterbreitete, seine Nachfolge als Städtischer Musikdirektor Düsseldorfs anzutreten (Hiller war zu dieser Zeit nach Köln gerufen worden). Obwohl sich Robert, wie bereits ausgeführt, in Dresden nicht mehr wohl fühlte, zögerte er doch längere Zeit, ehe er das Angebot Hillers annahm (die erste Mitteilung über den freiwerdenden Dirigentenposten erhielt Robert im November 1849, der Umzug nach Düsseldorf erfolgte erst im September 1850).

Angesichts der freundlichen Aufnahme, welche die Familie Schumann in Düsseldorf erfuhr, dank der Garantie eines sicheren finanziellen Einkommens und der Möglichkeit, als Dirigent nun eigene Werke aufführen zu können, fühlte sich Robert dort zunächst recht wohl. Am 24. Oktober 1850 leitete er als Städtischer Musikdirektor das erste Abonnementskonzert der Saison 1850/51. Auf dem Programm standen: Große Ouvertüre (C-Dur, op. 124) von Beethoven; Konzert (e-Moll) für Pianoforte und Orchester von F. Mendelssohn-Bartholdy, vorgetragen von Clara; Adventlied von Rückert, Motette für Chor und Orchester von Robert; Präludium und Fuge (a-Moll) von J. S. Bach, vorgetragen von Clara; Comala von N. W. Gade. Wie dieses Programm zeigt, trat einerseits Clara als Solistin auf, andererseits konnte Robert ein eigenes Werk vorstellen.

Dieses erste Abonnementskonzert wurde vom Publikum begeistert aufgenommen. Clara notierte in ihrem Tagebuch: »Es war eine Stimmung, daß seit Mendelssohns Weggange keine solche allgemeine Begeisterung wie heute im Orchester und Chor empfunden wurde«. Es kam im Anschluß an dieses Konzert jedoch zu einem Vorfall, der wiederum deutlich werden läßt, wie wenig tragfähig Robert in dieser Zeit bereits war und wie tief er sich dadurch gekränkt fühlte, wenn er nicht die ihm gebührende Aufmerksamkeit fand. Hiller hatte bei einem Empfang nach dem Konzert einen Toast auf den neuen Musikdirektor anbringen wollen, erwähnte dabei aber unglücklicherweise nur Clara, während er Robert vergaß. Robert sei daraufhin, so erfahren wir aus Claras Tagebuchaufzeichnungen, so tief getroffen gewesen, »daß nicht viel fehlte, Robert stand auf und ging; es war mir höchst unangenehm und verstimmte uns beide total«. Bemerkenswert erscheint mir an dieser Episode, daß Robert hier, wie vielfach in diesen Jahren, sich nicht mit einer ihn kränkenden Situation direkt auseinandersetzen konnte, sondern sich zurückzog. Clara hingegen erwies sich in solchen Situationen als wesentlich souveräner, was sich zwar für die sozialen Kontakte des Ehepaars Schumann positiv auswirkte, Robert aber Claras Überlegenheit um so stärker spüren ließ.

Indes waren die finanziellen Bedingungen, die Robert in Düsseldorf geboten wurden, keineswegs besonders günstig. Man zahlte ihm dort für seine Tätigkeit ein jährliches Gehalt von 700 Talern (als Vergleiche seien genannt: Liszts Gehalt von 1000 Talern in der wesentlich kleineren Stadt Weimar plus 300 Taler für Konzerte bei Hofe; Wagner erhielt als Leiter der Dresdner Oper 1500 Taler pro Jahr).

In Düsseldorf schloß Robert im Oktober 1850 ein »Cellokonzert« (op. 129) ab und schuf dann eine neue »Symphonie in Es-Dur« (op. 97, die sog. »Rheinische«), deren Uraufführung er im Februar 1851 besorgte (vgl. *Lichtenhahn*, 1987). Es bildete sich zwar schon bald ein enger Freundeskreis von Musikinteressierten um Clara und Robert, und es wurde wieder – wie in Leipzig – die Hausmusik gepflegt, doch scheiterten diese Aktivitäten zum einen an Roberts hohen Ansprüchen an die Mitwirkenden, zum anderen (etwa bei dem im Herbst 1851 gegründeten »Singekränzchen«) daran, daß es ihm häufig nicht gelang, die anderen für seine Pläne zu gewinnen und emotional mitzureißen.

Überhaupt fiel es Robert im sozialen Kontakt wegen seiner Distanziertheit und Verschlossenheit schwer, sich in die lebhafte, gesellige Art der Menschen seiner neuen Umgebung einzufühlen und auf sie einzugehen. Diese Kontaktstörung wirkte sich besonders behindernd auf seine Tätigkeit als Dirigent und Leiter des Gesangvereins aus. Selbst v. Wasielewski, der persönlich mit Robert befreundet war und in seiner Biographie äußerst wohlwollend dem Komponisten gegenübersteht, muß einräumen: »Schumann hatte ebensowenig entschiedenes Talent zur Direktion, wie zur musikalischen Pädagogik. Zu beiden fehlten ihm die wesentlichsten Eigenschafen, zunächst aber das Vermögen, sich mit anderen in engen Rapport zu versetzen, ihnen seine Intentionen klar und anschaulich zu machen; dies deshalb, weil er entweder gar nicht, oder doch so leise sprach, daß er nur selten dem Wortlaute nach verstanden wurde. Dann auch mangelte ihm die physische Ausdauer und Energie zu einem Direktorialposten; er war immer sehr bald erschöpft und mußte von Zeit zu Zeit im Verlaufe einer Probe ausruhen. Endlich entbehrte er Massen gegenüber der erforderlichen Um- und Übersicht. Dagegen hatte er wiederum für sich: eine hochbedeutende, verehrungswürdige künstlerische Persönlichkeit, der eine ernste, würdevolle und ehrfurchtgebietende Haltung eigen war. Letzterer, so wie dem Umstande, daß er Chor und Orchester in einem wohlgeordneten Zustande vorfand, ist es zuzuschreiben, wenn etwa die erste Hälfte seiner Düsseldorfer Wirksamkeit von guten, erfreulichen Erfolgen begleitet war ... So blieb das Unzureichende seiner Direktorialbefähigung zunächst den Uneingeweihten verhüllt«.

Nach dem freundlichen Empfang in Düsseldorf und den guten Erfahrungen, die Clara und Robert bei ihren ersten musikalischen Aktivitäten gemacht hatten, stellte sich jedoch schon bald eine gewisse Ernüchterung bei ihnen ein. Wiederholt finden sich in ihren Tagebüchern kritische Anmerkungen über ihre unbefriedigende Wohnsituation sowie über die Mentalität der Düsseldorfer Bevölkerung. So lesen wir etwa bei Clara bereits am 1. Oktober 1850, nachdem sie sich über den Lärm auf der Straße, über Leierkästen, schreiende Buben, Wagen usw. beklagt hat (weil diese Robert in eine »höchst nervöse, gereizte, aufgeregte Stimmung« versetzten): »Ferner kann ich mich durchaus nicht in die untere Klasse von Leuten hier finden, die fast durchgängig grob, übermütig und prätentiös ... sind; sie betrachten sich ganz unsersgleichen, nicht Guten Tag geben sie einem – es ist, als müßte man es für eine Gnade ansehen, wenn sie einem etwas machen, und von Wort halten wissen sie alle nichts ... den ganzen Tag möchte ich weinen!«. Selbst in die Schilderung von erfreulichen Ereignissen wie Einladungen mischen sich immer wieder kritische Töne, etwa wenn Clara am 21. Oktober 1850 in ihrem Tagebuch notierte: »Besonders fällt einem das heitere, ungezwungene Wesen der Damen auf, was wohl freilich auch zuweilen die Grenzen der Weiblichkeit und des Anstandes überschreiten mag; so erzählte mir wenigstens ..., das eheliche Leben soll hier mehr französischer, leichter Art sein«.

Vergleicht man Roberts introvertiertes Verhalten, seine Neigung, sich – wenn überhaupt – nur einem kleinen Kreis von Vertrauten zu eröffnen, mit der extravertierten, lebenslustigen und zum Teil »derben« Art der Rheinländer, so muß es nicht verwundern, daß es zunehmend zu sozialen Schwierigkeiten kam. In Claras kritischen Bemerkungen sind bereits diese Divergenzen sichtbar geworden. *Litzmann* (1905) hat insbesondere darauf hingewiesen, daß das Nichteingehen auf den kordialen Ton der Rheinländer von diesen als Hochmut oder Geringschätzung ihnen gegenüber empfunden wurde, worauf sie ihrerseits mit Ablehnung reagierten. Diese Verschiedenheit in den Charakteren und in den sozialen »Spielregeln« trugen den Keim zu vielfältigen Mißverständnissen und Unstimmigkeiten zwischen dem Ehepaar Schumann und der Bevölkerung Düsseldorfs in sich. Die seit 1851 immer spürbarer werdenden Spannungen zwischen Robert und den Chor- und Orchestermitgliedern sind letztlich nur der am deutlichsten sichtbare Ausdruck dieser auch in anderen Bereichen bestehenden Probleme. Die Situation hätte sich jedoch nicht so dramatisch zugespitzt, wenn Robert in dieser Zeit noch über eine größere psychische Widerstandsfähigkeit verfügt hätte.

Nachdem die ersten von Robert geleiteten Konzerte begeistert aufgenommen worden waren, kam es im März 1851 zu einem ersten Mißton in der bisherigen Harmonie – wobei sich an diesem Beispiel zeigt, daß für Robert in dieser Zeit

Kränkungen nicht nur sehr schmerzlich waren, sondern daß er dazu neigte, solche Erfahrungen paranoid zu verarbeiten. Nach dem 8. Abonnementskonzert war in der »Düsseldorfer Zeitung« eine scharfe, z. T. gehässige Kritik erschienen, die vor allem an Roberts Konzertleitung geübt wurde. Robert vermutete (es ist unklar, ob zurecht oder nicht) hinter dem Verfasser ein Mitglied der Konzertkommission, die ihn nach Düsseldorf berufen hatte, und fühlte sich deshalb hintergangen und zutiefst gekränkt. Als ein weiteres Konzert kühl aufgenommen wurde, witterte er dahinter eine Verschwörung. Zunehmend kam es zu Schwierigkeiten mit den Orchestermitgliedern und den Chorsängern, denen gegenüber sich Robert nicht zu behaupten vermochte. Diese Probleme eskalierten vor allem in der zweiten Konzertsaison: Die Musiker zeigten sich immer weniger kooperativ, das Publikum verhielt sich kühler, und Robert reagierte darauf wieder mit der paranoiden Vermutung, er sei das Ziel einer Verschwörung.

Es ist bemerkenswert, daß Clara, die Roberts Begrenztheiten sonst zumeist recht realistisch gesehen hatte, in dieser Situation wenig kritisch war. Sie sah die Schuld an den Spannungen zwischen Robert und den Chor- und Orchestermitgliedern ausschließlich bei den letzteren und brachte dies in ihrem Tagebuch etwa mit den Worten zum Ausdruck: »Die Leute sind oft recht unverschämt hier, und da ist wahrhaftig kein langes Bleiben; es stellen sich auch allerlei große Mängel jetzt heraus. Der Gesangverein ist ganz im Untergehen, kein Eifer, keine Liebe zur Sache da, und das Orchester ist vorderhand noch nicht einmal zur Not vollständig ... die Herren und Damen kommen ja nicht in den Verein, um etwas zu lernen, nein sie wollen sich eben nur amüsieren, und da zeigt sich dann ihre Unlust ohne Rückhalt. – Die Leute haben hier weder Respekt vor der Kunst noch vor dem Dirigenten! und so soll es immer gewesen sein!« (6. 9. 1851). Eine ähnlich einseitige Sicht nahm sie beispielsweise auch in ihrer Tagebuchnotiz vom 30. 3. 1852 ein, als sie nach einer Probe zur Matthäuspassion schrieb: »Im Verein fehlt jetzt wahrhaftig jede Spur von Eifer! Die Damen tun den Mund kaum auf, und sie benehmen sich (einige gebildete natürlich ausgenommen) so unartig, setzen sich beim Singen, werfen die Füße und Hände um sich, wie so recht ungezogene Jungen, daß es mir immer im Herzen kocht, und wahrhaft könnte mir nichts lieber sein, als wenn Robert sich ganz von dem Verein zurückzöge, denn es ist eine seinem Range nicht würdige Stellung«.

Bei der Suche nach den Motiven dieser – für Clara so untypischen – einseitigen Sicht stoßen wir auf verschiedene Gründe. Zum einen identifizierte sie sich offensichtlich in so weitgehendem Maße mit Robert, daß sie seine Beurteilung der Situation weitgehend unkritisch übernahm. Dies scheint mir jedoch nur ein vorgründiges Motiv zu sein. Daneben mag eine Rolle gespielt haben, daß sie in Anbetracht von Roberts zunehmender Gereiztheit sich auch davor fürchtete, sich ihm gegenüber kritisch zu äußern. Hinzu kam sicher auch die sich bereits in früheren Tagebucheintragungen Claras äußernde Abneigung gegen die Düsseldorfer Bevölkerung und ihre Lebensart. Wie *Ostwald* (1985) vermutet, mag schließlich auch ein mehr oder weniger unbewußter Einfluß Friedrich Wiecks eine Rolle gespielt haben. Er hatte ja vehement die Ansicht vertreten, Robert sei unfähig, eine Familie zu unterhalten, und er hatte ein böses Ende dieser Ehe prophezeit. Es ist sehr wohl möglich, daß Clara zwar spürte, daß Robert seine Verpflichtungen als Musikdirektor Düsseldorfs im Grunde nicht erfüllen konnte, sie mußte diese Einsicht aber verleugnen, weil sonst ihre Schuldgefühle dem Vater gegenüber allzu mächtig geworden wären.

Es wäre indes zu einseitig, Roberts paranoide Verarbeitungen, wie er sie bei den Auseinandersetzungen mit Chor und Orchester erkennen ließ, nur als pathologische Phänomene anzusehen. Vielmehr unternahm Robert mit solchen Konstruktionen den Versuch, sich selbst eine ihm unfaßbare innere und äußere Situation zu »erklären« und damit zu strukturieren. Ich bin bereits bei der Erwähnung von Roberts Aussöhnung mit Friedrich Wieck auf die psychologische Bedeutung derartiger paranoider Verarbeitungen eingegangen. Robert befand sich 1851/52 in Düsseldorf in einer im Grunde desolaten Situation: Er spürte seine zunehmende Unfähigkeit zur Kommunikation mit den Mitmenschen (worunter vor allem seine Arbeit mit dem großen Chor und Orchester erheblich litt), er war Kränkungen gegenüber nur noch wenig resistent und suchte, um nicht in Verzweiflung zu versinken und in Panik zu geraten, nach »logischen«, *außerhalb* seiner selbst liegenden Erklärungen (wie er es ja auch angesichts seiner Befürchtung, in Düsseldorf in die Nähe einer psychiatrischen Klinik zu geraten, getan hatte).

Es spricht einerseits für die Effizienz dieser Verarbeitungsmechanismen und andererseits für die Stärke der gesunden Anteile in Roberts Persönlichkeit, daß es ihm trotz all diesen Belastungen möglich war, weiterhin schöpferisch tätig zu sein. Während seines Aufenthaltes in Düsseldorf entstand eine große Zahl von Werken, mehr als ein Drittel von Roberts gesamtem Oeuvre! Darunter befinden sich etwa die »Sieben Klavierstücke in Fughettenform« (op. 126), die »Gesänge der Frühe« (op. 133), der Zyklus »Kinderball« (op. 130), eine große Zahl von Liedern (die Opera 104, 107, 117 und 119), die beiden Violinsonaten (op. 105 und 121), das g-Moll-Trio (op. 110), die »Märchenerzählungen« für Violine und Klavier (op. 132), die »FAE-Sonate« für Violine und Klavier (ohne Opuszahl), die Ouvertüren zur Shakespeares »Julius Caesar« (op. 128), zu Goethes »Hermann und Dorothea« (op. 136), das Oratorium »Der Rose Pilgerfahrt« (op. 112), verschiedene Chorwerke wie »Der Königssohn« nach Uhland (op. 116), das »Rheinweinlied« (op. 123), »Des Sängers Fluch« nach Uhland (op. 139), »Vom Pagen und der Königstochter« nach Geibel (op. 140), »Das Glück von Edenhall« nach Uhland (op. 143), das »Neujahrslied« nach Rückert (op. 144) sowie eine Messe und ein Requiem (op. 147 und 148). Ferner überarbeitete Robert seine 1841 komponierte, heute als 4. bezeichnete d-Moll-Symphonie (op. 120). Schließlich überarbeitete er während seines Aufenthaltes in Düsseldorf auch eine Reihe von früher komponierten Werken (beispielsweise die Opera 5, 13 und 14). Auf die psychologische Bedeutung dieser Überarbeitungen soll später noch ausführlicher eingegangen werden.

Einer besonderen Erwähnung bedarf noch Roberts in der Düsseldorfer Zeit gefaßter Plan, ein großes »Luther«-Oratorium zu komponieren. Bei der Wahl dieses Stoffes ging es ihm nicht in erster Linie um die religiöse Dimension. Er wollte vielmehr in Luther den »Volksmann« (wie er in einem Brief an Pohl vom 25. 6. 1851 formulierte), den Begründer einer Nationalkirche, musikalisch porträtieren. Entsprechend seiner bereits zitierten Ansicht, »das Oratorium müßte für Kirche *und* Konzertsaal passend sein«, wollte Robert ein großartiges Werk komponieren, die Schlußsteigerung sollte der Choral »Eine Feste Burg« darstellen.

Ganz offensichtlich suchte Robert in der Gestalt Luthers musikalisch ein starkes männliches Idealbild zu gestalten. Dieses Bedürfnis nach Leitbildern, nach Stabilität und kollektiver Geborgenheit war, wie *Probst* (1975) ausführt, für die Religiosität vieler Künstler des 19. Jahrhunderts charakteristisch. Berücksichtigen wir jedoch Roberts lebenslange Suche nach »hohen Menschen«, an die er sich anlehnen und an denen er sich orientieren konnte, so erhält seine Wahl dieses Sujets eine wichtige persönliche Dimension. Aus Roberts Briefwechsel mit dem Librettisten R. Pohl wissen wir, daß das geplante Oratorium den Reformator vor allem als »einen geraden, männlichen und auf sich selbst gegründeten« Menschen darstellen sollte (Brief an R. Pohl vom 13. 5. 1851). Dementsprechend »müßte ... auch die Musik sein, weniger kunstvoll als durch Kürze und Kraft und Klarheit wirkend« (14. 2. 1851).

Wie schon bei seinen früheren Oratorien- und Opernplänen spielten zweifellos für Robert verschiedene Motive eine Rolle. Neben den bereits erwähnten Motiven (Verbesserung seiner finanziellen Situation, Anerkennung bei einem breiteren Publikum) war bei der Wahl des »Luther«-Stoffes sicher ausschlaggebend, daß Robert sich eine männliche Idealgestalt schaffen wollte, die zur Verstärkung seiner brüchigen männlichen Identität beitragen und ein Gegengewicht gegen Claras immer größer werdende Überlegenheit bieten könnte. Indes spürte Robert offensichtlich, daß er sich mit einer solchen Aufgabe überfordern würde. So lehnte er etwa auch Pohls Vorschlag ab, eine monumentale Reformationstrilogie zu komponieren, die nicht nur einen Abend lang, sondern an drei aufeinanderfolgenden Abenden aufgeführt werden sollte. Vielleicht hat Robert aber auch gespürt, daß er, selbst wenn ihm ein solches Riesenprojekt gelungen wäre, auch dadurch letztlich nicht die erhoffte innere Stabilität hätte finden können.

Das geplante »Luther«-Oratorium scheiterte jedoch schon im Anfangsstadium. Robert konnte keine Übereinstimmung mit dem Librettisten Pohl finden und verwarf daraufhin das ganze Projekt. Es erscheint mir bei einer psychologischen Betrachtung bemerkenswert, daß beide Oratorien, in denen Robert männliche Heroen darstellen wollte (Byrons »Manfred« und das »Luther«-Oratorium) Fragmente blieben bzw. bereits im Planungsstadium scheiterten. Man darf aufgrund dieses Sachverhalts vermuten, daß es ihm offensichtlich nicht möglich war, *aus sich selbst heraus* musikalisch einen »hohen Menschen« zu schaffen, der ihm als Leitfigur hätte dienen können.

Angesichts dieser Situation erscheint es mir psychologisch durchaus plausibel, daß sich Robert nach dem Scheitern des »Luther«-Projekts einem völlig andersartigen Oratorien-Stoff zuwendete, nämlich dem sentimental-mystischen Libretto »Der Rose Pilgerfahrt«. Hier wird das Bild einer ländlichen

Idylle, einer heilen bürgerlichen Welt gezeichnet, der illusionäre Zustand eines friedlichen und einfachen Familienlebens in ländlicher Abgeschiedenheit. Mit Recht betont deshalb *Probst* (1975), daß »Der Rose Pilgerfahrt« Roberts Rückzug aus der großen Öffentlichkeit ins »Eng-Behagliche« darstellt, eine Regression in den mütterlichen Schoß der Natur für den, der sich vor dem Leben fürchtet. Während beim »Luther«-Projekt die Rede von Kraft und männlicher Stärke war, steht nun in »Der Rose Pilgerfahrt« wieder eine weibliche Hauptgestalt im Zentrum des Geschehens, und es wird dargestellt, daß sich erst im häuslichen Kreis »wahre Menschlichkeit« entfalten könne, während das Leben »draußen« Kampf bedeute. Auch dieser Sujet-Wechsel zeigt uns, daß es Robert nicht mehr möglich war, Sicherheit in seiner männlichen Identität zu finden. Das Aufgeben des »Luther«-Planes und die Komposition der »Rose« zeigt vielmehr, daß sich Robert letztlich nicht aus dem Bereich des Weiblichen befreien konnte (in der aktuellen Situation repräsentiert durch die immer überlegener werdende Clara, die aber letztlich nur Repräsentantin seiner Mutter war, aus deren Symbiose sich Robert – zumindest in diesen Jahren – nicht mehr zu lösen vermochte).

Im Sommer 1852 erkrankte Robert nach einem Wohnungswechsel an »Rheumatismus« und hartnäckigen Schlafstörungen. Wir müssen uns fragen, ob diese Beschwerden nur durch die offenbar tatsächlich ungemütliche neue Wohnung bedingt waren, oder ob sich hierin nicht auch andeutete, in welch hohem Maße er in dieser Zeit in seiner inneren Stabilität von äußerer Konstanz abhängig war. Eine Badekur im August 1852 führte für Robert zu einer gewissen Besserung. Clara indes erlitt infolge der kalten Seebäder eine Fehlgeburt. Doch schon bald nach der Rückkehr nach Düsseldorf setzten wieder Roberts Schwindelanfälle und akustische Halluzinationen (in Form des schon früher aufgetretenen bohrenden Tones) ein.

Da Robert in diesem Zustand seinen Dirigenten-Verpflichtungen nicht gewachsen war, berief man als interimistischen Leiter Julius Tausch (der später, ab 1855, sein Nachfolger wurde). Als Robert im Dezember 1852 wieder die Leitung der Sinfoniekonzerte übernahm, kam es, wie schon in der letzten Konzertsaison, zu großen Schwierigkeiten. Diese fanden ihren Höhepunkt darin, daß drei Mitglieder der Direktion des Gesang-Musikvereins einen (undatierten, aber am 13. Dezember 1852 zugestellten) Brief an Robert richteten. Sie forderten ihn auf, seine Dirigiertätigkeit einzuschränken, wenn nicht sogar sein Amt völlig niederzulegen. Der Streit wurde im Dezember 1852 beigelegt, und die Urheber des diskriminierenden Briefes mußten sich bei Robert »in demütigster Form« entschuldigen.

Mit dem Beginn des Jahres 1853 setzten die Vorbereitungen zum 31. Niederrheinischen Musikfest ein, bei dem Robert erfolgreich mitwirkte. In Anbetracht seiner schlechten gesundheitlichen Verfassung konnte er seine Dirigentenaufgaben nur mit Mühe und eisernem Willen erfüllen. Immerhin brachte er am ersten Tag des Musikfests, dem 15. März 1853, Händels »Messias« und seine eigene Symphonie in d-Moll zur Aufführung. Die letztere wurde mit ungewöhnlichem Enthusiasmus vom Publikum aufgenommen, und Robert wurde mit einer

Herzlichkeit gefeiert, wie er sie in Düsseldorf zuvor nicht erlebt hatte. Wegen seiner angegriffenen Gesundheit hatte er hingegen für die nächsten Tage des Musikfestes Hiller und Tausch gebeten, das Dirigentenamt zu übernehmen.

Nach Roberts großem Erfolg mit seiner d-Moll-Symphonie wurde Hillers Aufführung der Neunten Symphonie von Beethoven sowie *Joseph Joachims* Vortrag des Beethovenschen Violinkonzertes zu einem Ereignis des Niederrheinischen Musikfestes. Von diesem Konzert des damals 22jährigen Geigers Joachim rührte dessen Freundschaft mit dem Ehepaar Schumann. Da Joachim in Roberts letzten Lebensjahren und nach seinem Tode eine wichtige Rolle spielte, soll im folgenden etwas ausführlicher auf seine Person und seine Beziehung zum Ehepaar Schumann eingegangen werden.

Der Geiger war als siebtes von acht Kindern einer jüdischen Familie in einem kleinen Dorf Ungarns aufgewachsen. Es besteht insofern eine gewisse Parallele zu Robert, als der Gesang auch bei Joseph Joachim in der Kindheit eine besondere Rolle gespielt hatte: Von seinem Biographen *Andreas Moser* (1908) erfahren wir, daß die Schwester Joachims, ähnlich wie Roberts Mutter, sehr viel gesungen habe und daß ihre Stimme einen unauslöschlichen Eindruck auf den Geiger ausgeübt habe. Schon früh habe er ein großes Interesse an Musikinstrumenten entwickelt. Sein Vater habe ihn deshalb nach Budapest zu einem der besten Violinlehrer, Stanislaus Serwaczýnski, geschickt. Sein erstes öffentliches Rezital gab Joachim im Alter von acht Jahren. Er wurde daraufhin nach Wien geschickt, wo er Schüler des bekannten Violinisten Joseph Böhm wurde.

Von Joachims Biographen Moser wissen wir, daß die frühe Trennungserfahrung, die Joseph Joachim erleben mußte, einen tiefen, nachhaltigen Einfluß auf ihn ausgeübt hat. So soll er lebenslang Schwierigkeiten gehabt haben, sich in emotional tiefergehende Beziehungen einzulassen. Sein persönliches Motto war deshalb »Frei aber einsam« (ein Motto, zu dem später Robert, zusammen mit Albert Dietrich und Johannes Brahms, eine Violinsonate komponiert hat).

Im Mai des Jahres 1853 war Joachim Konzertmeister am Hofe von Hannover. Kurz vorher hatte er Weimar verlassen, wo er unter Liszt gespielt hatte. Joachim fühlte sich in dieser Zeit in Hannover aber sehr einsam und sozial weitgehend isoliert. Sein Auftritt beim Niederrheinischen Musikfest in Düsseldorf war ein großer Erfolg. Clara schrieb nach dem Konzert in ihr Tagebuch:

»Joachim war die Krone des Abends. Haben wir andern auch wohl Beifall gehabt, wurde auch mir von seiten des Orchesters nach Roberts Konzert ein Lorbeerkranz und großer Beifall von Publikumsseite, so errang doch Joachim mit dem Beethovenschen Konzert den Sieg über uns alle – er spielte aber auch mit einer Vollendung und einer so tiefen Poesie, so ganz Seele in jedem Tönchen, wirklich idealisch, daß ich nie solch Violinspiel gehört, und ich kann wohl sagen, nie von einem Virtuosen solch einen unvergeßlichen Eindruck empfangen habe. Und wie wurde das geniale Werk begleitet, mit welcher Vollendung! Es war, als beherrsche das ganze Orchester eine heilige Andacht«.

Auch Robert war sowohl von den künstlerischen Qualitäten des 22jährigen Geigers als auch von seiner persönlichen Art begeistert. Joachim seinerseits war froh, von einem von ihm so verehrten Manne wie Robert Schumann freundlich empfangen zu werden und bei ihm auf Interesse an seinen eigenen Kompositionen zu stoßen. Am 4. 6. 1853 schickte Joachim Robert seine Hamlet-Ouvertüre, am 28. August traf er selber in Düsseldorf ein, um die letzten Tage seines Urlaubs mit dem Ehepaar Schumann zu verbringen. Robert äußert sich in seinem Tagebuch überschwenglich über den jungen Geiger, etwa wenn er schreibt »Joachim wundervoll«, »Joachim alles bezaubernd« oder »früh und abends mit Joachim musiziert. Schöne Stunden«.

Joachim konnte nur wenige Tage bei den Schumanns verbringen, besuchte sie aber schon wenige Wochen später noch einmal auf seinem Wege zum Karlsruher Musikfest. Wieder musizierten Clara, Robert und Joseph Joachim viel miteinander, u. a. auch Roberts Phantasie für Violine. Clara schrieb darüber in ihr Tagebuch: »Wir musizierten viel, vor allem war es ein herrlicher Genuß, Roberts ... Phantasie für Violine von ihm zu hören, und er mußte sie uns dreimal spielen«. Als Joachim zum Schluß noch einmal die a-Moll-Sonate (op. 105) spielte, empfand Clara dies als »so tief ergreifend, daß es einem an die innersten Saiten des Herzens schlug; so hatte ich es mir wohl immer gedacht, daß es klingen müßte, aber nie gehört«.

In der Folge besuchte Joachim das Ehepaar Schumann wiederholt. Er war es auch, der Robert nach dessen Hospitalisierung in der Psychiatrischen Klinik Endenich dort mehrfach besucht hat. Schließlich spielte Joachim, zusammen mit Clara und Brahms, nach Roberts Tod eine wesentliche Rolle bei der Entscheidung über das weitere Schicksal von Roberts letzten Kompositionen. Ich werde später diese Probleme noch ausführlicher darstellen.

Betrachten wir die Art der Beziehung zwischen Robert und Joseph Joachim, so fällt auf, mit welcher Begeisterung Robert diesem jungen Manne begegnete und wie schnell sich eine überaus herzliche, ja geradezu schwärmerische Beziehung zwischen den beiden Männern entwickelte. Dies ist um so bemerkenswerter, als Robert im allgemeinen außerordentlich zurückhaltend war und seine Gefühle anderen Menschen gegenüber nur schwer zu äußern vermochte. Wir müssen uns deshalb fragen, warum gerade die Beziehung zu Joseph Joachim eine ganz andere Prägung erhielt. Es sei an dieser Stelle bereits vorwegnehmend darauf hingewiesen, daß wir eine ganz ähnliche Art der Beziehung zwischen Robert und Johannes Brahms feststellen können (Brahms machte am 30. September 1853 seinen Antrittsbesuch im Hause Schumann).

Es war indes nicht das erste Mal in Roberts Leben, daß ein junger Mann in ihm Gefühle einer schwärmerischen Freundschaft hervorzurufen vermochte. Wie bereits ausgeführt, teilte Robert im Jahre 1833 sein Zimmer in Leipzig mit dem gleichaltrigen Pianisten Ludwig Schunke. Soweit bekannt, hatten sich die beiden jungen Männer in einem Restaurant getroffen, und Robert fühlte sich, wie er später selber mitteilte, sofort von Schunke sehr angesprochen. Aus allem, was wir von den Schumann-Biographen über diese Beziehung wissen, geht hervor, daß sie – zumindest in Roberts Erleben – einen ausgesprochen fusionären Charakter aufwies. Ob man allerdings so weit gehen kann wie *Ostwald* (1985), der vermutet, daß es sich hier um eine manifest homosexuelle Beziehung gehandelt habe, erscheint mir aufgrund aller uns vorliegenden Zeugnisse fraglich.

Vergleichen wir die Art der Beziehung, die Robert mit Ludwig Schunke unterhalten hatte, mit der zu Joseph Joachim und Johannes Brahms, so lassen sich bei allen individuellen Unterschieden doch einige bemerkenswerte Gemeinsamkeiten feststellen. Es ist insbesondere der schwärmerisch-begeisterte Ton, in dem Robert sich über die Freunde äußerte. Es schwingt in diesen Beziehungen deutlich eine homoerotische Komponente mit, die jedoch mit einer manifesten homosexuellen Beziehung nichts zu tun hat. Fragen wir uns, welches die tieferen Motive für Roberts Begeisterung über Joseph Joachim (und später in ganz ähnlicher Weise über Johannes Brahms) waren, so erscheinen mir die beiden folgenden Aspekte wichtig:

Als einen ersten Grund für die schwärmerische Begeisterung, die Robert Joseph Joachim gegenüber empfand und äußerte, könnte man eine homoerotische Komponente annehmen, wie sie bereits in der Beziehung zu Ludwig Schunke zum Ausdruck gekommen war. Homoerotisch darf hier nicht mißverstanden und mit »homosexuell« gleichgesetzt werden. Es ist damit vielmehr eine Beziehungsform gemeint, in welcher der Wunsch nach einer narzißtischen Anlehnung mit dem Ziel einer Verstärkung der männlichen Identität vorherrscht. In Anbetracht von Roberts brüchiger und zu dieser Zeit besonders geschwächten Identität liegt es nahe, daß er eine solche fusionäre, seine Männlichkeit stärkende Beziehung suchte und beglückt erlebte, daß er sie in der Freundschaft zu Joseph Joachim gefunden hatte.

Hinzu kommt, daß es nun nicht, wie in der Beziehung zu Mendelssohn oder bei den Gestalten seiner Werke »Manfred« und »Luther«, männliche Heroen waren, die Robert als sich weit überlegen erlebte und zu denen er aufschaute. Vielmehr waren Joachim und Brahms junge Männer, für die umgekehrt Robert der ältere, ihnen überlegene Mann war, an den sie sich anlehnen konnten. Durch diese Beziehungsstruktur erfuhr Robert nicht nur eine Stärkung seiner männlichen Identität, sondern er erlebte zugleich auch beglückt, daß er für Menschen, die er selber hoch einschätzte, eine Idealfigur darstellte.

Ein zweites Motiv für die Begeisterung, die Robert Joseph Joachim gegenüber empfand, dürfte darin liegen, daß er sich durch die Jugendlichkeit und die Lebendigkeit seines jungen Freundes angesprochen fühlte. Er, der nun bereits in seinem 43. Lebensjahr stand, zwar vieles erreicht hatte, aber auch – gerade in seinen ehrgeizigsten Plänen (als Opernkomponist und als Dirigent) – sich enttäuscht sah, erlebte in Joachim (und später in Brahms) die großen Möglichkeiten, die der Jugend offenstehen. Die ihn mitreißende Art seiner Freunde ließ ihn auch – zumindest für kurze Zeit – seine soziale Isoliertheit vergessen. Joachim und Brahms wurden für Robert dadurch zu Sinnbildern einer besseren Zukunft. Dieses Erleben wurde noch dadurch begünstigt, daß sie, wie beschrieben, für Robert Selbst-Objekte darstellten. Durch die fusionäre Verbindung mit ihnen hatte er selber teil an ihren Erfolgen und an ihrer sozialen Offenheit. Es ist indes charakteristisch für Robert, daß Bewältigungsstrategien wie die hier beschriebenen niemals lediglich zur Verarbeitung innerseelischer Konflikte dienten, sondern stets auch Ausdruck fanden in kreativen musikalischen Schöpfungen. So inspirierte die Freundschaft zu Joachim und Brahms Robert u. a. etwa zu einer Violinfantasie (C-Dur, op. 131), zu einem Violinkonzert und zur sog. FAE-Sonate (diese Werke sollen später noch diskutiert werden).

Es ist noch auf eine andere Persönlichkeit einzugehen, die für Robert während seiner letzten Lebensjahre und bis über seinen Tod hinaus von besonderer Bedeutung war: *Wilhelm Joseph von Wasielewski* (1822–1896. Ich stütze mich im folgenden vor allem auf die Ausführungen von *Federhofer-Königs*, 1984b).

Die Bekanntschaft der beiden Männer reichte bis in das Jahr 1843 zurück. Der damals 22jährige von Wasielewski kam an das Konservatorium in Leipzig, um dort bis 1845 u. a. bei F. David und F. Mendelssohn-Bartholdy zu studieren. Er lernte in dieser Zeit auch Robert kennen und spielte als Geiger sowohl im privaten Kreis als auch öffentlich wiederholt mit Robert und Clara. Bei einer privaten Feier nach der Uraufführung der »Genoveva« im Juni 1850 bat von Wasielewski Robert, ihm nach Düsseldorf folgen zu dürfen. Robert war damit einverstanden, und von Wasielewski erhielt in Düsseldorf die Stelle eines ersten Geigers (ab 15. 10. 1850).

Aus dieser beruflichen Zusammenarbeit entwickelte sich in der Folge eine enge freundschaftliche Verbindung. Von Wasielewski musizierte oft mit Robert und Clara, er unternahm fast täglich Spaziergänge mit Robert durch den Hofgarten oder am Rhein entlang, er war ihm beim Abschreiben vom Partituren behilflich und stand so hoch in Roberts Wertschätzung, daß dieser wiederholt Änderungen an seinen Werken aufgrund von Vorschlägen von Wasielewskis vornahm (so z.B. an den Violinsonaten a-Moll, op. 105, und d-Moll, op. 121). Seinen Dank für die Freundschaft und die vielfältige Unterstützung bekundete Robert dadurch, daß er dem Geiger seine »Märchenbilder« (op. 113) widmete. Das Dedikationsexemplar trägt den Vermerk in Roberts Handschrift: »Erinnere Sie, lieber Wasielewski, dieses Heft an manche zusammen verlebte Stunden, die Ihre Kunst auch mir zu unvergeßlichen gemacht. Düsseldorf, den 10. Juli 1852. Robert Schumann«.

Auch in den letzten Lebensjahren, während der Hospitalisierung in Endenich, brach der Kontakt zu von Wasielewski nicht ab. Neben Brahms und Joachim war er einer der wenigen, die Robert in der Psychiatrischen Klinik besuchten. Nach *Federhofer-Königs* unterbreitete von Wasielewski vermutlich erstmals im August 1853 (er war damals Bonner Musikdirektor) Clara seinen Plan, eine Biographie über Robert zu schreiben. Clara antwortete ihm, daß sie sehr erfreut über diesen Vorschlag sei. Robert wolle ihm Material zur Verfügung stellen, falls von Wasielewski dies benötige. Robert bot sogar an, von Wasielewski seine gesammelten Aufsätze, die er gerade erst zusammengestellt hatte, für 14 Tage zu überlassen und ihm ein Verzeichnis seiner Kompositionen zuzustellen.

Bis zum April 1854 bestand, wie Federhofer-König nachweist, zwischen Clara und von Wasielewski eine herzliche Beziehung, die jedoch Ende April völlig abbrach. Clara notierte am 27. 4. 1854 in ihrem Tagebuch: »Wasielewski war am Montag hier – er war herzlos genug, beinahe den ganzen Tag hier zu sein, ehe er zu mir kam; dann traf er mich nicht . . . und so habe ich ihn gar nicht gesehen«.

Erst nach Roberts Tod wurde die Beziehung wieder angeknüpft. Von Wasielewski berichtete Clara in seinem Kondolenzschreiben u.a. davon, daß sein Biographie-Manuskript schon recht weit gediehen sei. Clara stand in dieser Zeit seinem Vorhaben zwar noch prinzipiell positiv gegenüber, war aber nicht mehr bereit, ihm irgendwelches Quellenmaterial zu überlassen. Anfang Oktober 1856 erfolgte jedoch Claras endgültige Absage: Sie wolle das Biographie-Projekt von Wasielewskis nicht mehr unterstützen, denn sie »habe in Absicht, in späteren Jahren selbst eine Biographie vorzunehmen«.

Soweit bekannt ist, las Clara die von von Wasielewski verfaßte Biographie nie. Nach *Litzmann* (1905) hatte sie, als sie sich im März 1858 bei Freunden in Zofingen aufhielt, »das Malheur . . . , den ersten Blick (in die Biographie) zu tun« (ihre ablehnende Haltung soll, nach *Federhofer-Königs*, vor allem durch den Einfluß von Brahms bedingt sein). Auch wenn sich aus unserer heutigen Sicht manches kritisch gegen die von von Wasielewski verfaßte Schumann-Biographie (vor allem gegen seine Stellungnahmen zu manchen Werken Roberts) einwenden läßt, muß man mit *Federhofer-Königs* doch sagen, daß diese erste Biographie (vor allem in ihrer letzten Ausgabe aus dem Jahre 1906) in ihrem historischen Teil eine außerordentlich wertvolle Informationsquelle über das Leben Robert Schumanns darstellt.

Nach Roberts großem Erfolg beim 31. Niederrheinischen Musikfest fühlte er sich zunächst körperlich und psychisch einigermaßen wohl. Doch verschlechterte sich sein Gesundheitszustand im Sommer 1853 nochmals: Er erlitt bei einer Reise nach Bonn einen »Nervenschlag« oder, wie der hinzugezogene Arzt Dr. Domenicus Kalt konstatierte, einen »Hexenschuß«. Nach *Ostwalds* (1985) Recherchen kann es sich bei der von Dr. Kalt vorgenommenen Untersuchung allerdings nur um eine sehr kurze Konsultation gehandelt haben, da der Arzt (wie sich aus Roberts Haushaltsbuch entnehmen läßt) lediglich 1.15 Taler erhalten hat. Erst viele Jahre später, längst nach Roberts Tod, entstand das Gerücht, Dr. Kalt habe beim Verlassen des Hotels, in dem sich Robert in dieser Zeit aufhielt, jemandem gegenüber geäußert, der Komponist leide an einer »unheilbaren Geisteskrankheit (Gehirnerweichung)«. *Ostwald* hält diese von *Rehberg* (1954) geäußerte Hypothese für sehr fragwürdig und historisch in keiner Weise belegbar.

Ende August 1853 trat eine erhebliche Sprachstörung bei Robert auf. Es ist allerdings zu berücksichtigen, daß er bereits seit längerer Zeit große Mühe in der sprachlichen Verständigung hatte. Er hatte auch – im Grunde von jeher – leise und oft undeutlich gesprochen.

Auffallend ist in dieser Zeit auch eine Passion, die Robert für das Tischrücken entwickelte. Wiederholt finden wir in den »Haushaltsbüchern« Eintragungen wie die folgenden: »Tischrücken bei uns. Wunderbare Erscheinung« (23. April 1853), »Gegen Abend bei Frl. Leser Tischrücken. Erstaunen« (30. April 1853) und »Abends merkwürdiges Tischrücken. Der zerbrochene Tisch« (3. Mai 1853). Von Wasielewski weist in seiner Biographie darauf hin, daß in jener Zeit das Tischrücken in den Boudoirs und Teegesellschaften »nervöser Damen« recht beliebt gewesen sei. Doch unterschied sich nach seiner Beobachtung diese

Art des Zeitvertreibs deutlich von der Bedeutung, die das Tischrücken für Robert gewann. Der Biograph berichtet:

»Als ich im Mai 1853 mich besuchsweise in Düsseldorf aufhielt und eines Nachmittags in Schumanns Zimmer eintrat, lag er auf dem Sofa und las in einem Buche. Auf mein Befragen, was der Inhalt des letzteren sei, erwiderte er mit gehobener, feierlicher Stimme: ›Oh! Wissen Sie noch nichts vom Tischrücken?‹ Wohl! sagte ich in scherzendem Tone. Hierauf öffneten sich weit seine für gewöhnlich halb geschlossenen in sich hineinblickenden Augen, die Pupille dehnte sich krampfhaft auseinander und mit eigentümlich geisterhaftem Ausdrucke sagte er unheimlich und langsam: ›Die Tische wissen alles‹. Als ich diesen drohenden Ernst sah, ging ich, um ihn nicht zu reizen, auf seine Meinung ein, infolgedessen er sich wieder beruhigte. Dann rief er seine zweite Tochter herbei und fing an, mit ihr und einem kleinen Tische zu experimentieren, wobei er den letzteren auch den Anfang der c-Moll-Symphonie von Beethoven markieren ließ. Die ganze Szene hatte mich aufs Äußerste erschreckt, und ich erinnere mich genau, daß ich meine Besorgnisse damals sogleich gegen Bekannte äußerte. An Ferd. Hiller schrieb er über seine Experimente am 25. April 1853: ›Wir haben gestern zum ersten Mal Tisch gerückt. Eine wunderbare Kraft! Denke Dir, ich fragte ihn, wie der Rhythmus der zwei ersten Takte der c-Moll-Symphonie wäre! Er zauderte mit der Antwort länger als gewöhnlich – endlich fing er an: 𝄾♪ ♪♪ | 𝅗𝅥 | – aber erst etwas langsam. Wie ich ihm aber sagte: ›Aber das Tempo ist schneller, lieber Tisch‹, beeilte er sich, das richtige Tempo anzuschlagen. Auch frug ich ihn, ob er mir die Zahl angeben könne, die ich mir dächte; er gab richtig drei an. Wir waren alle wie von Wundern umgeben‹. Und desgleichen unter dem 29. April: ›Unsere magnetischen Experimente haben wir wiederholt. Es ist als wäre man von Wundern umgeben‹«.

Robert versenkte sich beim Tischrücken zum Teil in innige Gespräche mit seinem Tisch, dem er schließlich »zum Dank für dessen Leistungen« Geschenke machte. Aus Claras Aufzeichnungen vom Frühling des Jahres 1853 erfahren wir, welche große Bedeutung das Tischrücken in dieser Zeit für Robert besaß: »Robert wurde ganz lustig davon, wie immer, wenn er sich nicht ganz wohl fühlt, und fängt er seine Manöver mit den Tischen an, so wird er ganz wohl und angenehm aufgeregt« oder an einer anderen Stelle: »Robert ist ganz entzückt von dieser Wunderkraft und hat ordentlich das Tischchen liebgewonnen und ihm ein neues Kleid (d.h. eine neue Decke) versprochen« (April 1853).

Robert folgte mit seinem Interesse am Magisch-Okkulten zwar weitgehend einer Zeitströmung. Doch berührt uns, wie es bereits von Wasielewski andeutete, merkwürdig, welche Einflüsse diese Beschäftigung auf ihn ausübte: Wie zitiert, geht aus seinen und Claras Aufzeichnungen hervor, daß Robert trotz der gesundheitlichen Belastungen und der sozialen Schwierigkeiten in dieser Zeit eine erstaunliche, nach dem Verhalten in den vergangenen Jahren geradezu ungewöhnliche Gelassenheit, ja Heiterkeit, an den Tag legte, und zwar aus dem Gefühl heraus, in sich eine »wunderbare Kraft« zu besitzen.

Unter psychologischem Aspekt können wir die Beschäftigung mit dem Tischrücken als erneuten – magischen – Versuch Roberts interpretieren, der inneren Bedrohung durch eine Manipulation der äußeren Realität zu begegnen. Diese Bewältigungsstrategie war, wie sein Befinden zeigt, zumindest zunächst durchaus erfolgreich. Außerdem stellte die innige Beziehung, die er mit dem Tisch pflegte, wohl auch eine Kompensation seiner sonstigen Isoliertheit dar. Psychoanalytisch gesehen, zog er sich aus der ihn bedrückenden und kränkenden sozialen Realität zurück in einen symbiotisch-narzißtischen Zustand, in dem er Geborgenheit und Stabilisierung, aber auch die Realisierung grandioser Vorstellungen (»wunderbare Kraft«) suchte. Auch wenn Robert hierdurch kein dauerhafter Schutz zuteil wurde, sollten wir uns doch hüten, in diesen Verarbeitungsversuchen nur das pathologische Moment zu sehen. Immerhin gelang es ihm auf diese Weise, den endgültigen Zusammenbruch noch um etliche Monate hinauszuschieben.

Auch in anderen Aktivitäten, denen er sich in dieser Zeit mit großer Begeisterung zuwendete, wird Roberts Bemühen offenkundig, die Außenwelt (die schon lange für ihn zum Abbild seiner inneren Welt geworden war) zu strukturieren, um dadurch Stabilität zu erringen. So ordnete er seine Schriften und begann an einem »Dichtergarten« zu arbeiten, in dem die ihm wichtig erscheinenden Aussagen, welche in der Weltliteratur über Musik gemacht worden sind, gesammelt werden sollten. Dieses Projekt führte dazu, daß Robert all die Schriften Jean Pauls noch einmal las, die ihn in seiner Jugend so sehr bewegt hatten. Außerdem arbeitete er beispielsweise während der Osterferien des Jahres 1852 täglich ein Werk von Shakespeare durch. Ferner versenkte Robert sich mit großem Eifer in die antike Literatur und in das Studium der Bibel.

Es lassen sich verschiedene Gründe für Roberts erneute literarische Aktivitäten und für das Ordnen seiner Schriften und Kompositionen finden. Zweifellos spürte er, daß seine Widerstandskraft abnahm, und wir dürfen vielleicht sogar annehmen, daß er ahnte, ihm werde nicht mehr viel Zeit zur Erledigung dieser Aufgaben bleiben. Ein solches Ahnen hat indes nichts zu tun mit einem geheimnisvollen, etwa hellseherischen Wissen um die Zukunft. Wir erleben häufig Menschen, welche das Herannahen einer schweren psychischen Krankheit spüren und sich mitunter ganz ähnlich wie Robert verhalten.

Außerdem fühlte Robert sicher auch, daß er in einer Zeit, in der es ihm nicht möglich war, kompositorisch zu arbeiten, nicht untätig bleiben durfte. Mit den gesunden Anteilen seiner Persönlichkeit sah er zweifellos, daß er sich in einer Weise beschäftigen *mußte*, die ihm Befriedigung bot und ihn davor bewahrte, noch weiter in einen regressiven Zustand zu versinken. Gerade die Tatsache, daß er die von ihm gewählte Tätigkeit (z. B. die Erstellung eines »Dichtergartens«) fast zwanghaft ausübte, weist darauf hin, daß er krampfhaft, verzweifelt bemüht war, sich an der äußeren Realität zu halten und nicht in der inneren Welt seiner psychotischen Phantasien zu versinken. Wie schon wiederholt in seinem Leben versuchte er – mit Erfolg –, durch eine Strukturierung der äußeren Welt auch Ordnung in sein Erleben zu bringen.

Schließlich ist zu berücksichtigen, daß Robert mit der Zusammenstellung seiner Aufsätze und der Arbeit an dem »Dichtergarten« an seine alte literarische Tradition anknüpfte (insbesondere durch das Studium von Jean Pauls Schriften). In einem tieferen Sinne bedeutete dies für ihn den Versuch, die unterbrochene innere Beziehung zur väterlich-männlichen Welt wieder aufzunehmen. Offensichtlich erhoffte sich Robert auch von dieser Maßnahme Sicherheit und Schutz vor den ihn bedrohenden psychotischen Inhalten. Ähnlich kann seine verstärkte Beschäftigung mit der Bibel verstanden werden: Neben der Aufgeschlossenheit für religiöse Fragen kommt hierin wohl vor allem Roberts Versuch zum Ausdruck, alte, »gute« Erfahrungen wiederzubeleben und damit »gute innere Objekte« zu retten.

Roberts Verhalten in dieser Zeit läßt erkennen, daß es schwerfällt, eindeutig zwischen »krank« und »gesund« zu unterscheiden. Gewiß muten uns einige der erwähnten Phänomene, insbesondere die subjektive Bedeutung, die Robert ihnen beimaß, merkwürdig an. Es ist durchaus möglich, sie als Indikatoren seiner sich immer deutlicher abzeichnenden psychischen Krankheit zu verstehen. Dennoch erscheint es mir letztlich nicht gerechtfertigt, hier in einem engeren Sinne von »Pathologie« zu sprechen, da es *erfolgreiche Bewältigungsstrategien* waren, mit denen Robert die drohende Dekompensation noch einmal abzuwenden vermochte.

Kennzeichnend für diese Zeit ist ferner, daß Robert eine Reihe von früher komponierten Werken noch einmal überarbeitete (z.B. 1850: op. 5; 1851: op. 120; 1852: op. 13; 1853: op. 14). Will man sich nicht darauf beschränken anzunehmen, er habe mit solchen Aktivitäten lediglich eine Zeit relativer Unproduktivität mit kompositorischer Arbeit ausfüllen wollen, so kann man sich fragen, ob auch hinter dieser Tätigkeit (die wie vieles andere bei Robert keineswegs unproduktiv gewesen ist) die oben erwähnte Suche nach einer Strukturierung der Außenwelt stand. Es könnte meiner Ansicht nach insofern interessant sein, die früheren und späteren Versionen dieser Werke einander gegenüberzustellen und daraufhin zu untersuchen, ob sich die Überarbeitungen aus den Jahren 1850–1853 etwa durch größere Formstrenge oder durch andere spezifische Merkmale auszeichnen. Denkbar wäre nämlich auch, daß die Bearbeitungen nicht in erster Linie der Suche nach einer Strukturierung entsprangen, sondern dem Wunsch, die früheren Schöpfungen in einem neuen kreativen Prozeß mit einer »reiferen« Kompositionstechnik zu konfrontieren.

Am 30. September 1853 suchte der damals 20jährige Johannes Brahms mit einer Empfehlung von Joseph Joachim das Ehepaar Schumann in Düsseldorf auf. Nach seinem Biographen *Max Kalbeck* (1921) war Brahms zu dieser Zeit – im Gegensatz zu Abbildungen aus späteren Jahren – ein junger Mann mit noch fast kindlichen, mädchenhaften Zügen, blondem Haar, einer hohen Stimme und großen blauen Augen. Als *Hanslick* Brahms zum ersten Male beim Rheinischen Musikfest 1855 sah, meinte er: »Mit seinem langen blonden Haar, seinen Vergißmeinnichtaugen und einer Gesichtsfarbe wie Milch und Blut glich er irgendeinem Jean-Paulschen Idealjüngling«. Clara nannte ihn in ihrem Tagebuch eine »wunderbare Erscheinung ... einer der kommt wie eigens von Gott gesandt ... Es ist wirklich rührend, wenn man diesen Menschen am Klavier sieht mit seinem interessant jugendlichen Gesichte, das sich beim Spielen ganz verklärt, seine schöne Hand, die mit der größten Leichtigkeit die größten Schwierigkeiten besiegt«.

Robert war, wie schon bei früheren Begegnungen mit jungen attraktiven Männern, fasziniert von diesem »Genius«, den er auch »wahren Apostel«, »junges Blut«, »jungen Adler« und schließlich »Dämon« nannte. Brahms seinerseits war ebenso begeistert vom Ehepaar Schumann: Mit Robert verband ihn eine tiefe Liebe zur romantischen Tradition (er identifizierte sich so weit mit diesem Geist, daß er sogar den Namen »Johannes Kreisel jun.« annahm, abgeleitet von einer von Roberts literarischen Figuren aus der Jugendzeit), außerdem bewunderte Brahms Robert als bekannten Komponisten; Clara fühlte er sich nahe durch seine pianistischen Interessen, und er verehrte sie als berühmte Klaviervirtuosin.

Aus einer Einladung zum Mittagessen wurde ein vierwöchiger Aufenthalt im Hause Schumann. Und schon bald entwickelte sich eine so herzliche Atmosphäre, daß alle – auch die Schumann-Kinder – den jungen Brahms wie ein vertrautes Familienmitglied empfanden. Anschaulich hat Eugenie, Roberts jüngste Tochter, diese Situation beschrieben:

»Wie auf einem Bild sehe ich im Flur eines Hauses in Düsseldorf eine Schar Kinder stehen, die blicken staunend hinauf nach dem Treppengeländer. Dort macht ein junger Mann in langem blondem Haar die halsbrecherischsten Turnübungen, schwingt sich von rechts nach links, hinauf, hinab, schließlich stemmt er beide Arme fest auf, streckt die Beine hoch in die Luft und springt mit einem Satze hinunter, mitten unter die bewundernde Kinderschar. Der junge Mann war Johannes Brahms, die Kinder wir Schumannsgeschwister ...«.

Wie *Ostwald* (1985) ausführt, besteht eine bemerkenswerte Parallele zwischen dieser Aufnahme von Brahms in die Schumannsche Familie und Roberts Eintritt in die Familie Friedrich Wiecks im Jahr 1830.

Wiederholt spielte Brahms seinen Gastgebern auch eigene Kompositionen vor, von denen sie begeistert waren. Robert war von dieser Musik so angetan, daß er schon nach wenigen Tagen einen Artikel über Brahms für die »Neue Zeitschrift für Musik« schrieb. Nicht nur der Inhalt dieser Publikation ist bemerkenswert, sondern vor allem auch die Tatsache, daß Robert seit vielen Jahren keine literarische Arbeit mehr für die ehemals von ihm herausgegebene Zeitschrift verfaßt hatte. Dieser erste Artikel nach längerem literarischen Schweigen trägt den Titel »Neue Bahnen« und lautet:

»Es sind Jahre verflossen – beinahe ebenso viele, als ich der früheren Redaktion dieser Blätter widmete, nämlich zehn, – daß ich mich auf diesem an Erinnnerungen so reichen Terrain einmal hätte vernehmen lassen. Oft, trotz angestrengter produktiver Tätigkeit, fühlte ich mich angeregt; manche neue, bedeutende Talente erschienen, eine neue Kraft der Musik schien sich anzukündigen, wie dies viele der hochaufstrebenden Künstler der jüngsten Zeit bezeugen, wenn auch deren Produktionen mehr einem engeren Kreise bekannt sind. Ich dachte, die Bahnen dieser Auserwählten mit der größten Teilnahme verfolgend, es würde und müsse nach solchem Vorgang einmal plötzlich einer erscheinen, der den höchsten Ausdruck der Zeit in idealer Weise auszusprechen berufen wäre, einer, der uns die Meisterschaft nicht in stufenweiser Entfaltung brächte, sondern, wie

Minerva, gleich vollkommen gepanzert aus dem Haupte des Kronion spränge. Und er ist gekommen, ein junges Blut, an dessen Wiege Grazien und Helden Wache hielten. Er heißt Johannes Brahms, kam von Hamburg, dort in dunkler Stille schaffend, aber von einem trefflichen und begeistert zutragenden Lehrer gebildet in den schwierigsten Satzungen der Kunst, mir kurz vorher von einem verehrten bekannten Meister empfohlen. Er trug, auch im Äußeren, alle Anzeichen an sich, die uns ankündigen: das ist ein Berufener. Am Klavier sitzend fing er an, wunderbare Regionen zu enthüllen. Wir wurden in immer zauberischere Kreise hineingezogen. Dazu kam ein ganz geniales Spiel, das aus dem Klavier ein Orchester von wehklagenden und lautjubelnden Stimmen machte. Es waren Sonaten, mehr verschleierte Sinfonien, – Lieder, deren Poesie man, ohne die Worte zu kennen, verstehen würde, obwohl eine tiefe Gesangsmelodie sich durch alle hindurchzieht, – einzelne Klavierstücke, teilweise dämonischer Natur von der anmutigsten Form, – dann Sonaten für Violine und Klavier, – Quartette für Saiteninstrumente, – und jedes so abweichend vom anderen, daß sie jedes verschiedenen Quellen zu entströmen schienen. Und dann schien es, als vereinigte er, als Strom dahinbrausend, alle wie zu einem Wasserfall, über die hinunterstürzenden Wogen den friedlichen Regenbogen tragend und am Ufer von Schmetterlingen umspielt und von Nachtigallenstimmen begleitet.

Wenn er seinen Zauberstab dahin senken wird, wo ihm die Mächte der Massen, im Chor und Orchester, ihre Kräfte leihen, so stehen uns noch wunderbarere Blicke in die Geheimnisse der Geisterwelt bevor. Möchte ihn der höchste Genius dazu stärken, wozu die Voraussicht da ist, da ihm auch ein anderer Genius, der der Bescheidenheit, innewohnt. Seine Mitgenossen begrüßen ihn bei seinem ersten Gang durch die Welt, wo seiner vielleicht Wunder warten werden, aber auch Lorbeeren und Palmen; wir heißen ihn willkommen als starker Streiter.

Es waltet in jeder Zeit ein geheimes Bündnis verwandter Geister. Schließt, die ihr zusammengehört, den Kreis fester, daß die Wahrheit der Kunst immer klarer leuchte, überall Freude und Segen verbreitend!

Eine Kopie des Aufsatzes sandte Robert an den Vater von Johannes Brahms, und er prophezeite ihm eine großartige Zukunft seines Sohnes.

Hier drängt sich die Frage auf, wodurch Brahms so starke Gefühle der Begeisterung und der schwärmerischen Zuneigung bei Clara und Robert auszulösen vermochte. Bei einer psychologischen Analyse der Ehedynamik und der individuell-psychologischen Situation von Clara und Robert lassen sich verschiedene Motive identifizieren. Zunächst muß man sich vergegenwärtigen, daß sich das Ehepaar Schumann in Düsseldorf immer weniger wohl fühlte. Die Spannungen mit dem von Robert geleiteten Chor und Orchester nahmen zu, und die Schumanns waren in ihre soziale Umgebung wenig integriert. In dieser Situation mußte ihnen Brahms, der sie beide als Künstler zutiefst verehrte, tatsächlich wie ein Gesandter des Himmels erscheinen.

Für Clara kam hinzu, daß sie, wie Roberts Eintrag vom 3. 10. 1853 im Haushaltsbuch erkennen läßt, wiederum schwanger war und damit ihre Konzertpläne für England verschieben mußte. Voller Enttäuschung schrieb sie in ihr Tagebuch »meine letzten guten Jahre gehen hin, meine Kräfte auch – gewiß Grund genug, mich zu betrüben ... Ich bin so entmutigend, daß ich es gar nicht sagen kann«. Beide Ehegatten erlebten in Johannes Brahms einen Musiker, dem durch seine überragende Begabung und Jugend die Welt offen zu stehen schien, während sie sich in ihrer Ehe und ihrer sozialen Situation in einer fast auswegslosen Lage befanden.

Von Roberts Seite spielten sicherlich die gleichen Motive wie bei Joseph Joachim eine Rolle (s. S. 155f.). Auch bei Johannes Brahms dürften ihn die Lebendigkeit, die Jugendlichkeit und die ihm von dem jungen Manne entgegengebrachte Bewunderung angesprochen haben sowie die Tatsache, daß ihm aus Roberts Sicht die ganze Welt offen stand. Außerdem bot Brahms Robert die Möglichkeit zu einer homoerotisch getönten, narzißtisch-fusionären Beziehung, von der sich Robert eine Verstärkung seiner männlichen Identität versprach. Offensichtlich erhoffte sich Robert durch die Verbindung mit seinen jungen Freunden Joachim und Brahms eine Korrektur des in der Schumannschen Ehe mit der Zeit immer größer gewordenen Ungleichgewichts (war es doch in erster Linie Clara, die sowohl in finanzieller Hinsicht als auch im Hinblick auf die sozialen Beziehungen die Familie trug).

Ihren kreativen Ausdruck hat diese narzißtisch-fusionäre Beziehung in einer gemeinsamen Komposition gefunden: Als Willkommensgeschenk für Joseph Joachim komponierte Robert das Intermezzo und das Finale, Albert Dietrich (ein anderer Freund) den ersten Satz und Johannes Brahms den dritten Satz der sog. FAE-Violinsonate, nach Joachims thematisch verwendeten Motto »*F*rei *a*ber *e*insam« (Später, Ende Oktober 1853, hat Robert die von Dietrich und Brahms beigesteuerten Sätze durch eigene Kompositionen ersetzt). Aus den erwähnten psychodynamischen Gründen ist es verständlich, daß an diesem Gemeinschaftswerk nur die männlichen Freunde, nicht aber auch Clara, beteiligt waren. Es sei hier bereits vorwegnehmend darauf hingewiesen, daß auch die Beziehung Brahms – Clara – Robert in einem Werk seinen Niederschlag gefunden hat: Und zwar schrieb Brahms im Jahre 1854 »Klaviervariationen über ein Thema von Robert Schumann, gewidmet Clara Schumann« (op. 9).

Daß die Strategie einer narzißtischen Verstärkung durch Brahms für Robert – zumindest temporär – erfolgreich war, zeigt die Tatsache, daß er fähig war, sich in seinem Artikel über Brahms wie in seiner Jugend in schwungvoller, lebendiger Weise literarisch zu äußern. Da Brahms in Roberts Erleben offensichtlich ein Selbstobjekt darstellte (d. h. für Robert keine klaren psychischen Grenzen zwischen den beiden Persönlichkeiten bestanden), muß man in der begeisterten Schilderung der von Brahms gewiesenen »Neuen Bahnen« letztlich wohl Roberts Versuch sehen, aller bisherigen Resignation zum Trotz ein hoffnungsvolles Bild seiner eigenen Zukunft zu zeichnen.

Betrachten wir schließlich die Persönlichkeit von Johannes Brahms, so lassen sich auch bei ihm psychologische Motive dafür finden, daß er sich voller Begeisterung auf die Freundschaft des Ehepaars Schumann einließ: Der gerade 20jährige Brahms hatte erst vor kurzem sein Elternhaus verlassen und erlebte die herzliche Aufnahme im Hause Schumann mit großer Freude. Die Wertschätzung, welche er sowohl wegen seiner pianistischen Fähigkeiten als auch wegen seiner Kompositionen von Clara und Robert erfuhr, mußte dem scheuen und seiner selbst noch unsicheren jungen Mann wie ein Wunder erscheinen. Die Aufnahme in die Familie, wie sie Eugenie Schumann geschildert hat (s. S. 162), ließ ihn in der Fremde ein Geborgenheitsgefühl erleben, das er in dieser Form möglicherweise nicht einmal im eigenen Elternhaus erfahren hatte (seine Mutter war eine kleine, körperlich behinderte Frau, der Vater, 17 Jahre jünger als seine Gattin, war ein herumreisender Musiker, die ältere Schwester litt unter Invalidität, der jüngere Bruder galt als Tunichtgut). Schon früh hatte Johannes es zu einem außerordentlichen pianistischen Können gebracht. Um zum Lebensunterhalt der Familie beizutragen, hatte er als Jugendlicher in Gasthäusern Klavier gespielt und gesungen (es ist nicht erwiesen, ob die von *Ostwald*, 1985, aufgestellte Hypothese zutrifft, Brahms sei in dieser Zeit auch häufig mit Prostituierten zusammengetroffen, dies sei ein Grund für seine lebenslange Ambivalenz gegenüber einer ehelichen Bindung).

Beim Zusammentreffen mit dem Ehepaar Schumann fühlte sich Brahms durch Roberts freundliche Aufnahme zweifellos sehr geehrt. Clara gegenüber empfand er nicht nur Bewunderung, sondern er fühlte sich auch von ihr als Frau offensichtlich angesprochen. Hierbei mag die Tatsache eine nicht unwesentliche Rolle gespielt haben, daß er in seiner Beziehung zu Clara eine Konstellation wiederfand, die er aus der elterlichen Ehe kannte: Clara war damals 14 Jahre älter als Brahms, dessen Mutter 17 Jahre älter als sein Vater war. Man kann somit annehmen, daß zu der Verehrung von Clara als der berühmten Klaviervirtuosin bereits zu dieser Zeit für ihn eine sexuelle Attraktion hinzukam, die von der älteren Frau ausging. Aus allen uns überlieferten Quellen geht hervor, daß Brahms auch in Clara heftige Gefühle wachzurufen vermochte, zumal ja ihre Beziehung zu Robert recht gespannt war und dieser sich mehr und mehr von ihr zurückzog.

Ich habe bereits darauf hingewiesen (s. S. 99f.), daß sowohl Zeitgenossen von Clara Schumann und Johannes Brahms als auch die Autoren der Schumann- und Brahms-Literatur vielfältige Erwägungen darüber angestellt haben, welcher Art die Beziehung zwischen Clara und Brahms gewesen sei. Auch Claras folgender Appell, den sie in ihrem Tagebuch an ihre Kinder richtete, vermag in dieser Hinsicht keine Klärung zu bringen: »Glaubt Eurer Mutter, was sie Euch sagt, und hört nicht kleinliche und neidische Seelen, die ihm meine Liebe und Freundschaft nicht gönnen, daher ihn anzutasten suchen oder gar unser schönes Verhältnis, das sie wirklich nicht begreifen wollen«. Nach seinem ersten Besuch im Oktober 1853 war Brahms ein häufiger Gast im Hause Schumann. Er war es auch, der Robert wiederholt in Endenich besuchte. Mitunter schien er dabei so etwas wie eine Mittlerrolle zwischen Robert und Clara, die den Gatten ja erst nach zweieinhalb Jahren aufsuchte, einzunehmen.

Von Alfred Schumann (einem Enkel des Komponisten) ist in einem unter dem Pseudonym Titus Frazeni publizierten Buch sogar die These vertreten worden, Brahms sei der Vater von Felix, Claras jüngstem Kind. Diese Annahme entbehrt zwar jeglicher objektiven Grundlage (wie erwähnt, findet sich bereits drei Tage nach dem Eintreffen von Brahms in Düsseldorf, am 3.10. 1853, in Roberts Haushaltsbuch ein Vermerk betreffend Claras erneuter Schwangerschaft). Dennoch ist unbestritten, daß die anfangs rein freundschaftliche Beziehung zwischen Clara und Brahms während Roberts Aufenthalt in der psychiatrischen

Klinik intensiver wurde und in ein Liebesverhältnis mündete. Dabei ist die Frage, welchen Grad der Intimität diese Beziehung erreichte, nicht eindeutig zu beantworten. Aus dem uns erhaltenen Briefwechsel zwischen Brahms und Clara geht lediglich hervor, daß es eine sehr enge, von starken gegenseitigen Gefühlen geprägte Beziehung war (der Briefwechsel liegt uns aber nicht mehr vollständig vor, da im Jahre 1887 Clara viele ihrer Briefe zerriß und Brahms einen großen Teil seiner Briefe im Rhein versenkte).

Es ist sicher kein Zufall, daß im April 1856, als die Ärzte mehr und mehr die Hoffnung verloren, Roberts Zustand könne sich noch einmal bessern, erstmals das »Du« in den zwischen Brahms und Clara gewechselten Briefen auftaucht. Doch schon mehr als ein Jahr zuvor finden wir Briefe und Tagebuchnotizen wie die folgenden, die erkennen lassen, daß beide, Clara und Brahms, von starken Gefühlen füreinander erfüllt waren:

So schrieb Brahms in einem Brief an Joachim vom 19. 6. 1854 u. a.: »Ich muß mich oft mit Gewalt halten, daß ich sie (Clara) nicht ganz ruhig umfasse und gar –: Ich weiß nicht, es kommt mir so natürlich vor, als ob sie es gar nicht übelnehmen könnte«.

Im Januar 1855 schrieb Brahms an Clara, nachdem er sie während ihrer Konzerttournee in Rotterdamm besucht hatte: »Innigst geliebte Freundin, wie schnell ist man getrennt! Noch gestern Mittag standen wir beisammen und jetzt so weit! – Jetzt bereue ich schon, Ihnen nachgereist zu sein, wäre ich's noch nicht, da dürfte ich's jetzt und das wäre mir den Augenblick viel lieber«. Am nächsten Tag lesen wir: »Nun ist es wieder Abend und schon spät. Ich kann doch nichts anderes tun, als an Sie denken, Ihre lieben Briefe, Ihr liebes Bild ansehen. Was haben Sie mir angetan, können Sie den Zauber nicht wieder von mir nehmen?«.

Clara notierte im März 1855 in ihrem Tagebuch: »Ich kann's gar nicht sagen, wie glücklich ich war, den geliebten Freund endlich wieder zu sehen«.

Durch die Freundschaft mit Joachim und Brahms erlebte Robert Ende des Jahres 1853, trotz aller beruflichen und sozialen Schwierigkeiten, noch einmal eine glückliche Zeit. Das Ehepaar Schumann musizierte viel mit den Freunden, und Robert war wieder kompositorisch tätig: Er schrieb seine letzten Kompositionen, die »Märchenerzählungen für Klarinette oder Viola und Klavier« (op. 132) und die »Gesänge der Frühe« (op. 133). In den »Märchenerzählungen« wird deutlich der Einfluß von Brahms spürbar, wobei es Robert gelang, den Brahms'schen Stil auf eine sehr originelle Weise mit seinem eigenen zu verbinden.

Die »Gesänge der Frühe« (op. 133) bezeichnete Robert als »Charakteristische Stücke, ... die die Empfindungen beim Herannahen und Wachsen des Morgens schildern, aber mehr aus Gefühlsausdruck als Malerei«. Der ursprüngliche Titel »An Diotima/ Gesänge der Frühe/ für/ Pianoforte« wurde auf der eigenhändigen Stichvorlage überklebt. Die Worte »An Diotima« sind gestrichen. Auf dem aufgeklebten neuen Blatt lautet der Titel dieser zwischen dem 15. und 18. Oktober entstandenen Klavierstücke »Gesänge der Frühe/vier (sic!) Stücke/ für das Pianoforte/ der hohen Dichterin Bettina/zugeeignet/von ...«. Bei der Wahl dieses Titels stand Robert offensichtlich unter dem Eindruck von Hölderlins Dichtung, die er ja bereits von Jugend auf kannte. Wie *Edler* (1982) ausführt, ist nicht zu entscheiden, welche Dichtungen Hölderlins im einzelnen als Grundlage des op. 133 in Frage kommen. Die »An Diotima« betitelten Gedichte enthalten keine Motive der Morgenstimmung, wohl aber die Partien des Romans »Hyperion«, die von dem Erwachen und der Erklärung der Liebe zwischen Diotima und dem Helden berichten:

»... Die Seele war vorausgeeilt und hatte die irdischen Glieder verlassen. Ich hörte nicht mehr, und vor dem Auge dämmerten und schwankten alle Gestalten. Der Geist war schon bei Diotima; im Morgenlichte spiegelte der Gipfel des Baumes, indes die untern Zweige noch die kalte Dämmerung fühlten. Ach! mein Hyperion! rief jetzt mir eine Stimme entgegen; ich stürzt hinzu. Meine Diotima! o meine Diotima! weiter hatt ich kein Wort und keinen Othem, kein Bewußtsein. ...!

Edler nimmt an, daß eine derartige Stelle die Komposition veranlaßt habe, eine Komposition, zu der Clara schrieb: »... ganz originelle Stücke wieder, aber schwer aufzufassen, es ist so eine ganz eigene Stimmung darin«. Die fünf Stücke dieses Zyklus zeichnen sich vor allem durch einen hymnisch-überschwenglichen Gesamtton aus, der Hölderlins Naturverehrung durchaus entspricht. Fraglich erscheint es mir indes, ob man wie *Schnebel* (1981), die »durch das eherne Gleichmaß der auffallend ruhigen Gesamtbewegung unter Vermeidung aller Synkopisierung sowie durch die Wiederholung starrer, modellhafter melodisch-rhythmischer Formeln« (*Edler*) sich auszeichnenden Stücke der »Gesänge der Frühe« als »weniger durchgearbeitet« als Roberts Kompositionen aus früherer Zeit ansehen kann. Nach *Schnebel* zeigt das Opus 133 »etwas Chaotisches und Formloses: In den Fortspinnungen entgleitet sie (die Musik) gleichsam dem formenden Griff und treibt in eigener Weise dahin«. Es fragt sich im Hinblick auf die literarische Vorlage zu den »Gesängen der Frühe«, ob die Wahl dieses Stoffes auch dadurch bedingt war, daß sich Robert durch die Geisteskrankheit Hölderlins berührt gefühlt hat (wie bereits erwähnt, hatte er sich schon in seiner Jugend zum Erstaunen seiner Kameraden wiederholt über den in geistiger Umnachtung lebenden Hölderlin geäußert). Es erscheint mir durchaus möglich, daß er sich nun, selber in einer verzweifelten psychischen und sozialen Situation, gerade dieses Dichters erinnerte und sich durch dessen literarische Vorlage zu einer Komposition anregen ließ.

Während Robert im privaten Bereich zusammen mit Clara, Brahms und Joachim eine glückliche Zeit verlebte, spitzte sich seine berufliche Situation immer weiter zu. Die neue Konzertsaison begann mit einer heftigen Auseinandersetzung: Am 16. 10. 1853 mußte in einem Hochamt in der Max-Kirche eine Messe aufgeführt werden. Tausch hatte sie einstudiert, doch Robert beanspruchte in der Generalprobe vom 14. Oktober die Leitung. Das Konzert wurde ein Fiasko. Daraufhin wurde vom Komitee des Allgemeinen Musikvereins beschlossen, daß das erste Abonnementskonzert am 27. 10. 1853 von Tausch dirigiert werden solle. Außerdem wurde besprochen, daß Tausch offiziell Stellvertreter Roberts sein sollte und in Zukunft »kleinere Werke« dirigieren werde. Clara berichtet über diese Situation in ihrem Tagebuch:

»Am 7. November kamen die Herren Jlling und Herz vom Komitee und teilten mir mit, daß sie wünschten, R. dirigiere in Zukunft nur seine Sachen, das andere habe Herr Tausch versprochen übernehmen zu wollen. Das war eine infame Intrige und eine Beleidigung für Robert, die ihn zwingt, seine Stelle gänzlich niederzulegen, was ich den Herren auch sogleich antwortete, ohne Robert gesprochen zu haben. Abgesehen von der Frechheit, die zu solch einem Schritte einem Manne wie Robert gegenüber gehörte, so war es auch eine Verletzung des Kontraktes, die Robert sich in keinem Fall gefallen läßt. Ich kann nicht sagen, wie sehr ich entrüstet war, und wie bitter es mir war, Robert diese Kränkung nicht ersparen zu können. O, es ist ein niederträchtiges Volk hier. Die Gemeinheit herrscht hier, und die Gutgesinnten, z. B. Herren von Heister und Lezaak, ziehen sich zurück, mißbilligend aber tatlos. Was hätte ich darum gegeben, hätte ich mit Robert gleich auf und davon gehen können, doch wenn man sechs Kinder hat, ist das so leicht nicht.

9. November: Robert hat dem Komitee seinen Entschluß, nicht mehr zu dirigieren, mitgeteilt. Tausch benimmt sich wie ein roher ungebildeter Mensch ... denn er dürfte unter den jetzt obwaltenden Umständen nicht dirigieren und tat es doch, obgleich ihm Robert geschrieben, daß, wenn er es dennoch täte, er (Robert) ihn für keinen wohlmeinenden Menschen halten könne. Die Sache stellt sich überhaupt immer klarer heraus, daß Tausch, scheinbar ganz passiv, die Hauptintrige gesponnen. Hammers (Bürgermeister) benimmt sich sehr freundlich in der Sache und möchte gern vermitteln, wenn's anginge.

10. November: »Konzertabend – wir zu Haus. Tausch dirigiert. Robert schrieb ihm heute einen zweiten Brief, den er nicht hinter den Spiegel stecken wird«.

Robert war über diese Entwicklung sehr betroffen und empfand den »Kompromißvorschlag« des Komitees, daß er nur noch seine eigenen Werke dirigieren solle, als empfindliche Kränkung. So einfühlbar eine solche Reaktion auch ist, so zeigt Roberts Verhalten in dieser Lage doch deutlich, daß er nur noch wenig Realitätsbezug besaß. Er spürte offenbar kaum, daß er im Grunde nicht mehr (vielleicht niemals?) zu einer so anspruchsvollen Dirigententätigkeit, wie man sie in Düsseldorf von ihm erwartete, fähig war. Auffallend ist auch Claras wenig kritische Haltung dabei. Roberts heftige Reaktion mag zum Teil aber auch dadurch bedingt sein, daß die vom Komitee entsandten Herren nicht direkt mit ihm, sondern zuvor mit Clara verhandelten, wie es aus Claras Tagebuchaufzeichnungen hervorgeht. Damit wurde noch einmal das Ungleichgewicht der Schumann'schen Ehe augenfällig: Clara war nicht nur diejenige, die ihn emotional trug, und ihn wo immer möglich unterstützte, sondern sie war es auch, die alle wichtigen Verhandlungen mit der Außenwelt führte.

Wie aus Claras Tagebucheintragung vom 9. 11. 1853 ersichtlich, teilte Robert dem Komitee seinerseits nun den Entschluß mit, nicht mehr zu dirigieren. Er schrieb an den Verwaltungsausschuß des Allgemeinen Musikvereins folgenden Brief:

»Herr Regierungsrat Jlling und Herr Dr. Herz haben mir – mittelbar durch meine Gattin – folgende Mitteilung gemacht, ob ich damit einverstanden wäre, daß Herr Tausch in den

Konzerten alle Kompositionen anderer Meister dirigiere außer die meinigen, die selbt zu dirigieren mir überlassen bliebe, wie sie sich denn darüber schon mit Herrn Tausch benommen und dieser sich, wie sie sich ausdrückten, »aus Verehrung gegen mich« dazu geneigt gezeigt habe, und das ist offenbar sehr anerkennungswert, da es viel schwerer ist, fremde Kompositionen als eigene zu dirigieren. Da nun die genannten Herren noch andeuteten, daß sie im Sinne der übrigen Mitglieder des Ausschusses sprächen, so richte ich meine Erwiderung an denselben. Sie ist diese: Es besteht ein Kontrakt zwischen mir und dem früheren Ausschuß, dem indes noch viele der damals unterschriebenen Mitglieder angehören.

Die wesentlichen Punkte jenes Kontraktes sind diese:

1. Die Tätigkeit des Musikdirektors erstreckt sich a) auf die Leitungen der Übungen des Singvereins, b) auf die Leitung der Konzerte und der Kirchenmusik, welche der allgemeine Musikverein unter der Mitwirkung des Singvereins veranstaltet.

2. Unser Kontrakt beginnt mit dem kommenden 1. April. Derselbe wird von Jahr zu Jahr vom 1. Oktober ab in der Art abgeschlossen, daß er von einen oder dem anderen Teil wenigstens drei Monate vor jedem 1. Oktober gekündigt werden muß, um den Vertrag mit dem 1. Oktober zu lösen ... Da mich nun der jetzige Ausschuß an der Ausübung meiner übernommenen und immer gewissenhaft erfüllten Amtspflichten hindert und ganz vergessen zu haben scheint, daß ein solcher Kontrakt auch ihm gewisse Verbindlichkeiten auferlegt, so nötigt er mich dadurch, durch einen moralischen Zwang, daß ich in keinem Fall irgendwie eine Direktion oder Mitwirkung übernehmen werde, solange nicht der Kontrakt, wie er steht, aufrecht gehalten wird, d. h. daß ich die Direktion ausschließlich allein vertrete, – daß ich aber in jedem Fall von dem mir zustehenden Recht, zur rechten Zeit zu kündigen, nämlich vom 1. Oktober 1854 ab, Gebrauch machen werde.

Auf diese Enderklärung bitte ich um eine gleiche.
Des verehrlichen Verwaltungsausschusses

ergebener
R. Schumann«.

Wie aus Claras oben zitiertem Tagebucheintrag vom 10. November hervorgeht, war Robert bereits am Tag nach seinem Schreiben an den Verwaltungsausschuß beim Abonnementskonzert nicht erschienen. Man mußte deshalb Tausch als Vertreter einsetzen. Wieder fällt in diesem Schreiben auf, wie wenig realistisch Robert in dieser Zeit seine Fähigkeiten einzuschätzen wußte und wie heftig er auf eine Infragestellung seiner Leistungen reagierte. Aus seiner subjektiven Befindlichkeit heraus sind derartige Verhaltensweisen indes sehr wohl verständlich: Man muß in seinem geradezu verzweifelten Festhalten an der nunmehr Illusion gewordenen Vorstellung von seiner ungebrochenen Leistungsfähigkeit den Versuch sehen, sich gegen den regressiven Sog in die schwere psychische Erkrankung zu wehren. Je mehr er spürte, daß die äußere Realität zerbrach und er immer unfähiger wurde, seine beruflichen Pflichten wahrzunehmen, desto stärker klammerte er sich an das – allerdings völlig unrealistische – Bild von sich als Dirigent, der durchaus in der Lage sei, seinen Pflichten nachzukommen. Derartige Vorstellungen schlagen sich auch in seinen Eintragungen im Haushaltsbuch nieder, aus denen hervorgeht, daß er mit dem Gedanken spielte, nach Berlin oder Wien zu gehen. Tatsächlich jedoch bestand an keinem dieser Orte für Robert die Möglichkeit, als Dirigent tätig zu sein.

In seiner Antwort wiederholte der Verwaltungsausschuß des Allgemeinen Musikvereins den Beschluß, Tausch als Roberts Stellvertreter einzusetzen. Robert seinerseits bekräftigte seinen Standpunkt noch einmal am 19. November. Am 5. Dezember 1953 forderte der Düsseldorfer Bürgermeister Hammers Robert auf, wieder zu dirigieren. Robert war aber zu dieser Zeit bereits völlig arbeitsunfähig und konnte deshalb seinen Aufgaben als Dirigent nicht mehr nachkommen.

Der Bürgermeister Hammers setzte daraufhin am 14. Dezember 1853 die Weiterzahlung des Gehalts an Robert durch, da dieser nicht vertragsbrüchig geworden sei. Am 28. Juni 1854 verzichtete der Allgemeine Musikverein schließlich offiziell auf seine Kündigung, weil Robert selbst zu kündigen beabsichtige und weil man nicht wolle, daß seine Heilung durch eine Kündigung von seiten der Stadt Düsseldorf erschwert werde. Interimistisch war weiterhin Tausch als Dirigent tätig. Erst im Juli 1855 wurde er offiziell zum Städtischen Musikdirektor Düsseldorfs gewählt.

Bei ihrem Erholungsaufenthalt im holländischen Badeort Scheveningen im Jahre 1952 hatten Clara und Robert viel Sympathiebekundungen erfahren. Sie hatten sich deshalb bereit erklärt, im Winter 1853 eine Konzertreise nach Holland zu unternehmen. Am 24. November 1853 brachen sie zu dieser Tournee auf, die zu einem ihrer wohl größten Triumphe wurde – und zwar für Clara und Robert gleichermaßen. In zahlreichen Konzerten traten sie mit Roberts Werken hervor und ernteten überall wahre Begeisterungsstürme. Als das Ehepaar Schumann beispielsweise am 1. Dezember nach ihrem Konzert in Rotterdam ins Hotel zurückkehrte, wurde es dort von einer begeisterten Menschenmenge empfangen. Trotz beißender Kälte hatten sich 100 Sänger und Instrumentalisten versammelt, um Robert durch Chöre ihre Reverenz zu erweisen.

Aufgrund der großen Anerkennung, die Robert während dieser Reise überall fand, war es ihm auch eher möglich, die einzige Kränkung, die er bei einem Konzert Claras am Hofe des holländischen Königspaares erleben mußte, besser zu verarbeiten als frühere ähnliche Vorfälle, etwa anläßlich der Rußlandreise: Clara hatte ein Konzert vor einer schwatzenden, unaufmerksamen Hofgesellschaft gegeben, und Robert wurde bei der Soirée vom Prinzen unter anderem gefragt, ob er auch musikalisch sei und ob er ein Instrument spiele. Hinzu kam die hochmütige Behandlung, die das Ehepaar Schumann durch die Lakaien am Hof erfuhr, und ein Fußmarsch durch den Schnee zurück zum Hotel. Doch blieb dies die einzige negative Erfahrung der ganzen Reise.

Clara und Robert erlebten nicht nur Begeisterung von seiten des Publikums bei ihren Konzerten, sondern auch die Zeitungen des Landes waren voll von – zum Teil überschwenglichem – Lob. Die »Signale für die Musikalische Welt« berichteten etwa in den Nummern 51 und 52 des 11. Jahrganges: »Robert Schumann und seine Gattin feiern große Triumphe in Holland, in Utrecht wurde er wiederholt nach Aufführung einiger seiner Kompositionen gerufen und mit Kränzen überschüttet ... Robert Schumann und seine geniale Gattin sind hier (in Amsterdam) wie in anderen Hauptstädten Hollands mit Enthusiasmus aufgenommen worden, doch niemals habe ich Clara Schumann so schön spielen hören als hier in Holland. Schumann fand überall die Konzerte vorbereitet und brauchte sich nur an das Pult zu stellen, um zu dirigieren. In Rotterdam und Utrecht kam seine 3. Symphonie zur Aufführung, in Amsterdam und im Haag die 2., auch »Der Rose Pilgerfahrt« im Haag. Das holländische Publikum, dessen Bildung im ganzen dem Besten zugewendet ist, und das neben den alten Meistern auch die neuen kennt und ehrt, hat das Künstlerpaar überall mit Freude bewillkommnet und mit Ehren überhäuft«.

Nach der Rückkehr von der Holland-Tournee traten bei Robert wieder akute Krankheitserscheinungen auf (vor allem Anfang Februar 1854), die in den Symptomen denen von 1844 glichen, diesmal aber wesentlich heftiger waren. Das Ehepaar Schumann unternahm indes noch Ende Januar eine Reise nach Hannover, damit Robert an der dortigen Bibliothek seine Studien zum »Dichtergarten« fortsetzen konnte. Außerdem wünschte Robert ein Wiedersehen mit den Freunden Joachim und Brahms, die sich in dieser Zeit in Hannover aufhielten.

Nach der Rückkehr nach Düsseldorf schrieb Robert am 6. Februar 1854 u. a. an Joachim: » ... und geträumt habe ich von Ihnen, lieber Joachim; Wir waren drei Tage zusammen – Sie hatten Reiherfedern in den Händen, aus denen Champagner floß«. Auch wenn eine Deutung von Träumen ohne die Assoziation des Träumenden problematisch ist, möchte ich bei diesem Traum doch auf einige Aspekte hinweisen, die mir offenkundig zu sein scheinen.

Das von Roberts Unbewußten in diesem Traum verwendete Bild ist das der beglückenden Nähe zum Freund, eine Situation, in der er ein überschäumendes Glücksgefühl erlebte. Nach der psychoanalytischen Symbollehre könnte man den Traum auch als Ausdruck männlicher Potenz verstehen. Wir können unter diesem Aspekt Roberts Wunsch nach einem Wiedersehen mit den Freunden in Hannover so interpretieren, daß er durch die »überschäumenden« Erfolge in Holland eine Stärkung seiner männlichen Identität erfahren hatte und sich nun durch die Intensivierung der Beziehung zu einem anderen Manne nochmals gleichsam mit Männlichkeit »auftanken« wollte. Dies erfolgte, wie bereits in früheren Beziehungserfahrungen dieser Art, auf der Ebene seiner homoerotisch gefärbten Kontaktnahme.

Neben der Freude über das Zusammensein mit den Freunden klingt im zitierten Brief an Joachim aber auch ein anderer, unheimlich anmutender Ton an, wenn Robert schreibt: » ... aber mit sympathetischer Tinte habe ich Euch oft geschrieben, und auch zwischen diesen Zeilen steht eine Geheimschrift, die später hervorbrechen wird«. Ähnliche Äußerungen, aus denen auf psychotische Bedeutsamkeitserlebnisse geschlossen werden kann, finden sich etwa in Roberts Brief an Julius Stern, wo es u. a. heißt, er lebe in »lieblichen Sphären ..., wo es mir sehr gut gefällt«.

Roberts psychische Störungen verschlimmerten sich in dieser Zeit erheblich. Er fühlte sich z. T. zwar – vor allem durch die akustischen Halluzinationen eines bohrenden Tones – sehr beeinträchtigt. Dazwischen gab es aber auch Zeiten, in denen er selber von seinen Halluzinationen offenbar geradezu entzückt war, wie der folgende Tagebucheintrag Claras erkennen läßt: »Alles Geräusch klingt ihm wie Musik. Er sagt, es sei Musik, so herrlich, mit so wundervoll klingenden Instrumenten, wie man auf der Erde nie hörte«. Ähnliche Erlebnisse können wir Roberts Aufzeichnungen in den »Haushaltsbüchern« dieser Zeit entnehmen, wo er etwa schreibt: »Abends sehr starke und peinliche Gehöraffektion« (10. Februar), »Noch schlimmer, aber auch wunderbar« (12. Februar), »Wunderbare Leiden« (13. Februar) und »Am Tage ziemlich verschont. Gegen Abend sehr stark (wunderschöne Musik)« (14. Februar).

Clara bemerkte dabei voller Sorge, daß diese Wahrnehmungen schlimme Folgen für Robert hatten. Es kam dazu, daß er nachts »kein Auge schloß«, so daß die Gattin den Eindruck gewann: »Es greift ihn natürlich furchtbar an«. Auch Robert selber spürte offensichtlich, wenigstens zeitweilig, die destruktive Seite seiner Halluzinationen, etwa wenn er, wie Clara berichtet, äußerte: »Wenn das nicht aufhöre, müsse es seinen Geist zerstören«.

Die »Gehöraffektionen« steigerten sich zwischen dem 10. und 17. Februar 1854 bis zum Hören ganzer Musikstücke. In der Nacht vom 17. Februar schrieb Robert ein Thema auf, von dem er, nach Claras Tagebuchnotizen, gesagt habe, die Engel hätten es ihm vorgesungen. Einer anderen Quelle (den Aufzeichnungen Ruppert Beckers) zufolge sei ihm die Gestalt Schuberts erschienen und habe ihm eine herrliche Melodie eingegeben. Das halluzinierte Thema ist indes kein neues, sondern das – von Robert selber aber nicht erkannte – Thema des zweiten Satzes seines Violinkonzertes, in leichter Abwandlung. Er schrieb dazu Variationen, und das Werk ist aufgrund seiner Entstehungsgeschichte später unter dem Namen »Geistervariationen« bekannt geworden.

Clara berichtet, daß Robert die ganze Nacht phantasiert habe, »Immer mit offenen, zum Himmel aufgeschlagenen Blicken, er war des festen Glaubens, Engel umschweben ihn und machen ihm die herrlichsten Offenbarungen, alles das in wundervoller Musik; sie riefen uns Willkommen zu und wir würden beide vereint, noch ehe das Jahr verflossen, bei ihnen sein ... Der Morgen kam und mit ihm eine furchbare Änderung! Die Engelstimmen verwandelten sich in Dämonenstimmen mit gräßlicher Musik; sie sagten ihm, er sei ein Sünder, und sie wollten ihn in die Hölle werfen ... er schrie vor Schmerzen (denn, wie er mir nachher sagte, waren sie in Gestalten von Tigern und Hyänen auf ihn losgestürzt, um ihn zu packen), und zwei Ärzte, die glücklicherweise schnell kamen, konnten ihn kaum halten ... Die nächstfolgenden Tage blieb es immer dasselbe, immer abwechselnd gute und böse Geister um ihn ... in den Nächten hatte er oft Momente, wo er mich bat, von ihm zu gehen, weil er mir ein Leid antun könnte!«. Aus einem von *Franken* (1984) zitierten, erst 1983 bekannt gewordenen Brief, den Roberts Freund Albert Dietrich am 6. 3 1854 an Theodor Kirchner geschrieben hat, erfahren wir, daß Robert in dieser Zeit von »Krampfanfällen« und »Raserei« heimgesucht worden sei.

Alle diese Informationen weisen auf eine psychotische Dekompensation hin, die Robert in dieser Zeit durchmachte. Wir sehen hier – in der Zerrform der

Psychose gleichsam vergrößert – deutlich den Doppelcharakter, den die Musik, speziell der Gesang, für ihn besaß: Es ist zum einen, personifiziert durch die Engel, das »gute Objekt«, dessen Nähe er beglückend erlebt und mit dem er im Grenzenlosen der Musik verschmelzen möchte; zum anderen jedoch ist es in Gestalt der Dämonen auch das »böse«, verfolgende, destruktive innere Objekt, dessen Angriffe sich sowohl gegen Robert selbst als auch gegen die ihm nächste Person, Clara, richten.

Am 26. Februar 1854 wünschte Robert, in eine psychiatrische Klinik gebracht zu werden, da er – wie wir aus Claras Aufzeichnungen erfahren – »seiner Sinne nicht mehr mächtig sei und nicht wissen könne, was er in der Nacht am Ende täte«. Man kam dieser Bitte nicht nach. Am nächsten Tag, Rosenmontag, dem 27. Februar, entwich er in einem unbewachten Moment. Er eilte, nur notdürftig bekleidet, auf die Rheinbrücke und fiel dort u.a. dadurch auf, daß er den Brückenzoll mit dem Taschentuch bezahlen wollte. Noch ehe jemand eingreifen konnte, stürzte er sich in den Rhein, nachdem er zuvor seinen Ehering in den Strom geworfen hatte. Der Aufmerksamkeit seiner Umgebung ist es zu verdanken, daß er gerettet werden konnte.

Aus einer später gefundenen Notiz geht hervor, daß Robert der Meinung gewesen war, Clara werde das gleiche wie er tun. Er realisierte mit diesem – bei oberflächlicher Betrachtung »unsinnig« erscheinenden – Verhalten indes etwas, was er mehr als 15 Jahe zuvor selber geträumt hatte. In einem seiner Briefe (vom 28. November 1837) an Clara lesen wir: »Mir träumte, ich ginge an einem tiefen Wasser vorbei, da fuhr mir's durch den Sinn und ich warf den Ring hinein, da hatte ich die unendliche Sehnsucht, daß ich mich nachstürzte«.

Angesichts dieser Passage müssen wir annehmen, daß Robert nicht eigentlich den Tod suchte, sondern, wie es *Henseler* (1974, 1975) als charakteristisch für viele Suizidversuche beschrieben hat, nach einer symbiotischen Verschmelzung strebte. Das Abstreifen und Versenken des Eheringes im Rhein imponiert als eine vielschichtige Symbolhandlung. Man kann darin zum einen eine Auflösung der Ehe mit Clara sehen. Dabei kann man die Tatsache, daß Robert Claras Ring in den Rhein warf, auch als Ausdruck seiner aggressiven Impulse interpretieren, da er damit die Gattin gleichsam ertränkte. Die tiefe Ambivalenz, von der Robert erfüllt war, kommt darin zum Ausdruck, daß er einerseits die Trennung von Clara suchte, andererseits aber auch auf eine symbiotische Verschmelzung mit ihr hoffte (so war er doch von dem Gedanken erfüllt, auch sie würde ihren Ring abstreifen und ihrer beider Ringe würden sich dann im Wasser wieder vereinigen).

Auf einer tiefsten Ebene darf man annehmen, daß in der Symbolhandlung Roberts Wunsch zum Ausdruck kam, die Ehe mit der realen Person Clara aufzulösen und im Tode wieder in die symbiotische Beziehung zur Mutter, deren Repräsentantin die Gattin in seinem Erleben ja war, einzutauchen. Die enge Assoziation zwischen dem Rhein und der Mutter zeigt sich übrigens interessanterweise im sechsten Lied der 1840 komponierten »Dichterliebe«: Hier ist die Rede vom Rhein, dem »heiligen Strome«, in dessen Wellen sich »das große heilige Cöln« spiegelt; im Dom steht ein Bildnis »unserer lieben Frau«,

d. h. der jungfräulichen *Mutter* Maria, in deren Gesichtszügen der Sänger am Ende die schmerzlich vermißte »Liebste« entdeckt. Wie das letzte Lied der »Dichterliebe« zeigt, findet diese Liebe aber keine Erfüllung: Sie muß in einem gigantischen Sarg tief ins Meer versenkt werden. Angesichts von Roberts psychotischer Symbolhandlung dürfen wir vermuten, daß er dem regressiven Sog in die mütterliche Symbiose, die für ihn Selbstauflösung bedeutete, nicht länger widerstehen konnte.

KAPITEL 5

Robert als Patient in der psychiatrischen Klinik Endenich (1854–1856)

»Eine Welt *ohne* Menschen – was *wär'* sie? – ein unendlicher Gottesacker – ein Todenschlaf ohne Träume – eine Natur ohne Blumen – ein todter Guckkasten ohne Figuren — und doch! diese Welt *mit* Menschen – was *ist* sie? – ein ungeheurer Friedhof gestorbener Träume – ein Todtenschlaf mit Blut-träumen – ein Garten mit Thränenweiden und Cypressen, ein stummer Guckkasten mit weinenden Gruppen – das ist sie. Ja! –«

R. Schumann: Motto zu
»Juniusabende und Julytage«, 1828

Nach dem Suizidversuch gaben Clara und die behandelnden Ärzte Roberts erneutem Drängen nach einer Einweisung in eine Klinik nach. Am 4. März 1854 trat er als »Patient Nr. 159« in die Privatklinik von Dr. Franz Richarz in Endenich bei Bonn ein.

Eva Weißweiler (1985)* ist in einer Untersuchung genauer der Frage nachgegangen, welcher Art die psychiatrische Klinik in Endenich war, welche Mitpatienten Robert dort antraf und nach welchen Gesichtspunkten die Behandlung durchgeführt wurde. Die Resultate ihrer Recherchen lassen manche in der Schumann-Literatur üblicherweise berichteten Sachverhalte in einem neuen Licht erscheinen. Da die Untersuchung von Weißweiler nicht in einer gedruckten Fassung vorliegt, sei hier etwas ausführlicher darauf eingegangen. Ich berücksichtige ferner die Informationen, die uns *Ostwald* (1985) liefert.

Als Robert am 4. 3. 1854 in die psychiatrische Klinik Endenich eintrat, beherbergte Dr. Franz Richarz dort ca. 28 Patienten. 14 »ruhige« waren im vornehmen Haupthaus untergebracht. Ihnen standen je ein bis zwei komfortabel möblierte Zimmer zur Verfügung. Der Pensionspreis betrug für einen Jahresaufenthalt erster Klasse 500 Taler (ein Betrag, der Roberts gesamtes Einkommen aus seiner Anstellung als Düsseldorfer Musikdirektor verschlang). Im ersten Stock des Haupthauses lagen ein Salon und ein Musikzimmer. Möglicherweise gab es auch einen Billardraum, eine Bibliothek und einen Tanzsaal.

* Frau Eva Weißweiler und dem Südwestfunk Baden-Baden sei herzlich für die Überlassung des Manuskriptes der Sendung vom 7. 10. 1985 gedankt.

Hinter dem Haus lag ein parkähnlicher Garten, in dem die Patienten Spaziergänge unternehmen und verweilen konnten. In der Nähe der Wirtschaftsgebäude wurde Obst und Gemüse angebaut. Ferner gab es Stallungen für Kühe, Schweine und Hühner.

Aus einem Jahresbericht der Klinik im Korrespondenzblatt der Deutschen Gesellschaft für Psychiatrie erfahren wir über den Personalbestand: »Es waren im Dienst: 1 Köchin, 2 Küchenmädchen, 1 Büglerin, 1 Wäscherin, 1 Viehmädchen, 1 Gärtner und 1 Hausknecht. An der Anstalt sind 2 Ärzte tätig und 1 Oberaufseherin, welcher außer dem Hauswesen auch die Leitung des Krankendienstes auf der Frauen-Abteilung speziell obliegt«.

Wie Weißweiler ausführt, war es kein Zufall, daß die Klinik von Dr. Richarz eher einem »Gutshof mit angeschlossenem Kurbetrieb« glich als einem »Irrenhaus« im landläufigen Sinne. Seit 1803 waren in Deutschland an vielen Stellen Privatkliniken dieser Art als Alternativen zu den öffentlichen Anstalten gegründet worden. Man knüpfte dabei an die pietistische Idee an, »daß das eigentliche Narrenhaus draußen in der bösen Welt, die Anstalt dagegen ein Garten Eden sei, in dem die gequälte Seele Ruhe und Frieden finde« (*Weißweiler*, a. a. O.).

Aus Claras Tagebuch (vom 13. 3. 1854) erfahren wir, daß ihre Mutter bei einem Besuch in Endenich (um den Clara die Mutter gebeten hatte) einen sehr positiven Eindruck von der Klinik gewann: »Sie erzählte, der Arzt sei ein lieber, herzlicher Mann, die Anstalt nicht etwa ein großes Gebäude, sondern einige im Garten zerstreut liegende Häuschen, höchst nett und gemütlich eingerichtet, ein großer schöner Garten und das ganze Siebengebirge davor«. Wie Weißweiler zeigt, war der idyllische Eindruck von »zerstreut liegenden Häuschen« indes ein trügerischer. Diese Pavillons beherbergten nämlich die Unruhigen- und Tobezellen. Auch Robert war – zumindest zeitweilig – in einer solchen Zelle untergebracht. Diese Räume boten lediglich Platz für ein unbewegliches, eichernes Bett, auf dem die Kranken mit Gliederfesseln festgebunden waren.

Soweit im Aufnahmebuch Angaben über Beruf und Stand der in Endenich hospitalisierten Patienten enthalten sind, weisen diese darauf hin, daß eine relativ große Zahl von ihnen einer höheren sozialen Schicht angehörte (was angesichts des hohen Pensionspreises verständlich ist). Unter Roberts Mitpatienten finden sich: »fünf adelig, vier promoviert, drei Kandidaten der Theologie, zwei Kaufleute, je einer Pfarrer, Ökonom, Student der Ökonomie, Notar, Student der Jurisprudenz, Bankier, Commis, Professor, Buchhalter und Maler«.

Als Robert in die Klinik eintrat, befand sich dort einer seiner Bekannten aus der Dresdner Zeit, der Maler Alfred Rethel. Es ist nach Weißweiler zwar nicht erwiesen, daß die beiden Männer in Endenich zusammentrafen, die Autorin hält es jedoch für sehr wahrscheinlich, daß Robert von Wärtern und Mitpatienten erfahren habe, daß Rethel sich ebenfalls in Endenich aufhielt. Weißweiler weist in diesem Zusammenhang auf eine bemerkenswerte Parallele zwischen den Biographien dieser beiden Männer hin:

»Beide sind von Jugend auf schweigsam und melancholisch. Aber akut wird ihr Zustand erst in dem Moment, als sie sich zwingen, eine Arbeit zu tun, die ihrer Veranlagung entgegengesetzt ist. Bei Rethel ist es die Monumentalkunst der Freskomalerei, bei Schumann die Leitung eines Städtischen Musikvereins, eine Aufgabe, die ihm mehr Autorität, Volksnähe und Organisationsgeschick abverlangt, als ein scheuer Einzelgänger wie er aufbringen kann. Beide klammern sich verzweifelt an eine Frau, von der sie sich Erfolg und Gesundheit erhoffen. Beide stehen unter dem Zwang, sich einem übermächtigen Schwiegervater als solide Ehemänner und öffentlich anerkannte Künstler beweisen zu müssen. Beide leiden unter der Verständnislosigkeit des Publikums, das sie einerseits zu verachten vorgeben, andererseits nur zu gern für sich gewinnen würden«.

Mit Roberts Behandlung war, außer Dr. Richarz, sein Assistent *Dr. Peters* betraut. Nach *Ostwald* (1985) war Dr. Richarz wegen einer zunehmend stärker werdenden Einschränkung seines Hörvermögens gezwungen, die Behandlung der Patienten mehr und mehr seinen Assistenten zu überlassen. Ostwald vermutet auch – wahrscheinlich zu recht –, daß es allein aus akustischen Gründen nicht zu einer befriedigenden Kommunikation zwischen Robert und seinem Arzt gekommen ist: Zweifellos hatte der bereits zur Zeit von Roberts Hospitalisierung erheblich beeinträchtigte Dr. Richarz größte Mühe, Robert zu verstehen, da dieser doch schon in früheren Jahren häufig außerordentlich undeutlich gesprochen und vieles, seiner Umgebung unverständlich, vor sich hingemurmelt hatte. Hinzu kamen sicher die später noch zu diskutierenden grundsätzlichen Unterschiede der beiden Männer in ihrem Welt- und Menschenbild.

Der Assistenzarzt Dr. Peters war es auch, der Clara am 1. 4. 1854 den folgenden Bericht über Roberts Befinden zukommen ließ:

»Es freut mich, Ihnen mitteilen zu können, daß sich das bessere Befinden und ruhigere Verhalten Ihres Herrn Gemahls seit Montag gehalten hat. Noch immer sehr ruhebedürftig, brachte er den größten Teil des Tages, ausgenommen der Zeit, die er nach seinem Wunsche zum Spazierengehen verwendet, meist schlummernd auf dem Sofa, noch lieber aber auf dem Bette zu. Anfälle von Ängstlichkeit sind in dieser Periode gar nicht bemerkt worden, und haben sich ebensowenig die früheren Gehörstäuschungen eingestellt. Im Ganzen war er mild, freundlich, ziemlich unbefangen, aber kurz bei der Unterhaltung; gewalttätig gegen seinen Wärter, wie dies in der ersten Zeit wohl vorgekommen, ist er nicht gewesen. Im Gegenteile zeigte er sich wohlwollend gegen denselben, sprach sein Bedauern aus, ihm früher viele Unruhe gemacht zu haben, und machte gestern, als er sich bei ihm nach dem Datum erkundigte, einen Scherz in bezug auf den ersten April. Auf seinen Spaziergängen sucht er häufig Veilchen. Sein Aussehen ist besser, Appetit und Schlaf sind sehr gut.«

Die eigentliche Pflege von Robert oblag *Elvire von Reumont* (1809 in Aachen geboren). Sie war wohl auch die Person, mit der er während der zweieinhalb Jahre dauernden Hospitalisierung am meisten zusammen war. Ihr Neffe hat sie in unveröffentlichten Memoiren folgendermaßen charakterisiert (nach *Weißweiler*, a. a. O.):

»Sie war eine recht kluge und energische Person und stand dem Hauswesen in mustergültiger Weise vor. Ihre Kochkunst war berühmt. Etwas herrschsüchtig war sie schon, wie das bei solchen Naturen ja nichts Außergewöhnliches ist. Wir wurden mit der furchtbarsten Pedanterie behandelt, durften uns nicht rühren und wurden den ganzen Tag belehrt und erzogen. Eine gewisse Rettung kam dann einmal von einer sehr guten Freundin meiner Tanten. Sie hatte uns in unserer Zwangslage gesehen, wie wir mäuschenstill bleiben und die Flüschen auf dem Boden aufheben mußten.«

Elvire von Reumont war durch ihre Zuverlässigkeit, Strenge und Ordnungsliebe zweifellos eine ideale Oberaufseherin. Tatsächlich kann man, wie Weißweiler meint, in dieser Hinsicht gewisse Ähnlichkeiten zwischen der Pflegerin und Clara (in der Zeit seit ihrer Eheschließung) feststellen. Es mag auch sein, daß Robert in Fräulein von Reumont etwas verliebt war und daß deshalb die Blumen, die Clara im Juli 1854 von ihm erhielt, eigentlich seiner Pflegerin und nicht der Gattin gegolten haben. In Claras Tagebuch finden wir unter dem 21. 7. 1854 die Eintragung: »Welch ein Glück hat mir der gütige Gott geschickt! das erste Liebeszeichen (einige Blumen) wieder seit fünf Monaten von *ihm*, meinem Robert! Er hat dem Fräulein Reumont in Endenich die Blumen mit freundlichem Blicke gegeben, und nachdem sie ihn gefragt für wen? gesagt: Sie wisse es schon!«.

Obgleich Robert sich in Endenich von den äußeren Bedingungen her eigentlich relativ wohl hätte fühlen können, äußerte er doch wiederholt den Wunsch, die Klinik von Dr. Richarz zu verlassen. So berichtete etwa Joseph Joachim in seinem Brief an Hanslick über seinen Besuch bei Robert am 24. 12. 1854:

»Er sprach viel und hastig, frug nach Freunden und musikalischen Vorgängen, und zeigte mir alphabetische Register von Städtenamen, die er emsig zusammenstellte. Als ich fortwollte, nahm er mich noch geheimnisvoll in eine Ecke (obwohl wir unbeobachtet waren) und sagte, daß er sich von da wegsehne; er müsse von Endenich weg, denn die Leute verständen ihn gar nicht, was er bedeute und wolle. Es schnitt mir ins Herz! Zum Abschiede begleitete er mich noch ein Stück auf die Chaussee und umarmte mich dann. Ein Wärter war in der Ferne gefolgt«.

Auch in seinen Briefen hat Robert eindringlich gebeten, man möge ihn aus Endenich fortholen. Dabei ist bemerkenswert, daß er damit nicht meinte, er wolle zu Clara und den Kindern zurückkehren. Soweit Clara während seiner Hospitalisation überhaupt eine Nachricht von ihm erhielt (er sandte ihr nur wenige Briefe), handelten diese Mitteilungen nur von der Vergangenheit. Robert hat niemals die Möglichkeit einer gemeinsamen Zukunft erwähnt. Er dachte auch offensichtlich überhaupt nicht an ein Leben in Freiheit, denn er sprach beispielsweise zu Brahms nur von einer Verlegung in eine andere Anstalt, Mülheim oder Deutz, nicht aber von einer Entlassung.

Der Grund für seinen dringenden Wunsch, Endenich zu verlassen, muß, wie Weißweiler nachweist, in einem tiefen Konflikt zwischen Robert und dem Klinikleiter, Dr. Richarz, gesehen werden. Um diese grundsätzlichen Unterschiede zwischen den beiden Persönlichkeiten besser verstehen zu können, ist es notwendig, sich den Werdegang von Dr. Richarz und die von ihm vertretene Krankheitstheorie zu vergegenwärtigen.

Dr. Richarz hatte, als er 32jährig die Klinik eröffnete, eine Ausbildung bei dem Kliniker Nasse und dem Somatiker Jacobi absolviert. Von diesen Lehrern hatte er die Auffassung übernommen, daß es autonome Seelenkrankheiten nicht gebe. Jede Seelenstörung sei vielmehr Korrelat einer bestimmten organischen

Erkrankung. Das Bestreben von Dr. Richarz war, diese organischen Ursachen mit Hilfe von medikamentösen und diätetischen Maßnahmen zu beheben. Wir müssen Roberts Arzt als fortschrittlichen Psychiater bezeichnen, der gegen die in den Provinzialanstalten praktizierte massenweise Unterbringung von Kranken war. Die meisten der damals noch gebräuchlichen Zwangsmittel – den Stuhl, die Rute, die Jacke, die Schlundsonde – lehnte er als menschenunwürdig ab. Er bestritt auch als einer der ersten, daß Geisteskrankheiten etwa Strafen für frühere Sünden seien. In seiner Schrift »Über öffentliche Irrenpflege und die Notwendigkeit ihrer Verbesserung« (1844) definierte Dr. Richarz die Seele folgendermaßen:

»Die Seele ist ein durchaus Einfaches und Unveränderliches, welches zur freisten Äußerung seiner Kräfte gewisser Körperteile (nämlich des Gehirns, und zwar höchstwahrscheinlich der dem Schädelgewölbe zunächst gelegenen, oberflächlichen Teile desselben) in dem höchsten Grade von Vollkommenheit ihrer Organisation bedarf. Der Begriff der Einfachheit und Unveränderlichkeit führt notwendig zu der Folgerung, daß die menschliche Seele sich überall gleich sei und daß die Verschiedenheit der Individuen nicht in einer entsprechenden Verschiedenheit der Seelen ihren Grund habe, sondern nur in einer Verschiedenheit der organischen Bedingungen und dadurch Äußerungsweisen der Seele, in einer Verschiedenheit der Organisation des Gehirns und der übrigen Körperteile, in so ferne sie auf die Lebenstätigkeit des Gehirns influieren«.

Dr. Richarz führte alle sog. »Seelenstörungen« auf drei Grundformen zurück: Depression, Exaltation und Lähmung. Die »Bewegung der Vorstellungen«, die er für die elementare psychische Funktion überhaupt hielt, sei in diesen drei Fällen krankhaft verändert: beim Depressiven verlangsamt, beim Exaltierten beschleunigt und beim Gelähmten oder Schwachsinnigen ganz gehemmt. Für die Depression oder Melancholie hatte er, nach Weißweiler, folgende spezielle Erklärung:

»Die dabei obwaltende Funktionsstörung des Seelenorgans besteht in einer Unterdrükkung seiner Lebenskräfte, in einer Entziehung der vom übrigen Organismus ausgehenden gesundheitsgemäßen Lebensweise des Gehirns, wodurch die Bewegung der Moleküle bei der Ernährung des Seelenorgans zu sehr verlangsamt wird.«

Man kann sich kaum größere Gegensätze vorstellen als diese streng naturwissenschaftliche Einstellung von Dr. Richarz und Roberts romantische Auffassung von der Seele, verbunden mit seiner Faszination für mystische Erfahrungen und okkulte Phänomene. Es ist deshalb keineswegs verwunderlich, daß es während der Hospitalisation niemals zu einem wirklichen Verstehen zwischen Robert und seinem Arzt gekommen ist. Dies war auch der Grund für Roberts Wunsch, in eine andere Klinik verlegt zu werden.

Es läßt sich nicht mit Sicherheit sagen, warum Robert diese Bitte nicht erfüllt wurde. Offenbar scheiterte der Plan an Clara (und ihrem Berater Brahms), obwohl Clara wegen des Aufenthaltes in Endenich große finanzielle Lasten zu tragen hatte und eine andere Klinik billiger gewesen wäre. Anfang 1856 plante sie zwar, den Gatten in eine Klinik in Württemberg bringen zu lassen, und berichtete davon ihrer Schwägerin Pauline im folgenden Brief:

»Ich will ihn fortnehmen, aber zu einer öffentlichen Anstalt entschließe ich mich nie, da ich Roberts Zartgefühl zu gut kenne; wird er wieder gesund, so weiß ich, der Gedanke, in dieser oder jener öffentlichen Anstalt gewesen zu sein, würde ihm fürchterlich sein. Ich habe den Vorschlag einer Privat-Anstalt in Württemberg, die aber unter der Aufsicht der berühmten Württembergischen Staatsanstalt steht. Nur noch warte ich einige Auskünfte darüber ab, um dann selbst hinzureisen, um den Arzt mit Frau kennenzulernen.«

Es ist möglich, daß die Verwirklichung des Planes an eben dem Motiv scheiterte, das auch Claras Fernbleiben von Endenich zugrunde liegen dürfte. Wie Weißweiler und Ostwald zeigen, trifft nämlich das von Clara entworfene und in der Schumann-Literatur immer wieder gezeichnete Bild der von Sorge erfüllten Ehefrau, die allein wegen des ärztlichen Verbots den Gatten nicht besuchen durfte, offensichtlich nicht zu. Aus den Schriften von Dr. Richarz ist bekannt, daß er keineswegs die Angehörigen auszuschließen pflegte, sondern den »Verkehr der Kranken mit ihren Angehörigen und anderen näherstehenden Personen für sehr heilsam« hielt. Alles, was wir über Claras Verhalten wissen, weist darauf hin, daß *sie* ihren Mann *nicht sehen wollte*. So unternahm sie beispielsweise bis zum Juni 1855 (d. h. 15 Monate nach Roberts Aufnahme in die Klinik) keinen Versuch, mit Dr. Richarz ein persönliches Gespräch zu führen. Als sie sich zu einer solchen Unterredung bereit fand, erfolgte das Gespräch – wohl bezeichnenderweise – auch nicht in der Klinik, sondern in der 23 Kilometer entfernten Stadt Brühl. Schon ganz am Anfang der Hospitalisation hatte sie ja auch ihre Mutter nach Endenich geschickt, um sich über Roberts Unterbringung in der Klinik zu informieren. Als es ihm im Juli 1854 sichtlich besser ging, unternahm sie eine Reise nach Berlin, ohne einen Zwischenhalt in Bonn einzulegen. Ebenso handelte sie im August und September 1854, als sie zu einem Ferienaufenthalt in Belgien, nach Ostende, reiste, ohne in Endenich Station zu machen. Neben vielen anderen Gelegenheiten, die sie bei ihren verschiedenen Konzerttourneen gehabt hätte, besuchte sie Robert beispielsweise auch nicht im April 1855, als sie sich zusammen mit Brahms in Köln aufhielt und ohne weiteres die ca. 25 Kilometer nach Bonn hätte auf sich nehmen können (an ihrer Stelle schickte sie Brahms nach Endenich).

Fragen wir uns nach den Gründen für Claras Verhalten, so müssen wir mit Weißweiler annehmen, daß Clara jeglichen direkten Kontakt zu Robert vermied, weil sie fürchtete, sich ihm gegenüber schuldig und hilflos zu fühlen. Sie mußte (schon aus finanziellen Gründen) viel Zeit auf ihre Konzertverpflichtungen im In- und Ausland verwenden. Außerdem ist zu bedenken, daß Clara mittlerweise eine sehr enge (vielleicht sogar eine intime) Beziehung zu Johannes Brahms aufgenommen hatte. Diese ganze Situation war sehr wohl dazu angetan, in ihr große Schuldgefühle zu erwecken. Vermutlich waren es diese *Schuldgefühle*, die sie von Endenich fernhielten und die sie mit den hohen finanziellen Lasten, welche die Hospitalisierung ihr auflud, wenigstens zum Teil abzutragen versuchte.

Möglicherweise scheiterte Roberts Verlegung in eine Klinik in Württemberg auch an Dr. Richarz, der sehr darauf bedacht war, seinen prominenten Patienten zu behalten und ihn, wenn eben möglich, einmal als »Erfolg« entlassen zu können. *Ostwald* (a. a. O.) vermutet sogar, daß es, wie es im Schumann-Schrifttum stets heißt, nicht Clara, sondern Dr. Richarz war, der nach Roberts Tod dessen Krankengeschichte vernichtete. Der Grund sei gewesen, daß Dr. Richarz nicht wollte, daß der Ruf seiner Klinik unter dem offensichtlichen »Behandlungsmißerfolg« litte.

Die von Dr. Richarz bei Robert gestellte Eintrittsdiagnose lautete: »Melancholie mit Wahn«. Entsprechend seiner Krankheitstheorie bedeutete dies, daß für ihn Roberts Erkrankung den »Charakter des Schwachsinns« hatte. Denn die Unfähigkeit einzusehen, daß die eigene Vorstellung von der äußeren Realität abweicht, lag für Dr. Richarz in einer Verminderung der psychischen Kraft, in einem »gewissen Grade von Schwachsinn« begründet. Er hat diese Ansicht auch später in seinen Obduktionsberichten wiederholt vertreten.

Während der zweieinhalbjährigen Hospitalisierung in Endenich erhielt Robert vor allem Besuche von Brahms und Joachim, aber auch von v. Wasielewski, Julius Grimm und einmal von Bettina von Arnim. Ferner existieren etliche Briefe, die er aus Endenich schrieb. Aus allen Berichten aus dieser Zeit und aus den erhaltenen Briefdokumenten geht deutlich hervor, daß Roberts Befinden starken Schwankungen unterworfen war. Neben Phasen ausgesprochener Verwirrtheit und Unansprechbarkeit fanden sich immer wieder Zeiten, in denen er völlig geordnet ein Gespräch führen konnte und sich auch schriftlich in unauffälliger Weise zu äußern vermochte. So berichtete beispielsweise der Assistent von Dr. Richarz, Dr. Peters, am 1. 4. 1854 in seinem bereits zitierten Brief, daß die »Anfälle von Ängstlichkeit« und die »Gehörstäuschungen« verschwunden seien, Robert sei auch nicht mehr, wie gelegentlich in der Anfangszeit, »gewalttätig gegen seine Wärter«, im Umgang sei er »mild, freundlich, ziemlich unbefangen, aber kurz bei der Unterhaltung«.

Einen ähnlich positiven Eindruck von Robert erhielt auch Julius Grimm, der in seinem Brief vom 13. 8. 1854 Clara folgenden Bericht erstattete:

»Vor etwa zwei Stunden war ich in Endenich und sah und hörte Ihren hoch verehrungswürdigen Herrn Gemahl. Nur durch ein halbgeöffnetes Jalousiefenster von ihm geschieden, konnte ich jedes seiner noch so leise hingelächelten Worte, jeden Zug, jeden Blick vernehmen und gewahren. Herr Schumann kam vom Spaziergange heim, in Begleitung eines Dieners, den er gern zu haben scheint und mehrmals freundlich anredete. Bei seinem Eintritt ins Tor ging ihm der Dr. Peters auf dem Hofe entgegen, führte ihn an das Parterrefenster, hinter welchem ich mich verborgen hielt. Herr Schumann hatte den Bonner Friedhof besucht gehabt, wo er wegen der Anmut und Freundlichkeit des Ortes und aus Interesse für einige dort befindliche Monumente seit einigen Tagen gern weilen soll. – Auf die Frage des Dr. Peters, wie er sich befinde, wo er gewesen, was er gesehen, erfolgten sehr klare, freundliche Antworten; aus freien Stücken erzählte er von den Grabmälern Niebuhrs und des Sohnes von Schiller. Verworrenes sprach Herr Sch. gar nicht, der Ton seiner Stimme war, wie sonst, ziemlich leise, nur bei einem Scherze seines Begleiters erhob er ein etwas lauteres, aber auch bald vorübergehendes Lachen; wenn er nicht sprach, so hielt er stets sein weißes Taschentuch mit der rechten Hand vor die Lippen. In seinen Augen konte ich nichts Irres entdecken – sein Blick war stets offen – gerade auf Dr. Peters gerichtet und so freundlich sanft und milde, durchaus wie früher, – wie ich ihn zuletzt in Hannover gesehen. Im übrigen sah Herr Sch. wohl und kräftig aus –

nur scheint er mir etwas zugenommen zu haben – er trug (was mir der Hitze wegen auffiel) dunkle Tuchkleider und eine bunte Weste ... Gehörstäuschungen und Aufregungen sind, wie Sie wissen, seit langer Zeit nicht vorgekommen. Dr. Peters klagt am meisten über Herrn Sch's Schweigsamkeit, die sein inneres Leben sehr schwierig oder gar nicht erforschen läßt – woran er denkt, bleibt Rätsel – daß er aber an Sie, verehrte Frau Sch., oft denkt, scheint dem Dr. Peters durchaus nicht zu bezweifeln. Nur wechseln seine Anschauungen oft und rasch, und manche Momente bringen Verworrenheit dicht neben klarer Erinnerung ... Gestern abend hat er seinen Wein getrunken, bei den letzten Tropfen aber plötzlich innegehalten und gesagt, es sei Gift im Weine – und darauf hat er den Rest auf den Boden gegossen. – Schreiben soll er manches, aber so unleserlich, daß weder Dr. Richarz noch Dr. Peters mehr als einzelne Worte entziffern können – auch soll er noch an dem Kataloge seiner Werke schreiben. – Komponiert hat er dieser Zeit nicht, – die Lieder, deren Texte er in der vorigen Woche gelesen und als von sich in Musik gesetzt bezeichnet hatte, müssen in früherer Zeit komponiert sein ... Ich fragte den Dr. P. (vielleicht etwas indiskreterweise), in wie langer Zeit er für die Genesung hoffe, und erhielt zur Antwort: auf Genesung hoffe er zuversichtlich – das Wann aber könne er selbst nicht vorausahnen, es sei augenscheinlich, daß die Genesung langsam vor sich gehe«.

Der von Joachim am 24. 12. 1854 gegebene, bereits zitierte Bericht über seinen Besuch in Endenich stellt Robert ebenfalls als psychisch weitgehend unauffällig dar. Einzig eine gewisse ängstlich-mißtrauische Haltung war erkennbar, ohne daß man daraus jedoch eine paranoide Symptomatik ablesen könnte.

Auch Bettina von Arnim stand nach ihrem Besuch in Endenich unter dem starken Eindruck, Robert sei eigentlich nicht psychisch krank. Sie schrieb u. a.:

»Nachdem eine Stunde verflossen war, kam er, ich eilte ihm entgegen, die Freude erglänzte in seinem Antlitz, uns zu sehen; während Gisela mit Fräulein von Reumont auf dem Hofe sich unterhielt, sagte er mir mit Worten, die er nur mit Mühe aussprechen konnte, das Sprechen sei ihm immer schwer geworden, und nun er seit länger als einem Jahr mit niemand mehr rede, habe dies Übel noch zugenommen. Man erkennt deutlich, daß sein überraschendes Übel nur ein nervöser Anfall war, der sich schneller hätte beenden lassen, hätte man ihn besser verstanden, oder auch nur geahnt, was sein Inneres berührt, allein dies ist bei Herrn Richarz nicht der Fall, er ist ein Hypochonder-Mann, krank an Leib und Gemüt, der eher Schumanns Seelenadel nicht sowohl versteht, als ihn für ein Zeichen seiner Krankheit annimmt.«

Roberts ausgesprochene Schweigsamkeit, welche seine Ärzte für ein pathologisches Zeichen hielten, versteht Bettina von Arnim als eine ihr durchaus verständliche Reaktion auf die Tatsache, daß es Dr. Richarz – tatsächlich – nicht gelungen ist, eine vertrauensvolle Beziehung zu Robert aufzubauen und ihn wirklich im Innersten zu verstehen. Es mag sehr wohl sein, daß Robert es seiner Umgebung aus den genannten Gründen nicht erlaubte, sein »inneres Leben« zu erforschen, wie es der junge Musiker Julius Grimm in seinem oben zitierten Brief aus Endenich Clara berichtete.

Offen bleibt angesichts dieses – durchaus einfühlbaren – Mißtrauens dann aber doch die Frage, ob Robert vor seinen Ärzten, und möglicherweise auch vor seinen Besuchern, manche krankhaften Phänomene verbarg. Auch heute erleben wir beim Umgang mit psychisch Kranken immer wieder, daß ein solcher

Patient, je nach augenblicklicher Befindlichkeit und nach der Art der Beziehung, die zu einem bestimmten Gesprächspartner besteht, ganz verschieden reagiert und etwa in einer Situation ein eindeutig psychotisches Verhalten an den Tag legt, während er ein anderes Mal völlig unauffällig erscheint. Daß Robert mitunter ausgesprochen pathologische Verhaltensweisen an den Tag legte, können wir beispielsweise einem Bericht entnehmen, den Dr. Peters am 21. 8. 1854 an Clara schrieb: »Des teuren Kranken Schrift ist mir unleserlich, nur habe ich so viel entziffern können, daß es sich um Musik handelt«. Dr. Peters teilte mit, daß eine Übersendung des Geschriebenen nicht möglich sei, da Robert »das vorhin Geschriebene fast täglich von neuem durchsieht«. Es seien zumeist abgebrochene Sätze. Einmal habe der Kranke unterzeichnet mit »Robert Schumann, Ehrenmitglied des Himmels!«.

Weißweiler hat in überzeugter Weise argumentiert, daß manche Verhaltensweisen, die Roberts Ärzte pathologisch anmuteten, keineswegs Zeichen einer schwersten psychischen Störung sein müßten. So habe etwa Dr. Bernhard Öbeke, der Neffe und Nachfolger von Dr. Richarz, über den Patienten Schumann geschrieben: »Er blieb im Gehen oft stehen und sagte manchmal laut zu sich: ›Das ist nicht wahr, das ist gelogen.‹ Wie mein Onkel mich belehrte, bezogen sich diese Äußerungen darauf, daß er Stimmen hörte, die sagten, er habe seine Kompositionen anderen entlehnt«.

Dieses, ohne genauere Kenntnis von Roberts Leben tatsächlich merkwürdig erscheinende Verhalten wird nach Weißweiler jedoch ganz verständlich, wenn man sich an eine Episode erinnert, die Clara in ihrem Brief vom 24. 11. 1839 an Robert erwähnte. Dort hieß es u. a.: »Heute hab ich Dich denn auch als musikalischen Dieb kennengelernt, und zwar in der Sonate 106 von Beethoven; da ist eine Stelle, die Du Dir in einer Deiner Kompositionen (ich glaube im Allegro) zu eigen gemacht, des gleichen in der Sonate 33 von Beethoven. Ich war nicht wenig erstaunt, und trauete meinen Augen kaum«.

Tatsächlich kann man angesichts dieser Hintergründe nicht sagen, das von Dr. Öbeke geschilderte Verhalten entbehre jeglicher realen Grundlage und sei im landläufigen Sinne »verrückt«. Dennoch ist es schwierig, aufgrund derartiger Zusammenhänge die These von einer psychotischen Erkrankung Roberts eindeutig zurückzuweisen. Wir sind, gerade auch unter dem Einfluß der psychoanalytischen Lehre, heute längst nicht mehr (wie beispielsweise noch *Jaspers*) der Ansicht, der Wahn zeichne sich dadurch aus, daß er dem Außenstehenden uneinfühlbar sei und daß in den Wahngebilden völlig absurde Inhalte auftauchten. Vielmehr wissen wir, daß sich in allen psychotischen Produktionen lebensgeschichtlich relevante Elemente identifizieren lassen und daß es etwa dem Therapeuten, der sich intensiv auf die Erlebniswelt seines schizophrenen Patienten einläßt, sehr wohl gelingt, den hintergründigen Sinn in den scheinbar unsinnigsten Wahngebilden zu erspüren (vgl. *Benedetti*, 1964, 1975; *Searls*, 1974; *Sechehaye*, 1955). Diese Möglichkeit, Zusammenhänge aufzudecken zwischen lebensgeschichtlichen Ereignissen und wahnhafter Verarbeitung, spricht keineswegs gegen das Vorliegen einer Psychose.

Im Falle von Roberts Verhalten, wie Dr. Öbeke es beschrieb, bleibt etwa die

Frage bestehen, warum dieser – vor vielen Jahren einmal tatsächlich geäußerte – Vorwurf für ihn plötzlich wieder so bedeutsam wurde. Gewiß mag man, wie Weißweiler, argumentieren, daß Clara das, was sie 1839 in eher neckischem Ton geäußert hatte, in späteren Jahren möglicherweise in einer viel kränkenderen Weise wiederholt habe und daß ein solcher Verdacht des Plagiats Robert vielleicht um so tiefer getroffen habe, als er von dem ihm am nächsten stehenden Menschen kam. Diese sicher berechtigten Fragen sprechen allerdings keineswegs gegen die Möglichkeit akustischer Halluzinationen, der von Dr. Richarz vermuteten »Gehörstäuschung«. Es ist sogar sehr wahrscheinlich, daß in Roberts psychotischer innerer Welt Clara und die von ihr ausgegangenen Kränkungen und Zurücksetzungen (auch wenn sie oft vielleicht von Robert nur so erlebt wurden) eine große Rolle gespielt haben.

Falls der von Weißweiler vermutete Zusammenhang zwischen Roberts Verhalten in Endenich und Claras Brief aus dem Jahre 1839 zutrifft, muß man sich außerdem fragen, warum gerade *dieser* Hinweis Claras ihn 15 Jahre später – noch immer oder wieder? – so sehr beschäftigte. Aus den früher zitierten Briefen und den Tagebuchaufzeichnungen der Ehegatten wissen wir, daß es viele andere Vorfälle gegeben hat, die Robert nachweislich viel tiefer getroffen haben.

Zum anderen darf man nicht außer acht lassen, daß es auch zu Roberts Zeit nicht unüblich und keineswegs anstößig war, Themen aus Werken anderer Komponisten in das eigene Werk zu übernehmen. Robert selber hat dies mehrfach getan. Zum Teil hat er den Bezug zu dem fremden Werk ausdrücklich im Titel seiner Komposition genannt, etwa bei den »Studien für das Pianoforte nach Capricen von Paganini« (op. 3). Zum Teil sind es auch ungenannte, aber intendierte und keineswegs verheimlichte Zitate, beispielsweise, wie bereits früher erwähnt, in der »Phantasie a-Moll für Klavier und Orchester« (der ersten Fassung des Kopfsatzes seines 1845 komplettierten Klavierkonzerts op. 54) die Verwendung des Themas aus Claras »Notturno«, op. 6, Nr. 2, das seinerseits identisch ist mit dem Beginn der Arie »In des Lebens Frühlingstagen« aus Beethovens »Fidelio«. Dies sind nur zwei Beispiele für eine im Verlaufe der Musikgeschichte übliche und durchaus legitime Kompositionstechnik.

Abgesehen von dem halluzinierten eigenen Thema und den »Geistervariationen« (vom Februar 1854), sind uns aus der Zeit nach 1853 keine Kompositionen Roberts mehr bekannt. Er soll allerdings (nach *Joachim* und *Moser*, 1911) in Endenich noch Klavierbegleitungen zu den Paganini-Capricen geschrieben haben, in der Hoffnung, Joachim und Brahms würden sie spielen. Ebenso habe er während seiner Hospitalisierung damit begonnen, eine Klavier-Version von Joachims »Heinrich«-Ouvertüre zu schreiben. Diese Version habe er jedoch nicht beendet. Ferner berichtet *Ostwald* (1985), Robert habe in Endenich den aus dem Jahre 1569 stammenden Choral »Wenn mein Stündlein vorhanden ist« harmonisiert (die genaue Zeit, in der er an diesem Choral arbeitete, ist jedoch nicht bekannt). Von Ostwald erfahren wir, daß das Manuskript dieser Bearbeitung sehr exakt geschrieben ist und keinerlei Hinweise auf einen Tremor oder anderweitige Zeichen einer hirnorganischen Erkrankung aufweist. Bemerkenswert sei jedoch, daß Robert einen Choral wählte, der den Abschied von der Welt thematisiert, nach Ostwald Ausdruck von Roberts Resignation und seinem totalen Rückzug. Der Choral lautet:

Wenn mein Stündlein vorhanden ist
Aus dieser Welt zu scheiden,
So hilf Du mir, Herr Jesu Christ,
In meinem letzten Leiden.
Herr, meine Seel' an meinem End'
Befehl ich Dir in Deine Händ',
Du wirst sie wohl bewahren.

Nach Aussagen von Brahms soll Robert noch 1855 in Endenich Fugen geschrieben haben. Er habe sie jedoch Brahms nicht zeigen wollen, mit der Begründung, sie seien nicht in Ordnung. Diese Aussage läßt erkennen, daß Robert selbst in dieser Zeit der manifesten schweren psychischen Erkrankung seiner kompositorischen Tätigkeit keineswegs unkritisch gegenüberstand. Es ist auch interessant, daß er in Endenich eine Form des Musizierens wieder aufgriff, die in seiner Jugend und in den ersten Jahren seines Schaffens eine große Rolle für ihn gespielt hatte: das freie Phantasieren am Klavier. Aufzeichnungen besitzen wir von dieser Musik jedoch nicht.

Einen zwiespältigen Eindruck hinterläßt auf uns indes Roberts Dankbrief an Bettina von Arnim vom Juni 1855 (dieser Brief galt bisher als verschollen, wurde aber von *Weißweiler* aufgefunden und in ihrer bereits erwähnten Sendung, 1985, zitiert). Robert schrieb dort u. a.:

»Längeres Unwohlsein war die Schuld meines langen Schweigens. Und Frühlingsboten haben Sie mir zugesendet, ein Fest bereitet, durch die Ehre des Besuches, dem ein gütiger Brief folgte.

Gern erinnere ich mich noch der dichterischen Studien von Adalbert Stifter, namentlich des Hochwald und der Narrenburg. Sein Bildnis gleicht ihm sehr. In Wien war ich manchmal in Gesellschaft mit ihm bei Frau von Pereira und in unserer eigenen Wohnung, ihn zu einer musikalischen Matinée einladend. An jenem Musikmorgen vereinigten sich viele Dichter und eine Sängerin: Jenny Lind, von Eichendorff, Grillparzer und viele andere.

In meine Stille sendet mir meine teure Frau immer Freuden durch ihre Briefe und viele Musikwerke, so von Johannes Brahms; wie tiefer in seine Musik versenkt, wie höher verklärt sich sein Genius; so von Joachim, wunderbarer Held, seine Schöpferkraft die virtuosische überragend. Im Jahre 1853 dachte ich daran, unter dem Namen »Dichtergarten für die Musik«, was in den ersten Dichtern und Dichterinnen über Musik, wie sie auf jene wirkt, wundersam wirkt gleich einer Himmelssprache, zu lesen und in ein Ganzes abzuschließen. Das Herrlichste und Reichste haben Martin Luther, Shakespeare, Jean Paul und Rückert gespendet. Diese zumal sollten auch den ersten Teil des Dichtergartens bilden; den zweiten die heilige Schrift bis auf die Gegenwart. Jesus Sirach sagt auch die weisesten Sprüche: »Wie ein Rubin in reinem Gold leuchtend, ziert ein Gesang beim Mahl. Wie ein Smaragd in Schönem steht, also zieren die Lieder bei'm Weib.« In Homer, Hesiod, Pintaros, der Minnesangszeit, dem Wunderhorn, Klopstock, Goethe, Shakespeare, Schiller, Novalis, Lord Byron, Thomas Moore und unzählig vielen anderen.

Erfreuen würde es mich, wenn Sie, Hochverehrte, die Gesänge der Frühe von meiner

Clara hörten. Wollen Sie Ihr Wohlwollen noch lange mir gönnen – Ihr ergebener Robert Schumann«.

Weißweiler weist darauf hin, daß dieser Brief, wie die meisten aus Endenich, auffallend ordentlich, in fast schülerhafter Schönschrift geschrieben sei – ganz im Gegensatz zu denen aus Roberts Jugendzeit. Es erscheint der Autorin nicht gerechtfertigt, diese Wandlung des Schriftbildes als Krankheitszeichen zu interpretieren. Sie vermutet vielmehr, daß hierin der Einfluß einer Opiumbehandlung, wie sie zur Sedierung in der Klinik von Dr. Richarz üblich war, zum Ausdruck komme. Diese Erklärung mag zutreffen, obwohl gerade Intoxikationen (und man darf bei den zu Dr. Richarz' Zeit üblichen Behandlungsmethoden vermuten, daß hohe Dosen von Opium verordnet wurden) häufig dazu führen, daß das Schriftbild zerfahren, weit ausladend und unkoordiniert wird. Die von Weißweiler festgestellte »schülerhafte Schönschrift« würde eher gegen die Vermutung einer Opiumbehandlung in dieser Zeit sprechen.

Man könnte umgekehrt die Starre und die auffallende Geordnetheit des Schriftbildes als Versuch Roberts interpretieren, eine zwanghafte Abwehr gegen die psychotischen Erlebnisinhalte einzusetzen. Wir kennen ganz ähnliche Phänomene aus bildnerischen Darstellungen von Schizophrenen aus Zeiten der Remission (s. *Bader*, 1975; *Prinzhorn*, 1922; *Waser*, 1977). Auch hier finden sich formalistische, z. T. ausgesprochen starre, ornamentale Schöpfungen, die Ausdruck ihrer Abwehr gagen das psychotische Geschehen sind und mit deren Hilfe es ihnen tatsächlich gelingt, Ordnung in ihr inneres Chaos zu bringen.

Merkwürdig mutet das Dankesschreiben an Bettina von Armin jedoch vor allem in inhaltlicher Hinsicht an. Auf dieses Phänomen weist auch Weißweiler hin, wenn sie davon spricht, daß dieser Brief sich auszeichne durch seinen »formelhaften und doch zusammenhanglosen Inhalt, eine Montage junger und weit zurückliegender Eindrücke«. Es ist ein psychopathologisch bekanntes Phänomen, daß viele Schizophrene – vor allem in Zeiten, in denen die akute Psychose abgeklungen ist –, oberflächlich gesehen, zwar in Sprache und Schrift völlig unauffällig erscheinen. Wenn man jedoch ihre Mitteilungen einer genaueren Prüfung unterzieht, kann man feststellen, daß der Gedankenstrom nicht einer bestimmten Leitlinie folgt und nicht auf ein Ziel hin ausgerichtet ist, sondern – zumindest für den Außenstehenden – unvereinbare Inhalte nebeneinander stellt, von einem Thema zum nächsten springt, ohne daß eine innere logische Abfolge erkennbar wäre. Dieses als »Zerfahrenheit des Denkens« bezeichnete Phänomen ist eines der Kardinalsymptome der Schizophrenie.

Tatsächlich finden sich in Roberts zitiertem Brief Inhalte aus ganz verschiedenen Epochen seines Lebens, unvermittelt nebeneinander gestellt. Manche Passagen erscheinen auch nur auf den ersten, oberflächlichen Blick hin verständlich und entziehen sich bei genauerem Hinschauen dem Zugriff (etwa was Robert hier über seinen geplanten »Dichtergarten« sagt). Daß in dieser Zeit bei Robert indes nicht eine völlige Zerfahrenheit des Denkens vorlag, zeigt die Tatsache, daß er am Anfang und Schluß dieses Briefes sehr wohl den Bezug zur äußeren Realität, zum Besuch von Bettina von Arnim, herzustellen vermag.

Der tiefere, hintergründige Sinn der übrigen Passagen scheint mir vor allem darin zu liegen, daß Robert das Bild einer harmonischen, »großartigen« Vergangenheit erstehen lassen möchte, einer Situation, in der er in engster (symbiotischer) Verbindung mit »hohen Menschen« lebte und durch die fusionäre Beziehung zu ihnen selbst an deren Größe teilhatte. Es liegt nahe, im Bild von Brahms und Joachim als dem »verklärten Genius« und dem »wunderbaren Held, seine Schöpferkraft die virtuosische überragend« letztlich Selbstschilderungen Roberts zu sehen. Auch auf diese Weise versuchte er offenbar, dem eigenen Gefühl der Insuffizienz und der Gebrochenheit zu begegnen und die eigene Identität – wenn auch in einer verzerrten, der äußeren Realität nicht entsprechenden Weise – wieder aufzurichten.

Einen weitgehend unauffälligen Eindruck bietet der folgende, ein gutes Jahr vor seinem Tode eigenhändig an Clara geschriebene Brief Roberts vom 5. Mai 1855:

»Liebe Clara!

Am 1. Mai sandte ich Dir einen Frühlingsboten; die folgenden Tage waren aber sehr unruhige; Du erfährst aus meinem Brief, den Du bis übermorgen erhältst, mehr. Es wehet ein Schatten darin; aber was er sonst enthält, das wird Dich, meine Holde, erfreuen. Den Geburtstag unseres Geliebten wußt' ich nicht; darum muß ich Flügel anlegen, damit die Sendung noch morgen mit der Partitur ankömmt. Die Zeichnung von Felix Mendelssohn hab' ich beigelegt, daß Du (sie) doch ins Album legtest. Ein unschätzbares Andenken! Leb wohl, Du Liebe! Dein Robert.«

Nach der Krankheitstheorie von Dr. Richarz ließ sich die eine Komponente von Roberts Störung, der »Schwachsinn« (der nach seiner Auffassung Ursache des Wahns war), therapeutisch direkt nicht angehen. Eine Einflußnahme erschien ihm lediglich über die Behandlung der »Melancholie« möglich. Da Dr. Richarz annahm, beim Melancholiker seien die Sekretionen herabgesetzt, versuchte er als erstes, beim Patienten die »Ausleerungen zu befördern«, indem er einerseits gute Nahrung und andererseits abführende und harntreibende Mittel verordnete. Weißweiler vermutet, Robert habe – wie die meisten der in Endenich hospitalisierten »Melancholiker« – unter Appetitlosigkeit gelitten. Dr. Richarz habe ihm offensichtlich gleich nach Klinikeintritt den Appetit stimulierende Mittel verabreicht, denn Besucher hätten berichtet, daß Robert in den ersten Wochen seiner Hospitalisierung sichtbar zugenommen habe (vgl. den auf S. 181 f. zitierten Bericht von Julius Grimm).

Zur Appetitsteigerung wurde in Endenich die sog. Köchlinsche Flüssigkeit verwendet, ein Kupferpräparat, das dem Kranken ins Essen gemischt oder durch ein Kautschukröhrchen in die Nase injiziert wurde. Weißweiler nimmt an, daß Robert einen starken Widerwillen gegen dieses Medikament gehabt habe. Er habe deshalb – und nicht wegen paranoider Ängste – den Wein mit der Bemerkung auf den Boden geschüttet, er sei vergiftet.

Dies ist eine durchaus mögliche Erklärung. Da wir jedoch keine Unterlagen über Roberts Aufenthalt in Endenich besitzen, bleiben wir auf Vermutungen angewiesen. Denkbar wäre auch, daß Robert, wie schon bei früheren psychotischen Episoden, durchaus an paranoiden Wahnvorstellungen litt und diese sich, wie wir es oft bei solchen Patienten erleben, an die tatsächlich applizierten Medikamente hefteten und daß er die Wirkung sowie die therapeutische Intention paranoid verarbeitet.

Im Herbst des Jahres 1855 verschlechterte sich Roberts Befinden erheblich. Es traten floride Wahnbildungen, Unruhezustände, Schlafstörungen sowie akustische, Geruchs- und Geschmackshalluzinationen auf. Bei einem Besuch Joachims im April 1856 erkannte Robert ihn zwar noch und zeigte Freude, der Kranke konnte aber kein Gespräch mehr führen und verlor sich, wie Joachim Clara mitteilte, in »wirr durcheinanderhuschenden, unverständlichen Worten«.

Im Frühjahr 1856 trat Robert offensichtlich in einen totalen Hungerstreik. Auch hierbei ist unklar, welches seine Motive waren. Es ist möglich, daß er, wie Weißweiler postuliert, durch die Nahrungsverweigerung an Claras Mitgefühl appellieren wollte und darauf hoffte, sie werde ihn endlich in eine andere Klinik verlegen lassen, in der er einen verständnisvolleren Arzt finden werde. Die Nahrungsverweigerung könnte aber durchaus auch Ausdruck paranoider Vergiftungsängste sein.

Zweifellos hegte Dr. Richarz die Befürchtung, sein prominenter Patient könne wegen der Nahrungsverweigerung am Ende verhungern. Es ist deshalb sehr wahrscheinlich, daß er sich bei Robert, wie bei anderen Patienten dieser Art, eines Verfahrens bediente, das er in einem Aufsatz folgendermaßen beschrieben hat (nach *Weißweiler*, a. a. O.):

»Ein dreiundvierzigjähriger, kräftig gebauter Mann, in melancholischem Nihilismus vollständig versunken, litt wiederholt an entschieden ausgesprochener Nahrungsverweigerung, wobei jedesmal alle Versuche, ihm mit Zwang das Eine oder Andere einzuflößen, vollkommen scheiterten. Die ihm gereichten Klistiere dagegen nahm er ganz willig, während er in dieser Zeit den Mund gewaltsam geschlossen hielt.«

Um dem Patienten die schmerzhafte Ernährung mit der Schlundsonde zu ersparen, wurde dem Kranken, wie in diesem Aufsatz beschrieben, die Nahrung sechsmal täglich durch ein Klistier verabreicht, wobei die Klistiere »abwechselnd Portwein und peptonisch kalt bereiteten Liebigschen Fleischextrakt« enthielten. Zur »Kräfteschonung« verlegte Dr. Richarz Robert während dieser Zeit in eine der sog. Tobezellen, wo er ihn am Bett festband.

In seinem Aufsatz über diese Behandlungsmethode berichtet Dr. Richarz voller Stolz: »Unter Mithülfe dieses Präparates ist es seit Jahren möglich gewesen, die schwierigsten Fälle von Nahrungsverweigerung vorüberzuführen, so zwar, daß seitdem nur ein Patient an Nahrungsverweigerung zu Grunde gegangen ist, der bereits dem Tode nahe zugeführt wurde«. Weißweiler ist der – wahrscheinlich berechtigten – Ansicht, dieser eine Patient sei Robert gewesen. Er sei nach wochenlangen vergeblichen Versuchen, ihn rektal zu ernähren, am 29. 7. 1856 in der Tobezelle an Verhungern gestorben.

Zwei Tage zuvor war Clara in Endenich eingetroffen und hatte Robert am Abend des 27. Juli 1856 nach zweieinhalb Jahren der Trennung zum ersten Male wiedergesehen. Er hatte sie offensichtlich erkannt und von ihr die Nahrung, die sie ihm anbot, angenommen. Clara schreibt darüber: »... heute gab ich es ihm, und mit der glücklichsten Miene und wahrer Hast nahm er es, den Wein schlürfte er von meinem Finger – ach, er wußte, daß ich es war – .« Robert starb am Nachmittag des 29. 7. 1856 um 16 Uhr. Er war zu dieser Zeit allein. Clara war mit Brahms zum Bahnhof gegangen um Joachim abzuholen.

In Claras Tagebuch finden wir am 29. Juli 1856 folgenden Eintrag:

»Dienstag, den 29., sollte er befreit werden von seinen Leiden – nachmittags 4 Uhr entschlief er sanft. Seine letzten Stunden waren ruhig, und so schlief er auch ganz unbemerkt ein, niemand war in dem Augenblick bei ihm. Ich sah ihn erst eine halbe Stunde später, Joachim war auf eine Depesche von uns aus Heidelberg gekommen; dies hatte mich länger in der Stadt zurückgehalten als gewöhnlich nach Tisch.

Sein Kopf war schön als Leiche, die Stirn so schön klar, sanft gewölbt. Ich stand an seiner Leiche, des heißgeliebten Mannes, und war ruhig; all mein Empfinden ging auf in Dank zu Gott, daß er endlich befreit, und als ich an seinem Bette niederkniete, da wurde mir so heilig zumute, mir war, als schwebe sein herrlicher Geist über mir – ach, hätte er mich mit sich genommen. Ich sah ihn heute zuletzt – einige Blumen legte ich ihm noch aufs Haupt – meine Liebe hat er mit sich genommen.«

Über den 31. Juli 1856, den Tag von Roberts Bestattung auf dem alten Friedhof in Bonn, erfahren wir aus Claras Aufzeichnungen:

»Donnerstag, den 31., abends 7 Uhr Begräbnis! ich war in der kleinen Kapelle auf dem Kirchhof, ich hörte die Trauermusik, jetzt wurde er hinabgelassen in die Erde, doch hatte ich ein klares Gefühl, daß nicht er es war, sondern nur sein Körper – sein Geist war über mir, – wohl nie inniger war mein Gebet als in dieser Stunde. Gott gebe mir Kraft, zu leben ohne ihn.

Johannes und Joachim gingen dem Sarg voran, dann trugen einige aus der Konkordiagesellschaft, die ihm früher in Düsseldorf einmal ein Ständchen gebracht, seinen Sarg, eine Ehrenbezeugung! Die Bürgermeister gingen mit, Hiller war auch von Köln gekommen, sonst aber keine Freunde. Ich hatte es nicht bekannt gemacht, weil ich nicht wünschte, daß viele Freunde kämen. Seine liebsten Freunde gingen ja voran, ich hinterher (unbemerkt), und so war es am besten, gewiß in seinem Sinne! So war denn mit seinem Hingang all mein Glück dahin! Ein neues Leben begann jetzt für mich ...«

Knapp ein Jahr nach Roberts Tod, an seinem Geburtstag, dem 8. Juni 1857, setzte Johannes Brahms einen schlichten Grabstein für Robert. » ... in Deinem Namen will ich's tun und ganz an Dich denken, wie an ihn«, schrieb er an Clara. 23 Jahre später, im Jahre 1880, wurde dieser schlichte Stein wieder von Roberts Grab entfernt und an seine Stelle ein von Prof. Donndorf geschaffenes Monumentaldenkmal gesetzt. Die finanziellen Mittel für dieses Denkmal hatte man durch ein Musikfest, das vom 17. bis 19. August 1873 stattfand, aufgebracht. Der Reinertrag betrug, nach Clara, über 4000 Taler. Mit diesem Geld wurde das Denkmal von Prof. Donndorf erstellt.

Wie bereits erwähnt, war die Beziehung zwischen Clara und Brahms seit seinem ersten Besuch im Hause Schumann am 30. September 1853 immer enger geworden. Nach Roberts Eintritt in die Psychiatrische Klinik in Endenich war Brahms, außer Joachim, einer der engsten Vertrauten von Clara. Er war es auch, der sich ihr »immer recht als ein tieffühlender Freund« erwies, wie sie es am

10.4. 1854 in ihrem Tagebuch vermerkte. Clara schrieb weiter: »Er spricht es nicht viel aus, aber man sieht es an seinen Gesichtszügen, seinem sprechenden Auge, wie er mit mir um den Geliebten, den er ja so hoch verehrt, trauert. Überhaupt ist er auch darin so liebenswürdig, daß er jede Gelegenheit aussucht, mich durch irgendetwas Musikalisches aufzuheitern. Von einem so jungen Mann muß ich das Opfer doppelt anerkennen«.

Indes war nicht nur Brahms von Liebesgefühlen Clara gegenüber erfüllt, sondern auch Clara ließ deutlich erkennen, daß sie von Brahms als Mann stark angesprochen war. Dies zeigt sich etwa daran, daß sie auf Brahms' Beziehung zu Agathe von Siebold im Jahre 1858 mit Eifersucht reagierte. Brahms hatte sich in Göttingen in diese junge Frau verliebt. Clara besuchte ihn mit ihren jüngsten Kindern, reiste aber plötzlich, entgegen allen früheren Plänen, wieder ab, nachdem sie Brahms und Agathe von Siebold, Hand in Hand im Wagen sitzend, von einem Ausflug hatte zurückkehren sehen. Während vieler Jahre war zweifellos Brahms' Bindung an Clara der Grund dafür, daß er keine verbindliche Beziehung zu einer anderen Frau einging.

Im Jahre 1869 war er offenbar in Claras Tochter Julie verliebt, denn er reagierte – zu Claras Erstaunen – »ganz erschrocken« auf Claras Mitteilung, daß Julie sich mit einem italienischen Grafen verlobt habe. Wenige Tage später notierte Clara in ihrem Tagebuch: »Johannes ist wieder umgewandelt jetzt, kommt selten und ist einsilbig, auch gegen Julie, gegen die er vorher immer so sehr liebenswürdig war. Hatte er sie wirklich lieb gehabt? Doch, er dachte ja nie an Heiraten und Julie hatte nie Neigung für ihn ...«. An eine Freundin schrieb Clara im August: »Johannes war von dem Augenblick an, wo ich ihm Mitteilung machte von Julies Verlobung, wie umgewandelt ...«

Nach einem wechselnden Verlauf machte die Beziehung zwischen Clara und Brahms im Jahre 1891 eine schwere Krise durch (s. *Henning*, 1952): Brahms hatte bereits 1888 zum ersten Mal sein Wohlgefallen an der ursprünglichen Fassung von Roberts 4. Sinfonie in d-Moll geäußert. Das Manuskript hatte ihm Clara damals geschenkt. Seiner Ansicht nach hatte die Sinfonie durch die Überarbeitung, die Robert zehn Jahre später vorgenommen hatte, an Anmut, Klarheit und Leichtigkeit verloren. Brahms berichtete Clara im November 1889, daß sein Freund, der Dirigent Wüllner, die erste Fassung aufgeführt habe. Zugleich fragte er, ob es Clara recht sei, wenn er durch Wüllner eine Herausgabe dieses Werkes besorgen lasse. Da Clara auf diese Frage weder mit »ja« noch mit »nein« antwortete, glaubte Brahms, die Angelegenheit weiter vorantreiben zu dürfen. Im Oktober 1891 erfuhr Clara durch eine Zeitungsnotiz, daß Wüllner die erste Instrumentation von Roberts 4. Sinfonie als »Schumann-Reliquie« herausgeben werde. Voller Zorn schrieb sie zwei Briefe an Brahms. Der erste dieser Briefe ist nicht erhalten. In seinem Antwortschreiben weist Brahms darauf hin, daß der ihm gemachte Vorwurf der »Geschäftemacherei« ihn tief verwundet habe, er sei sich in dieser Hinsicht keinerlei Schuld bewußt. Unter anderem heißt es in diesem Schreiben: »Daß das Werk in dieser Gestalt erscheinen müsse, war stets meine bestimmte Absicht; gewußt hast Du darum und auch – jedenfalls nicht nein dazu gesagt, dessen bin ich sicher«.

In ihrem zweiten Brief betonte Clara, daß sie die Sache nicht nur wegen der finanziellen Seite so errege, sondern daß sie sich ungerechte behandelt, ja geradezu hintergangen fühle: »Habe ich auch das Manuskript weggegeben und mich dadurch vielleicht des Eigentumsrechtes vor dem Gesetz entäußert, so konnte ich doch von jedem rechtlich denkenden Menschen erwarten, daß er ein solches Vorhaben nicht ohne meine spezielle Zustimmung ausführen würde ... Über all das andere, was Du mir vorwirfst, schweige ich, wir würden uns doch nicht verständigen«. Claras Brief endet mit den Worten » ... reicher um eine traurige Erfahrung. Besten Gruß von Deiner Cl.«.

Es erscheint mir bei einer psychologischen Analyse bemerkenswert, daß Brahms den eigentlichen Grund für Claras heftige Reaktion nicht darin sah, daß er die Sinfonie hatte drucken lassen. Er vermutete ein ganz anderes Motiv. Brahms formulierte dies in seinem Brief vom September 1892 mit den Worten: »Du weißt, daß ich den ganz äußerlichen Anlaß, den Druck der Symphonie, nicht anerkennen kann. Vor Jahren schon habe ich das ganz Gleiche stillschweigend, aber tief empfunden, als die Schumann'schen Klavierstücke, die ich zuerst herausgab, nicht in die Gesamtausgabe aufgenommen wurden. Beide Male konnte ich nur denken, es sei Dir nicht sympatisch, meinen Namen dabei zu sehen; einen andern Grund kann ich mit dem besten Willen nicht finden oder zugeben«. Clara war sehr betroffen wegen dieses Verdachts, und sie antwortete: »Das muß Dir in einer schlimmen Stunde eingefallen sein«. Dennoch erscheint es mir sehr wohl möglich, daß der von Brahms angegebene Grund zutrifft. Es könnte tatsächlich sein, daß Clara es nicht ertrug, den Namen von Brahms zusammen mit dem ihres Gatten auf einem Werk zu sehen. Falls diese Hypothese zutrifft, könnten wir Claras Zorn als Ausdruck eines bohrenden Schuldgefühls Robert gegenüber interpretieren, selbst jetzt noch, Jahre nach seinem Tod, wegen ihrer Beziehung zu Johannes Brahms.

Die Verbindung zwischen Clara und Brahms brach jedoch auch nach diesem Zerwürfnis nicht ab, und Anfang 1893 waren die beiden wieder versöhnt. Aus Claras Tagebuch erfahren wir: »31. Januar 1893. Brahms kommt heute. Wie ist mir bange ums Herz! Könnte man sich über all die Vorgänge der letztvergangenen Jahre, die mich so betrübt haben, aussprechen, aber das ist ja unmöglich mit ihm, er wird gleich so heftig, daß man verstummt ...«. Der Besuch scheint aber doch harmonisch verlaufen zu sein, denn Brahms schrieb in seinem nächsten Brief an Clara: » ... endlich wieder zu Haus, muß ich Dir doch auch sagen, mit welcher Wonne ich an meine Frankfurter Tage zurückdenke; ich habe nur deswegen die Reise gemacht und wie freue ich mich jetzt des Entschlusses. Doch Du bist dessen so sicher wie ich, und empfindest gewiß herzlich vergnügt, wie dankbar ich für die schönen Tage bin, die mir so ungemein wohl und gut getan haben«. Brahms überlebte Clara, die im Mai 1896 starb, nur um elf Monate.

KAPITEL 6

Diagnostische Überlegungen zu Roberts Krankheit

»Du bist wohl wahnsinnig, Gustav, sprach er nach einer langen Pause – draußen zogen große Wolken am Himmel vorüber; im Westen glänzte noch am Himmel ein feuriger Schein, die Blumen sprachen mild miteinander; im Osten zog ein kalter Nachtsturm heran; der Wind schmiß ein Fenster heraus; Gustav stand sachte auf und ging langsam ans Fenster; der Wind schüttelte seine Haare wild. – Wahnsinnig, sagt' er«

R. Schumann »Mitternachtsstük aus Selene«,
Tagebuch November 1828

Bei meinen bisherigen Ausführungen zur Persönlichkeit und zum Werk Robert Schumanns bin ich wiederholt auf diagnostische Überlegungen eingegangen. Im Schumann-Schrifttum finden wir ein breites, geradezu verwirrendes Spektrum von Ansichten über Roberts Erkrankung. Die Gründe für die divergierenden diagnostischen Überlegungen sind vielfältiger Art. Zum einen liegen sie darin begründet, daß nicht allen Autoren die gleichen Quellen zugänglich waren, zumal die Krankengeschichte aus der Klinik in Endenich verschollen ist. Man vermutet, daß sie auf Claras Betreiben hin vernichtet worden ist. Möglich ist aber auch, wie bereits erwähnt, daß Dr. Richarz sie beseitigen ließ, da er nicht wollte, daß der Ruf seiner Klinik unter dem »Mißerfolg« seiner Behandlungsmethode litte. Zum anderen werden diagnostische Erwägungen stets wesentlich vom Krankheitsverständnis des Diagnostikers bestimmt. Je nach eigenem Welt- und Menschenbild werden einzelne Phänomene als Krankheitszeichen angesehen, andere aber nicht. Ich habe bereits am Beispiel von Roberts Behinderung an der rechten Hand gezeigt, daß verschiedene Autoren diese Erkrankung ganz unterschiedlich interpretieren: Als mechanische Schädigung, als Folge einer Behandlung gegen Syphilis oder als funktionelle, d. h. seelisch bedingte Störung.

Schließlich ist bei der Betrachtung von Persönlichkeiten aus anderen Epochen zu beachten, daß uns aus unserer heutigen Sicht manches als »krankhaft« erscheinen mag, was zur Zeit der Betreffenden in keiner Weise auffällig war. So würde man beispielsweise eine grobe Fehlinterpretation vornehmen, wenn man die in Roberts Schriften als »Eusebius« und »Florestan« personifizierten Gegensätze und den als Mittler dargestellten »Meister Raro« als Ausdruck einer pathologischen Zerrissenheit und als verzweifelte Suche nach einer Synthese verstehen wollte. Eine solche Interpretation könnte sich angesichts der Vermutung, Robert habe an einer schizophrenen Psychose gelitten, leicht aufdrängen. Es mag verführerisch sein, eine derartige Verbindung zwischen den literarischen Schöpfungen und der Erkrankung herzustellen. Berücksichtigt man jedoch den Zeitgeist der Romantik, so muß man feststellen, daß die Verwendung solcher personifizierter Gegensätze keineswegs ein individuelles, für Robert spezifisches Phänomen war, sondern ein gängiges Stilmittel dieser Epoche (z. B. bei *E. T. A. Hoffmann* und *Jean Paul*, um nur zwei von Robert besonders geschätzte Vertreter zu nennen).

Diagnostische Erwägungen werden stets auch durch die persönliche Einstellung des jeweiligen Autors determiniert. Bei der Darstellung des Lebens und des Werkes eines berühmten Menschen sieht sich der Biograph vor allem zwei Gefahren gegenüber, die sich in den beiden folgenden Extrempositionen niederschlagen können: Auf der einen Seite steht das Bestreben, den schöpferischen Menschen zu glorifizieren, als »Genius« darzustellen. Jegliche »menschliche Schwäche« des Künstlers muß in einer solchen Darstellung vom Biographen unterdrückt werden, da er sie als »Besudelung«, geradezu als Blasphemie seinem Idol gegenüber, empfinden würde. Auf der anderen Seite finden wir aber auch Biographien, in denen vor allem auf die angebliche »Pathologie« des schöpferischen Menschen hingewiesen wird. Beispielhaft für diese Art der Betrachtung ist das erstmals 1927 publizierte Werk »Genie, Irrsinn und Ruhm« von *Lange-Eichbaum*. Zwischen den genannten Extremen spannt sich bei den Biographen ein weites Spektrum von Einstellungen, die sich determinierend auf die Darstellungen auswirken können. Auch im Schumann-Schrifttum finden wir solche Tendenzen, die einerseits zu einer meiner Ansicht nach nicht gerechtfertigten Pathologisierung neigen und praktisch das gesamte Leben und Werk Roberts unter dem Aspekt seiner Erkrankung am Lebensende sehen. Andererseits aber treffen wir auch auf Darstellungen, die offensichtlich vom Bestreben der Autoren bestimmt sind, jegliche Konflikthaftigkeit und allfällige Krankheitszeichen zu verharmlosen oder gar zu unterdrücken. Gerade weil, aus der Retrospektive, medizinisch vieles unklar ist, bleibt den Chronisten ein recht großer Interpretationsspielraum.

Es ist psychologisch zweifellos reizvoll, bei einer Persönlichkeit wie Robert Schumann, welcher der Nachwelt in Briefen, Tagebuchaufzeichnungen sowie in musikalischen und literarischen Werken ein derart umfangreiches Material hinterlassen hat, diagnostische Überlegungen anzustellen, zumal er am Ende seines Lebens nachweislich eine schwere psychische Erkrankung durchgemacht hat. Man könnte jedoch gegen solche diagnostische Erwägungen – mit einigem Recht – einwenden, daß eine Diagnose heute an sich wertlos sei. Wenn wir bei Patienten sorgfältige diagnostische Abklärungen vornehmen, so geschieht dies ja nicht als Selbstzweck, sondern wird durchgeführt, weil wir daraus therapeutische Maßnahmen ableiten möchten. Insofern kann man mit einigem Recht einwenden, daß die Frage nach einer Diagnose heute, über hundert Jahre nach

Roberts Tod, allenfalls eine interessante Spekulation sei, aber keinerlei Relevanz besitze. Sollten wir uns, so könnte man fragen, nicht lieber darauf beschränken, bewundernd festzustellen, welche großartigen Werke er trotz aller inneren und äußeren Schwierigkeiten in seinem Leben geschaffen hat? Wozu noch Art und Ursache seines Leidens ergründen wollen?

Derartige Einwände sind, vor allem angesichts der vielen Spekulationen um seine Erkrankung, zweifellos bedenkenswert und berechtigt. Dennoch halte ich es für sinnvoll und fruchtbar, unser heutiges diagnostisches Wissen auch auf Robert Schumann anzuwenden. Es geht dabei sicher nicht darum, ihm den Stempel einer bestimmten Krankheit im Sinne einer diskriminierenden Etikettierung aufzudücken und damit gar ein Werturteil über sein künstlerisches Schaffen abzugeben. Vielmehr bin ich der Ansicht, daß diagnostische Erwägungen uns helfen können, manches in Roberts Leben verständlicher werden zu lassen, uns besser in ihn einfühlen zu können und unter Umständen auch zu manchen Werken eher einen Zugang zu finden. Wie ich in meinen bisherigen Ausführungen immer wieder gezeigt habe (ganz ausgesprochen traf dies ja für das »Liederjahr« und für Roberts Opernpläne zu), liefern uns manche psychologische Überlegungen erst den Schlüssel zu einem tieferen Verständnis seines Schaffens.

Das breite Spektrum diagnostischer Erwägungen in der Schumann-Literatur reicht von der Annahme einer »konstitutionellen Psychasthenie« und »Psychoneurose« (*Pascal*, 1908) sowie einer Psychopathie mit Mischung von Schizoidem, Zykloidem und von Stimmungsanomalien (*Lange-Eichbaum*, 1927) über »Schizophrenie« (*Boetticher*, 1941; *Möbius*, 1906; *Linder*, 1959; *Payk*, 1977; *Schnebel*, 1981; *Schweisheimer*, 1959), »Zyklothymie« (*Franken*, 1984; *Gruhle*, 1906; *Nussbaum*, 1923), »Hirnarteriosklerose bei Hochdruck« (*Edler*, 1982; *Kerner*, 1967, *Kleinebreil*, 1953; *Sutermeister*, 1959) bis zur »Luischen Paralyse« (*Feis*, 1910; *Franken*, 1984; *Gruhle*, 1906; *Nussbaum*, 1923; *Slater*, 1972; *Slater* und *Meyer*, 1959; *Vorberg*, 1934; *Walker*, 1972b) und zur Diagnose »Borderline-Persönlichkeit« (*Ostwald*, 1985). *Weisweiler* (1985) schließlich nimmt an, daß Robert sich letztlich aufgrund einer unlösbaren Konfliktsituation ehelicher und beruflicher Art in regressiver Weise in die psychiatrische Klinik zurückgezogen habe und dort wegen Nahrungsverweigerung (im Grunde in suizidaler Absicht) buchstäblich verhungert sei.

Wie die genannten Diagnosen zeigen, geht es vor allem um die Frage, ob eine gehirnorganische Erkrankung (vor allem eine Syphilis mit ihren Folgen) oder eine schwere psychische Störung aus dem schizophrenen Formenkreis vorgelegen hat. Die bei Robert immer wieder aufgetretenen tiefen Depressionen werden von den meisten Autoren entweder als Reaktionen auf die z.T. extremen Belastungen, unter denen er lebte, oder als eine endogen-depressive Komponente verstanden, die aber mit der Erkrankung am Ende seines Lebens in keinem ursächlichen Zusammenhang stand.

Die einzelnen Autoren führen je einleuchtende Argumente für ihre Überlegungen an. Doch besteht dabei immer wieder die Gefahr von Zirkelschlüssen, indem aufgrund eines Gesamteindrucks (zu dem es angesichts der historischen

Distanz leicht kommt) offenbar zuerst die Diagnose gestellt und dann nach dafür charakteristischen Symptomen gesucht wird. Ich habe bereits auf einige derartige Phänomene hingewiesen (z. B. auf die Behinderung der Finger der rechten Hand mit ihren verschiedenen Interpretationen). In diesen Zusammenhang gehört auch die Frage, ob man Roberts schon in der Adoleszenz bestehende Zurückhaltung im sozialen Kontakt und die symbiotische Struktur seiner Beziehungen zur Mutter und zu Clara als Vorboten und determinierende Faktoren einer schizophrenen Erkrankung ansieht oder nicht.

Zu der erstmals von Dr. Richarz geäußerten Vermutung, bei Robert habe ein *gehirnorganisches Leiden* bestanden, ist in der Schumann-Literatur wiederholt Stellung genommen worden. Dr. Richarz hatte zusammen mit Dr. Peters bei Robert eine Autopsie vorgenommen. Der bisher nicht im vollen Wortlaut publizierte Bericht datiert vom 30. 7. 1856. Eine Zusammenfassung wird vom ersten Schumann-Biographen, von Wasielewski, zitiert. Dr. Richarz stellte im Autopsiebericht die Diagnose einer »unvollständigen allgemeinen Paralyse« (»Paralyse generale incomplette«).

Aufgrund von Claras Kritik an von Wasielewskis Biographie äußerte sich Dr. Richarz in einem Artikel 1873 selber zur Diagnose und erläuterte seine Ansicht. Er postulierte bei Robert eine hereditäre Belastung durch die Mutter. Die Depressivität verstand er als eine Melancholie, die bei nahezu allen kreativen Menschen zu finden sei. Das Wesen der »letzten verderblichen Krankheit« (d. h. des Zustandes, den Dr. Richarz bei Roberts Aufenthalt in Endenich erlebte) sei ein langsamer, aber irreversibler und progressiver »Verfall« in der Organisation und Widerstandskraft des Nervensystems gewesen. Die Ursache dieses »Verfalls« sah der Arzt in einer »Überanstrengung«, der sich Robert durch seine rastlose künstlerische Tätigkeit ausgesetzt habe.

Ostwald (1985) hat den im Robert-Schumann-Haus in Zwickau aufbewahrten, erst 1973 aufgefundenen Autopsiebericht einer sorgfältigen Prüfung unterzogen. Er kommt in Übereinstimmung mit dem Neuropathologen der Universität Halle, Prof. W. Jänisch, und mit Prof. Nathan Malamud (von der University of California in San Francisco) zum Resultat: »There are many vague and contradictory statements, and no one today would accept these findings as being reliable«. Der Autor weist an verschiedenen im Autopsiebericht von Dr. Richarz genannten Befunden nach, daß die dort aufgeführten Symptome zum Teil wegen der damals üblichen Sektionstechnik keinerlei Aussagekraft besitzen, z. T. aber auch keine pathologischen Zeichen darstellen.

So nannte Dr. Richarz ein Hirngewicht von 46 Unzen und 120 Gran, was nach unserem heutigen System 1337 g entspräche. Ostwald ist der Ansicht, dieses Gewicht liege zwar relativ niedrig, falle bei Roberts Alter aber noch in den Normbereich (Durchschnitt: 1360 g). Man könne deshalb nicht von einer Hirnatrophie sprechen. Diese Interpretation steht in Übereinstimmung mit dem Befund des Schädelausgusses, den im Jahre 1880 der Anthropologe Schaaffhausen vorgenommen hat. Auch er verwarf die von Dr. Richarz geäußerte Hypothese eines Hirnschwundes. Demgegenüber vertritt *Franken* (1984) die Ansicht, aus dem Schädelausguß lasse sich auf ein Soll-Hirngewicht von 1475 g schließen, der tatsächliche Wert liege somit um 125 bis 138 g tiefer. Franken nimmt deshalb an, bei Robert habe doch eine Hirnatrophie vorgelegen.

Ferner heißt es im Obduktionsprotokoll von Dr. Richarz, daß in der Umgebung der Hypophyse eine recht große Menge einer gelblich sulzigen Masse, die stellenweise die Konsistenz des Faserknorpels erreichte, vorhanden gewesen sei. Außerdem hätten sich mikroskopisch an der Rindensubstanz zahlreich jene gekernten und ungekernten Zellen nachweisen lassen, die man bei Leichen von Menschen mit einer »Paralyse generale incomplette« finde. Auch diese Befunde haben gegensätzliche Interpretationen erfahren: *Franken* (1984) nimmt – im Anschluß an *Gruhle* (1906) und andere Autoren – an, Robert habe zumindest seit der Studienzeit an einer manisch-depressiven Erkrankung gelitten, und »sein späterer schneller Persönlichkeitsverfall und sein früher Tod sei auf einen hirnorganischen Prozeß, am ehesten auf eine progressive Paralyse zurückzuführen«. *Ostwald* (1985) ist demgegenüber, in Übereinstimmung mit den oben genannten Neuropathologen, der Ansicht, es handle sich bei den von Dr. Richarz beschriebenen Phänomenen um unspezifische, nicht zwingend pathologische Zeichen, die z. T. als post-mortem-Artefakte angesehen werden müßten. Zudem fehle es an eindeutigen Hinweisen auf eine syphilitische Erkrankung, ein Wernicke-Syndrom oder auf die Folgen einer cerebralen Störung.

Ostwald kommt deshalb zum Schluß, es spreche nichts für eine hirnorganische Erkrankung bei Robert. Der Autor postuliert, daß auf der Grundlage einer Borderline-Persönlichkeit (i.S. *Kernbergs*, 1979) eine in der Adolszenz manifest gewordene endogene Depression (in der amerikanischen Diagnostik: »major affective disorder«) bestanden habe. Der Tod sei bei Robert aufgrund einer Unterernährung (in suizidaler Absicht) eingetreten. Möglicherweise habe auch eine Überdosierung der Medikamente eine Rolle gespielt.

Mir erscheinen die uns heute vorliegenden Befunde darauf hinzuweisen, daß man bei der Erkrankung, die zu Roberts Tod führte, tatsächlich *nicht von einer hirnorganischen Störung sprechen kann.* Robert hat bis in die letzte Zeit seiner Erkrankung keinen pathologischen Abbau seiner kognitiven Funktionen (Denken, Wahrnehmung, Gedächtnis) erkennen lassen, wie wir ihn bei einem psychoorganischen Syndrom finden. Wir wissen auch nichts von gravierenden Frischgedächtnisstörungen, und Robert soll noch in Endenich zu so komplizierten Leistungen wie dem Fugen-Schreiben fähig gewesen sein. Außerdem war er, wie aus seinen Briefen und den Beobachtungen von Besuchern hervorgeht, in luziden Augenblicken durchaus in der Lage, sich in Sprache und Wort völlig korrekt mitzuteilen. Auch eine bulbäre Läsion hält *Linder* (1959) – zu Recht – angesicht von Roberts Fähigkeit, noch am Tage seines Todes den von Clara gereichten Wein zu trinken, für unwahrscheinlich. Die Nahrungsverweigerung war offensichtlich die Folge seiner paranoiden Vergiftungsängste. Als Todesursache kommt wohl am ehesten, wie schon *Möbius* (1906) und in neuerer Zeit *Weißweiler* (1985) annahmen, die von Dr. Richarz diagnostizierte Kachexie nach Nahrungsverweigerung in Frage. *Linder* verweist darauf, daß unter Umständen auch eine Tuberkulose vorgelegen haben könnte. Dies ist durchaus möglich, da es eine in dieser Zeit recht häufige Erkrankung war, der immerhin drei von Claras und Roberts Kindern zum Opfer fielen.

Als Erkrankung, die eventuell bereits seit 1833, sicher aber seit 1844 in mehreren Schüben Robert heimsuchte und 1854 zu seiner Hospitalisierung in Endenich führte, müssen wir meiner Ansicht nach eine *schizophrene Psychose* annehmen. Dafür sprechen die Halluzinationen, die ausgeprägten projektiven, bis ins manifest Paranoide gehenden Züge mit den – zumindest zeitweilig – stark verwischten Grenzen zwischen der innerseelischen Welt und der äußeren Realität, die vielfältigen Ängste und das vor allem in der Endenicher Zeit auftretende Symptom der Zerfahrenheit im Denken. Neben Zeiten der Dekompensation finden sich, wie es charakteristisch für diese Erkrankung ist, Zeiten, in denen Robert psychisch mehr oder weniger unauffällig war. Ich habe bei meinen Ausführungen zur Endenicher Zeit bereits darauf hingewiesen, daß manche – auf den ersten Blick vielleicht unauffällig erscheinende – Phänomene bei genauerer Untersuchung das psychotische Erleben deutlich werden lassen (beispielsweise Roberts Äußerungen im Brief an Bettina von Arnim). Diese Interpretation scheint mir nicht im Widerspruch zu den Überlegungen zu stehen, die *Weißweiler* (1985) anführt. Zweifellos lassen sich – letztlich wohl alle – pathologisch anmutenden Verhaltensweisen Roberts auf für ihn lebensgeschichtlich bedeutsame Ereignisse zurückführen. Ich bin jedoch der Ansicht, daß er diese Ereignisse in einer durch die Psychose verzerrten Weise erlebt und interpretiert hat.

Gewiß müssen wir aufgrund der neueren Befunde, die *Weißweiler* (1985) vorgelegt hat, manche von Roberts Verhaltensweisen, die in der Schumann-Literatur oft allzu schnell und unkritisch als »pathologisch« interpretiert worden sind, heute anders einschätzen. Es erscheint mir jedoch nicht vertretbar, wie die Autorin anzunehmen, Roberts psychischer Zusammenbruch im Jahre 1854 sei letztlich nur die im Grunde völlig angemessene Reaktion eines Menschen, der sich beruflich und im Hinblick auf seine Ehe in einer ausweglosen Situation befand. Auch wenn tatsächlich in diesen Bereichen schwerwiegende Konflikte bestanden, darf man wohl nicht so weit gehen wie der Musikwissenschaftler *Helmut Hopf*, der in einer Radiosendung zum Spätwerk Robert Schumanns die Ansicht vertrat, die Einweisung in die psychiatrische Klinik Endenich sei erfolgt, als sich die Schumannsche Ehe so krisenhaft zugespitzt hätte, daß eine Trennung unmittelbar bevorgestanden habe. Robert sei »in die Verbannung geschickt (worden), als die Zuneigung von der einst geliebten Frau gekündigt wird«.

Es ist angesichts der zuletzt referierten Überlegungen interessant, daß in zwei zeitgenössischen Werken, in denen Roberts Krankheit thematisiert worden ist, eine ähnliche Hypothese vertreten wird: Der zeitgenössische Komponist *Wilhelm Killmayer* schreibt im Vorwort zu seinem Werk »Kammermusik Nummer 2 ›Schumann in Endenich‹« für Klavier, Orgel (auch elektronische Orgel oder Harmonium) und großes Schlagzeugensemble (5 Spieler) unter anderem: »Schumann begab sich in seinem vierundvierzigsten Lebensjahr freiwillig in die Heilanstalt von Endenich; er nahm am Lebenskampf nicht mehr teil. Dieser jünglingshafte Mensch war mehr und mehr ein ›Fremder Mann‹ in seiner Umwelt geworden, die erwachsen, ›groß‹ sein wollte. Daran litt er. Die Klaviertaste war für ihn die Nahtstelle zu einer Welt, in die er flüchten, der er sich anvertrauen konnte«. Roberts Innenwelt wird in diesem Musikwerk von Killmayer dargestellt als zusammengesetzt aus zerbrochenen Einzelstücken: Rhythmen, Motiven, Einzel- und Mehrklängen als isolierten, ausdrucksgeladenen Klanggesten.

Auch das Hörspiel »Ein Tag in Robert Schumanns Leben« des Schweden *Göran Tunström* behandelt die Zeit, die Robert in Endenich verbracht hat. Nach *Edler* (1982) wird hier der Komponist als Opfer seines Unvermögens geschildert, »den Kosmos zu umarmen, ja diesen gekrümmten Raum mit seiner Musik zu umfassen – ... da wurde alles gleichgültig ..., das eine hatte keinen Zusammenhang mit dem anderen ...«. In Tunströms Deutung ist Robert in Wahrheit gesund. Er stellt sich jedoch krank, um in der Anstalt die Freiheit zu besitzen, die er in der Welt nicht hat finden können. Er ist müde geworden bei dem vergeblichen Bemühen, Ordnung im musikalischen Werk zu stiften inmitten einer Welt, in der die Ordnung zerfällt, in der nichts mehr sinnvoll zum anderen gehört. Robert will sich in diesem Hörspiel in Endenich nur noch ausruhen von der sein Vermögen übersteigenden Anstrengung, zugleich aber auch den absurden Zwängen einer tyrannisch-zufälligen Welt sich entziehen (Angaben nach *Edler* a. a. O.).

KAPITEL 7

Krankheit und Werk

Die Beurteilung des Spätwerks

»– Keiner andern Kritik wird das Beweisen so schwer als der musikalischen ... die Musik ist die Waise, deren Vater und Mutter keiner nennen kann. Und vielleicht ist es, daß gerade in dem Geheimnisvollen ihres Ursprungs der Reiz ihrer Schönheit liegt«.

R. Schumann »Gesammelte Schriften. Ferdinand Hiller«, 1835

Ergeben sich schon, wie ich gezeigt habe, bei den diagnostischen Erwägungen schwer lösbare Probleme, so befinden wir uns erst recht in einer schwierigen Lage, wenn es um die Frage geht, ob sich Beziehungen zwischen Roberts Erkrankung und seinem kompositorischen Schaffen nachweisen lassen, und welcher Art diese Zusammenhänge gegebenenfalls sind. Auch in dieser Hinsicht finden wir in der Schumann-Literatur erheblich voneinander abweichende Aussagen. Die jeweilige Position hängt dabei z.T. eng mit der Krankheitstheorie zusammen, die der betreffende Autor vertritt.

Das Problem liegt darin, daß die Autoren oftmals von einer bestimmten Krankheit, unter der ihrer Ansicht nach Robert gelitten habe, ausgehen und dann nach Zeichen dieser Erkrankung in der Musik suchen. Ein solches Vorgehen mag insofern legitim sein, als der Blick des Forschenden durch die Annahme einer bestimmten Erkrankung zweifellos geschärft wird. Verhängnisvoll kann sich ein solches Vorgehen aber dann auswirken, wenn in das kompositorische Werk gleichsam psychopathologische Phänomene »hineininterpretiert« werden. Ganz besonders fragwürdig erscheint es mir, psychopathologische und psychoanalytische Begriffe in metaphorischer Weise zur Beschreibung innermusikalischer Sachverhalte zu verwenden.

In der Rezeptionsgeschichte von Roberts Werk finden wir schon früh solche Tendenzen. So hat etwa der bekannte deutsche Psychiater *Paul Möbius* (1906) aufgrund von Roberts Musik den Eindruck gewonnen, er müsse ein »sehr nervöser Mann« gewesen sein. Ferner meinte Möbius, der bei Robert die Diagnose einer Schizophrenie stellte, aus der Musik entnehmen zu können, daß er ein »passiver« und »femininer« Mann gewesen sei.

Von der Annahme einer schizophrenen Psychose ausgehend, haben auch

Haesler (1982), *Linder* (1959) und *Schnebel* (1981) Roberts musikalisches Werk interpretiert. So weist *Haesler* darauf hin, daß sich bei Robert bereits in den kreativen Jahren – gleichsam als Vorboten der späteren Erkrankung – schon »Zeichen der Austrocknung ... und zunehmende Schwierigkeiten in der Handhabung großer Formen mit deutlicher Tendenz zur Formalisierung« feststellen ließen. *Linder* schreibt im Hinblick auf die nach 1844 entstandenen Werke: »Wir finden einen manchmal bis zur Erstarrung reichenden Formalismus, eine kunstvolle Konstruktion, wobei Werke entstehen, die uns wegen ihrer Fremdheit unheimlich anmuten und zu denen wir schwerer Zugang finden als zu den Werken gesunder Künstler ... Wir betrachten die Stilstrenge als Äquivalent der Verschrobenheit, die Fremdheit als Ausdruck des gestörten affektiven Rapportes«. *Schnebel* schließlich äußert sich bei der Analyse des in den Jahren 1834/35 entstandenen »Carnaval« (op. 9) über die »rhythmisch verwickelten Partien« dieser Komposition: Sie seien »in ihrer polyphonen Struktur schwer zu realisieren, wo nicht gar unspielbar ... zur Realisation der insgeheim schizophrenen Musik bräuchte man zwei getrennte Kontrollinstanzen – oder aber: Laß die Rechte nicht wissen, was die Linke tut! was unbewußtes Spiel beinhaltet«.

Eine ähnliche Argumentation finden wir auch bei *Schweikert* (1984), der Roberts C-Dur-Sinfonie als »Angst-Musik« (nach dem psychischen Zusammenbruch 1844) bezeichnet und u. a. schreibt, daß in diesem Werk »das sinfonische Ich, das ... der erste und der letzte Satz mit dem Mut der Verzweiflung und um den Preis ihres Scheiterns aufzurichten versuchen, ... in der hysterischen Raserei des im Scherzo entfesselten rhythmischen Kontinuums und in der zaghaft, wie unter Hypnose ruhig gestellten Verklärung des Adagios« zerbreche. Der Autor zitiert auch den Dirigenten Guiseppe Sinopoli, der bei der C-Dur-Sinfonie von einer »auskomponierten Psychose« spricht.

So anschaulich und plausibel derartige Interpretationen zu sein scheinen, so fragwürdig sind sie letztlich doch, da hier psychopathologische und psychoanalytische Begriffe zur Beschreibung eines innermusikalischen Sachverhalts verwendet werden. Ein solches Vorgehen stiftet insofern leicht Verwirrung, als diese Begriffe in der fachlichen Diskussion üblicherweise als Kurzformeln zur Charakterisierung eines ganz bestimmten Krankheitsbildes dienen und die Übertragung in einen anderen Fachbereich nicht ohne weiteres möglich ist.

Dies gilt ganz besonders für so komplexe Begriffe wie »Schizophrenie« oder »schizophren«, mit denen keineswegs ein einheitliches Krankheitsbild beschrieben wird. Vielmehr besagt die Diagnose »Schizophrenie« lediglich, daß ein Mensch unter einer schweren psychischen Störung leidet, bei der – zumindest zeitweilig – der innerpsychische Zusammenhang aufgelöst ist und Teilfunktionen und Teilinhalte sich weitgehend verselbständigen, so daß der Betroffene selber sie als »fremd« und »unheimlich« erlebt und zu Fehlinterpretationen der eigenen Person und der Umwelt neigt. Über die Ursachen dieser Erkrankung liegen jedoch, je nach theoretischer Position, zum Teil erheblich voneinander abweichende Hypothesen vor. Auch von ihrem Erscheinungsbild her ist diese Krankheit keineswegs etwas Einheitliches.

Angesichts dieser nur mit wenigen Stichworten angedeuteten Problematik des Begriffes »Schizophrenie« wird es außerordentlich fragwürdig, ihn in bildhafter Weise zur Umschreibung außerpsychologischer Sachverhalte zu verwenden. Ferner ist zu berücksichtigen, daß die oben zitierten Autoren jeweils nur ganz spezifische Aspekte vor Augen haben, wenn sie bei der Interpretation der Schumannschen Musik den Begriff »Schizophrenie« verwenden. So meint *Schnebel* mit »schizophren« offenbar das Phänomen einer gewissen Gespaltenheit, die allerdings längst nicht nur für die Schizophrenie charakteristisch ist. *Linder* und *Haesler* hingegen beschreiben mit den von ihnen gewählten Begriffen »Fremdheit« und »Austrocknung« die affektive Komponente der Störung.

Problematisch erscheint es mir auch, wenn man versucht, auf ursächliche Zusammenhänge zwischen bestimmten lebensgeschichtlichen Ereignissen und Details des kompositorischen Werkes zu schließen. Wie ich in meinen bisherigen Schilderungen zum Leben und Werk Robert Schumanns gezeigt habe, bestehen zweifellos vielfältige Beziehungen dieser Art. Es wäre jedoch eine unzulässige Vereinfachung, wenn wir im Werk lediglich ein Abbild der biographischen Situation sähen. Insofern stehe ich der folgenden Formulierung von *Schnebel* (1981) skeptisch gegenüber, wenn der Autor über Roberts 3. Streichquartett A-Dur op. 41, No. 3 (aus dem Jahre 1842) schreibt: »Es ist, als ob Schumanns Vermögen, sein Inneres in Musik umzusetzen, allmählich an Kraft verlöre. So konnte wohl auch die Krisenbewältigung qua Musik nur noch partiell gelingen. Zweifellos schwächte der dominierende Einfluß Mendelssohns sein Ich. Und ebenso scheiterte die sicher auch vorhandene Intention (neidvolle?), nach dem Vorbild Claras durch Erfolg an Stärke zu gewinnen. Das Mißlingen schlug auch die Musik: Sie wurde schwächer«.

Wir stehen hier der Schwierigkeit gegenüber, daß wir uns in einem Grenzbereich zwischen zwei Wissenschaften bewegen: Auf der einen Seite haben wir es mit psychiatrisch-psychologischen Problemen zu tun, auf der anderen Seite nehmen wir Stellung zu ästhetischen und kompositionstechnischen Sachverhalten. Dabei müssen wir berücksichtigen, daß wir aufgrund einer allfälligen Koinzidenz von Phänomenen (etwa beim Vorliegen einer Erkrankung und einem bestimmten Kompositionsstil) nicht ohne weiteres auf eine ursächliche Beziehung schließen dürfen. Dennoch ist es, wie ich in meinen bisherigen Ausführungen zu Roberts Biographie und zu seinem kompositorischen Schaffen gezeigt habe, unter psychologischem Aspekt interessant, allfällige Zusammenhänge zwischen Leben und Werk aufzuspüren. Die Frage nach Beziehungen zwischen Roberts Spätwerk und seiner Erkrankung erscheint mir indes noch schwieriger, psychologisch aber auch noch interessanter, zumal seine letzten Kompositionen selbst von den »Fachleuten«, etwa von Musikwissenschaftlern und Interpreten, keine einheitliche Bewertung erfahren haben.

Clara selbst war, vor allem gestützt auf das Urteil von Johannes Brahms und Joseph Joachim, bekanntlich der Ansicht, daß die letzten von Robert komponierten Werke seiner nicht mehr würdig gewesen seien. Sie verhinderte deshalb die Veröffentlichung der folgenden Werke: das Violinkonzert in d-Moll (erschienen 1937), die Variationen über ein Thema in Es-Dur, die sog. »Geistervariationen« (erschienen 1939), die 3. Violinsonate in a-Moll, die bereits erwähnte

F-A-E-Sonate (erschienen 1956) und die 5 Romanzen für Violoncello und Klavier (sie sind nicht erhalten, da das Original vernichtet worden ist).

Bevor ich näher auf die Frage nach allfälligen Beziehungen zwischen Roberts Spätwerk und seiner Erkrankung eingehe, soll noch die Frage geklärt werden, in welchem Sinne wir bei Robert, der bereits im Alter von 46 Jahren starb, von einem »Spätwerk« sprechen können. Sicher ist soviel, daß wir bei seinen Kompositionen aus dem Jahre 1853 kein »Alterswerk« vor uns haben wie bei Komponisten, die tatsächlich ein hohes Lebensalter erreichten. Doch finden sich in der Schumann-Literatur immer wieder Äußerungen dergestalt, daß sich Robert von einer produktiven musikalischen Tätigkeit zurückgezogen habe, zumal er den drohenden Ausbruch der Geisteskrankheit erahnt habe und mit einem stetigen Nachlassen seiner schöpferischen und gesundheitlichen Kräfte konfrontiert gewesen sei. Außerdem wird darauf verwiesen, daß Robert 1851 ein »künstlerisches Testament« aufgesetzt, 1853/54 die Edition seiner »Gesammelten Schriften« vorbereitet und im gleichen Jahr mit dem Verlag Breitkopf & Härtel über einen Werkkatalog verhandelt habe. Alle diese Aktivitäten seien Hinweise darauf, daß Robert bewußt sein Schaffen abgeschlossen habe.

Struck (1984, 1987) ist in einer umfangreichen musikwissenschaftlichen Studie diesen Fragen nachgegangen. Aufgrund seiner sorgfältigen Sichtung des ganzen heute vorliegenden Materials (Briefe, Tagebuchaufzeichnungen, Haushaltsbücher und dergl.) vermag der Autor zu zeigen, daß man im Jahre 1853 bei Robert keineswegs von einem Abschließen aus kompositorischer Resignation sprechen kann. Vielmehr wird deutlich, daß er mit dem Ordnen des Bisherigen die Planung neuer Kompositionen verband. Diese sind z.T. im Jahre 1853 von Robert noch realisiert worden (z.B. die »Gesänge der Frühe«, op. 133, und die Ergänzungssätze zur 3. Violinsonate sowie die nicht erhaltenen Celloromanzen). Z.T. konnte er sie wegen des psychotischen Zusammenbruchs im Frühjahr 1854 nicht mehr verwirklichen (z.B. eine weitere Symphonie sowie eine Ballade für Chor und Orchester).

Bei der psychologischen Interpretation von Roberts Wunsch, sein bisheriges literarisches und kompositorisches Schaffen zu ordnen und zu registrieren, müssen wir auch berücksichtigen, daß ein derartiges Verhalten völlig mit dem übereinstimmte, was er bereits von Jugend an getan hatte. Nicht von ungefähr besitzen wir von ihm eine außergewöhnliche Fülle von Material, das er in Tagebüchern, Briefen und Haushaltsbüchern niedergelegt hat. Ohne die für ihn charakteristische Akribie wäre es undenkbar, daß wir heute noch Kenntnis von all den Details seines Lebens hätten, die er uns auf diese Weise überliefert hat. Außerdem müssen wir berücksichtigen, daß Robert auch in seiner Arbeit an einem »Dichtergarten«, in dem ihm wichtig erscheinende Stellen der Weltliteratur gesammelt werden sollten, sein großes Bedürfnis nach einer systematischen Ordnung und Strukturierung erkennen ließ. Obwohl die Idee zu einer derartigen Sammlung bei Robert bereits mehr als zehn Jahre vor der Ausführung aufgetaucht war (*Nauhaus*, 1982; *Struck*, 1984) schließt dies nicht aus, daß ihm gerade im Jahre 1853 an einer solchen Strukturierung aufgrund seiner psychischen Situation besonders gelegen war. Man darf dieses Verhalten aber nicht als etwas seiner früheren Persönlichkeit völlig Fremdes und Pathologisches ansehen.

Betrachten wir die letzten, im Jahre 1853 von Robert komponierten Werke und ihre Beurteilung durch Musikinterpreten, Kritiker und Publikum, so fällt vor allem auf, wie divergierend die Stellungnahmen ausfallen. Robert schrieb in den Jahren 1853/54 noch insgesamt zwölf Werke. Es sind: »Fest-Ouvertüre mit Gesang über das Rheinweinlied für Orchester und Chor«, op. 123, »Sieben Klavierstücke in Fughettenform«, op. 126, »Drei Klavier-Sonaten für die Jugend«, op. 118, »Ouvertüre zu Szenen aus Goethes Faust«, op. posth., »Concert-Allegro mit Introduktion für das Pianoforte mit Begleitung des Orchesters«, op. 134, »Phantasie für Violine mit Begleitung des Orchesters oder Pianoforte«, op. 131, »Kinderball. Sechs leichte Tanzstücke zu vier Händen für das Pianoforte«, op. 130, »Concert für Violine mit Begleitung des Orchesters«, op. posth., »Märchenerzählungen. Vier Stücke für Klarinette (ad libitum Violine), Viola und Pianoforte«, op. 132, »Gesänge der Frühe. Fünf Stücke für das Pianoforte«, op. 133, »Dritte Sonate in a-Moll für Violine und Pianoforte«, op. posth., und »Romanzen für Violoncello und Pianoforte«.

Einige dieser Werke sind noch von Robert selbst veröffentlicht worden, die Celloromanzen sind nicht mehr erhalten, das Original wurde vernichtet, und vier andere dieser Kompositionen, wie das Violinkonzert und die 3. Violinsonate, erschienen erst viele Jahre nach Roberts Tod, da Clara die Veröffentlichung verhinderte. Wie bereits erwähnt, war sie der Ansicht, diese Werke seien seiner nicht mehr würdig. Angesichts dieses Urteils ist es zumindest verwunderlich, daß ein Musikwissenschaftler unserer Zeit, *Helmut Hopf*, in einer Radiosendung über das Spätwerk Schumanns die Ansicht vertrat, das Alterswerk sei »ein Schatz«, der noch zu heben sei: Die »Sieben Klavierstücke in Fughettenform«, op. 126 (aus dem Jahre 1853) etwa seien »Miniaturen in geschliffenster Satztechnik ... so bündig, so phantasievoll gefaßt, so streng gebunden und frei zugleich«, und Roberts »Messe«, op. 147 (aus dem Jahre 1852) sei eine »Komposition von monumentaler Größe«.

Die wohl umfangreichste Diskussion ist über das (erst 1937, gegen den ausdrücklichen Willen von Roberts Tochter Eugenie Schumann herausgegebene) Violinkonzert in d-Moll geführt worden. Dabei fällt auf, wie konträr die Beurteilungen dieses Werkes ausgefallen sind. Ich möchte an diesem Beispiel, das ausführlich in der Studie von *Struck* (1984) diskutiert worden ist, die Problematik darstellen, der wir uns bei der Frage nach einer Beziehung zwischen der psychischen Erkrankung Roberts und seinem kompositorischen Schaffen gegenübersehen.

Bereits in der Zeit zwischen 1849 und 1850 finden sich in Roberts Aufzeichnungen Hinweise, daß er an die Komposition eines »Stücks für Violine und Orchester« gedacht hat. Ferner hat *Struck* nachgewiesen, daß nicht erst Roberts Bekanntschaft mit dem Geiger Joseph Joachim ihn zu einer Realisierung dieses Planes angeregt hat, sondern daß schon im Briefwechsel zwischen Robert und dem Leipziger Geiger Ferdinand David mehrfach die Rede von einem Violinkonzert war. Immerhin dürfte die beim 31. Niederrheinischen Musikfest im Mai

1853 mit Joseph Joachim geschlossene Freundschaft Robert bewogen haben, mit der Komposition des Violinkonzerts am 21. September 1853 zu beginnen. Nach den Eintragungen in den »Haushaltsbüchern« war der Entwurf dieses Konzerts bereits am 1. Oktober 1853 fertiggestellt.

Am 7. Oktober schrieb Robert an Joachim und erwähnte in seinem Brief, daß er ihm ein Exemplar des Konzerts mitschicke mit der Bitte, ihm zu sagen, was er davon halte (tatsächlich hat er das Manuskript aber nach *Strucks* Ansicht erst zwischen dem 14. und 16. Oktober abgeschickt). Am 7. Oktober vermerkte Clara in ihrem Tagebuch: »Robert hat ein höchst interessantes Violinkonzert beendet, er spielte es mir ein wenig vor; doch wage ich mich nicht eher darüber näher auszusprechen, als bis ich es erst einmal gehört. Das Adagio und der letzte Satz waren mir gleich ganz klar, nicht so ganz der erste«. Bei diesem ersten Vorspiel (am Klavier) durch Robert hatten die beiden letzten Sätze Clara also offenbar keine Verständnisschwierigkeiten bereitet, während sie beim Erfassen des ersten Satzes Probleme hatte. Dabei ist allerdings zu berücksichtigen, daß Clara häufiger bei satztechnisch komplexeren Werken geäußert hatte, daß diese ihr nicht gleich beim ersten Hören verständlich geworden seien (*Struck* weist darauf hin, daß dies sowohl beim 4. Satz der Es-Dur-Sinfonie als auch bei den »Gesängen der Frühe« der Fall war).

Es ist interessant, die Stellungnahmen, die Clara, Brahms und Joachim zu diesem Violinkonzert während Roberts Krankheit und nach seinem Tode abgaben, miteinander zu vergleichen. Wie aus Roberts Aufzeichnungen hervorgeht, hatte er während seines Aufenthaltes in Hannover im Januar 1854 das Violinkonzert mit Joachim durchgespielt und am 30. Januar, dem Tag seiner Abreise, auch eine Orchesterprobe erlebt. Aus Roberts Notizen und aus Briefen von Joachim ersehen wir, daß der Geiger beim Spielen des Violinkonzerts bereits sehr ermüdet war und deshalb einige Schwierigkeiten beim Musizieren hatte. Mit keinem Wort wird jedoch eine negative Kritik am Werk geäußert. Eine gleiche Stellungnahme gab Joachim auch in seinem Brief vom 17. November 1854 an Robert, der in dieser Zeit bereits in Endenich war, wenn er u. a. schrieb:

»Könnte ich Ihnen doch Ihr d-Moll Konzert vorspielen; ich habe es jetzt besser inne als damals in Hannover; wo ich es in der Probe Ihrer so unwürdig spielen mußte, zu meinem großen Verdruß, weil ich den Arm beim Dirigieren so sehr ermüdet hatte. Jetzt klingt der 3/4 Takt viel stattlicher. Wissen Sie noch, wie Sie lachten und sich freuten, als wir meinten, der letzte Satz klänge, wie wenn Kociusko mit Sobiesky eine Polonaise eröffneten: so stattlich? Das waren herrliche Tage!«.

In seinem Antwortschreiben vom 25. November 1854 erwähnte Robert, daß auch Clara vom Violinkonzert »mit so großem Entzücken geschrieben« habe. Noch über ein Jahr nach Roberts Tod äußerte Joachim in seinem Brief vom 15. Oktober 1857 an Clara: »Ihres Robert Violinkonzert müssen wir auch in Dresden oft durchnehmen; es ist im letzten Satz namentlich entsetzlich schwer für Geige, aber ich hab's so ziemlich in die Finger gespielt. Wunderschöne Stellen sind im ersten und zweiten Satz«.

Struck sieht in diesen Äußerungen den ersten überlieferten Beleg für einen

Urteilswandel über das Konzert: Obwohl Joachim spätestens beim Spiel des Konzerts im Herbst 1854 den Violinpart besser beherrscht habe, weise er nun erneut ganz besonders auf die technischen Schwierigkeiten des Schlußsatzes hin. Auch der wie eine neue Erkenntnis formulierte Hinweis auf die »wunderschönen Stellen« der ersten beiden Sätze lasse aufhorchen, zumal er eine latente Kritik am Finale und an Partien der übrigen Sätze enthalte. Nach Claras und Joachims früheren Urteilen sei nämlich zu Roberts Lebzeiten das ganze Konzert und besonders das Finale positiv bewertet worden.

Wesentlich deutlicher zeigte sich die kritischere Einstellung dem Violinkonzert gegenüber dann allerdings in Claras Brief an Joachim vom 27. November 1857, nachdem sie dieses Werk in einer Orchesterprobe gehört hatte: »Können Sie unparteiisch sein? ich glaube es, denn ich meine immer, gegen die, die man am meisten liebt, sei man am strengsten, eben gerade, weil man von dem Wunsche beseelt ist, es möchte an unseren Lieben alles so schön wie möglich sein. Ich empfand es neulich so bitter, wie weh es tut, findet man einen Makel da, wo man über alles liebt. Das erklärt Ihnen auch wohl meine Tränen neulich bei Roberts Konzert, die Ihnen vielleicht kindisch erschienen. Denken Sie wohl an den letzten Satz? Wie wollte ich Ihnen dafür danken! Haben Sie irgendeinen besonderen Wunsch, so sprechen Sie ihn aus, steht es in meiner Macht, so erfülle ich ihn, wenn Sie mir einen recht herrlichen letzten Satz gemacht«.

Claras Beurteilung des Violinkonzerts hatte sich nach ihrem ersten Eindruck, als Robert sie mit diesem Werk bekannt gemacht hatte, somit ins Gegenteil verkehrt: War ihr damals der 1. Satz noch unklar geblieben, so richtete sich ihre Kritik jetzt vor allem gegen das Finale, dem offenbar der beklagte »Makel« anhaftete.

Fragen wir uns nach den Ursachen für diesen »Gesinnungswandel«, so erscheinen mir die folgenden Motive von Bedeutung: *Helmut Hopf* hat in seiner Radio-Sendung über das Spätwerk Robert Schumanns darauf hingewiesen, daß Clara aufgrund ihrer engen Beziehung zu Johannes Brahms sich in ihrem Urteil über Musik *zunehmend an der Brahmsschen Kompositionsart orientierte*. Da Roberts Violinkonzert in keiner Weise der Musik entsprach, die Brahms in dieser Zeit schrieb, mußte Roberts Komposition Clara unzugänglich bleiben und sogar immer fremder werden.

Ein zweiter Grund für Claras Wandel in der Beurteilung des Violinkonzerts lag wohl darin begründet, daß sie *prinzipiell Mühe hatte, satztechnisch komplizierte Werke zu erfassen*. Es ist deshalb verständlich, daß sie beim ersten Vorspielen auf dem Klavier noch unter dem Eindruck stand, Zugang zu diesem Werk finden zu können, während ihr dies bei der Orchesterfassung nicht mehr in gleicher Weise möglich war.

Das psychologisch bedeutsamste Motiv für den »Gesinnungswandel« sehe ich jedoch darin, daß Clara nach Roberts Tod und gleichsam unter dem »Schutz«, den ihr die enge Beziehung zu Brahms bot, *erstmals wagte, in eindeutiger Weise gegen ein Werk von Robert Stellung zu nehmen*. Wir wissen, daß Robert seinerseits – vor allem in den letzten Jahren seines Zusammenlebens mit Clara – oft in harter, die Gattin verletzender Weise Kritik an ihr geäußert hatte.

So erfahren wir beispielsweise aus Claras Tagebuch, daß Robert die kühle Aufnahme, die sein d-Moll-Trio (op. 63) in einem Konzert vom 9. November 1850 in Düsseldorf erfahren hatte, Claras Spiel anlastete, »was mich entsetzlich betrübte, denn ich hatte es mit all meiner Kraft und all meinem besten Willen gespielt, und dachte für mich, so gut ist es doch noch nicht gelungen, desto bitterer war es daher für mich, statt eines freundlichen Wortes die bittersten, entmutigendsten Vorwürfe zu hören«. Auch ihr Vortrag von Beethovens f-Moll-Sonate, die beim Publikum Begeisterung hervorrief, erntete Roberts harte Kritik. Clara notierte daraufhin in ihrem Tagebuch: »Ich weiß kaum mehr, wie ich noch spielen soll. Während ich mich bemühe, den Sänger möglichst zart und nachgebend zu begleiten, spricht Robert, meine Begleitung ist ihm schrecklich! Müßte ich nicht mein Spiel benutzen, um auch etwas zu verdienen, ich spielte wahrhaftig keinen Ton mehr öffentlich, denn was hilft mir der Beifall der Leute, wenn ich ihn nicht befriedigen kann«. Von Claras Seite sind hingegen, solange sie mit Robert zusammenlebte, keine kritischen Stellungnahmen ihm gegenüber bekannt! Ich bin der Ansicht, daß ihr zunehmend negativer werdendes Urteil über sein Violinkonzert unter anderem Ausdruck ihrer lange zurückgehaltenen Enttäuschung und ihres Ärgers über den Gatten war. Mit der Unterstützung von Brahms wagte sie es nun, Robert eben dort zu verletzen, wo er sie, wie ihre oben zitierten Tagebucheintragungen zeigen, wiederholt empfindlich gekränkt hatte.

Joachim hatte sich zunächst bereit erklärt, beim Violinkonzert die von Clara gewünschte Umarbeitung des letzten Satzes vorzunehmen. Er verwarf diesen Plan schließlich aber doch wieder mit dem Hinweis, man müsse die Schreibweise eines Komponisten wie Robert unter allen Umständen respektieren. Aus diesem Grunde komme für ihn eine Veränderung des Violinkonzerts nicht in Frage. Das Manuskript des Werkes wurde Joachim von Clara geschenkt, und Clara und Joachim entschieden, das Konzert solle endgültig unveröffentlicht bleiben (welche Rolle Brahms bei dieser Entscheidung spielte, ist nicht klar). Erst am 5. August 1898, nachdem bereits Clara und Brahms gestorben waren, gab Joachim auf Anfrage von Andreas Moser eine ausführliche Begründung, warum ihm eine Veröffentlichung des Violinkonzerts nicht ratsam erscheine. Er schrieb:

»Lieber Moser

Sie bitten mich um Auskunft über ein als Mscrpt. in meinem Besitz befindliches Violinconcert von Rob. Schumann.

Ich kann nicht ohne Bewegung davon sprechen: stammt es doch aus dem letzten Halbjahr vor dem Ausbruch der Geisteskrankheit des theuern Meisters und Freundes, (Düßeldorf, 11. September – 3. Oktober 1853 steht auf dem Titelblatt)!

Der Umstand, daß es nicht veröffentlicht worden ist, wird Sie schon zu dem Schluß bringen, daß man es seinen vielen herrlichen Schöpfungen nicht ebenbürtig an die Seite stellen kann. Ein neues Violinconcert von Schumann – mit welchem Jubel würde es von allen Kollegen begrüßt worden sein! und doch durfte gewissenhafte Freundessorge für den Ruhm des geliebten Tondichters nie einer Publication das Wort reden, so vielumworben es auch von Verlegern war.

Es muß eben leider gesagt werden, daß es eine gewisse Ermattung, welcher geistige Energie noch etwas abzuringen sich bemüht, nicht verkennen läßt. Einzelne Stellen (wie könnte das anders sein!) legen wohl von dem tiefen Gemüth des Schaffenden Zeugniß ab; um so betrübender aber ist der Contrast mit dem Werk als Ganzes.

Der erste Satz »In kräftigem nicht schnellen Tempo« überschrieben, d-Moll hat etwas rhythmisch Eigensinniges, bald heftigen Anlauf nehmend, bald trotzig stockend; im ersten Tutti wirksam schnell zu einem zweiten milden Thema von weicher schöner Stimmung hinleitend, echt Schumann'sch! Aber dieses kommt nicht zu recht erquickendem Ausbau und windet sich allmälig zu schnellerer Bewegung, um variierend in Passagen hinein zu lenken, die dennoch den gewollten glänzenden Abschluß der Solo-Stimme vor dem zweiten Tutti nicht gewähren, weil der Violinsatz oft schwer spielbar ist, ohne wirkungsvoll zu sein. Das zweite Tutti wiederholt in F-Dur den Anfang. Im darauf folgenden Solo, das fast zu intim für ein Concert in der Durchführung erscheint, ist ein fein angelegter Orgelpunkt auf der Dominante der Haupttonart hervortretend. Er könnte schön und bedeutend wirken, kömmt aber kaum zu voller Geltung, weil die Tonlage der Violine und die Instrumentation die Steigerung nicht genügend unterstützen.

Tief eigenthümlich und gemüthvoll, hebt der zweite Satz (»langsam« überschrieben) einleitend an, zu einer »ausdrucksvollen« Melodie der Violine führend. Ließe sich das selige Träumen doch festhalten – herrlicher Meister! So warm, so innig – Wie nur je! Aber die blühende Phantasie, mir blutet das Herz es zu gestehen, weicht kränkelnder Grübelei, der Fluß stockt, windet sich thematisch weiter und, als sehnte sich der Componist selbst aus diesem Grau der Reflektion hinaus, rafft er sich zu einem das Tempo steigernden Übergang in den letzten Satz auf, einem Polonaise-artigen Dreivierteltakt, (»lebhaft doch nicht schnell« überschrieben). Das Hauptthema setzt schwungvoll ein, wird jedoch in der Entwicklung monoton, wieder die gewisse charakteristische Starrheit des Rhythmus annehmend. Auch in diesem Satz fehlt es nicht an interessanten Einzelheiten; so ist es z. B. anmuthend, wie Anspielungen an das sinnende Adagio mit dem pomphaften Hauptmotiv des Finale in Gegensatz gebracht werden. Nur kommt auch hier kein freies Gefühl frohen Genußes auf. Man merkt, daß Gewohnheit, mehr als freudiger Aufschwung zur Entwicklung antreibt: Wiederholungen setzen ermüdend ein, und die glänzend gemeinten Figurationen zwingen der Solo-Violine ungewohnte, wirkungslose Arbeit ab.

Sie werden sich, lieber Moser, nun ich Ihren Wunsch erfüllt habe, etwas über das Concert mitzutheilen, erklären, warum Sie mich öfter zu mahnen hatten. Läßt man doch ungern die Reflektion da walten, wo man von ganzem Herzen zu lieben und zu verehren gewohnt ist!« (J. J. BrW. III, 486–488; Faks. in: Moser 1898, 128/29 bzw. Moser I 1908, 184/185).

Moser ging in seiner Joachim-Biographie (1910) ausführlicher auf diese Entscheidung des Geigers gegen eine Veröffentlichung des Violinkonzerts ein. Er schrieb u. a.:

»Nun kenne ich der Stimmen nicht wenige, die in Unkenntnis des Sachverhalts Joachim das Recht bestritten haben, die Publikation des Schumannschen Konzertes zu verhindern. Der Fall lag aber so: Nachdem Joachim dem Komponisten das Stück gelegentlich seines Besuches in Hannover zu Anfang des Jahres 1854 in einer Orchesterprobe zweimal vorgespielt hatte, war Schumann selbst davon so enttäuscht, daß er mit der Absicht, es vollständig umzuarbeiten, die Heimreise nach Düsseldorf antrat. Sein tragisches Schicksal verhinderte die Ausführung des Vorhabens. Als dann Frau Clara mehrere Jahre später Joachim und Brahms die Umarbeitung nahelegte, lehnten diese das Ansinnen pietätvoll ab und zwar mit der Begründung, es würde, selbst wenn der Versuch zu ihrer Zufriedenheit ausfiele, das Resultat doch kein Schumannsches Opus mehr sein. Wenn also zwei Künstler wie Brahms und Joachim, die Schumann auch als Freunde am nächsten standen, im Einvernehmen mit der um den Nachruhm ihres Gatten doch am meisten besorgten Witwe gegen die Veröffentlichung eines Stückes waren, das den Autor selber nicht befriedigt hatte, so ist jede weitere Erörterung der Angelegenheit gegenstandslos geworden«.

Fragwürdig in dieser von *Moser* gegebenen Begründung sind vor allem die Hinweise darauf, daß Robert selbst vom Violinkonzert so enttäuscht gewesen sei, daß er es »vollständig« habe umarbeiten wollen. Nach allen vorliegenden Quellen dürfte es sich lediglich um spieltechnische Änderungen gehandelt haben. Auch Clara hatte in ihrem zitierten Brief an Joachim nur von Umarbeitungswünschen im Hinblick auf das Finale gesprochen und nicht, wie es *Moser* andeutet, von einer grundsätzlichen Änderung des ganzen Violinkonzerts.

Roberts Tochter Eugenie schloß sich dem ablehnenden Urteil Joachims über das Violinkonzert bedingungslos an, als sie 1938 – vergeblich – die Veröffentlichung zu verhindern versuchte. Sie protestierte damals in der »Schweizerischen Musikzeitung« energisch gegen die bereits erfolgte Publikation und Aufführung des Werkes und verteidigte die Rechtmäßigkeit der Entscheidung ihrer Mutter, Joachims und (angeblich) Brahms'. Eugenie Schumann schrieb dort u. a.:

»Uns Kindern deutete die Mutter in zartester Weise an, daß das Konzert deutliche Spuren der letzten Krankheit aufweise.

Als in den achtziger Jahren des vorigen Jahrhunderts die Schutzfrist für meines Vaters Werke erlosch und die Firma Breitkopf & Härtel die erste Gesamtausgabe derselben unternahm, plante sie auch die Herausgabe eines Supplementbandes mit einigen nachgelassenen Werken und wurde hierin auf das energischste von Brahms unterstützt, im Gegensatz zu einer gewissen Zurückhaltung von seiten meiner Mutter. Ich erwähne diesen Umstand ausdrücklich, weil er auf Brahms' Verhalten bei den nun wieder einsetzenden Beratungen ein starkes Licht wirft.

Sollte das Konzert in dem Supplementband erscheinen oder nicht? Das war die Frage.

Für alle Zeiten unvergeßlich ist mir der Augenblick im mütterlichen Hause in Frankfurt a. M., in welchem meine Mutter zu uns herein kam und mit tiefer, verhaltener Bewegung in den Zügen sagte: »Ich habe eben mit Joachim und Johannes beschlossen, daß das Konzert nicht veröffentlicht werden soll, nicht jetzt und überhaupt nicht. Wir sind uns darin ganz einig!«.

Obwohl nach *Strucks* Ansicht eine Reihe von Angaben, die Eugenie Schumann in dieser Darstellung macht, bezweifelt werden müssen, wird doch so viel aus ihren Ausführungen deutlich, daß sie sich völlig hinter das Urteil Joachims stellte. Eugenie hat wiederholt gegen die Veröffentlichung des Violinkonzerts protestiert. So hat sie etwa in ihrem Briefwechsel mit Prof. *Rudolf Hübner* aus Jena u. a. bemerkt:

17. 6. 1937:

» . . . 1) Wenn es eine Möglichkeit gibt die Veröffentlichung des betr. Werkes für *alle Zeiten* zu verhindern, so will ich sie unbedingt ausnutzen. 2) Sollte ich die Veröffentlichung nicht hindern können, so will ich mein Urheberrecht geltend machen.

Zu 1) möchte ich bemerken: Nie werde ich meine Bedenken gegen die Veröffentlichung des Werkes fallen lassen. Ich habe die Zeit, da meine Mutter, Jos. Joachim und Brahms den letzten Entscheid über das Werk trafen, miterlebt. Ich kenne die Kämpfe, die inneren, und die Gesinnung, die in dem Entscheid zum Ausdruck kamen. Für mich kann es keine höhere Instanz geben – diese Drei maßen mit dem höchsten Maßstab u. nur damit darf ein Werk meines Vaters gemessen werden. Die Ansicht, die meine »Gegner« zur Rechtfertigung ihres Vorgehens vertreten, daß das Werk ein »Zukunftswerk« sei, welches die damals lebende Musikerélite nicht verstanden habe, weise ich als nichtig, als ein Stück modernen Größenwahns, zurück ...«.

1921 wies der damalige Direktor der Musikabteilung der Preußischen Staatsbibliothek Berlin, Wilhelm Altmann, in einem Aufsatz in der »Zeitschrift für Musikwissenschaft« auf den Ankauf von Joachims Nachlaß hin und erwähnte dabei besonders die von Joachims Sohn Johannes angebrachte Sperrklausel für Roberts Violinkonzert. Am 30. Juni 1930 wurde dann im Rahmen der Festversammlung zum 10jährigen Bestehen der Schumann-Gesellschaft in Zwickau der 1. Satz des Violinkonzerts mit Klavierbegleitung aufgeführt. *Struck* ist den weiteren Ereignissen, die schließlich zur Publikation und Uraufführung des gesamten Konzerts führten, in seiner Untersuchung nachgegangen.

Ein psychologisch interessantes Detail dabei ist die Tatsache, daß die erneuten Bemühungen um das Violinkonzert in engen Zusammenhang mit spiritistischen Aktivitäten gebracht worden sind. Tatsächlich scheinen die Anstöße aus dem Kreis um Joachims Nichten, die beiden Geigerinnen Jelly d'Aranyi und Adila Fachiri, und von dem schwedischen Gesandten Erik Palmstierna gekommen zu sein. Diese sind angeblich seit 1933 von Roberts (später soll es auch Joachims) »Geist« aufgefordert worden, sie sollten das Konzert aufspüren und zur Aufführung bringen. Es stellte sich schließlich heraus, daß das Manuskript im Besitz der Preußischen Staatsbibliothek Berlin war, die jedoch nicht bereit war, das Konzert freizugeben. Erst als *Georg Schünemann* 1935 Direktor der Musikabteilung der Preußischen Staatsbibliothek Berlin geworden war, hatten die Versuche Erfolg. Johannes Joachim, der Sohn des Geigers, stimmte schließlich in seinem Schreiben vom 3. August 1936 der Veröffentlichung zu.

Der bekannte amerikanische Geiger *Yehudi Menuhin* sollte nach den Plänen des Verlegers Strecker die Uraufführung des Violinkonzerts übernehmen, nachdem er das Werk Anfang 1937 zugesandt erhalten und sich begeistert darüber geäußert hatte. Wegen des Protests der nationalsozialistischen Kulturverantwortlichen, die keine Uraufführung im Ausland mit einem jüdischen Geiger gestatten wollten, wurde Menuhin jedoch schließlich nur die amerikanische Erstaufführung (nach der Uraufführung in Deutschland) zugestanden.

Die offizielle Uraufführung fand am 26. November 1937 im Deutschen Opernhaus Berlin statt. Solist des Konzerts war *Georg Kulenkampff*, die Berliner Philharmoniker spielten unter Leitung von *Karl Böhm*. Offiziell hieß es bei der Schallplattenaufnahme dieses Konzerts, daß es von Prof. Georg Schünemann veröffentlicht und bearbeitet worden sei. Aufgrund von *Strucks* Recherchen wissen wir heute aber, daß die violintechnischen Modifikationen von dem von den Nationalsozialisten verfemten *Paul Hindemith* stammten.

Angesichts des sich wandelnden Urteils, das Clara und Joachim über das

Violinkonzert abgegeben haben, ist es interessant, die weitere Rezeptionsgeschichte dieses Werkes zu verfolgen. *Struck* gibt in seiner Untersuchung einen instruktiven Überblick über verschiedene Stellungnahmen zur Uraufführung und zu späteren Darbietungen dieses Werkes. Es seien im folgenden einige dieser Beurteilungen ausschnittweise zitiert:

In der Rezension von *Robert Oboussier* zur Uraufführung heißt es u. a.:

Die Sprache, die uns aus diesem Werk entgegenklingt, hat alle Elemente, um derentwillen wir Schumann lieben. Kühn gespannt ist das Eingangsthema des ersten Satzes. In seiner stolzen Feurigkeit verbindet es echt romantischen Aufschwung mit einer geradezu Händelschen Großartigkeit. Das lyrische Seitenthema, das jenem heroischen Wurf gegenübersteht, hat die Versponnenheit der intimen Poesien des Klavier- und Liedmeisters. Dieser Gedanke ist durch alle drei Sätze wie ›ein leiser Ton gezogen für den, der heimlich lauscht‹. Die reich figurierenden Passagen des Soloinstruments sind von solcher Schlichtheit der Intention, daß sie ganz der musikalischen Funktion sich unterordnen. Die Form dieses Satzes ist von klassischem Schnitt.

Eine ergreifende Eingebung ist der weitschwingende Gesang des langsamen Satzes. Er ist kaum mehr als 50 Takte lang. Eine freie rhapsodische Improvisation, hingegeben dem hehren Ernst der unendlichen Melodie. Ahnen wir am ehesten vielleicht bei diesem Satz, dessen Tiefe uns auf besondere Weise trifft, jenen unheimlichen Begleiter, der bald danach den Genius auslöschen sollte? Gerade dieses Nebeneinander erschütternder Geschichte und einer seltsam zerlösenden, verschwebenden Form – sich ankündigend in den verwischenden Synkopen, die der Begleitung etwas Ungreifbares, Undeutbares geben – lenkt den Gedanken hin zu Hölderlin. Es liegen Schönheit und Tragik in *einer* Schale.

Das Finale, durch einige Überleitungstakte aus dem langsamen Satz sich befreiend, ist eine ›Polonaise‹ von lichter Anmut. Ihre Thematik greift auf das Seitenthema des ersten Satzes zurück, während eine kurze Episode an das Adagio erinnert. Trotz der in der Sologeige vorherrschenden brillanten Passagen gibt dieser Satz dem Ganzen einen fast gemessenen friedvollen Abschluß.

Die Darstellung des Werkes, dessen Spieldauer 27 Minuten beträgt, erfordert einen Geiger von Format. Denn es handelt sich um ein echtes Violinkonzert, das das Soloinstrument zum führenden Mittler der Gehalte erhebt. Das in den Ecksätzen in reichem Maße verwendete virtuose Element fand bei der Uraufführung in Georg *Kulenkampff* einen Meister des instrumentalen Schliffs, die Cantilenen aber den Musiker von überlegener Phrasierungskunst. Dem Orchester, dem ähnlich wie in Schumanns Klavierkonzert durchaus ein sinfonisches Gegengewicht zufällt, gaben die Philharmoniker unter *Böhm* Aufschwung und Zartheit, federnden Rhythmus und Glanz«. DAZ 29. November 1937

Eine kritischere Stellungnahme hingegen finden wir in der »Schweizerischen Musikzeitung« (77. Jahrgang, Heft 24, 1937) wo es heißt:

»Radio Beromünster übertrug aus Berlin die Uraufführung des Violinkonzertes in d-Moll von Robert Schumann. Das aus dem Nachlaß von Joseph Joachim stammende Werk erblickte somit 84 Jahre nach seiner Entstehung das Licht der Welt und ist gleichzeitig im Verlag Schott in Mainz im Druck erschienen. Tatsächlich eine Bereicherung, eine schöne, von fast brahmsischem Ernst erfüllte Komposition, nur hätte ein Brahms die wundervollen thematischen Anregungen – besonders der ersten beiden Sätze – vielleicht noch imposanter ausgestaltet. Der letzte Satz fällt etwas ab. Schumann wiederholt zu schematisch das polonaisenartige Hauptthema, es fehlt ein gewichtigeres Gegenthema. Die Aufführung klang ausgezeichnet mit den Philharmonikern unter Dr. Karl Böhm und

Georg Kulenkampff als Solisten, der die etwas stark dominierende, aber etwas tiefliegende Violastimme sich sehr geschickt und im besten Sinne virtuos zurechtgemacht hatte«.

Widersprüchliche Beurteilungen fand die amerikanische Erstaufführung, bei der, wie erwähnt, *Yehudi Menuhin* die Violinpartie übernahm. *Magidoff* (1958) schreibt in seiner Menuhin-Biographie dazu:

»Die amerikanischen Musikkritiker lobten einmütig Menuhins Bemühungen um das Werk sowie seine meisterhafte Wiedergabe. Aber über den Wert des Konzertes waren sie geteilter Meinung. Olim Downes fand es ›schwach und wirkungslos‹, und Jerome D. Bohm meinte in der *Herald Tribune*, ›man hätte es lieber ungestört in der Preußischen Staatsbibliothek ruhen lassen sollen‹. Gleichzeitig sagte Samuel Chorzinoff in der *Evening Post*, es sei unerklärlich, daß das Konzert so lange in einer deutschen Bibliothek habe zurückgehalten werden können. Die musikalische Meinung in Europa war ebenfalls nicht einheitlich, doch die meisten Kritiker stimmten mit Menuhin darin überein, daß die beiden ersten Sätze manche Schönheiten enthielten, und bemerkten zugleich, der dritte falle traurig ab«.

Besonders interessant ist es zu erfahren, wie andere Komponisten und die Interpreten dieses Werkes das Violinkonzert beurteilt haben. *Struck* zitiert eine Stellungnahme des Komponisten *Hans Pfitzner* aus dem Jahre 1938. Dieser schreibt u. a.:

»Ich sehe selbstverständlich davon ab, der eingehenden Kritik von Joseph Joachim eine Antikritik entgegenzustellen, sondern sage nur im großen und ganzen meine Meinung über den Eindruck. Und so muß ich denn bekennen: daß die ganze Welt und besonders Deutschland ein Recht darauf hat, das nachgelassene Werk des großen Romantikers kennenzulernen. Es kann keine Rede davon sein, daß dieses Violinkonzert das Werk eines Wahnsinnigen sei.

Es ist ein durchaus vollwertiges Kunstwerk, und wenn man durchaus sich bewogen fühlt, eine Kritik daran üben zu wollen, so würden nur Sachen zutage kommen, die man in gewissem Sinne bei anderen altbekannten Werken des Meisters, die längst zum Gemeingut der musikalischen Welt geworden sind, ebenfalls bemängeln könnte, wie zum Beispiel eine gewisse harmonische Unbeweglichkeit oder Monotonie, wie sie im ersten Satz zutage tritt, wo des d-Moll und F-Dur etwas zu viel ist und dem letzten Satz, der aus D-Dur nicht hinauszukommen scheint. Abgesehen davon, ist aber dieses Konzert ein formell durchaus klar gebautes Stück, sogar mit einem Hang ins Gigantische, Übergroße. Und man muß auch Joachim darin unrecht geben, daß er sagt, der Violinpart sei undankbar. Allerdings ist er enorm schwer, aber es entstehen gelegentlich Klangwirkungen, die geradezu neu sind und jeden Viruosen-Geiger interessieren müssen. In der Erfindung spricht, besonders im ersten und zweiten Satz, der altbekannte innige und starke Schumann zu uns – weniger im letzten Satz, denn helle Lustigkeit ist nun einmal Schumanns Sache nicht.

Der Gesamteindruck des Werkes auf mich war erschütternd. Nicht nur, daß wir hier ein großes Werk der deutschen Musik vor uns haben: Wir stehen hier vor der menschlich ergreifenden Tatsache, wie ein Meister, der eine entsetzliche Krankheit in sich lauern fühlt, sich noch ein Werk abringt, welches in seiner geistigen Durcharbeitung dem willigen Hörer vorwiegend Staunen und Bewunderung abringt.

Die gute Meinung Clara Schumanns, Johannes Brahms' und Joseph Joachims in Ehren: aber ich finde, kein Mensch hat das Recht dieses Werk Robert Schumanns der musikalischen Welt vorzuenthalten.«.

Ähnlich positiv beurteilte auch der Geiger *Eduard Melkus* in seiner »Revision unseres Schumann-Bildes« (1960) das Violinkonzert: »Sonate und Konzert enthalten Stilelemente einer späteren Entwicklung, die in den knapp vorangegangenen Werken .. noch nicht anzutreffen sind. ... und es bleibt unbegreiflich, daß dies Joachim und Brahms nicht erkannt haben. Man wird diese letzte Periode im Herbst 1853 als ein letztes, unerhört schönes Blühen im Schaffen Schumanns betrachten müssen«.

Die von *Pfitzner* und *Melkus* sowie von vielen Kritikern vertretene positive Beurteilung des Violinkonzerts wird durch *Strucks* Analyse dieses Werkes bestätigt. Der Autor zeigt, daß die negativen Stellungnahmen vor allem vom »biographischen« Aspekt der Geisteskrankheit bestimmt worden sind. Aufgrund seiner Untersuchung kommt *Struck* zum Ergebnis, daß Roberts letzte Kompositionen »einen gegenüber früheren Werken *unvermindert reichhaltigen geistigen Hintergrund*« aufweisen. Sie stehen seiner Ansicht nach keineswegs isoliert im Gesamtwerk Robert Schumanns, sondern zeigen trotz einer »Reihe *eigenständiger* Gestaltungsmerkmale« eine *»kontinuierliche Verbindung«* zu den entsprechenden früheren Kompositionen.

Ich habe die widersprüchliche Diskussion über Roberts Violinkonzert d-Moll ausführlicher dargestellt, um zu zeigen, wie schwierig es bereits von seiten der Musikausübenden und Musikkritiker ist, ein eindeutiges Urteil abzugeben. Ungleich komplizierter wird aber die Situation, wenn wir in diese Kontroverse nun auch noch psychiatrische Konzepte einführen und nach kausalen Zusammenhängen zwischen Erkrankung und Werk suchen.

Wie ich durch meine Ausführungen zur Persönlichkeit und zum Werk Robert Schumanns gezeigt habe, finden sich bei einer psychologischen Betrachtung viele interessante Zusammenhänge zwischen dem Leben und dem Schaffen dieses Komponisten. Eine solche Betrachtungsweise erscheint mir auch durchaus legitim. Sie kann insofern fruchtbar sein, als sie unser Blickfeld zu erweitern vermag und uns ein tieferes Verständnis eröffnen kann. Fragwürdig wird der psychologische Ansatz aber in dem Moment, in dem wir versuchen, aus psychopathologischen Erwägungen ein Urteil über den künstlerischen Wert eines Werkes abzuleiten. Tun wir dies, so machen wir uns einer unzulässigen Grenzüberschreitung schuldig.

Gerade Robert Schumann hat ein eindrückliches Zeugnis davon abgelegt, daß der kreative Mensch mitunter trotz schwerster Krisen und innerer Zerrissenheit großartige Kunstwerke zu schaffen vermag. Insofern ist *Hans Pfitzner* voll zuzustimmen, wenn er in der oben zitierten Kritik des Violinkonzerts geschrieben hat: »Wir stehen hier vor der menschlich ergreifenden Tatsache, wie ein Meister, der eine entsetzliche Krankheit in sich lauern fühlt, sich noch ein Werk abringt, welches in seiner geistigen Durcharbeitung dem willigen Hörer vorwiegend Staunen und Bewunderung abringt«. Am Beispiel von Robert Schumann sehen wir, daß der kreative Strom erst in dem Moment versiegt, wenn die Krankheit mit schwersten Symptomen manifest wird und die Persönlichkeit bis in ihren Kern hinein erschüttert.

ANHANG

Verzeichnis der musikalischen Werke Robert Schumanns

I. Werke mit Opuszahlen

1	Thema über den Namen »Abegg«, für das Pianoforte variiert	1829–32
2	Papillons für Klavier	1829–32
3	Studien nach Capricen von Paganini für das Pianoforte	1832
4	Intermezzi für das Pianoforte	1832
5	Impromptus über ein Thema von Clara Wieck	1832/33
6	Davidsbündlertänze für das Pianoforte	1837
7	Toccata für das Pianoforte	1829–33
8	Allegro für das Pianoforte	1831
9	Carnaval. Scènes mignonnes sur quatre notes	1834/35
10	Sechs Konzertetüden nach Capricen von Paganini	1833
11	Sonate für das Pianoforte in fis-Moll	1833–35
12	Phantasiestücke für das Pianoforte	1837
13	Zwölf Symphonische Etüden	1834/35
14	Große Sonate (Concert sans orchestre) in f-Moll	1833/36
15	Kinderszenen. Leichte Stücke für das Pianoforte	1838
16	Kreisleriana. Phantasien für das Pianoforte	1838
17	Phantasie (C-Dur) für das Pianoforte	1836
18	Arabeske für das Pianoforte	1839
19	Blumenstück für das Pianoforte	1839
20	Humoreske für das Pianoforte	1839
21	Novelletten für das Pianoforte	1838
22	Zweite Sonate für das Pianoforte in g-Moll	1833–39
23	Nachtstücke für das Pianoforte	1839
24	Liederkreis von H. Heine für eine Singstimme und Pianoforte	1840
25	Myrthen. Für Gesang und Pianoforte	1840
26	Faschingsschwank aus Wien. Phantasiebilder für das Pianoforte	1839
27	Lieder und Gesänge (Heft I) für eine Singstimme mit Begleitung des Pianoforte	1840
28	Drei Romanzen für das Pianoforte	1838/39
29	Drei Gedichte von Em. Geibel für mehrstimmigen Gesang mit Begleitung des Pianoforte	1840
30	Drei Gedichte von Em. Geibel für eine Singstimme mit Begleitung des Pianoforte	1840
31	Drei Gesänge (A. v. Chamisso) für eine Singstimme mit Pianoforte	1840

32 Vier Klavierstücke. Scherzo, Gigue, Romanze und Fughette 1838/39
33 Sechs Lieder für vierstimmigen Männergesang 1840
34 Vier Duette für Sopran und Tenor mit Begleitung des Pianoforte 1840
35 Zwölf Gedichte von Justinus Kerner für eine Singstimme mit Begleitung des Pianoforte 1840
36 Sechs Gedichte eines Malers von Reinick für Sopran oder Tenor mit Begleitung des Pianoforte 1840
37 Zwölf Gedichte aus F. Rückerts Liebesfrühling für Pianoforte mit Gesang von Robert und Clara Schumann (Nr. 2, 4 und 11 von Clara Schumann) . . 1840/41
38 Erste Sinfonie (B-Dur) für großes Orchester 1841
39 Liederkreis. 12 Gesänge von J. v. Eichendorff für eine Singstimme mit Begleitung des Pianoforte 1840
40 Fünf Lieder aus dem Dänischen und Neugriechischen für eine Singstimme mit Pianoforte 1840
41 Drei Quartette für zwei Violinen, Bratsche und Violoncell 1842
42 Frauenliebe und Leben (A. v. Chamisso) für eine Singstimme mit Begleitung des Pianoforte 1840
43 Drei zweistimmige Lieder mit Begleitung des Pianoforte 1840
44 Quintett für Pianoforte, zwei Violinen, Viola und Violoncello 1842
45 Romanzen und Balladen (Heft I) für eine Singstimme mit Begleitung des Pianoforte 1840
46 Andante und Variationen für zwei Pianoforte 1843
47 Quartett für Pianoforte, Violine, Viola und Violoncello 1842
48 Dichterliebe (H. Heine) für eine Singstimme mit Begleitung des Pianoforte . . 1840
49 Romanzen und Balladen (Heft II, s. op. 45) 1840
50 Das Paradies und die Peri. Dichtung aus Lalla Rookh von Th. Moore, für Solostimmen, Chor und Orchester 1843
51 Lieder und Gesänge (Heft II, s. op. 27) 1840–42
52 Ouvertüre, Scherzo und Finale für Orchester 1841
Zweite Fassung 1845
53 Romanzen und Balladen (Heft III, s. op. 45) 1840
54 Konzert für das Pianoforte mit Begleitung des Orchester . . . . . . 1841 und 1845
55 Fünf Lieder von Rob. Burns für gemischten Chor 1846
56 Studien für den Pedalflügel 1845
57 Belsatzar. Ballade von Heine für eine Singstimme mit Begleitung des Pianoforte 1840
58 Skizzen für den Pedalflügel 1845
59 Vier Gesänge für gemischten Chor 1846
60 Sechs Fugen für den Namen *Bach* für Orgel oder Pianoforte mit Pedal 1845
61 Zweite Sinfonie (C-Dur) für großes Orchester 1845/46
62 Drei Lieder für Männerchor 1847
63 Erstes Trio (d-Moll) für Pianoforte, Violine und Violoncell 1847
64 Romanzen und Balladen (Heft IV, s. op. 45) . . . . 1840 und 1847
65 Ritornelle von Friedrich Rückert in kanonischen Weisen für vierstimmigen Männergesang 1847
66 Bilder aus Osten. Sechs Impromptus für das Pianoforte zu vier Händen 1848
67 Romanzen und Balladen für gemischten Chor (Heft I) 1849
68 Album für die Jugend, 40 (43) Klavierstücke 1848

69	Romanzen für Frauenstimmen (Heft I) mit willkürlicher Begleitung des Pianoforte	1849
70	Adagio und Allegro für Pianoforte und Horn (ad libitum Violoncell oder Violine)	1849
71	Adventlied von Friedrich Rückert für Sopran-Solo und Chor mit Begleitung des Orchesters	1848
72	Vier Fugen für das Pianoforte	1845
73	Phantasiestücke für Pianoforte und Klarinette (ad libitum Violine oder Violoncell)	1849
74	Spanisches Liederspiel für eine oder mehrere Singstimmen (Sopran, Alt, Tenor und Baß) mit Begleitung des Pianoforte	1849
75	Romanzen und Balladen für gemischten Chor (Heft II, s. op. 67)	1849
76	Vier Märsche für Pianoforte	1849
77	Lieder und Gesänge (Heft III, s. op. 27)	1840 und 1850
78	Vier Duette für Sopran und Tenor mit Begleitung des Pianoforte	1849
79	Lieder-Album für die Jugend	1849
80	Zweites Trio (F-Dur) für Pianoforte, Violine und Violoncell	1847–49
81	Genoveva. Oper in vier Akten nach Tieck und F. Hebbel	1847/48
82	Waldszenen. Neun Klavierstücke	1848/49
83	Drei Gesänge für eine Singstimme mit Begleitung des Pianoforte	1850
84	Beim Abschied zu singen (E. v. Feuchtersleben) für Chor mit Begleitung von zwei Flöten, zwei Oboen, zwei Klarinetten, zwei Fagotten, zwei Hörnern oder des Pianoforte	1847
85	Zwölf vierhändige Klavierstücke für kleine und große Kinder	1849
86	Konzertstück für vier Hörner und großes Orchester	1849
87	Der Handschuh. Ballade von F. Schiller für eine Singstimme mit Begleitung des Pianoforte	1850
88	Phantasiestücke für Pianoforte, Violine und Violoncell	1842
89	Sechs Gesänge von Wilfried von der Neun für eine Singstimme mit Begleitung des Pianoforte	1850
90	Sechs Gedichte von N. Lenau und Requiem (altkatholisches Gedicht) für eine Singstimme mit Begleitung des Pianoforte	1850
91	Romanzen für Frauenstimmen (Heft II, s. op. 69)	1849
92	Introduktion und Allegro appassionato. Konzertstück für das Pianoforte mit Begleitung des Orchesters	1849
93	Motette »Verzweifle nicht« von F. Rückert für doppelten Männerchor mit Begleitung der Orgel (ad libitum)	1849
94	Drei Romanzen für Oboe (ad libitum Violine oder Klarinette) mit Begleitung des Pianoforte	1949
95	Drei Gesänge aus Lord Byrons Hebräischen Gesängen für eine Singstimme mit Begleitung der Harfe oder des Pianoforte	1849
96	Lieder und Gesänge (Heft IV, s. op. 27)	1850
97	Dritte Sinfonie (Es-Dur) für großes Orchester	1850
98	Lieder, Gesänge und Requiem für Mignon aus Goethes Wilhelm Meister. I. Abteilung (op. 98 a). Lieder Mignons, des Harfners und Philinens für eine Singstimme mit Begleitung des Pianoforte. II. Abteilung (op. 98 b). Requiem für Mignon für Chor, Solostimmen und Orchester	1849
99	Bunte Blätter. Vierzehn Stücke für das Pianoforte	1836–49
100	Ouvertüre zur Braut von Messina von Schiller für großes Orchester	1850/51

101 Minnespiel aus F. Rückerts Liebesfrühling für eine und mehrere Singstimmen (Sopran, Alt, Tenor und Baß) mit Begleitung des Pianoforte . . . 1849
102 Fünf Stücke im Volkston für Violoncell (ad libitum Violine) und Pianoforte . . 1849
103 Mädchenlieder von E. Kulmann für zwei Sopranstimmen (oder Sopran und Alt) mit Begleitung des Pianoforte . . . 1851
104 Sieben Lieder von E. Kulmann für eine Singstimme mit Begleitung des Pianoforte . . . 1851
105 Sonate (a-Moll) für Pianoforte und Violine . . . 1851
106 Schön Hedwig. Ballade von F. Hebbel für Deklamation und Begleitung des Pianoforte . . . 1849
107 Sechs Gesänge für eine Singstimme mit Begleitung des Pianoforte . . . 1851
108 Nachtlied von F. Hebbel für Chor und Orchester . . . 1849
109 Ballszenen. Neun charakteristische Tonstücke für das Pianoforte zu vier Händen . . . 1851
110 Drittes Trio (g-Moll) für Pianoforte, Violine und Violoncell . . . 1851
111 Drei Phantasiestücke für Pianoforte . . . 1851
112 Der Rose Pilgerfahrt. Märchen nach einer Dichtung von Moritz Horn für Solostimmen, Chor und Orchester . . . 1851
113 Märchenbilder. Vier Stücke für Pianoforte und Viola (Violine ad libitum) . . . 1851
114 Drei Lieder für drei Frauenstimmen mit Begleitung des Pianoforte . . . 1853
115 Manfred. Dramatisches Gedicht in drei Abteilungen . . . 1848–51
116 Der Königssohn. Ballade von L. Uhland für Solostimmen, Chor und Orchester . . . 1851
117 Vier Husarenlieder (Lenau) für eine Baritonstimme mit Begleitung des Pianoforte . . . 1851
118 Drei Klaviersonaten (G-, D- und C-Dur) für die Jugend . . . 1853
119 Drei Gedichte aus den Waldliedern von S. Pfarrius für eine Singstimme mit Begleitung des Pianoforte . . . 1851
120 Sinfonie Nr. 4 (d-Moll) für großes Orchester . . . 1841
Zweite Fassung . . . 1851
121 Zweite große Sonate für Violine und Pianoforte (d-Moll) . . . 1851
122 1. Ballade vom Heideknaben (Hebbel), 2. Die Flüchtlinge, Ballade (Shelley) für Deklamation mit Begleitung des Pianoforte . . . 1852
123 Fest-Ouvertüre mit Gesang über das Rheinweinlied für Orchester und Chor . 1853
124 Albumblätter. Zwanzig Klavierstücke . . . 1832–45
125 Fünf heitere Gesänge für eine Singstimme mit Begleitung des Pianoforte . . . 1850
126 Sieben Klavierstücke in Fughettenform . . . 1853
127 Fünf Lieder und Gesänge von Kerner, Heine, Strachwitz und Shakespeare, für eine Singstimme mit Begleitung des Pianoforte . . . 1840/50
128 Ouvertüre zu Shakespeares Julius Cäsar für großes Orchester . . . 1851
129 Konzert (a-Moll) für Violoncell mit Begleitung des Orchesters . . . 1850
130 Kinderball. Sechs leichte Tanzstücke zu vier Händen für das Pianoforte . . . 1853
131 Phantasie für Violine mit Begleitung des Orchesters oder Pianoforte . . . 1853
132 Märchenerzählungen. Vier Stücke für Klarinette (ad libitum Violine oder Viola) und Pianoforte . . . 1853
133 Gesänge der Frühe. Fünf Stücke für das Pianoforte . . . 1853
134 Konzert-Allegro mit Introduktion für das Pianoforte mit Begleitung des Orchesters . . . 1853
135 Gedichte der Königin Maria Stuart für eine Singstimme mit Pianoforte . . . 1852

136 Ouvertüre zu Goethes Hermann und Dorothea für Orchester 1851
137 Jagdlieder (H. Laube). Fünf Gesänge für vierstimmigen Männerchor 1849
138 Spanische Liebeslieder für eine und mehrere Stimmen (Sopran, Alt, Tenor und Baß) mit Begleitung des Pianoforte zu vier Händen 1849
139 Des Sängers Fluch, Ballade (Uhland-Pohl) für Solostimmen, Chor und Orchester 1852
140 Vom Pagen und der Königstochter. Vier Balladen (Emanuel Geibel) für Solostimmen, Chor und Orchester 1852
141 Vier doppelchörige Gesänge 1849
142 Vier Gesänge für eine Singstimme mit Begleitung des Pianoforte 1840
143 Das Glück von Edenhall, Ballade (Uhland-Hasenclever) für Männerstimmen, Soli, Chor und Orchester 1853
144 Neujahrslied von Fr. Rückert für Chor mit Begleitung des Orchesters . . . 1849/50
145 Romanzen und Balladen für gemischten Chor (Heft III) 1851
146 Romanzen und Balladen für gemischten Chor (Heft IV) 1849
147 Messe für vierstimmigen Chor mit Begleitung des Orchesters 1852
148 Requiem für Chor und Orchester 1852

II. Werke ohne bzw. mit später anders verwendeter Opuszahl

– Le Psaume cent cinquantième, »Oratorium« op. I 1822
– 2 Lieder 1827
– Der Fischer (nach Goethe) . . . . 1828?
– 11 Lieder op. III 1827–29
– 8 Polonaisen für Klavier zu 4 Händen op. III 1828
– Fandango fis-Moll f. Klavier op. IV 1829–32
– Klavierquartett c-Moll op. V 1829
– »Mit Gott« – Andante und Variationen über ein eigenes Thema G-Dur f. Klavier . 1832
– Exercice phantastique op. V f. Klavier 1832
– Phantasie satyrique (nach H. Herz) f. Klavier 1832
– Praeludium und Fuge f. Klavier 1832
– III. Fuge für Klavier 1832
– Sehnsuchtswalzervariationen. Scènes musicales sur un thème connu op. X 1833
– Etuden in freier Form über ein Beethovensches Thema für Klavier 1833
– Variations sur un nocturne de Chopin f. Klavier 1834
– Maultiertreiberlied 1838
– Lied »Ein Gedanke« 1840
– Patriotisches Lied »Der deutsche Rhein«, f. 1 Solostimme, Chor u. Orchester . . 1840
– Szenen aus Goethes Faust f. Soli, Chor und Orchester 1844–53
– »Hirtengesang« (Droste-Hülshoff) f. 2 Sopr. u. 2 Ten. 1846
– 3 Männerchöre mit Harmoniemusik ad lib. 1848
– 2-sätziges Harmoniumstück F-Dur 1849
– »Sommerruh«, Duett mit Klavier 1849
– »Frühlingsgrüße« (Lenau) 1851
– »Liedchen von Marie und Papa« für 2 Singstimmen ohne Begleitung
– 3. Violinsonate a-Moll 1852
– »Die Orange und die Myrte« f. 4 Singstimmen und Klavier 1853

- 5 Romanzen f. Klavier und Violoncello 1853
- Violinkonzert d-Moll 1853
- Bearbeitungen: Klavierbegleitung zu J. S. Bach, Sonaten bzw. Suiten f. Violine und Violoncello solo; Paganini, Capricci für Violine solo 1854
- Thema Es-Dur und Variationen für Klavier (»Geister«-Variationen) 1854
- Undatierte Gesänge: Am Anfange (Männerchor); Das Schwert; Der Reitersmann; Die Ammenuhr; Glocktürmers Töchterlein; Soldatenlied (Lieder) . . . .
- Undatierte Klavierstücke: Ballo, Burla; Kanon As-Dur über »An Alexis send' ich dich« . . . .

III. Fragmentische Werke bzw. aus vollendeten Werken entfernte Sätze

- Klavierkonzert f-Moll 1829
- Klavierkonzert F-Dur 1830
- Introduktion, Thema und Variationen h-Moll (über Paganini) 1830
- Fugenskizzen, Etuden 1831–33
- Sinfonie Es-Dur 1831/32
- Sinfonie g-Moll op. VII (1. und 2. Satz vollendet) 1832/33
- 4. Klaviersonate f-Moll 1833–37
- Sonatensatz B-Dur 1836
- Klavierkonzert d-Moll 1839
- Scherzo op. posth. f-Moll (ursprünglich 1. Scherzo der Sonate f-Moll op. 14;) . . 1836
- Presto op. posth. g-Moll (ursprünglich Finale der Sonate g-Moll op. 22;) 1835
- Sinfonie c-Moll (1840/41), daraus Scherzo g-Moll in op. 99
- 2 Stücke zur Oper »Der Corsar« (Byron) 1844
- 2. und 4. Satz der F-A-E-Sonate, später zur 3. Violinsonate komplettiert 1853
- Romanze f-Moll; Notturtino, Capriccio, Ecossaise. . . . .

Literatur

Adorno, Th. W.: Berg. Der Meister des kleinsten Übergangs. Suhrkamp, Frankfurt/M. 1977.

Alf, J.: Robert Schumann in der Klavierpädagogik unserer Zeit. In: Robert-Schumann-Gesellschaft Düsseldorf (Hg.): Robert Schumann – Ein romantisches Erbe in neuer Forschung. 23–33. Schott, Mainz 1984.

Bader, A.: Geisteskrankheit, bildnerischer Ausdruck und Kunst. Huber, Bern 1975.

Battegay, R.: Vom Hintergrund der Süchte. Blaukreuzverlag. Bern 1961 (4. Aufl. 1982).

Battegay, R.: Narzißmus und Objektbeziehungen. Über das Selbst zum Objekt. Huber, Bern 1977.

Benedetti, G.: Klinische Psychotherapie. Huber, Bern 1964.

Benedetti, G.: Ausgewählte Aufsätze zur Schizophrenielehre. Vandenhoeck & Ruprecht, Göttingen 1975 a.

Benedetti, G.: Psychiatrische Aspekte des Schöpferischen und schöpferische Aspekte der Psychiatrie. Vandenhoeck & Ruprecht, Göttingen 1975 b.

Boetticher, W.: Robert Schumann. Einführung in Persönlichkeit und Werk. B. Hahnefeld, Berlin 1941.

Chasseguet-Smirgel, J.: »Letztes Jahr in Marienbad«. Zur Methodologie der psychoanalytischen Erschließung des Kunstwerks. Psyche *24*, 801–826, 1970.

Cooper, M.: The Songs. In: G. Abraham (Hg.): Schumann. A Symposium. London 1952.

Cremerius, J.: Neurose und Genialität. Fischer, Frankfurt/M. 1971.

Dettmering, P.: Dichtung und Psychoanalyse I. Sammlung dialog 33. Nymphenburger Verlagshandlung, München 1969.

Dettmering, P.: Dichtung und Psychoanalyse II. Sammlung dialog 73. Nymphenburger Verlagshandlung, München 1974.

Dettmering, P.: Literatur, Psychoanalyse, Film. Aufsätze 1978 bis 1983. Jahrbuch der Psychoanalyse. Beiheft 9. Frommann-Holzboog, Stuttgart-Bad Cannstatt 1984.

Edler, A.: Robert Schumann und seine Zeit. Laaber-Verlag, o. O. 1982.

Ehrenzweig, A.: Ordnung im Chaos. Das Unbewußte in der Kunst. Kindler, München 1967.

Einstein, A.: Die Romantik in der Musik. Berglandverlag, Wien 1950.

Eismann, G.: Robert Schumann. Eine Biographie in Wort und Bild. VEB Deutsch. Verlag f. Musik, Leipzig 1956.

Eismann, G.: Robert Schumann. Tagebücher. VEB. Deutsch. Verlag f. Musik, Leipzig 1971.

Eissler, K. R.: Goethe. A Psychoanalytic Study. Wayne State Univ. Press. Detroit 1963.

Eissler, K.R.: Discourse on Hamlet and Hamlet. A Psychoanalytic Inquiry. Intern. Univ. Press, New York 1971.

Federhofer-Königs, R.: Adolf Schubrings Beziehung zu Robert Schumann. Österreichische Akademie der Wissenschaften, Mitteilungen der Kommission für Musikforschung Nr. 37, *121*, 1984a.

Federhofer-Königs, R.: Wilhelm Joseph von Wasielewski, Schumanns Düsseldorfer Konzertmeister und Biograph. In: Robert-Schumann-Gesellschaft Düsseldorf (Hg.): Robert Schumann – Ein romantisches Erbe in neuer Forschung. 67–85. Schott, Mainz 1984b.

Feis, O.: Studien über die Genealogie und Psychologie der Musiker. Bergmann, Wiesbaden 1910.

Franken, F.H. Untersuchungen zur Krankengeschichte Robert Schumanns. In: Robert-Schumann-Gesellschaft Düsseldorf (Hg.): Robert Schumann – Ein romantisches Erbe in neuer Forschung. 87–97. Schott, Mainz 1984.

Freud, S.: Der Dichter und das Phantasieren. G.W. VII. 1908.

Freud, S.: Der Moses des Michelangelo. G.W. X. 1914.

Freud, S.: Dostojewski und die Vatertötung. G.W. XIV. 1928.

Gerstmeier, A.: Die Lieder Schumanns. Zur Musik des frühen 19. Jahrhunderts. Hans Schneider, Tutzing 1982.

Grieg, E.: Robert Schumann. The Century Magazine XLVII, 440–448, 1894.

Gruhle, W.: Brief über Robert Schumanns Krankheit an P.J. Möbius. Zentralbl. Nervenheilkd. *29*, 805–810, 1906.

Haesler, L.: Sprachvertonung in Robert Schumanns Liederzyklus »Dichterliebe« (1840). Ein Beitrag zur Psychoanalyse der musikalischen Kreativität. Psyche *36*, 908–950, 1982.

Hallmark, R.E.: The Genesis of Schumann's Dichterliebe. A Source Study. umi Research Press, Ann Arbor 1979.

Hallmark, R.E.: Die handschriftlichen Quellen der Lieder Robert Schumanns. In: Robert-Schumann-Gesellschaft Düsseldorf (Hg.): Robert Schumann – Ein romantisches Erbe in neuer Forschung. 99–117. Schott, Mainz 1984.

Hallmark, R.E.: Schumanns Behandlung seiner Liedtexte. Vorläufiger Bericht zu einer neuen Ausgabe und zu einer Neubewertung von Schumanns Liedern. In: Robert-Schumann-Gesellschaft Düsseldorf (Hg.) durch A. Mayeda u. K.W. Niemöller: Schumanns Werke – Text und Interpretation. 29–42. Schott, Mainz 1987.

Henning, L.: Die Freundschaft Clara Schumanns mit Johannes Brahms. Aus Briefen und Tagebuchblättern. Werner Classen Verlag, Zürich 1952.

Henseler, H.: Narzißtische Krisen. Zur Psychodynamik des Selbstmordes. Rowohlt, Reinbek 1974.

Henseler, H.: Die Suizidhandlung unter dem Aspekt der psychoanalytischen Narzißmustheorie. Psyche *29*, 191–207, 1975.

Hirschberg, L.: Soldaten, Krieg und Vaterland bei Robert Schumann. Die Musik *14*, 51–60, 1914/15.

Hocke, G.R.: Das europäische Tagebuch. Limes, Wiesbaden 1963.

Jansen, F.G.: Robert Schumanns Briefe – Neue Folge. Breitkopf & Härtel, Leipzig 1886.

Jelinek, E.: Clara S. Musikalische Tragödie. o.J.

Joachim, J. und A. Moser: Briefe von und an Joseph Joachim. 2 Bände. J. Bard, Berlin 1911.

Kagel, M.: Einführung zu Mitternachtsstük (Manuskript). 1981.

Kernberg, O. F.: Borderline-Störungen und pathologischer Narzißmus. Suhrkamp, Frankfurt/M. 1979.

Kerner, D.: Krankheiten großer Musiker. Vol. I. Schattauer, Stuttgart 1967.

Kleinebreil, H.: Der kranke Schumann. Untersuchungen über Krankheit und Todesursache Robert Schumanns. Diss. Jena 1953.

Kilgerman, Ch.: Panel on »Creativity«. Panel discussion at the 27th International Psycho-Analytic Congress, Vienna, 29. July 1971. Intern. J. Psycho-Anal. *53*, 21–30, 1972.

Kohut, H.: Narzißmus. Suhrkamp, Frankfurt/M. 1973.

Komar, A. (Hg.): Robert Schumann. Dichterliebe. An Authoritative Score. Historical Background. Essays in Analysis. Views and Comments. Norton. New York 1971.

Kretzschmar, H.: Robert Schumann als Äthetiker. In: Ges. Aufsätze aus den Jahrbüchern der Musikbibliothek Peters. Peters, Leipzig 1911.

Kris, E.: Psychoanalytic Explorations in Art. Intern. Univ. Press, New York 1952.

Kris, E.: Probleme der Ästethik. Psyche *24*, 841–880, 1970.

Kross, S.: Briefe und Notizen Robert und Clara Schumanns. Bouvier, Bonn 1978.

Lange-Eichbaum, W. und Kurth, W.: Genie, Irrsinn und Ruhm. Geniemythus und Pathographie des Genies. Reinhardt, München 1927 (6. Aufl. 1967).

Lichtenhahn, E.: Über einen Ausspruch Hoffmanns und über das Romantische in der Musik. In: Musik und Geschichte. Arno Volk, Köln 1963.

Lichtenhahn, E.: Sinfonie als Dichtung. Zum geschichtlichen Ort von Schumanns »Rheinischer«. In: Robert-Schumann-Gesellschaft Düsseldorf (Hg.) durch A. Mayeda u. K. W. Niemöller: Schumanns Werke – Text und Interpretation. 17–27. Schott, Mainz 1987.

Linder, M.: Die Psychose von Robert Schumann und ihr Einfluß auf seine musikalische Komposition. Diss. Univ. Basel (Orell Füssli) 1959.

Lippmann, E. A.: Theory and practice in Schumann's aesthetics. J. Amer. Musicol. Soc. *17*, 310–345, 1964.

Litzmann, B.: Clara Schumann. Ein Künstlerleben. Nach Tagebüchern und Briefen. Band 1 und 2. Breitkopf & Härtel, Leipzig 1905 und 1906.

Magidoff, R.: Yehudi Menuhin. Wiesbaden 1955/58.

Marcuse, L.: Heinrich Heine in Selbstzeugnissen und Bilddokumenten. Rowohlt-Biographien. Rowohlt, Reinbek 1982.

Melkus, E.: Zur Revision unseres Schumann-Bildes. Österr. Musikzeitschr. *15*, 182–190, 1960.

Möbius, P. J.: Über Robert Schumanns Krankheit. Marhold, Halle 1906.

Moser, A.: Joseph Joachim. Ein Lebensbild. 2 Bände. Deutsche Brahms-Gesellschaft, Berlin 1908.

Müller-Braunschweig, H.: Psychopathologie und Kreativität. Psyche *28*, 600–634, 1974.

Müller-Braunschweig, H.: Aspekte einer psychoanalytischen Kreativitätstheorie. Psyche *31*, 821–843, 1977.

Nagera, H.: Vincent van Gogh. Psychoanalytische Deutung seines Lebens anhand seiner Briefe. Reinhardt, München 1973.

Nauhaus, G.: Robert Schumann. Tagebücher Band III Haushaltsbücher Teil 1, 1837–1847. Teil 2, 1847–1854. VEB Deutsch. Verlag f. Musik, Leipzig 1982.

Nauhaus, G.: Tagebücher II 1836–1854. VEB. Leipzig 1987 a.

Nauhaus, G.: Schumanns Das Paradies und die Peri. Quellen zur Entstehungs-, Aufführungs- und Rezeptionsgeschichte. In: Robert-Schumann-Gesellschaft Düsseldorf

(Hg.) durch A. Mayeda u. K.W. Niemöller: Schumanns Werke – Text und Interpretation. 133–148. Schott, Mainz 1987b.

Nußbaum, F.: Der Streit über Schumanns Krankheit. Diss. Köln 1923.

Oboussier, R.: Robert Schumanns Violinkonzert. Berliner Musikchronik 1930–1938. Ausgewählte Rezensionen und Essays. 136–139. Zürich 1969.

Ostwald, P.: Schumann. Music and Madness. Victor Gollancz, London 1985.

Ostwald, P.: Leiden und Trauern im Leben und Werk Robert Schumanns. In: Robert-Schumann-Gesellschaft Düsseldorf (Hg.) durch A. Mayeda u. K.W. Niemöller: Schumanns Werke – Text und Interpretation. 121–131. Schott, Mainz 1987.

Otto, F.: Robert Schumann als Jean Paul-Leser. Haag + Herchen, Frankfurt/M. 1984.

Pascal: Les maladies mentales de Robert Schumann. J. Psychol. norm. path. *5*, 98–130, 1908.

Payk, T.R.: Robert Schumann als Patient in Bonn-Endenich. Confin. psychiat. *20*, 153–161, 1977.

Pestalozzi, K.: Das Tagebuch als Mittel der Introspektion. In: Th. Wagner-Simon und G. Benedetti (Hg.): Sich selbst erkennen. Modelle der Introspektion. 154–174. Vandenhoeck & Ruprecht, Göttingen 1982.

Popp, S.: Untersuchungen zu Robert Schumanns Chorkompositionen. Phil. Diss. Bonn 1971.

Prinzhorn, H.: Bildnerei der Geisteskranken. Springer, Berlin 1922 (2. Aufl. 1968).

Probst, G.: Robert Schumanns Oratorien. Neue Musikwissenschaftliche Forschungen Band 9. Breitkopf & Härtel, Wiesbaden 1975.

Rauchfleisch, U.: Mensch und Musik. Versuch eines Brückenschlags zwischen Psychologie und Musik. Amadeus, Winterthur 1986.

Rehberg, P. und W.: Robert Schumann. Sein Leben und sein Werk. Artemis, Zürich 1954

Salmen, W.: Haus- und Kammermusik. Privates Musizieren im gesellschaftlichen Wandel zwischen 1600 und 1900. In: H. Besseler und W. Bachmann (Hg.): Musikgeschichte in Bildern. Band IV Musik der Neuzeit, Lieferung 3. VEB Deutsch. Verlag f. Musik, Leipzig 1969.

Sams, E.: Schumann's hand injury. Musical Times *112*, 1156–1159, 1971.

Schnebel, D.: Rückungen – Ver-rückungen. Psychoanalytische und musikanalytische Betrachtungen zu Schumanns Leben und Werk. In: H.-K. Metzger und R. Riehn (Hg.): Musik-Konzepte. Sonderband Robert Schumann I. 4–89. Edition Text und Kritik, München 1981.

Schumann, A. (Hg.): Der junge Schumann. Dichtungen und Briefe. Insel-Verlag, Leipzig 1910.

Schumann, C.: Jugendbriefe von Robert Schumann. Breitkopf & Härtel, Leipzig 1898.

Schumann, E.: Robert Schumann. Ein Lebensbild meines Vaters. Koehler & Amelana, Leipzig 1931.

Schweisheimer, W.: War Robert Schumann geisteskrank? Ärztl. Prax. (Wien) *11*, 840, 1959.

Schweikert, U.: »Ich bin kein anderer«. Eine Robert-Schumann-Verkettung. Basler Magazin No. 51, 22. 12. 1984.

Searles, H.F.: Der psychoanalytische Beitrag zur Schizophrenieforschung. Kindler, München 1974.

Sechehaye, M.-A.: Die symbolische Wunscherfüllung. Huber, Bern 1955.

Slater, E.: Schumann's Illness. In: A Walker (Hg.): Robert Schumann. The Man and his Music. 406–414. Barrie and Jenkins, London 1972.

Slater, E. und A. Meyer: Contributions to a pathography of the musicians: 1. Robert Schumann. Confin. psychiat. *2*, 65–94, 1959.

Struck, M.: Die umstrittenen späten Instrumentalwerke Schumanns. Untersuchungen zur Entstehung, Struktur und Rezeption. Hamburger Beiträge zur Musikwissenschaft Band 29. K.D. Wagner, Hamburg 1984.

Struck, M.: »Gewichtsverlagerungen« – Robert Schumanns letzte Konzertkompositionen. In: Robert-Schumann-Gesellschaft Düsseldorf (Hg.) durch A. Mayeda u. K.W. Niemöller: Schumanns Werke – Text und Kritik. 43–52. Schott, Mainz 1987.

Sutermeister, H.M.: Das Rätsel um Robert Schumanns Krankheit. Praxis *51*, 1177–1185, 1959.

Vorberg, G.: Über Robert Schumanns Krankheit. Knolls Mitt. Ärzte 22–26, 1934.

Wagner, R.: Mein Leben. Band 1. München 1911.

Walch-Schumann, K. (Hg.): Friedrich Wieck. Briefe aus den Jahren 1830–1838. Arno Volk, Köln 1968.

Walker, A. (Hg.): Robert Schumann. The Man and his Music. Barrie and Jenkins, London 1972a.

Walker, A.: Schumann and his Background. In: A. Walker (Hg.): Robert Schumann. The Man and his Music. 1–40. Barrie and Jenkins, London 1972b.

Waser, G.: Bildnereien von Olga. Med. Diss. Basel 1977.

Wasielewski, J.W. von: Robert Schumann. Eine Biographie. Kunze, Dresden 1858 (4. Aufl. 1906).

Weißweiler, E. (Hg.): Clara und Robert Schumann. Briefwechsel. Kritische Gesamtausgabe. Band I 1832–1838. Stroemfeld/Roter Stern, Basel/Frankfurt/M. 1984.

Weißweiler, E.: »Dichtergarten«. Unbekannte Dokumente über Robert Schumann und seine Mitpatienten in der psychiatrischen Klinik von Bonn-Endenich. Manuskript der Sendung vom 7. 10. 1985 »Musikliterarisches Studio«, Südwestfunk Baden-Baden, 2. Progr.

Weißweiler, E.: Clara und Robert Schumann. Briefwechsel. Kritische Gesamtausgabe. Band II 1839. Stroemfeld/Roter Stern, Basel/Frankfurt/M. 1987.

Wolff, V.E.: Lieder Robert Schumanns in ersten und späteren Fassungen. Diss. Berlin 1913.